Erich Merkel

Technische Informatik

Grundlagen und Anwendungen Boolescher Maschinen

Mit 224 Abbildungen

Friedr. Vieweg + Sohn · Braunschweig

Dr. Erich Merkel
Ausbildungslaboratorium, BASF-Ludwigshafen/Rhein

Verlagsredaktion: *Bernhard Lewerich*

1973

Softcover reprint of the hardcover 1st edition 1973

Satz: Friedr. Vieweg + Sohn, Braunschweig
Buchbinder: W. Langelüddecke, Braunschweig
Umschlaggestaltung: Peter Morys, Wolfenbüttel
ISBN 978-3-663-05283-8 ISBN 978-3-663-05282-1 (eBook)
DOI 10.1007/978-3-663-05282-1

Vorwort

Die *„Technische Informatik"* – ein Teilgebiet der Informatik – beschreibt die Funktionsweise von programmgesteuerten digitalen Rechnern (kurz: Computern) und von anderen datenverarbeitenden Maschinen. Dieses Buch soll – in Form eines Praktikums – in wichtige Fragestellungen und Probleme der technischen Informatik einführen.

Wer einen Computer zur Lösung eines Problems verwendet, braucht dafür im Grunde nur eine Bedienungsanleitung. Es ist aber keine Frage, daß ein Wissen über die Funktionsweise des Rechners zusätzliche Anwendungsmöglichkeiten und eine bessere Ausnutzung seiner Fähigkeiten erschließt. Zum wirksameren Einsatz des Computers braucht man allerdings nicht die Einzelheiten der „hardware", d.h. den technischen Aufbau mit Dioden, Transistoren, integrierten Schaltkreisen usw., zu kennen. Es genügt eine Einsicht in die *logische Struktur* des Computers. Die logische Struktur ergibt sich aus dem Aufbau des Rechners aus elementaren „Logikmaschinen" für die Verknüpfungen Konjunktion (UND), Disjunktion (ODER) und Negation (NICHT) sowie aus den Speicherelementen. Diese Bauteile sind zu einem Netzwerk hoher Komplexität zusammengeschaltet.

Von den Logikmaschinen, die auch „Gatter" genannt werden, braucht man nur zu wissen, daß sie einer Kombination von Eingangssignalen ein bestimmtes Ausgangssignal gemäß den Wertetafeln für die logischen Verknüpfungen zuordnen. Verwendet ein Lehrer die Logikmaschinen in dieser Weise als "black boxes", so kann er bereits in der Sekundarstufe 1 einfache logische Strukturen des Computers, wie etwa den Addierer, erläutern. Allerdings werden dabei einige theoretische Grundlagen, z.B. aus der Aussagenalgebra oder vom Rechnen im Dualsystem, vorausgehen müssen.

Sogar der Konstrukteur eines Computers verwendet beim Schaltungsentwurf nur die Symbole für die Elementarmaschinen, betrachtet sie also als black box. Daher kann der Leser dieses Buches die Entwicklungen auch voll verstehen, ohne daß er die wenigen Seiten durcharbeitet, die sich mit der Beschreibung der hardware befassen. Es dürfte weniger bekannt sein, daß die elektronischen Rechen*maschinen,* die zur Zeit die mechanischen und elektromechanischen Rechenmaschinen verdrängen, ein Teil des Rechenwerkes eines Rechenautomaten sind. Somit wird auch ihre Funktionsweise in diesem Buch abgehandelt – etwa bis Kapitel 7.

Die technische Informatik, soweit sie sich auf die logische Struktur des Computers beschränkt, ist schon weitgehend in die Lehrpläne der allgemein- und berufsbildenden Schulen aufgenommen worden. Dies geschah nicht nur deshalb, weil dieser Teil der Informatik für denjenigen wichtig ist, der einmal Computer programmieren wird. Wer die technische Welt des 20. Jahrhunderts verstehen will, sollte eine klare Vorstellung vom Rechenautomaten haben, d. h., weder dem Mythos vom „Elektronengehirn" glauben, noch ihn als Gefahr verteufeln.

Beim Entstehen des Buches haben mir soviele Professoren und Gymnasiallehrer mit Rat und Tat beigestanden, daß es nicht möglich ist, an dieser Stelle jeden zu nennen. Auch vielen Schülern und Auszubildenden, die mit ihren Ideen beigetragen haben, gebührt mein Dank.

Erich Merkel

Inhaltsverzeichnis

1. Schaltalgebra

1.1. Einführung

Eine Aufgabe der Schaltalgebra ist es, „*Schaltnetze*“ (Parallel-Serien-Schaltungen von Schaltern) zu planen, die mit minimalem Aufwand an Schaltkontakten gebaut werden können. Durch Anwendung der Gesetze der Schaltalgebra kann man die Terme, mit denen solche Schaltnetze beschrieben werden, minimieren. Schaltnetze werden zur Konstruktion von Computern, in der Nachrichtentechnik usw. verwendet.

Das Kapitel 1 gibt eine kurze Übersicht über die Schaltalgebra, soweit sie für das Verständnis der folgenden Kapitel benötigt wird.

Für den versierten Leser genügt es, die Zusammenfassung 1.8. zu lesen. Dort sind die wichtigsten Begriffe und Definitionen, wie sie in diesem Buch gebraucht werden, zusammengestellt.

Für den Leser, der sich neu mit diesem Gebiet befaßt, ist es hilfreich, die einfachen Schaltungen (Bild 1-8, 1-9, 1-13, . . .) mit handelsüblichen Schaltern zu bauen und das Entstehen der Tabelle der Schaltwerte (Wertetafel) durch die Betätigung der entsprechenden Schalter und durch die Beobachtung der Glühlämpchen nachzuvollziehen. Nur so kann er zu einem dauerhaften Verständnis der Schaltalgebra gelangen. Für Lehrzwecke wird empfohlen, Geräte der Lehrmittelindustrie heranzuziehen, z.B. den SIMULOG der Firma Leybold-Heraeus, Köln. Auf dieses Gerät werden wir mehrfach bei unserer Darstellung zurückgreifen.

1.2. Der elektrische Schalter, Begriffe und Definitionen

1.2.1. Schalter mit Arbeitskontakt

Für die Elemente eines elektrischen Stromkreises, nämlich Stromquelle Q, Schalter S und Verbraucher G (hier eine Glühlampe), verwendet man die Symbole von Bild 1-1a. Um das für die Schaltalgebra Wesentliche, nämlich die Funktion des Schalters im Stromkreis, stärker hervortreten zu lassen, wollen wir hier jedoch die Darstellungsweise von Bild 1-1b wählen.

Die Betrachtungen an Schaltnetzen sind zwar unabhängig von der Art der Stromquelle (Gleich- oder Wechselspannung), von der Polung bei Gleichstrom und von der Größe der Spannung, dennoch wollen wir uns zur besseren Verständlichkeit auf eine Gleichspannungsquelle festlegen und deren positiven Pol (+) an den oberen Rand, den negativen Pol (⏚) an den unteren Rand der Zeichnung legen.

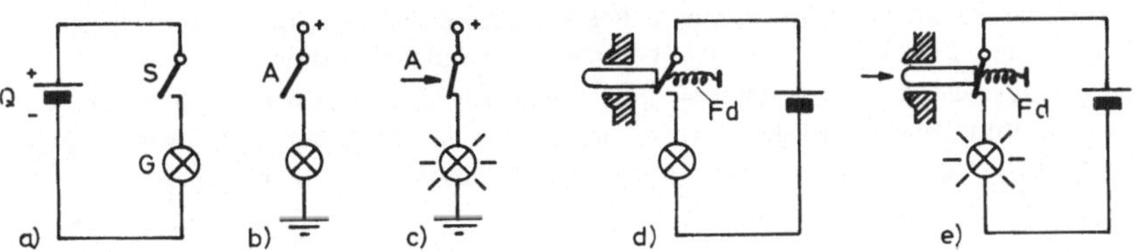

Bild 1-1. Schalter mit Arbeitskontakt. Symbole und Realisierung

Ein Schaltkontakt wird *„Arbeitskontakt"* genannt, wenn er in der *betätigten* Stellung des Schalters *geschlossen* ist (Bild 1-1c).

Wir stellen uns dabei am besten einen Druckschalter nach Bild 1-1d und e vor. Bei ihm ist ohne weiteres klar, welche Stellung die betätigte ist, da im Ruhezustand die Feder Fd den Schalter in die unbetätigte Stellung bringt.

In der Schaltalgebra wird insbesondere untersucht, welcher Zusammenhang zwischen den Schalterstellungen (betätigt/unbetätigt) und dem Leitverhalten (leitend/nicht leitend) des Schaltnetzes besteht. Wir bauen uns daher einen Verbraucher in den Stromkreis, der unmittelbar zu erkennen gibt, ob Strom fließt oder nicht. Dazu bietet sich eine Glühlampe (Zeichen ⊗) an. Das Leuchten der Glühlampe symbolisieren wir in den Zeichnungen durch „Strahlen".

1.2.2. Schalter mit Ruhekontakt

Ein Schaltkontakt eines Schalters wird *„Ruhekontakt"* [1]) genannt, wenn er in der *unbetätigten* Stellung des Schalters *geschlossen* ist.

Die Realisierung als Druckschalter läßt keinen Zweifel darüber, was unter der „unbetätigten" Stellung (Bild 1-2a und c) verstanden werden soll.

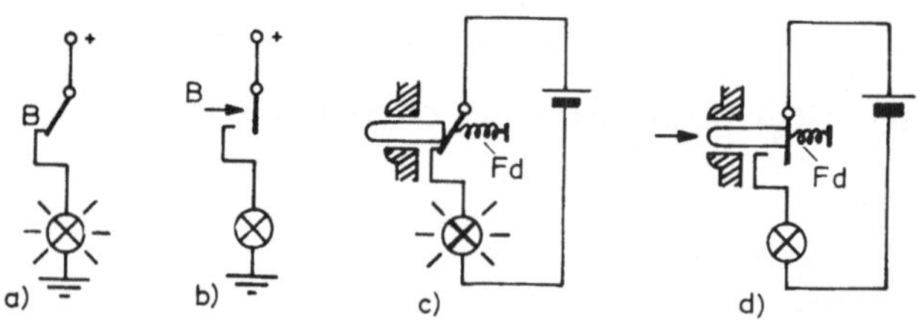

Bild 1-2
Schalter mit Ruhekontakt.
Symbole und Realisierung

Schalter mit Ruhekontakt werden z.B. bei der Innenbeleuchtung eines Kühlschrankes oder Autos verwendet. Die Betätigung erfolgt durch das Schließen der Tür.

Zu den Bezeichnungen der Teile eines Schalters seien folgende Bemerkungen gemacht: Wie aus den symbolischen Darstellungen von Bild 1-1 und 1-2 hervorgeht, hat der Schalter einen beweglichen Kontakt („Kontaktfeder") und einen festen Kontakt. Bei dem „Schalter mit *Ruhe*kontakt" ist die Kontaktfeder in der *unbetätigten* Schalterstellung mit dem festen Kontakt in Berührung, d.h. der Schalter läßt in dieser Stellung den Strom durch. Bei *Betätigung* sind die Kontakte geöffnet, es kann kein Strom durchfließen. Umgekehrt ist es beim Schalter mit Arbeitskontakt.

Obwohl zu jedem Schalter *zwei* Kontakte gehören, spricht man zur Charakterisierung eines Schalters nur von dem *festen* Kontakt, nimmt also das Vorhandensein einer *Kontaktfeder* als selbstverständlich an. Daher die Bezeichnungen: „Schalter mit Arbeitskontakt", „Schalter mit Ruhekontakt".

---

[1]) Für den Arbeitskontakt ist auch die Bezeichnung *Schließer*, für den Ruhekontakt die Bezeichnung *Öffner* gebräuchlich.

1.2.3. Schalter mit gekoppelten Schaltstrecken

Ein Schalter kann mehrere „*Schaltstrecken*" haben. Bei der Betätigung eines solchen Schalters können gleichzeitig mehrere Stromkreise ein- oder ausgeschaltet werden. In diesen Schaltern sind die (beweglichen) Kontaktfedern mechanisch miteinander verbunden (in Bild 1-3 durch gestrichelte Verbindungslinien angedeutet) und werden daher gleichzeitig nach rechts oder links bewegt. Man spricht kurz von „Schaltern mit *gekoppelten Schaltkontakten*" („*Schalt*kontakt" ist der Oberbegriff zu: *Arbeits*kontakt und *Ruhe*kontakt). Bild 1-3a zeigt das Symbol eines Schalters C mit zwei Arbeitskontakten C_1 und C_2, Bild 1-3b dasjenige eines Schalters D mit einem Ruhekontakt D_1 und einem Arbeitskontakt D_2.

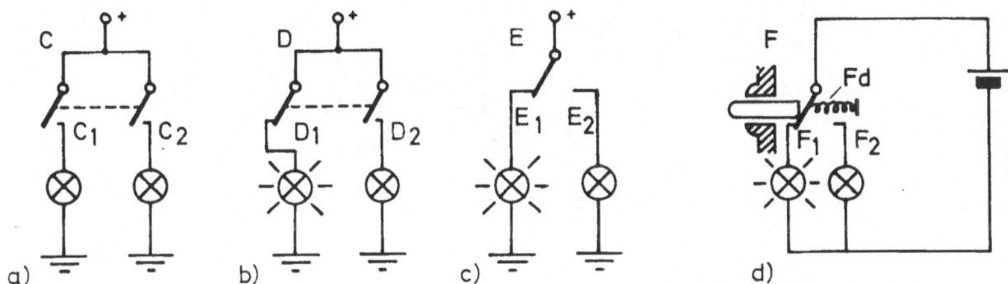

Bild 1-3. Schalter mit gekoppelten Kontakten (alle unbetätigt)

Der Schalter D kann auch mit *einer* Kontaktzunge ausgeführt sein, dann nennt man ihn einen *Umschalter* (Bild 1-3c und d).

Bisher haben wir nur Schalter berücksichtigt, welche durch die Hand betätigt werden, und dabei insbesondere den Druckschalter gewählt. In die folgenden Betrachtungen sollen auch beliebige andere Schalter einbezogen werden, z.B. Kippschalter und Drehschalter, sofern man nur eine Vereinbarung trifft, welche Stellung man als die „betätigte" verstehen will.

1.2.4. Schalter mit elektromechanischer Betätigung (Relais)

Besondere Bedeutung haben Schalter, die durch ein elektrisches „Signal", z.B. einen Strom, betätigt werden. Man nennt sie „Relais". Das ältere Prinzip eines *stromgesteuerten* Schalters beruht darauf, daß ein durch elektrischen Strom erzeugtes Magnetfeld die Kontaktzunge bewegt (elektromechanisches Relais).

Bei der Anwendung von Computern hat ein „elektronisches Relais", der *Transistor*, eine weit größere Bedeutung erlangt. Wir kommen hierauf in Kapitel 4 zurück.

Bild 1-4 soll die Funktionsweise eines elektromechanischen Relais veranschaulichen. Wenn ein Strom im *Steuerstromkreis* St fließt, wird das Weicheisenteil W von dem Magnetfeld der Spule Sp nach unten gezogen. Dabei wird die Kontaktzunge nach rechts bewegt [1]).

---

[1]) Nach DIN 41020 ist die Bewegungsrichtung der Kontaktfeder bei *Betätigung* (bei Stromfluß durch die Relaisspule) nach *rechts*, d.h. in der Zeichnung bewegt sich die Kontaktfeder *von* dem Spulensymbol *weg*.

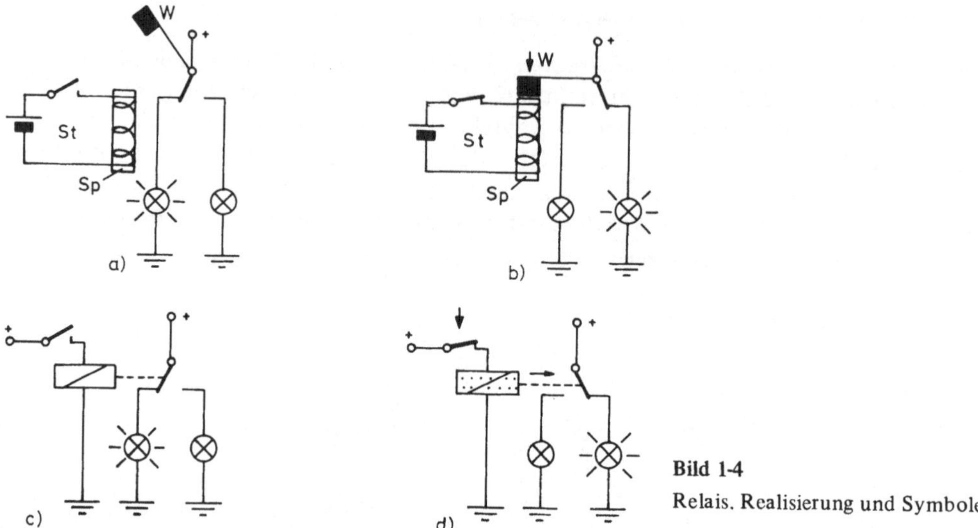

Bild 1-4
Relais. Realisierung und Symbole

Das Relais in Bild 1-4 hat einen Umschalter. Häufig sind in einem Relais mehrere Arbeits- und Ruhekontakte bzw. Umschalter vereinigt.

1.2.5. Schaltermodelle des Lehrgerätes SIMULOG

Man kann sich mit einfachen Mitteln die in Kapitel 1 beschriebenen Schaltungen aus Schaltern, Glühlampen und Batterien zusammenstellen. Für Lehrzwecke ist es günstiger, vorgefertigte Bauteile zu haben, wie sie z.B. zu dem Lehrgerät SIMULOG gehören. (Dessen wesentliche Elemente, die elektronischen Speicher und Logikglieder, werden erst in Kapitel 4 besprochen).

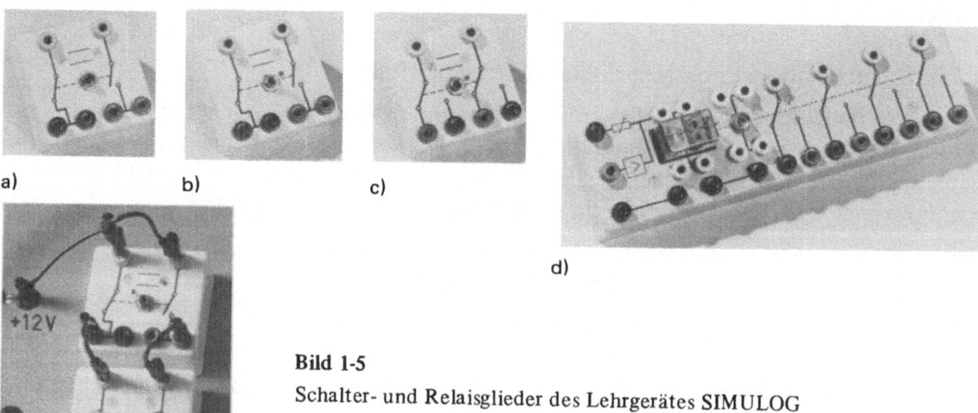

Bild 1-5
Schalter- und Relaisglieder des Lehrgerätes SIMULOG
a) Druckschalter
b) Kippschalter
c) Kippschalter mit 2 Umschaltungen
d) Relaisglied mit 4 Umschaltungen
e) Schaltung von Bild 1-3c

Die *Schalterglieder* S_1, S_2, S_3, das *Relaisglied* R und das *Lampenglied* G tragen Buchsen, die mit den Schalterkontakten bzw. der Lampenfassung verbunden sind. So kann man, ohne zu löten, Schaltungen durch Verbindungskabel mit Bananensteckern aufbauen. Die Schalter-, Relais- und Lampenglieder haben auf der Rückseite Steckerstifte, damit sie auf einer *Grundplatte* (mit Buchsenpaaren) mechanisch befestigt werden können. Die Buchsenpaare der Grundplatte dienen auch als Stromquelle, die linke Buchse ist an den negativen Pol, die rechte an den positiven Pol einer externen Stromquelle (12 Volt) angeschlossen. Als Beispiel zeigt Bild 1-5e die Schaltung von Bild 1-3c (Schalter mit Ruhe- und Arbeitskontakt) mit SIMULOG-Bauteilen.

1.2.6. Symbolische Funktionsbeschreibung eines Schalters

Das Schaltverhalten von Schaltern kann man in Tabellenform angeben. Für die Schalter mit dem Namen A und B von Bild 1-1 und Bild 1-2 ergibt sich Bild 1-6:

Schalterstellung	Schalter A (Bild 1-1): Schaltkontakt ist	Schalter B (Bild 1-2): Schaltkontakt ist
unbetätigt	offen	geschlossen
betätigt	geschlossen	offen

Bild 1-6
Schaltverhalten der Schalter A und B

Diese aufwendige Schreibweise soll durch eine einfache Symbolik ersetzt werden. Zu diesem Zweck führen wir den „Schaltwert" eines Schaltkontaktes ein. Der offene Schaltkontakt erhält den Schaltwert *0* (gelesen Null), der geschlossene den Schaltwert *1* (gelesen Eins)

Schaltvariable / Schalterstellung	1	2	3	4	5	6	7	8	9	10
	a	$\overline{b}$	c_1	c_2	$\overline{d}_1$	d_2	$\overline{e}_1$	e_2	$\overline{f}_1$	f_1
unbetätigt	*0*	*1*	*0*	*0*	*1*	*0*	*1*	*0*	*1*	*0*
betätigt	*1*	*0*	*1*	*1*	*0*	*1*	*0*	*1*	*0*	*1*

Bild 1-7. Schaltwerttafeln: Schaltverhalten der Schalter A, B, C, D, E, F von Bild 1-1 bis 1-4

Einem *Schalter* mit dem *Namen* X ordnen wir die *Schaltvariable* x zu [1]). So hat der Schalter A (Bild 1-1) die Schaltvariable a. Ein Schalter mit einem *Ruhekontakt* bekommt eine *überstrichene* Schaltvariable, daher hat der Schalter B von Bild 1-2 die Schaltvariable $\overline{b}$ (gelesen: „nicht b" [1])). Wie die Spalten 1 und 2 von Bild 1-7 zeigen, können wir aus der Tabelle sehr schön das „komplementäre" Verhalten eines Schalters mit Ruhekontakt und eines Schalters mit Arbeitskontakt erkennen. In der Tabelle von Bild 1-7 sind noch die Schaltwerte der Schalter von Bild 1-3 und 1-4 aufgenommen.

---

[1]) Nach DIN 66000: Mathematische Zeichen der Schaltalgebra.

Diese Schalter haben je zwei Schaltkontakte, und für jeden einzelnen Schaltkontakt geben wir eine Schaltvariable an. Die Schalter D und E haben je einen Ruhe- und einen Arbeitskontakt, entsprechend nehmen die Schaltvariablen komplementäre Werte in den beiden Schalterstellungen an. Die Schaltwerte der Schaltkontakte können wir von den Glühlämpchen, die in den Stromkreisen eingebaut sind (vgl. Bild 1-1 bis 1-4), ablesen: leuchtendes Lämpchen entspricht dem Schaltwert *1*.

Durch die Beschreibung des Schaltverhaltens in *Schaltwerttafeln* haben wir zugleich einen Abstraktionsprozeß vorgenommen, der konstruktive Unterschiede der Schalter verschwinden läßt (vgl. Spalte 7 und 8 sowie 9 und 10 von Bild 1-7 für die Schalter E und F von Bild 1-3 und das Relais von Bild 1-4).

1.3. Schaltnetze: Serien- und Parallelschaltung, symbolische Beschreibung

1.3.1. Serien- und Parallelschaltung von Schaltern

Die Anordnung der Schalter im Schaltnetz G (Bild 1-8) nennt man eine *Parallelschaltung*, diejenige vom Schaltnetz H eine *Serienschaltung*. Das Schaltnetz J ist eine Serienschaltung von einem Schalter A mit Arbeitskontakt und einem Schalter B mit einem Ruhekontakt. Im Schaltnetz K haben wir eine kombinierte Serien-Parallelschaltung. Wegen der gekoppelten Ruhe- und Arbeitskontakte bei den Schaltern A und B von K können diese auch als Umschalter realisiert werden. So ergibt sich Schaltnetz K*.

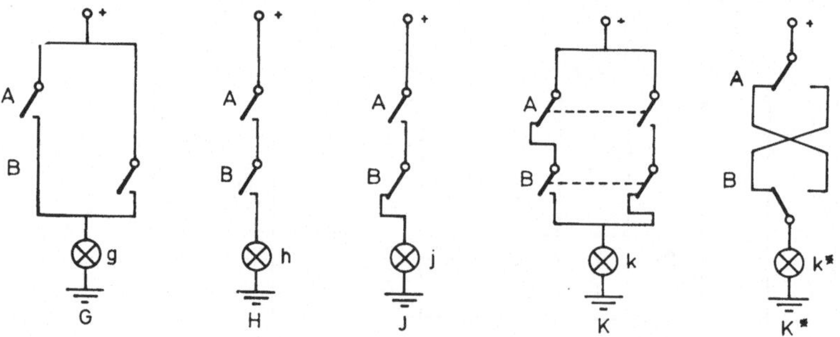

Bild 1-8. Parallel- und Serienschaltung von Schaltern (Beispiele)

1.3.2. Praktische Bedeutung der Schaltnetze von Bild 1-8

Bereits die einfachen Schalteranordnungen G . . . K von Bild 1-8 haben praktische Anwendungen:

G: Für eine Hausklingel, welche von zwei Stellen, d.h. von Schalter A *oder* B aus, betätigt werden soll, wird man die beiden Schalter in Anordnung G wählen. Die Klingel ertönt auch, wenn beide Schalter gleichzeitig gedrückt werden. Wollte man dies verhindern, müßte man die Schaltung K wählen: Die Klingel ertönt dann, wenn *entweder* A *oder* B betätigt werden.

H: Will man den Stromfluß erst zulassen, wenn zusätzlich ein Schalter B betätigt ist, so muß man B in Serie mit dem Schalter A legen. Der Strom fließt nur, wenn der Schalter A *und* der Schalter B geschlossen sind. Schalter B kann ein Sicherheitsschalter sein. Die Sicherung in einem Haushaltsstromnetz erfüllt die Funktion eines solchen Schalters.

J: Der Sicherheitsschalter B kann aber auch so geschaltet sein, daß er im Gefahrenfalle *betätigt* wird und damit den Stromkreis *unterbricht.* (Notschalter an rotierenden Walzen). Ein Stromfluß ist nur dann möglich, wenn Schalter A betätigt *und* Schalter B *nicht* betätigt wird.

K: Diese Schaltung sowie die gleichwertige Schaltung K* ist als „Wechselschaltung" bekannt, die den Zweck hat, einen Verbraucher an zwei Stellen ein- bzw. auszuschalten. Z.B.: Eine Treppenhausbeleuchtung soll mit dem unteren Schalter B eingeschaltet und dem oberen A wieder ausgeschaltet werden können (und umgekehrt). Jeder *Änderung* der Schalterstellung *eines* Schalters ändert den Schaltwert des *Schaltnetzes.* Die Lampe leuchtet, wenn *entweder* Schalter A *oder* Schalter B betätigt ist.

1.3.3. Definition des Begriffes: „Schaltnetz"

Unter einem Schaltnetz soll verstanden werden:

1. Ein Schalter mit *einem* Arbeits- oder Ruhekontakt oder beliebig vielen gekoppelten Schaltkontakten.
2. Eine *Serien-* oder *Parallelschaltung* von Schaltern oder eine Kombination von Serien- und Parallelschaltungen.

Diese Definition wird später erweitert (vgl. 1.8.).

Alle bisherigen Darstellungen von Bild 1-1 bis 1-8 stellen also Schaltnetze dar. Durch die Einbeziehung eines einzelnen Schalters in den Begriff „Schaltnetz" werden spätere Verallgemeinerungen (von Gesetzen usw.) erleichtert.

1.3.4. Symbolische Beschreibung von Schaltnetzen

a) Wertetafeln

Wir können nicht nur einzelnen Schaltkontakten, sondern auch einem Schaltnetz, welches eine Kombination von verschiedenen Schaltern darstellt (Beispiele in Bild 1-8), einen Schaltwert zuordnen. Diese sind an den Glühlämpchen, wie sie zu diesem Zweck bei den Schaltbildern von Bild 1-8 eingebaut sind, abzulesen. Nun ist jedoch bei diesen Schaltnetzen zu berücksichtigen, daß ihre Schaltwerte von vier *Kombinationen* von Schalterstellungen der Schalter A und B abhängen. Dies soll Bild 1-9 veranschaulichen, dabei wird das Schaltnetz J von Bild 1-8 zugrundegelegt.

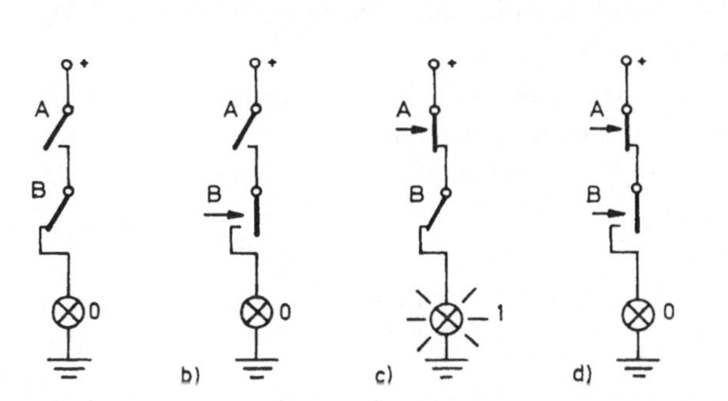

e)

Bild 1-9. Die vier möglichen Kombinationen von Schalterbetätigungen bei zwei Schaltern, dargestellt am Beispiel einer Serienschaltung

Bild 1-9e zeigt den Aufbau des Schaltnetzes J mit Schalter- und Lampengliedern des Lehrgerätes SIMULOG. Ein Umschalter gibt die Möglichkeit, sowohl einen Schalter mit Arbeitskontakt (rechte grüne Ausgangsbuchse), als auch einen Schalter mit Ruhekontakt (linke rote Ausgangsbuchse) zu realisieren.

Nun wollen wir die Tabelle des Schaltverhaltens in der Beschreibung von Bild 1-9 in eine *Wertetafel* (genauer: Schaltwerttafel) übertragen.

Tabelle 1. Zuordnung der Schaltwerte des Schaltnetzes zu den *Schalterstellungen* der Schalter

Schalter-stellung		Schaltwert Schaltnetz J
Schalter		
A	B	j
unbetätigt	unbetätigt	*0*
unbetätigt	betätigt	*0*
betätigt	unbetätigt	*1*
betätigt	betätigt	*0*

Tabelle 2. Zuordnung der Schaltwerte des Schaltnetzes zu den *Schaltwerten* der Schalter

Schaltwertepaar Schalter A, B	Schaltwert Schaltnetz J
(a,b)	$a \wedge \overline{b} = j$
$(0,0)$	$0 \wedge 1 = 0$
$(0,1)$	$0 \wedge 0 = 0$
$(1,0)$	$1 \wedge 1 = 1$
$(1,1)$	$1 \wedge 0 = 0$

Bild 1-10a. Wertetafeln für Schaltnetz J von Bild 1-8

Wie in Bild 1-9 haben wir in der Tabelle 1 von Bild 1-10a die *Schaltwerte des Schaltnetzes J* (rechte Spalte) den *Schalterstellungen der Schalter* (linke Spalte) zugeordnet. Nun ist es jedoch üblich, in Schaltwerttafeln die Schaltwerte des Schaltnetzes den *Schaltwerten* der Schalter, aus denen es besteht, zuzuordnen [1]). Dabei muß aber folgendes beachtet werden: Bei einem Schalter mit Ruhekontakt (wie Schalter B von Bild 1-9), sind als Schaltwerte des Schalters nicht diejenigen des Ruhekontaktes, sondern die eines *Arbeitskontaktes* zu nehmen, den man sich mit dem Ruhekontakt gekoppelt denkt. So entsteht die Tabelle 2 von Bild 1-10a. Sie enthält Wertepaare (a,b) der Schalter A und B mit *Arbeits*kontakten. In der ersten Zeile mit den unbetätigten Stellungen der Schalter ist der Schaltwert von A: $a = 0$ und der Schaltwert des (gedachten) Arbeitskontaktes von B: $b = 0$. Der Schaltwert des tatsächlich vorhandenen *Ruhe*kontaktes von B ist: $\overline{b} = 1$, wie aus der rechten Spalte zu ersehen ist [2]).

Die Schaltwerttafeln von Schaltnetzen haben also zwei Spalten: Die erste gibt die Kombinationen der Schaltwerte der Schalter an, aus denen das Schaltnetz besteht (Eingangsvariable), die zweite Spalte gibt die zugehörigen Schaltwerte des Schaltnetzes an (Ausgangsvariable).

---

[1]) Die Schaltwerttafeln können dann besser als Wertetafeln einer zweielementigen Booleschen Algebra (Kapitel 3) verstanden werden. Dort sind nämlich die verknüpften Werte *und* die Funktionswerte aus der gleichen Menge $\{0,1\}$.

[2]) Wenn diese Deutung der Wertetafel dem Leser Schwierigkeiten macht, so lese er die Wertepaare (a,b) als *Schalterstellungen*, wobei die unbetätigte Stellung durch eine *0*, die betätigte durch eine *1* beschrieben wird.

In Bild 1-10b sind die Wertetafeln der Schaltnetze G, H und K von Bild 1-8 zusammengestellt, dabei sind die Eingangsvariablen (Spalte 0) mit den Schaltwertpaaren der Schalter nur einmal aufgeführt. In den Spalten 1, 2 und 3 der Schaltwerte der Schaltnetze sind auch die Schaltwerte der einzelnen Schalter des Schaltnetzes aufgenommen, diese werden aber bei den späteren Wertetafeln nicht mehr aufgeführt.

	0	1	2	3
Zeile	a,b	$a \vee b = g$	$a \wedge b = h$	$(\bar{a} \wedge b) \vee (a \wedge \bar{b}) = k$
0	*(0,0)*	$0 \vee 0 = 0$	$0 \wedge 0 = 0$	$(1 \wedge 0) \vee (0 \wedge 1) = 0$
1	*(0,1)*	$0 \vee 1 = 1$	$0 \wedge 1 = 0$	$(1 \wedge 1) \vee (0 \wedge 0) = 1$
2	*(1,0)*	$1 \vee 0 = 1$	$1 \wedge 0 = 0$	$(0 \wedge 0) \vee (1 \wedge 1) = 1$
3	*(1,1)*	$1 \vee 1 = 1$	$1 \wedge 1 = 1$	$(0 \wedge 1) \vee (1 \wedge 0) = 0$

Bild 1-10b. Wertetafeln für die Schaltnetze von Bild 1-8

b) Schaltterme

Die Ausdrücke $a \vee b$, $a \wedge b$, $(\bar{a} \wedge b) \vee (a \wedge \bar{b})$ im Kopf der Tabelle von Bild 1-10b nennt man *Schaltterme* von Schaltnetzen (auch kurz: Terme). Schaltterme werden also gebildet aus den *Schaltvariablen* (a,b, . . .) der Schaltkontakte des Schaltnetzes und den *Verknüpfungszeichen* $\wedge$, $\vee$, $\bar{\ }$, sowie den *Konstanten 0* und *1*. Auch die Schaltvariablen allein zählt man zu den Termen.

Ein Schaltnetz, bestehend aus einer *Serien*schaltung des Schalters A (Schaltwert a) mit dem Schalter B (Schaltwert b) hat den Schaltterm $a \wedge b$. Entsprechend ist $a \vee b$ der Schaltterm des Schaltnetzes, welches aus *parallel* geschalteten Schaltern A und B besteht. Die folgende Tabelle (Bild 1-10c) stellt die Namen und Lesarten wichtiger Terme nach DIN 66 000 (Mathematische Zeichen der Schaltalgebra) zusammen.

Schaltnetz	Schaltterm	gelesen:	Name des Terms	Name der Verknüpfung
Schalter A mit Arbeitskontakt	a	a	Schaltvariable	
Schalter A mit Ruhekontakt	$\bar{a}$	nicht a	Negat von a	Negation
A und B in Serie [1])	$a \wedge b$	a und b	Konjunkt	Konjunktion UND-Verknüpfung
A und B parallel [1])	$a \vee b$	a oder b	Disjunkt	Disjunktion ODER-Verknüpfung

Bild 1-10c. Namen und Lesarten wichtiger Terme nach DIN 66 000

[1]) Schalter A und B mit Arbeitskontakt.

Die Lesart „oder“ und „und“ kann wie folgt argumentiert werden:

Der Schaltwert der *Parallelschaltung* ist *1*, wenn Schalter A *oder* Schalter B geschlossen sind. Das Oder ist so zu verstehen, daß es den Fall „A *und* B sind geschlossen“ einbezieht („einschließendes Oder“).

Der Schaltwert der *Serienschaltung* ist genau dann *1*, wenn die Schalter A *und* B geschlossen sind.

c) Die Schaltfunktion eines Schaltnetzes

Zu bestimmten Schalterstellungen eines Schaltnetzes (bzw. zu den Schaltwertkombinationen seiner Schalter) gehört immer genau ein Schaltwert des Schaltnetzes, nämlich *1* oder *0*. Eine solche eindeutige Zuordnung nennt man in der Mathematik eine Funktion. Ungewohnt ist hier vielleicht, daß die Funktion nur die Werte *0* und *1* hat. Wir nennen diese Funktion, welche Schaltwerte einander zuordnet, eine *„Schaltfunktion“*.

Eine Darstellung für die Schaltfunktion, die Schaltwerttafel (kurz: Wertetafel), haben wir soeben kennengelernt (Bild 1-10a und b). Die Schaltwertkombinationen der Schalter des Schaltnetzes (linke Spalte der Wertetafel) nennen wir auch n-Tupel. Bei zwei Schaltern gibt es vier 2-Tupel oder *„Paare“*, bei drei Schaltern gibt es acht 3-Tupel oder *„Tripel“* (vgl. Bild 1-11c). Bei n Schaltern gibt es 2^n n-Tupel. Die Wertetafel eines Schaltnetzes aus n Schaltern hat also 2^n Zeilen.

Bild 1-11 zeigt je ein Beispiel für Schaltnetze mit einem, zwei und drei Schaltern. Im Kopf der Spalte 1 steht der *Funktionsterm* der Schaltfunktion.

Die Schaltfunktion wird meistens als *Funktionsgleichung* geschrieben [1]). Sie lauten für die Beispiele von Bild 1-11:

a) $f(a) = \bar{a}$

b) $f(a,b) = a \wedge b$

c) $f(a,b,c) = (a \vee b) \wedge \bar{c}$

Eine Funktion, deren Tupel aus n Werten bestehen, nennt man eine n-stellige Funktion. In Bild 1-11 ist also je ein Beispiel für *einstellige*, eine *zweistellige* und eine *dreistellige* Funktion gegeben.

Zeile	0 a	1 $\bar{a}$
0	*0*	*1*
1	*1*	*0*

a)

Zeile	0 (a,b)	1 $a \wedge b$
0	*(0,0)*	*0*
1	*(0,1)*	*0*
2	*(1,0)*	*0*
3	*(1,1)*	*1*

b)

Zeile	0 (a,b,c)	1 $(a \vee b) \wedge \bar{c}$
0	*(0,0,0)*	*0*
1	*(0,0,1)*	*0*
2	*(0,1,0)*	*1*
3	*(0,1,1)*	*0*
4	*(1,0,0)*	*1*
5	*(1,0,1)*	*0*
6	*(1,1,0)*	*1*
7	*(1,1,1)*	*0*

c)

Bild 1-11. Beispiele für Wertetafeln für ein-, zwei- und dreistellige Schaltfunktionen

Wir treffen für das Aufstellen der Wertetafeln noch folgende Vereinbarung: Die n-Tupel (Spalte 0) werden in einer bestimmten Reihenfolge geschrieben und zwar sollen sie, als Dualzahlen interpretiert, von oben nach unten die Folge der ganzen positiven Zahlen er-

[1]) Die moderne Darstellungsweise von Funktionen soll erst in Kapitel 3 eingeführt werden, da wir sie hier nicht unbedingt benötigen. Die *Funktionsgleichung* stellt hierbei nicht die Funktion selbst, sondern nur die *Zuordnungsvorschrift* dar.

geben (vgl. die zugehörigen Dezimalzahlen in der ersten Spalte). Dadurch wird nämlich auch eine bestimmte Reihenfolge der Schaltwerte des Schaltnetzes (der *Funktionswerte*) gegeben, die uns erlaubt, kürzere Darstellungsweisen für die Schaltfunktion einzuführen.

d) Wertfolge und Funktionssymbol

Wir haben die Reihenfolge der Schalterstellungen (bzw. der n-Tupel der Schaltwerte) festgelegt. Dann ist jede Schaltfunktion durch die Angabe der 2^n zugehörigen Funktionswerte (einer n-stelligen Funktion) bereits eindeutig definiert.

Diese Funktionswerte schreiben wir als „*Wertefolge*“ (nebeneinander) in eckigen Klammern.

Ferner führen wir ein „*Funktionssymbol*“ ein. Das *Funktionssymbol* f_k^n hat zwei Indizes. Der obere Index n gibt die Stelligkeit der Funktion an (bzw. die Anzahl der Schalter des Schaltnetzes, wobei jeder Schalter mehrere gekoppelte Schaltkontakte haben kann). Der untere Index ist das Dezimaläquivalent der als Dualzahl aufgefaßten Wertefolge [1]).

In Bild 1-12 sind die Wertefolgen und die Funktionssymbole von den Schaltfunktionen einiger bisher beschriebener Schaltnetze zusammengestellt.

Schaltnetz	Schaltterm	Wertefolge	Funktionssymbol
Schalter A (Bild 1-1)	a	⟨*01*⟩	f_1^1
Schalter B (Bild 1-2)	$\bar{b}$	⟨*10*⟩	f_2^1
G von Bild 1-8	$a \vee b$	⟨*0111*⟩	f_7^2
H von Bild 1-8	$a \wedge b$	⟨*0001*⟩	f_1^2
J von Bild 1-8	$a \wedge \bar{b}$	⟨*0010*⟩	f_2^2
K von Bild 1-8	$(\bar{a} \wedge b) \vee (a \wedge \bar{b})$	⟨*0110*⟩	f_6^2
Bild 1-11c	$(a \vee b) \wedge \bar{c}$	⟨*00101010*⟩	f_{42}^3

Bild 1-12. „Wertefolge“ und Funktionssymbol verschiedener Schaltfunktionen

1.3.5. Äquivalente Schaltnetze

Schaltnetze heißen äquivalent, wenn sie die gleiche Wertefolge besitzen. Eine einfache Methode der Äquivalenzprüfung besteht daher im Vergleich der Wertetafel. Unter den Schaltnetzen G, H, J und K von Bild 1-8 gibt es keine äquivalenten. Das Schaltnetz K ist äquivalent zu K*, da die Schalter A und B vom Schaltnetz K nur eine andere technische Realisierung in K* gefunden haben.

---

[1]) Das Zeichen f_k^n (a,b, . . .) benennt den Funktions*wert* „an der Stelle (a,b, . . .)“ und muß von dem Funktionssymbol f_k^n, welches die Funktion benennt, unterschieden werden.

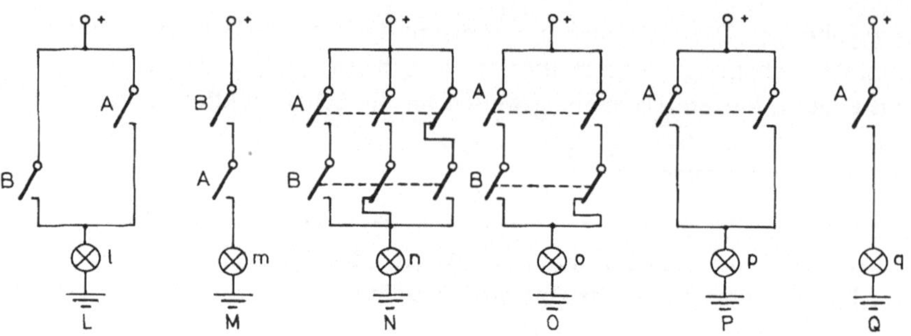

	(l)	(m)	(n)	(o)	(p)	(q)
(a,b)	$b \vee a$	$b \wedge a$	$(a \wedge b) \vee (a \wedge \bar{b}) \vee (\bar{a} \wedge b)$	$(a \wedge b) \vee (a \wedge \bar{b})$	$a \vee a$	a
(0,0)	0	0	0	0	0	0
(0,1)	1	0	1	0	0	0
(1,0)	1	0	1	1	1	1
(1,1)	1	1	1	1	1	1

Bild 1-13. Beispiele von Schaltnetzen L . . . Q mit Wertetafeln. Die Glühlampen l . . . q zeigen die Schaltwerte der Schaltnetze an.

Das Schaltnetz L von Bild 1-13 ist äquivalent zu Schaltnetz G von Bild 1-8. Wir schreiben:

$$L \Longleftrightarrow G$$

Ferner gilt:

$$M \Longleftrightarrow H$$

Wir ersehen hieraus, daß die Reihenfolge der Schalter bei Parallel- und Serienschaltung keinen Einfluß auf die Schaltwerte des Schaltnetzes haben. Die Wertefolge des Schaltnetzes N zeigt, daß

$$N \Longleftrightarrow L.$$

Schaltnetze mit vielen Kontakten können also u.U. durch weniger aufwendige ersetzt werden. Ein weiteres Beispiel sind die Schaltnetze O und P, welche dem Schaltnetz Q äquivalent sind:

$$O \Longleftrightarrow Q \quad \text{und} \quad P \Longleftrightarrow Q.$$

Zu jedem Schaltnetz gibt es unendlich viele äquivalente Schaltnetze. Diese fassen wir zu einer *Klasse* zusammen, zu der eine einzige Schaltfunktion (Wertetafel, Wertefolge, Funktionssymbol) gehört.

Zwischen den Termen äquivalenter Schaltnetze setzen wir das Gleichheitszeichen und behaupten damit die Wertgleichheit der beiden Seiten bei jeder beliebigen Belegung der Variablen:

$a \vee b = b \vee a$	(Schaltnetze G und L)
$a \wedge b = b \wedge a$	(Schaltnetze H und M)
$a \vee b = (\bar{a} \wedge b) \vee (a \wedge \bar{b}) \vee (a \wedge b)$	(Schaltnetze G und N)
$a \vee a = (a \wedge b) \vee (a \wedge \bar{b})$	(Schaltnetze P und O)
$a \vee a = a$	(Schaltnetze P und Q)

1.3.6. Klassen äquivalenter Schaltnetze

a) Schaltnetze mit einem Schalter

Aus den Wertetafeln von Bild 1-14a entnehmen wir, daß es vier Klassen äquivalenter Schaltnetze mit *einem* Schalter gibt:

0	1	2	3	4
a	$f_0^1(a)$	$f_1^1(a)$	$f_2^1(a)$	$f_3^1(a)$
0	*0*	*0*	*1*	*1*
1	*0*	*1*	*0*	*1*

a)

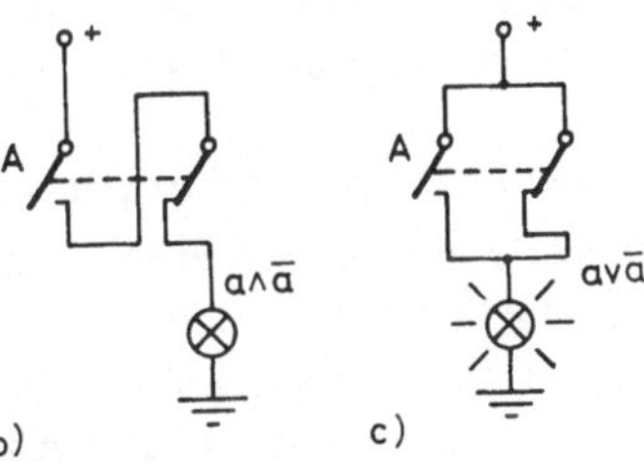

Beispiele von Schaltnetzen zu f_0^1 und f_3^1

Bild 1-14. Schaltnetze mit einem Schalter
a) Wertetafeln einstelliger Funktionen
b) $a \wedge \bar{a} = 0$
c) $a \vee \bar{a} = 1$

In den Spalten $f_i^1(a)$ stehen die Funktionswerte der Funktionen f_i^1. Zur Funktion f_1^1 gehört z.B. ein Schalter mit einem Arbeitskontakt (Schaltnetz Q von Bild 1-13), aber auch das Schaltnetz P. Dagegen wollen wir das Schaltnetz O von Bild 1-13 nicht zu der Funktion f_1^1 rechnen, da es zwei Schalter hat, wenn auch der Schalter B ohne Einfluß auf das Schaltverhalten ist. Zum Schaltnetz O gehört die Funktion f_3^2 (vgl. Bild 1-15).

Der einfachste Funktionsterm zu f_2^1 ist $\bar{a}$, der einen Schalter mit Ruhekontakt (Bild 1-2) beschreibt.

Beispiele für Schaltnetze, die zu den Funktionen f_0^1 und f_3^1 gehören, zeigt Bild 1-14b und c.

b) Schaltnetze mit zwei Schaltern

Für Schaltnetze mit zwei Schaltern, von denen jeder beliebig viele gekoppelte Kontakte haben kann, haben die Wertetafeln vier Zeilen (vgl. Bild 1-10 und 1-13). Die Wertefolge besteht daher aus 4 Zeichen. Da für die Anordnung der Schaltwerte *0* und *1* in der Wertefolge 16 Möglichkeiten bestehen, gibt es 16 Klassen äquivalenter Schaltnetze mit zwei Schaltern, d.h. 16 zweistellige Schaltfunktionen.

S

(a,b)	f_0^2	f_1^2	f_2^2	f_3^2	f_4^2	f_5^2	f_6^2	f_7^2	f_8^2	f_9^2	f_{10}^2	f_{11}^2	f_{12}^2	f_{13}^2	f_{14}^2	f_{15}^2
(0,0)	*0*	*0*	*0*	*0*	*0*	*0*	*0*	*0*	*1*	*1*	*1*	*1*	*1*	*1*	*1*	*1*
(0,1)	*0*	*0*	*0*	*0*	*1*	*1*	*1*	*1*	*0*	*0*	*0*	*0*	*1*	*1*	*1*	*1*
(1,0)	*0*	*0*	*1*	*1*	*0*	*0*	*1*	*1*	*0*	*0*	*1*	*1*	*0*	*0*	*1*	*1*
(1,1)	*0*	*1*	*0*	*1*	*0*	*1*	*0*	*1*	*0*	*1*	*0*	*1*	*0*	*1*	*0*	*1*

Bild 1-15. Die 16 Schaltfunktionen von Schaltnetzen mit zwei Schaltern

Die Spalten geben die Funktionswerte f_k^2 (a,b) an. Vereinfachend ist das Funktionssymbol f_k^2 geschrieben. S ist die Spiegelebene für die Komplemente der Schaltwerte der Funktionen f_i^2 und die Schaltwerte der Funktion f_r^2 mit $r + i = 15$.

Wir haben bisher für Schaltnetze mit zwei Schaltern die Klassen mit den Schaltfunktionen f_7^2, f_1^2, f_2^2, f_6^2 (Bild 1-8 und Bild 1-13) sowie f_3^2 (Bild 1-13, Schaltnetz 0) angetroffen. Im Schaltnetz 0 von Bild 1-13 wirkt sich der Schalter B nicht auf den Schaltwert des Schaltnetzes aus, d.h. f_3^2 (a, b) wird nur von a beeinflußt. Ebenso sind die Schaltwerte der Schaltnetze, die zu f_5^2, f_{10}^2, f_{12}^2 gehören, nur von genau einem Schalter abhängig. Es bleiben nur 10 Klassen äquivalenter Schaltnetze übrig, in denen die Schaltwerte von *beiden* Schaltern auf den Schaltwert des Schaltnetzes von Einfluß sind.

c) Schaltnetze mit drei und mehr Schaltern

Die Wertetafel für Schaltnetze mit drei Schaltern hat 8 Zeilen für die Wertetripel *(0,0,0)* bis *(1,1,1)* (Beispiel: Bild 1-11c). Es gibt $2^8 = 256$ Möglichkeiten, die Zeichen *0* und *1* in der Wertefolge aus 8 Zeichen anzuordnen, und daher 256 Klassen äquivalenter Schaltnetze mit drei Schaltern. Die Anzahl der Klassen äquivalenter Schaltnetze steigt also mit der Anzahl der Schaltnetze rasch an (vgl. Anhang 1.3.).

1.3.7. Komplementäre Schaltnetze

Wir nennen den Schaltwert *0* das *Komplement* von *1* (und umgekehrt). Zwei Schaltnetze sind komplementär, wenn die entsprechenden Werte der Wertefolge jeweils Komplemente sind. Ein Schaltnetz, bestehend aus einem Schalter mit Ruhekontakt ist komplemtär zu dem aus einem Schalter mit Arbeitskontakt (vgl. f_1^1 und f_2^1 von Bild 1-14). In dem Bild 1-15 ist die gestrichelte Linie S eine Spiegelebene für die Schaltfunktionen von Klassen komplementärer Schaltnetze (z.B. f_7^2 und f_8^2, f_6^2 und f_9^2, . . .). Die beiden Schaltnetze G und R (Bild 1-16) sind komplementär (sie gehören zur Klasse f_7^2 und f_8^2. Die Komplementarität der Schaltnetze S und T ist aus den zugehörigen Wertetafeln zu erkennen.

Bei dem Schaltnetz G von Bild 1-16 müssen die Arbeitskontakte gegen Ruhekontakte ausgetauscht und die Parallelschaltung durch eine Serienschaltung ersetzt werden, um zu dem komplementären Schaltnetz R zu kommen (vgl. S und T). Wir werden diese Tatsache in 1.4.8. als Gesetz von De Morgan wiederfinden.

Den Schaltterm, der zu einem komplementären Schaltnetz gehört, nennt man das *Negat* des Terms des ursprünglichen Schaltnetzes. Der Term $\overline{a \vee b}$ ist also das Negat von dem Term $\bar{a} \wedge \bar{b}$ (und umgekehrt). Wir schreiben: $\overline{a \vee b} = \bar{a} \wedge \bar{b}$.

0	1	2
(a,b,c)[1]	$a \wedge \bar{b} \wedge c = s$	$\bar{a} \vee b \vee \bar{c} = t$
0 0 0	*0*	*1*
0 0 1	*0*	*1*
0 1 0	*0*	*1*
0 1 1	*0*	*1*
1 0 0	*0*	*1*
1 0 1	*1*	*0*
1 1 0	*0*	*1*
1 1 1	*0*	*1*

Bild 1-16. Komplementäre Schaltnetze. Wertetafel zu den Schaltnetzen S und T

Der Term $a \wedge \bar{b} \wedge c$ ist das Negat von $\bar{a} \vee b \vee \bar{c}$, also:

$$a \wedge \bar{b} \wedge c = \overline{\bar{a} \vee b \vee \bar{c}}$$

1.3.8. Gekoppelte Schaltnetze

Bei dem Schaltnetz von Bild 1-17 sind die Schaltnetze X und Y „gekoppelt“: Der Strom, der durch das Schaltnetz X fließt, betätigt das Relais des Schaltnetzes Y. Der Schaltwert x ist die Eingangsvariable für Schaltnetz Y, d.h. x ist die Schalterstellung y. Daher ist die Schaltfunktion, die zum Schaltnetz von Y gehört, eine Funktion der Schaltfunktion für Schaltnetz X. Als Beispiel diene das Schaltnetz X ∘ Y (gelesen: Y „nach“ X) von Bild 1-17 mit dem Term $x = a \vee b$ und $y = \bar{x}$.

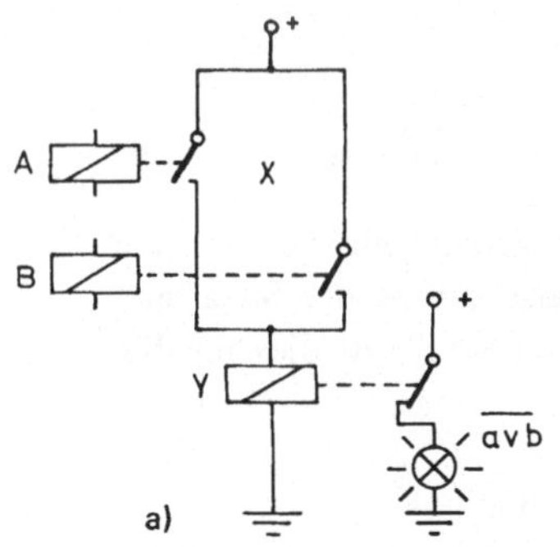

b)

	X	X ∘ Y	
(a,b)	$a \vee b = x$	$\overline{a \vee b} = y$	$\bar{a} \wedge \bar{b} = r$
0 0	*0*	*1*	*1*
0 1	*1*	*0*	*0*
1 0	*1*	*0*	*0*
1 1	*1*	*0*	*0*

Bild 1-17. Beispiel für ein gekoppeltes Schaltnetz (a = *0*, b = *0*)

Wie ein Vergleich der Wertetafeln des gekoppelten Schaltnetzes X, Y und des Schaltnetzes R (Bild 1-16) ergibt, sind beide Schaltnetze äquivalent. Wir können daher schreiben: $\overline{a \vee b} = \bar{a} \wedge \bar{b}$.

[1]) Die Klammern und Kommata bei den Wertetupeln (Spalte 0) lassen wir hinfort zur Vereinfachung weg.

1.4. Die Gesetze der Schaltalgebra

Allgemeines: Wir sind schon mehrfach auf äquivalente Schaltnetze gestoßen. Im allgemeinen ist eines dieser Schaltnetze einfacher als das andere. Für den Konstrukteur von Schaltnetzen ist es wichtig, die Gesetze für äquivalente Schaltnetze zu kennen. Mit ihrer Hilfe ist er in der Lage, ein möglichst einfaches Netz mit einer bestimmten Schaltfunktion zu planen, indem er den Term, der das gewünschte Schaltnetz beschreibt, in die einfachste Form bringt. Es können auch Terme mit besonderen Eigenschaften, z.B. Terme, die bestimmte Teilterme enthalten, günstig sein. Diese Gesetze der Schaltalgebra sind im Anhang I.1. zusammengestellt. Wir wollen nun die Gleichheit der Terme in diesen Gesetzen überprüfen, indem wir die entsprechenden Schaltnetze bauen und ihre Äquivalenz nachweisen. In den Gesetzen treten auf:

1. Die Schaltvariablen a, b, c . . . der Schalter A, B, C,
2. die Verknüpfungszeichen $\wedge$, $\vee$, $\bar{\ }$,
3. die Konstanten *0* und *1*, welche den Schaltwert eines immer offenen bzw. immer geschlossenen Kontaktes darstellen.

1.4.1. Die Kommutativgesetze (K)

$(K_\wedge)$ $\quad a \wedge b = b \wedge a$ $\qquad$ $(K_\vee)$ $\quad a \vee b = b \vee a$

Die Schalter in einer Serien- bzw. Parallelschaltung können vertauscht werden, ohne daß der Schaltwert der Schaltnetze sich ändert. Dies wurde bereits an den Schaltnetzen H und M sowie G und L gezeigt (Bild 1-8 und 1-13). Man kann es auch an den Wertetafeln von G und H erkennen (Bild 1-10), aus denen zu lesen ist:

$0 \wedge 1 = 1 \wedge 0 = 0 \qquad 0 \vee 1 = 1 \vee 0 = 1$

1.4.2. Die Assoziativgesetze (A)

$(A_\wedge)$ $\quad (a \wedge b) \wedge c = a \wedge (b \wedge c)$ $\qquad$ $(A_\vee)$ $\quad (a \vee b) \vee c = a \vee (b \vee c)$

Beispiel $(A_\vee)$: Wie die Klammern der linken Seite von $(A_\vee)$ angeben, müssen zunächst die Schalter A und B parallel geschaltet und zu dieser Parallelschaltung der Schalter C parallel angeordnet werden, wie Bild 1-18a zeigt. Entsprechend geschieht dies für die rechte Seite der Gleichung.

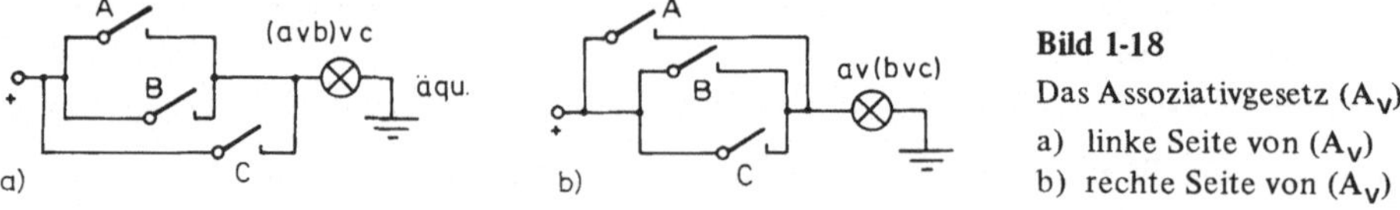

Bild 1-18
Das Assoziativgesetz $(A_\vee)$
a) linke Seite von $(A_\vee)$
b) rechte Seite von $(A_\vee)$

Die Äquivalenz der Schaltkreise ist ohne weiteres ersichtlich.
Bei Bild 1-18 und den folgenden Bildern sind die Schalter in der unbetätigten Stellung gezeichnet. Man möge hier und bei den folgenden Bildern oder an den konkreten Schaltungen die 2^n Kombinationen der Schalterstellungen der n Schalter (Spalte 0 der Wertetafeln) durchspielen und das Leuchten der Glühlampe mit den Funktionswerten der Wertetafel vergleichen.

1.4.3. Die Distributivgesetze (D)

$(D_\wedge)$ $\quad a \wedge (b \vee c) = (a \wedge b) \vee (a \wedge c)$ $\qquad (D_\vee)$ $\quad a \vee (b \wedge c) = (a \vee b) \wedge (a \vee c)$

Schaltnetze und Wertetafeln seien für das zweite Distributivgesetz $(D_\vee)$ ausgeführt:

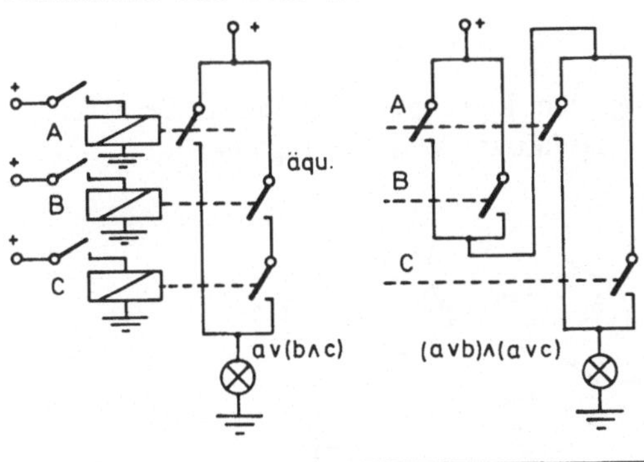

Bild 1-19
Zweites Distributivgesetz $(D_\vee)$

(0)	(1)	(2)	(3)	(4)	(5)
(a,b,c)	$b \wedge c$	$a \vee (b \wedge c)$	$a \vee b$	$a \vee c$	$(a \vee b) \wedge (a \vee c)$
0 0 0	*0*	*0*	*0*	*0*	*0*
0 0 1	*0*	*0*	*0*	*1*	*0*
0 1 0	*0*	*0*	*1*	*0*	*0*
0 1 1	*1*	*1*	*1*	*1*	*1*
1 0 0	*0*	*1*	*1*	*1*	*1*
1 0 1	*0*	*1*	*1*	*1*	*1*
1 1 0	*0*	*1*	*1*	*1*	*1*
1 1 1	*1*	*1*	*1*	*1*	*1*

Um die Werte für den linken und rechten Term von $(D_\vee)$ zu erhalten, sind zunächst die Klammerausdrücke berechnet (Spalte (1), (3) und (4)), dann die Werte der Gesamtterme (Spalten (2) und (5)). Ihre Wertefolgen zeigen, daß es sich um äquivalente Schaltnetze handelt.

Die Konstruktion der Schaltnetze zu $(D_\wedge)$ sowie die Aufstellung der Wertetafel sei dem Leser als Übung überlassen.

1.4.4. Gesetze der Idempotenz (J)

$(J_\wedge)$ $\quad a \wedge a = a$ $\qquad (J_\vee)$ $\quad a \vee a = a$

Die zu $(J_\vee)$ gehörigen Schaltnetze wurden schon in Bild 1-13 (Schaltnetz P und Q) gezeigt. Die zugehörigen Wertetafeln erweisen die Äquivalenz von P und Q. Das linke Schaltnetz von Bild 1-20 wird durch den Term $a \wedge a$ beschrieben.

0	1
a	$a \wedge a = a$
0	$0 \wedge 0 = 0$
1	$1 \wedge 1 = 1$

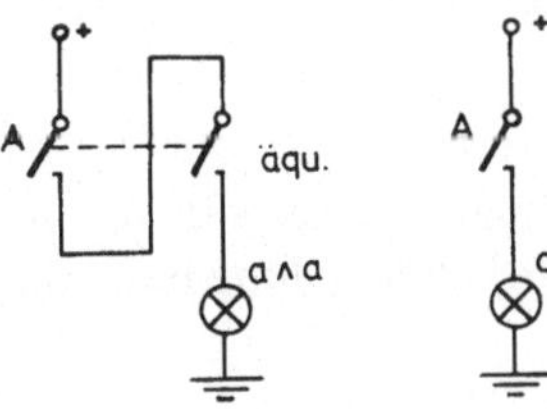

Bild 1-20
Gesetze der Idempotenz $(J_\wedge)$

Es ist äquivalent zu einem Schalter A mit *einem* Arbeitskontakt, wie aus der Wertetafel zu ersehen ist.

1.4.5. Absorptionsgesetze (Ab)

$(Ab_\wedge) \quad a \wedge (a \vee b) = a \qquad (Ab_\vee) \quad a \vee (a \wedge b) = a$

Wir behandeln nur $(Ab_\wedge)$, das Gesetz $(Ab_\vee)$ möge dem Leser als Übung dienen. Der Wert des Disjunktes a v b in Spalte 1 ergibt bei der konjunktiven Verknüpfung mit a die Spalte 2. Man erkennt aus

0	1	2	3
(a,b)	a v b	a ∧ (a v b)	a
0 0	*0*	*0*	*0*
0 1	*1*	*0*	*0*
1 0	*1*	*1*	*1*
1 1	*1*	*1*	*1*

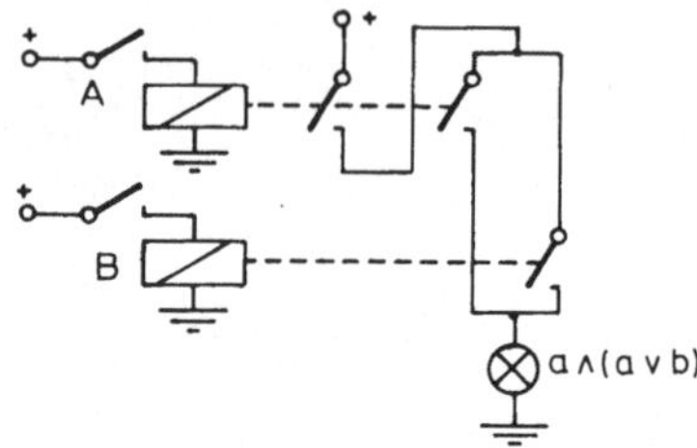

Bild 1-21. Absorptionsgesetz $(Ab_\wedge)$

der Wertefolge, daß der Schalter B keinen Einfluß auf den Schaltwert des Schaltnetzes hat.

1.4.6. Gesetze des Komplementes (C)

$(C_\wedge) \quad a \wedge \bar{a} = 0 \qquad (C_\vee) \quad a \vee \bar{a} = 1$

0	1	2
a	$a \wedge \bar{a} = f_0^1(a)$	$a \vee \bar{a} = f_3^1(a)$
0	$0 \wedge 1 = 0$	$0 \vee 1 = 1$
1	$1 \wedge 0 = 0$	$1 \vee 0 = 1$

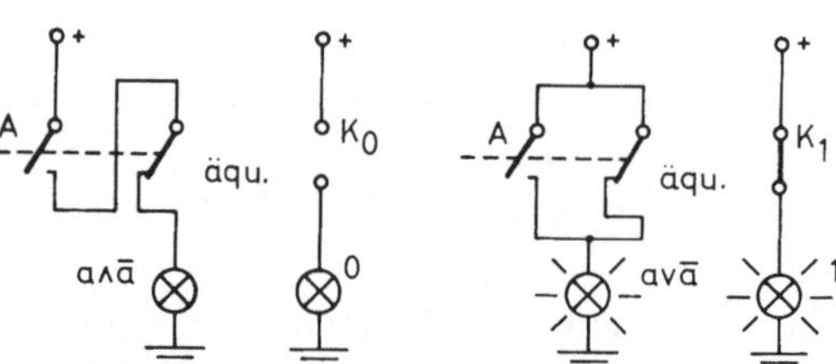

Bild 1-22. Veranschaulichung der Gesetze des Komplements

Die Wertetafeln zeigen den konstanten Funktionswert *0* bzw. *1*. Man kann *0* bzw. *1* durch einen immer offenen Kontakt K_0 bzw. einen immer geschlossenen Kontakt K_1 repräsentieren. Die Terme $a \wedge \bar{a}$ sowie $a \vee \bar{a}$ sind Funktionsterme der konstanten Funktionen f_0^1 und f_3^1.

1.4.7. Gesetz des doppelten Komplementes (CC)

$(CC) \quad \bar{\bar{a}} = a$

Der Term $\bar{\bar{a}}$ wird durch gekoppelte Schaltnetze dargestellt. Die Ausgangsvariable des ersten Netzes $\bar{a}$ ist die Eingangsvariable (Schalterstellung bzw. Stromfluß im Steuerkreis des Relais) des zweiten Schaltnetzes. In dem gezeichneten Zustand ist $a = 0$, $\bar{a} = 1$. Das Relais $\bar{A}$ führt Strom, sein Schaltkontakt (Ruhekontakt) ist betätigt, daher offen. Die Glühlampe zeigt an: $\bar{\bar{a}} = 0$.

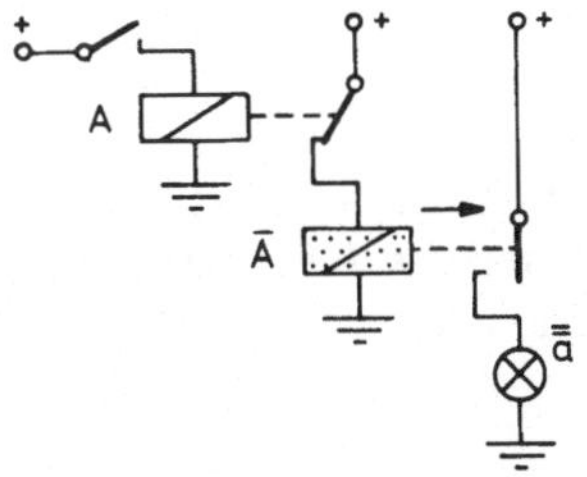

Bild 1-23
Doppeltes Komplement (CC)

1.4.8. Gesetz von De Morgan (M)

$(M_\wedge) \quad \overline{a \wedge b} = \bar{a} \vee \bar{b} \qquad (M_\vee) \quad \overline{a \vee b} = \bar{a} \wedge \bar{b}$

Die Terme $\overline{a \wedge b}$ und $\overline{a \vee b}$ gehören zu gekoppelten Schaltnetzen. $a \wedge b$ bzw. $a \vee b$ sind die Eingangsvariablen für ein weiteres Schaltnetz, welches die Komplementierung der Ausgangsvariablen des ersten Schaltnetzes bewirkt. Zu $(M_\wedge)$:

Die Schaltnetze G und R von Bild 1-16 haben die Terme $a \vee b$ und $\bar{a} \wedge \bar{b}$, welche komplementär zueinander sind. Das Negat $\overline{a \vee b}$ des Terms $a \vee b$ muß also gleich dem Term $\bar{a} \wedge \bar{b}$ sein, wie der Leser anhand einer Wertetafel nachweisen möge.

Die Schaltnetze für die Terme von $(M_\wedge)$ zeigt Bild 1-24.

	0	1	2	3
Zeile	(a,b)	$a \wedge b$	$\overline{a \wedge b} = f^2_{14}(a,b)$	$\bar{a} \vee \bar{b} = f^2_{14}(a,b)$
0	*0 0*	*0*	*1*	*1* ∨ *1* = *1*
1	*0 1*	*0*	*1*	*1* ∨ *0* = *1*
2	*1 0*	*0*	*1*	*0* ∨ *1* = *1*
3	*1 1*	*1*	*0*	*0* ∨ *0* = *0*

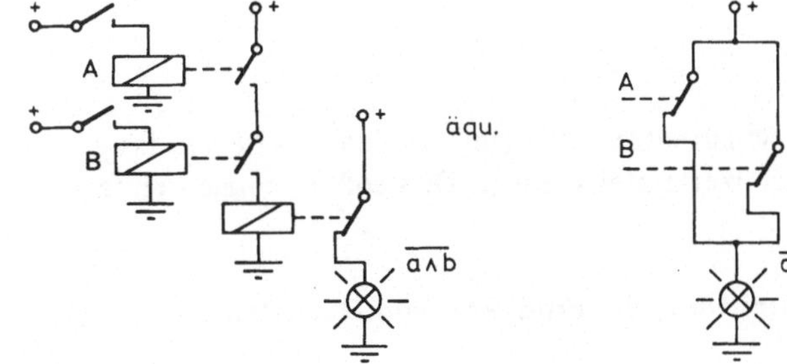

Bild 1-24
Gesetz von De Morgan (M)
($a = 0$, $b = 0$) mit Wertetafel

Wie die Wertetafeln ausweisen, sind beide Schaltnetze äquivalent.

Die Gleichungen von $(M_\wedge)$ und $(M_\vee)$ sind nur eine der möglichen Schreibweisen, das Gesetz von De Morgan auszudrücken. Man kann beispielsweise auch schreiben:

$$a \wedge b = \overline{\bar{a} \vee \bar{b}} \; .$$

1.4.9. Schaltnetze mit immer offenem und immer geschlossenem Kontakt

$(N_\wedge)$ $a \wedge 1 = a$ $(N_\vee)$ $a \vee 0 = a$

$(N^*_\wedge)$ $a \wedge 0 = 0$ $(N^*_\vee)$ $a \vee 1 = 1$

$(N0)$ $\bar{0} = 1$ $(N1)$ $\bar{1} = 0$

Die Zeichen *0* und *1* sind nicht nur Schaltwerte. Sie können auch als (konstante) Schaltterme von Schaltnetzen betrachtet werden. Als zugehörige Schaltnetze wählen wir einen immer offenen Kontakt K_0 und einen immer geschlossenen Kontakt K_1.

0	1	2	3	4
a	$a \wedge 0 = f_0^1(a)$	$a \wedge 1 = f_1^1(a)$	$a \vee 1 = f_3^1(a)$	$a \vee 0 = f_1^1(a)$
0 *1*	$0 \wedge 0 = 0$ $1 \wedge 0 = 0$	$0 \wedge 1 = 0$ $1 \wedge 1 = 1$	$0 \vee 1 = 1$ $1 \vee 1 = 1$	$0 \vee 0 = 0$ $1 \vee 0 = 1$

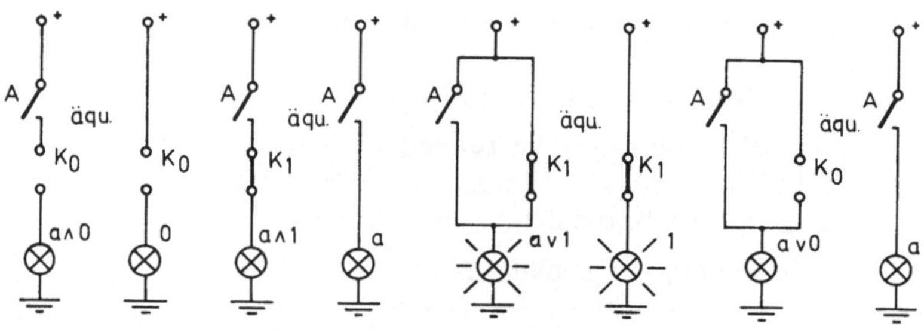

Bild 1-25. Schaltnetze und Wertetafeln zu den Gesetzen (N) und (N*)

Die Schaltfunktionen mit den Funktionstermen $a \wedge 0$ bzw. $a \vee 1$ sind konstante Funktionen, die durch K_0 bzw. K_1 repräsentiert werden können. Die Gesetze $(N_\wedge)$ und $(N_\vee)$ besagen, daß ein immer geschlossener Kontakt in einer Serienschaltung und ein immer offener Kontakt in einer Parallelschaltung keinen Einfluß auf die Schaltwerte des Schaltnetzes haben.

1.5. Entwurf von Schaltnetzen

Häufig müssen für bestimmte Zwecke Schaltnetze entworfen werden, bei denen das gewünschte Schaltverhalten in Form einer Wertetafel vorliegt. Dies soll an einigen einfachen Beispielen gezeigt werden.

1.5.1. Beispiel 1: Schaltnetz für die Ermittlung des Produktes von Dualziffern

a,b	p
0,0	0
0,L	0
L,0	0
L,L	L

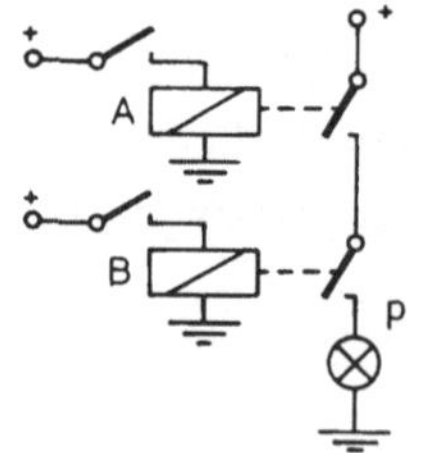

Bild 1-26
Multiplizierer

In obenstehender Tabelle sind die vier Fälle aufgeführt, die bei der Multiplikation der Dualziffern 0 und L auftreten können („Kleines Einmaleins" des Dualsystems, vgl. Anhang III). Nun können wir die Tabelle als Wertetafel des Schaltnetzes von Bild 1-26 auffassen, es ist die bekannte Serienanordnung von zwei Schaltern. Sie kann als *Rechenmaschine* dienen. Die Werte der Dualziffern werden als Steuerströme für die Relais eingegeben (L entspricht Steuerstrom, 0 entspricht kein Steuerstrom), und der Wert des Produktes wird von der Lampe p abgelesen. Wenn die „Maschine" auch sehr primitiv aussieht, so offenbart sich hier doch ein Prinzip moderner elektronischer Rechenautomaten. Wir kommen hierauf in Kapitel 5. zurück.

1.5.2. Beispiel 2: Maschine für die Summe von Dualziffern

Wenn zwei Dualziffern addiert werden, so entsteht u.U. eine zweistellige Dualzahl (vgl. Anhang III). Die Ziffer in der 2^0-Stelle nennen wir s (Summenziffer), die Ziffer in der 2^1-Stelle nennen wir u (Übertragsziffer).

		Summe	
Zeile	a,b	u	s
0	0,0	0	0
1	0,L	0	L
2	L,0	0	L
3	L,L	L	0

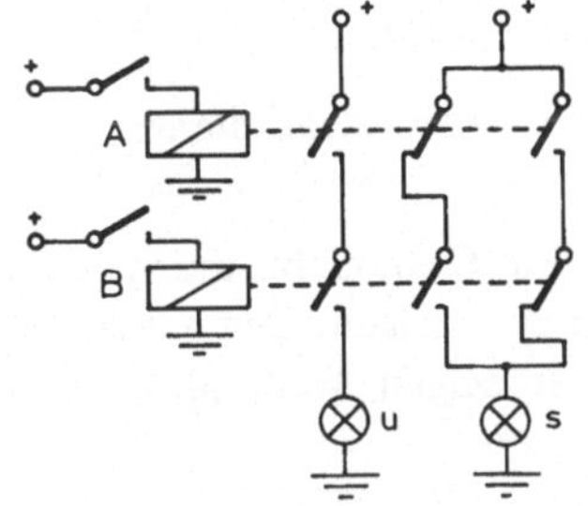

Bild 1-27
Summe von zwei Dualziffern a und b, Addierer

Wir verfahren wie bei Beispiel 1 und simulieren die Werte der Summanden als Schalterstellungen (Steuerströme) von Schaltern. Die beiden Ausgangsvariablen u und s, auch „Übertrag" und „Summe" genannt, sollen durch zwei Lämpchen angezeigt werden. Für u verwenden wir die bekannte Serienschaltung. Auch die für s benötigte Schaltung haben wir schon einmal kennengelernt, es ist das Schaltnetz K und K* (Bild 1-8). Der linke Zweig des Schaltnetzes (für den Term $\bar{a} \wedge b$) dient zur Anzeige der L aus Zeile 1 der Wertetafel, also genau für den Fall, wenn für a die 0 und für b die L eingesetzt ist. Der rechte Zweig (für $a \wedge \bar{b}$) repräsentiert entsprechend die Zeile 2.

1.5.3. Beispiel 3: Decodierer für die Dualzahlen 00 bis LL

Mit zwei Dualstellen (Zweier, Einer) können die vier Dualzahlen 00, 0L, L0, LL gebildet werden. Es soll eine Maschine gebaut werden, die bei einer auftretenden Dualzahl die äquivalente Dezimalzahl (0, 1, 2, 3) anzeigt. Wir legen zunächst eine Wertetafel an. Die Glühlampe n soll durch Aufleuchten anzeigen, daß die Dualzahl 00 vorliegt und entsprechend die Glühlampe e, z, d bei 0L, L0, LL. Die Werte für a und b werden als Steuerströme in die Relaisspulen A und B gegeben. Die Lampe n soll nur bei dem Paar (0,0) aufleuchten, wir benötigen also eine Serienschaltung von zwei Ruhekontakten. Es gelten folgende Terme:

$n = \bar{a} \wedge \bar{b}$ $\quad z = a \wedge \bar{b}$

$e = \bar{a} \wedge b$ $\quad d = a \wedge b$

	0	1	2	3	4
Zeile	(a,b)	n	e	z	d
0	0 0	*1*	*0*	*0*	*0*
1	0 L	*0*	*1*	*0*	*0*
2	L 0	*0*	*0*	*1*	*0*
3	L L	*0*	*0*	*0*	*1*

a)

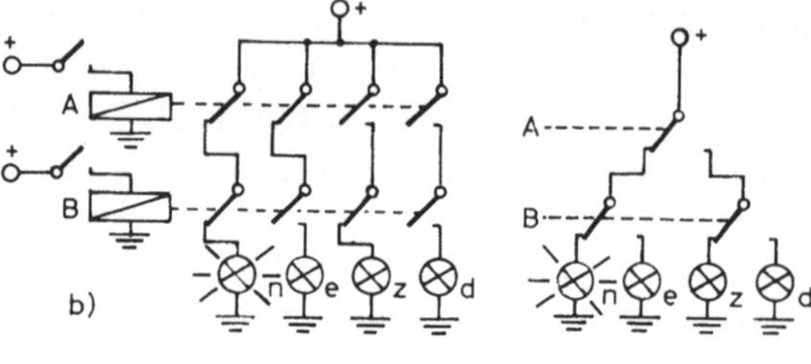

Bild 1-28. Maschine für die Decodierung von Dualzahlen

Die zugehörigen Schaltnetze stellt Bild 1-28b zunächst ausführlich dar. Durch Verwendung von Umschaltern und Zusammenfassung gleicher Kontakte von A entsteht die einfachere Schaltung 1-28c. Auf die Decodierung kommen wir in Kapitel 5.2. ausführlich zurück.

1.5.4. Beispiel 4: Knobelspiel Faust – Hand

Eine „Maschine" aus einem Schaltnetz kann dazu dienen, den Gewinner beim Knobelspiel Faust – Hand zu ermitteln.

> *Spielregel:* Drei Spieler A, B und C knobeln, indem sie auf ein Zeitsignal entweder die (offene) Hand oder eine Faust zeigen. Gewonnen hat derjenige, der *nicht* das hinhält, was die beiden anderen zeigen. Wenn alle das gleiche zeigen, ist die Partie unentschieden.

Wir simulieren die Faust bzw. die Hand durch Betätigung bzw. Nichtbetätigung eines Druckschalters. Als Zeichen für die Wertetafel verwenden wir *1* bzw. *0.* Das von A gezeigte Zeichen wird durch die Variable a dargestellt usw. Bei den drei Spielern sind 8 Wertekombinationen (Tripel (a,b,c)) möglich. Der Term g_a hat den Wert *1,* wenn Spieler A Gewinner ist, entsprechend g_b und g_c.

Aus der Wertetafel (Spalte 1) können wir die beiden Konjunkte herauslesen, aus denen g_a besteht (Zeile 3 und 4):

$$g_a = (\bar{a} \wedge b \wedge c) \vee (a \wedge \bar{b} \wedge \bar{c})$$

	0	1	2	3	4
Zeile	(a,b,c)	g_a	g_b	g_c	g_o
0	*0 0 0*	*0*	*0*	*0*	*1*
1	*0 0 1*	*0*	*0*	*1*	*0*
2	*0 1 0*	*0*	*1*	*0*	*0*
3	*0 1 1*	*1*	*0*	*0*	*0*
4	*1 0 0*	*1*	*0*	*0*	*0*
5	*1 0 1*	*0*	*1*	*0*	*0*
6	*1 1 0*	*0*	*0*	*1*	*0*
7	*1 1 1*	*0*	*0*	*0*	*1*

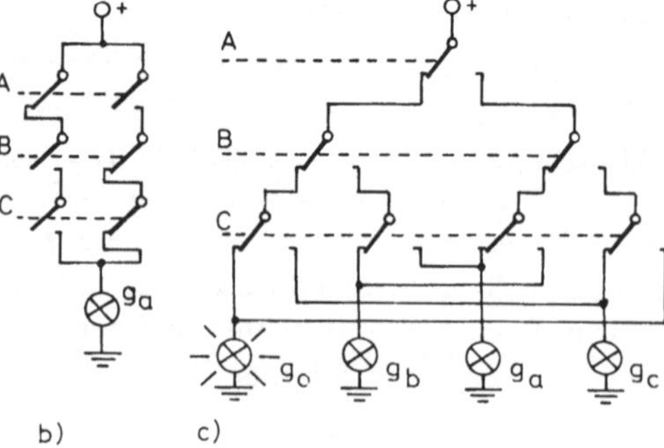

Bild 1-29. Wertetafel und Schaltnetze für das Knobelspiel Faust-Hand

Bei zwei Fällen muß nämlich die Glühlampe g_a zur Gewinnanzeige (Funktionswert ist *1*) aufleuchten:

Erstens, wenn A *nicht* Faust *und* B Faust *und* C Faust hat, d.h. wenn für (a,b,c) das Tripel (*0,1,1*) vorliegt. Zweitens, wenn A Faust hat *und* B *nicht* Faust *und* C *nicht* Faust, d.h. bei (*1,0,0*). Jedem *1*-Wert des Termes g_a in der Wertefolge ⟨*00011000*⟩ entspricht ein Konjunkt, zu welchem eine Serienschaltung gehört, und die Konjunkte sind disjunktiv verknüpft (entspricht Parallelschaltung). So entsteht die „Maschine" von Bild 1-29b.

Die entsprechenden Terme für die Gewinnanzeige für B und C sowie die Anzeige „Unentschieden" g_o heißen:

$$g_b = (\bar{a} \wedge b \wedge \bar{c}) \vee (a \wedge \bar{b} \wedge c)$$

$$g_c = (\bar{a} \wedge \bar{b} \wedge c) \vee (a \wedge b \wedge \bar{c})$$

$$g_o = (a \wedge b \wedge c) \vee (\bar{a} \wedge \bar{b} \wedge \bar{c})$$

Man kann die Schaltnetze für g_a, g_b, g_c und g_o kombinieren zu einem Netz, in welchem gleiche Kontakte der vier Netze nur einmal vorkommen. So entsteht das Schaltnetz von Bild 1-29c. Man verwendet als Schalter für A, B und C zweckmäßigerweise Relais; das Relais für C muß vier Umschalter besitzen (vergl. Bild 1-5d). Ausgelöst werden die Relais von den Druckschaltern, die von den drei Spielern betätigt werden. Bild 1-29d zeigt eine Realisierung mit Bauteilen des Lehrgerätes SIMULOG.

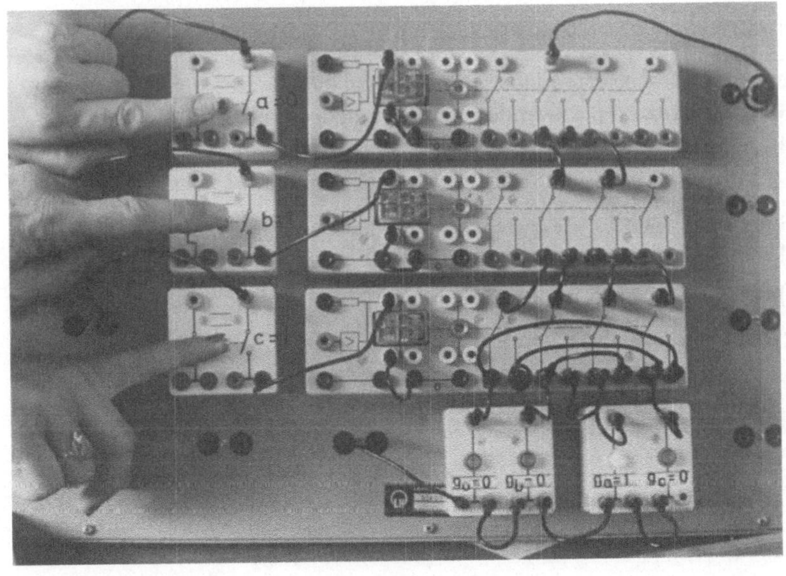

Bild 1-29d

1.5.5. Entwurf von Schaltnetzen mit minimaler Kontaktanzahl

Ein Schaltnetz, welches einen bestimmten Zweck erfüllen soll, möchte der Konstrukteur ökonomisch, d.h. mit einem möglichst geringen technischen Aufwand konstruieren. Normalerweise wird für den Entwurf des Schaltkreises von der Wertetafel ausgegangen, wie wir in den Beispielen 1 bis 4 gesehen haben. In diesen Fällen gehört zu jeder Zeile der Wertetafel, in welcher der Funktionswert *1* ist, eine Serienschaltung in dem Schaltnetz.

Beispiel 5: Übertrag eines Volladdierers

Es soll ein möglichst einfaches Schaltnetz U, für welches eine Schaltwerttafel vorgegeben ist, durch mathematische Minimierung des Termes u gefunden werden. (Zu der Bedeutung von U vgl. 5.4.; es ist der „Übertrag" des Volladdierers).

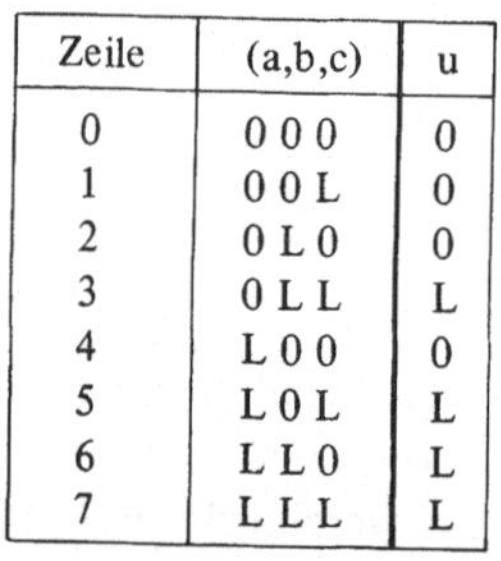

Zeile	(a,b,c)	u
0	0 0 0	0
1	0 0 L	0
2	0 L 0	0
3	0 L L	L
4	L 0 0	0
5	L 0 L	L
6	L L 0	L
7	L L L	L

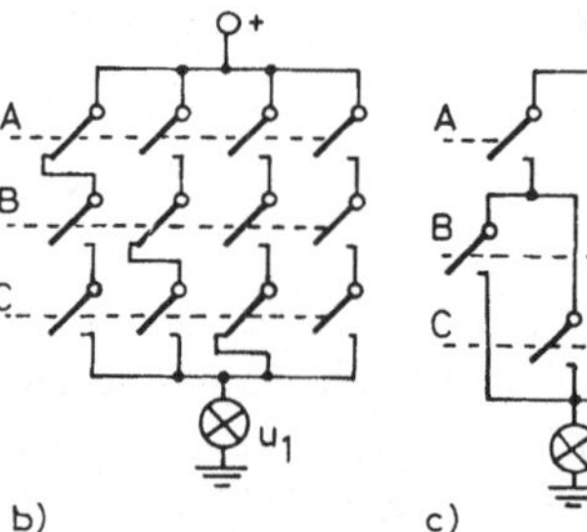

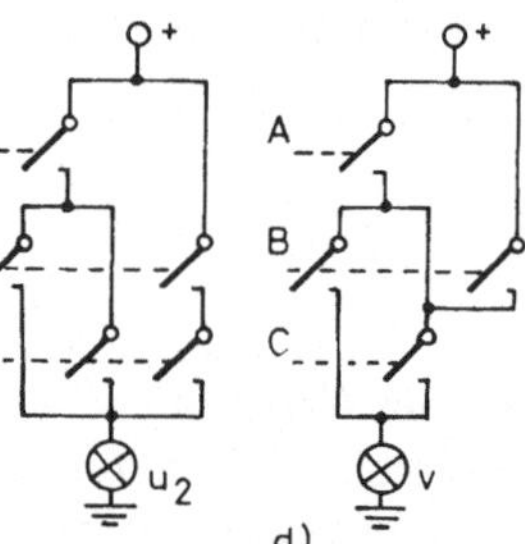

Bild 1-30
Schaltnetz U in zwei Realisierungen. Schaltnetz V zum Vergleich

Wenn wir wie bei den Beispielen 1 bis 4 vorgehen, so brauchen wir für jedes der vier Tripel mit dem Funktionswert *1* (Zeilen 3, 5, 6, 7) eine Serienschaltung und erhalten das Schaltnetz von Bild 1-30b. Man erkennt jedoch sofort, daß sich viele Kontakte einsparen lassen. Wir wollen nun den Term

$$u_1 = (\bar{a} \wedge b \wedge c) \vee (a \wedge \bar{b} \wedge c) \vee (a \wedge b \wedge \bar{c}) \vee (a \wedge b \wedge c),$$

den wir aus der Wertetafel ablesen, vereinfachen, indem wir die Gesetze der Schaltalgebra (vgl. Abschnitt 1.4 oder Anhang I.1.) anwenden. Hinter jedem Term in der folgenden Entwicklung steht das Gesetz, mit dessen Hilfe er aus dem vorhergehenden hervorgegangen ist.

In der zweiten und dritten Zeile sind die $\wedge$-Zeichen bei den Konjunkten weggelassen worden, um den Term übersichtlicher zu machen.

$$\begin{aligned} u_1 &= (\bar{a} \wedge b \wedge c) \vee (a \wedge \bar{b} \wedge c) \vee (a \wedge b \wedge \bar{c}) \vee (a \wedge b \wedge c) \\ &= \bar{a}bc \vee a\bar{b}c \vee ab\bar{c} \vee abc \vee abc \vee abc && (J_\vee) \\ &= \bar{a}bc \vee abc \vee a\bar{b}c \vee abc \vee ab\bar{c} \vee abc && (K_\vee) \\ &= ((\bar{a} \vee a) \wedge b \wedge c) \vee ((\bar{b} \vee b) \wedge a \wedge c) \vee ((\bar{c} \vee c) \wedge a \wedge b) && (D_\wedge) \\ &= (1 \wedge b \wedge c) \vee (1 \wedge a \wedge c) \vee (1 \wedge a \wedge b) && (C_\vee) \\ &= (b \wedge c) \vee (a \wedge c) \vee (a \wedge b) && (N_\wedge) \\ &= (a \wedge (b \vee c)) \vee (b \wedge c) && (D_\wedge) \end{aligned}$$

Den letzten Term nennen wir u_2:

$$u_2 = (a \wedge (b \vee c)) \vee (b \wedge c)$$

Der Term u_2 ist eine *Minimalform.* Er kann mit nur fünf Schaltkontakten realisiert werden (Bild 1-30c), wogegen die Schaltung des ursprünglichen Terms u_1 zwölf Schaltkontakte benötigt. Ohne ein Experiment mit den Schaltern zu machen, kann man also sofort das einfache Schaltnetz entwerfen.

Eine Betrachtung des Schaltnetzes Bild 1-30c kann dazu verleiten, die beiden Kontakte c zusammenzuführen, gemäß Bild 1-30d. Diese Schaltung ist jedoch nicht äquivalent derjenigen für u! Die Schaltfunktion des Schaltnetzes V hat die Wertefolge ⟨*00110111*⟩, enthält also eine *1* mehr als u. Der zugehörige Term ist $(a \vee b) \wedge (b \vee c)$.

Im Anhang I.4. sind eine Reihe von Termumformungen ausgeführt, die dem Leser zur Übung dienen können.

1.6. Bezeichnungen für spezielle Terme

1.6.1. Minterm

Bei dem Decodierer (Beispiel 3, Seite 21) haben wir vier Schaltnetze besprochen, von denen jedes aus einer reinen Serienschaltung von zwei Schaltern besteht. Die Wertefolgen der zugehörigen Schaltfunktionen sind: ⟨*1000*⟩, ⟨*0100*⟩, ⟨*0010*⟩, ⟨*0001*⟩, wie sich durch Vergleich mit den Wertetafeln von Bild 1-28a ergibt. Die Funktionsterme sind reine Konjunkte, in denen die beiden Variablen a und b entweder direkt oder als Negat vorkommen: $\bar{a} \wedge \bar{b}$, $\bar{a} \wedge b$, $a \wedge \bar{b}$, $a \wedge b$. Diese Terme nennt man *Minterme.* Die Namen dieser Minterme in dem Beispiel 3 waren: n, e, z, d, entsprechend der Bedeutung Null, Eins, Zwei, Drei. Wir können den Mintermen auch allgemeine Namen geben:

$$m_0^2 = \bar{a} \wedge \bar{b} \quad m_1^2 = \bar{a} \wedge b \quad m_2^2 = a \wedge \bar{b} \quad m_3^2 = a \wedge b$$

Der obere Index gibt die Stelligkeit der Funktion (Anzahl der Eingangsvariablen) an, der untere weist auf das n-Tupel hin, bei welchem der Minterm den Wert *1* annimmt (vgl. die Zeilennummer der Wertetafel von Bild 1-28).

Die Terme g_a, g_b, g_c und g_0 von Beispiel 4 (Knobelspiel, Bild 1-29) sind Disjunkte von jeweils zwei Mintermen. Wir können schreiben:

$$g_a = m_3^3 \vee m_4^3$$
$$g_b = m_2^3 \vee m_5^3$$
$$g_c = m_1^3 \vee m_6^3$$
$$g_0 = m_0^3 \vee m_7^3$$

1.6.2. Maxterm

Die Schaltfunktion eines Schaltnetzes aus einer reinen Parallelschaltung hat in der Wertetafel genau eine *0*. Der zugehörige Schaltterm ist ein Disjunkt, in welchem jede Schalt variable entweder direkt oder als Negat vorkommt. Diesen Term nennt man einen *Maxterm*. So ist z.B. a v b ein Maxterm. a v b nimmt genau bei der Belegung *(0,0)* den Wert *0* an. Die anderen Maxterme zweistelliger Funktionen sind $a \vee \overline{b}$, $\overline{a} \vee b$, $\overline{a} \vee \overline{b}$. Man prüfe, bei welcher Belegung diese Terme den Wert *0* haben. Wir kommen bei der konjunktiven Normalform auf den Maxterm zurück.

1.6.3. Disjunktive Normalform

Zu jeder Schaltfunktion kann man einen Funktionsterm in der *„disjunktiven Normalform"* angeben, sie ist eine disjunktive Verknüpfung von Mintermen[1]). Da jedes n-Tupel einer Wertetafel mit dem Funktionswert *1* einem Minterm zugeordnet werden kann, läßt sich die disjunktive Normalform direkt aus der Wertetafel ablesen. Besteht der Funktionsterm aus genau einem Minterm, so zählt dieser auch zu den disjunktiven Normalformen (Beispiel: Die Funktionsterme zu Bild 1-28). Die Terme g_a, g_b, . . . von Beispiel 4 sind disjunktive Normalformen, sie enthalten zwei Minterme. Der Term u_1 von Beispiel 5 hat vier Minterme. Der Term a v b ist keine disjunktive Normalform, da die disjunktiv verknüpften Terme (a und b) keine Minterme sind. Die zugehörige disjunktive Normalform ist (vgl. Bild 1-13):

$$(\overline{a} \wedge b) \vee (a \wedge \overline{b}) \vee (a \wedge b)$$

1.6.4. Minimalform

Wir nennen diejenigen Funktionsterme einer Schaltfunktion *Minimalformen,* bei denen die Summe der Anzahl von Zeichen für Schaltvariable und Verknüpfungen ($\wedge$,v,$\overline{\ }$) am kleinsten ist. Klammern werden nicht mitgezählt.

Für den Term u (Beispiel 5, Bild 1-30) benötigen wir in der disjunktiven Normalform 26 Zeichen. Minimalformen von u sind:

$$u_2 = (a \wedge (b \vee c)) \vee (b \wedge c)\ ,$$

$$u_3 = (b \wedge (a \vee c)) \vee (a \wedge c) \text{ und}$$

$$u_4 = (c \wedge (a \vee b)) \vee (a \wedge b)\ .$$

Disjunktive Normalformen mit nur einem Minterm sind immer Minimalformen, denn sie lassen sich nicht weiter minimieren. Auch die Terme g_a, g_b, . . . mit zwei Mintermen von Beispiel 4 sind Minimalformen.

Der Anhang I.4. bringt Beispiele für Verfahren, eine Minimalform zu finden.

1.6.5. Konjunktive Normalform

Da wir von der konjunktiven Normalform weniger Gebrauch machen, sei sie nur der Vollständigkeit halber kurz erwähnt. Man kann einen Term nicht nur als Disjunkt von Mintermen, also in der disjunktiven Normalform darstellen, sondern auch als *Konjunkte von Maxtermen.* So ist g = a v b eine konjunktive Normalform mit genau einem Maxterm. Zu jedem Funktionswert *0* in der Wertetafel

---

1) auch „kanonische disjunktive Normalform" genannt

gehört genau ein Maxterm. Die disjunktive Normalform benötigt weniger Zeichen als die konjunktive, wenn in der Wertefolge weniger *1*-Zeichen sind als *0*-Zeichen. Daher ist in diesem Fall das zur disjunktiven Normalform gehörige Schaltnetz einfacher als das der konjunktiven Normalform entsprechende. Sind aber weniger *0*-Zeichen in der Wertefolge (vgl. Bild 1-10, Term g = a ∨ b), so hat die konjunktive Normalform weniger Zeichen und dementsprechend das zugehörige Schaltnetz weniger Schaltkontakte. (Näheres über die konjunktive Normalform in 3.7.)

1.6.6. Graphische Darstellung von Termen, Karnaugh-Diagramm

Die *Wertetafel* gibt eine vollständige Beschreibung eines schaltalgebraischen Terms, indem jeder Belegung der Eingangsvariablen (n-Tupel) der Wert der Ausgangsvariablen zugeordnet ist. Als zweite Darstellung haben wir die *Wertefolge* kennengelernt, eine lineare Anordnung der Funktionswerte. Eine weitere Möglichkeit ist die Anordnung der n-Tupel in einer Fläche, wobei die Funktionswerte 1 besonders gekennzeichnet werden (z.B. durch Schraffierung oder ein 1-Zeichen). Die Wertetupel sind den Feldern des Diagrammes zugeordnet, vgl. Bild 1-31a.

b \ a	0	1
0	00	10
1	01	11

(a,b)

c \ a,b	00	01	11	10
0	000	010	110	100
1	001	011	111	101

a) Die Zuordnung der n-Tupel (Paare, Tripel) zu den Feldern des Diagramms

	1
1	1

g = a ∨ b

		1	
	1	1	1

u = (a ∧ b) ∨ (a ∧ c) ∨ (b ∧ c) von Bild 1-30

b) Darstellung je einer zwei- und einer dreistelligen Funktion

Bild 1-31. Karnaugh-Diagramme von Termen mit zwei und drei Variablen

Man kann Karnaugh-Diagramme für Minimierungsaufgaben verwenden, wie im Anhang 1.5. näher ausgeführt wird.

1.7. Schaltalgebra und Boolesche Algebra

Wir haben in diesem Kapitel für konkrete Sachverhalte eine formale Beschreibung eingeführt, durch welche Schalter, Schaltwerte, Parallelschaltung, Serienschaltung usw. mit Zeichen belegt werden. Die *Schaltfunktion* beschreibt die Zustände eines Schaltnetzes durch die Zuordnung seiner Schaltwerte zu den Schaltwerten der Schalter, aus denen das Schaltnetz besteht. Die Wertegleichheit von Schalttermen wurde aus den zugehörigen Schaltnetzen anhand der Wertetafel experimentell ermittelt. Wichtige Übereinstimmungen im Werteverlauf wurden als „Gesetze“ bezeichnet.

Nun kann man das so entstandene algebraische Gebilde (die Schaltalgebra) ohne Bezug auf die konkreten Sachverhalte betrachten. Dabei entsteht eine abstrakte *„Struktur“* mit den Elementen *0* und *1*, den Verknüpfungen und den Verknüpfungsgesetzen. Man nennt diese Struktur eine *Boolesche Algebra.* Es ist eine spezielle, nämlich die *zweielementige* Boolesche Algebra (kurz: B_2). Man sagt, die Schaltalgebra sei ein *Modell* bzw. eine *Interpretation* der B_2 oder auch: die Schaltalgebra *ist* eine B_2. Es gibt noch andere Modelle dieser Struktur, insbesondere kann man die B_2 auch aussagenalgebraisch deuten (Kapitel 2).

Der theoretisch interessierte Leser findet in Kapitel 3 eine kurze Darlegung der Booleschen Algebra B_2. Dieses Kapitel kann jedoch übergangen werden, ohne daß Schwierigkeiten im Verständnis des weiteren Textes dieses Buches entstehen.

1.8. Zusammenfassung: Schaltalgebra

Die Schaltalgebra gestattet, Eigenschaften von *Schaltnetzen* formal zu beschreiben und auf algebraischem Wege (durch Termumformung) äquivalente Schaltnetze mit gewünschten Eigenschaften zu finden.

Ein *Schaltnetz* ist wie folgt definiert[1]):

1. Ein Schalter mit beliebig vielen Arbeits- und Ruhekontakten ist ein Schaltnetz.
2. Eine Serien- oder Parallelschaltung von Schaltnetzen oder eine Kombination aus diesen ist wieder ein Schaltnetz.
3. Gekoppelte Schaltnetze (vgl. 1.3.7.) bilden wieder ein Schaltnetz.

Jedes Schaltnetz kann durch einen *Schaltterm* (kurz: Term) beschrieben werden. Ein Schaltterm besteht aus den Schaltvariablen sowie aus den Zeichen für Serien- und Parallelschaltung ($\wedge$ und $\vee$) und dem Zeichen für einen Schalter X mit Ruhekontakt: $\overline{x}$. Die grundlegenden Terme sind in der Tabelle von Bild 1-32 zusammengefaßt.

Schaltterm	Bedeutung: Schaltwert des Schaltnetzes:	gelesen:	Name des Schaltterms
a	Schalter A mit Arbeitskontakt	„a“	(Schaltvariable)
$\overline{a}$	A mit Ruhekontakt	„nicht a“	Negat
$a \wedge b$	A und B in Serie*	„a und b“	Konjunkt
$a \vee b$	A und B parallel*	„a oder b“	Disjunkt
	(* A und B haben Arbeitskontakte)		

Bild 1-32. Bedeutung, Lesart und Name von grundlegenden Schalttermen

Bei einem Schaltnetz mit n Schaltern sind 2^n Schaltwertkombinationen (bzw. Kombinationen von Schalterstellungen) möglich. Sie werden durch n-Tupel angegeben (das 2-Tupel heißt auch „Paar“, das 3-Tupel heißt auch „Tripel“).

---

[1]) Man kann auch den immer offenen und den immer geschlossenen Kontakt zu den Schaltnetzen rechnen. Dann müssen die Schaltwertkonstanten *0* und *1* zu den Termen gerechnet werden.

Die (Schalt-)*Wertetafel* eines Schaltnetzes mit n Schaltern ordnet einen Schaltwert des Schaltnetzes jedem der 2^n Schaltwertkombinationen (n-Tupel) zu, die Wertetafel hat daher 2^n Zeilen. Wir schreiben die n-Tupel von oben nach unten derart, daß sie, als Dualzahlen interpretiert, der Größe nach geordnet sind.

Die *Schaltfunktion* ist die eindeutige Zuordnung der Schaltwerte des Schaltnetzes zu den 2^n Schaltwertkombinationen der n Schalter des Schaltnetzes. Die Vorschrift für diese Zuordnung kann – neben der Wertetafel – anhand eines Termes durch eine *Funktionsgleichung* gegeben werden.

Beispiel für eine dreistellige Funktion:

$$f(a,b,c) = (a \wedge b) \vee (a \wedge c) \vee (b \wedge c)$$

Funktionsterm

f(a,b,c) ist der Funktionswert, der dem Tripel (a,b,c) zugeordnet ist (man sagt auch: der Funktionswert an der Stelle (a,b,c)).

Eine ausführliche Darstellungsweise wird in Kapitel 3 gebracht.

Für die *Schaltfunktion* gibt es neben der Wertetafel und der Funktionsgleichung noch folgende Darstellungsweisen:

1. Die *Wertefolge*. Sie ist die Folge der Funktionswerte, in der Wertetafel von oben nach unten gelesen und in spitze Klammern gesetzt. Für obiges Beispiel: ⟨*00010111*⟩.
2. Das *Symbol der Schaltfunktion:* f_k^n. n gibt die „Stelligkeit" der Schaltfunktion (d.h. die Anzahl der Schalter des zugehörigen Schaltnetzes) an, und k ist das Dezimaläquivalent der als Dualzahl interpretierten Wertefolge. Für obiges Beispiel: f_{23}^3.

Äquivalente Schaltnetze haben die gleiche Schaltfunktion. Untereinander äquivalente Schaltnetze werden in einer *Klasse* zusammengefaßt. Die *Anzahl der Klassen* von Schaltnetzen mit n Schaltern ist 2^{2^n} (vgl. Anhang I.2. und I.3.). Schaltnetze mit zwei Schaltern können also in 16 Klassen, mit drei Schaltern in 256 Klassen eingeteilt werden. Zwischen den Schalttermen von zwei untereinander äquivalenten Schaltnetzen setzen wir das Gleichheitszeichen und behaupten damit Werteverlaufsgleichheit.

Komplementäre Schaltnetze: Die einzelnen Werte der Wertefolgen von zwei untereinander komplementäre Schaltnetzen sind komplementär (*0* ist das Komplement von *1* und umgekehrt).
Beispiel: Das Komplement von ⟨*00010111*⟩ ist ⟨*11101000*⟩ bzw. von f_{23}^3 ist das Komplement f_{232}^3. Allgemein gilt: f_p^n ist komplementär zu f_q^n mit $q + p = 2^{2n} - 1$.

Spezielle Schaltnetze: Ein Schaltnetz, welches nur aus in *Serie* geschalteten Schaltern mit je genau einem Arbeits- oder Ruhekontakt besteht, hat genau eine *1* in der Wertefolge. Der zugehörige Schaltterm wird *Minterm* genannt.
Ein Schaltnetz, welches nur aus *parallel* geschalteten Schaltern mit je genau einem Arbeits- oder Ruhekontakt besteht, hat genau eine *0* in der Wertefolge. Der zugehörige Schaltterm wird *Maxterm* genannt.

Spezielle Schaltterme: Da es unendlich viele untereinander äquivalente Schaltnetze gibt und zu jedem Schaltnetz ein Term gehört, gibt es unendlich viele gleiche Terme. Von diesen haben einen besonderen Namen (Beispiel für f_{23}^3):

1. die *disjunktive Normalform*. Sie ist ein Disjunkt von Mintermen.

Für f_{23}^3: $f(a,b,c) = (\bar{a} \wedge b \wedge c) \vee (a \wedge \bar{b} \wedge c) \vee (a \wedge b \wedge \bar{c}) \vee (a \wedge b \wedge c) = m_3^3 \vee m_5^3 \vee m_6^3 \vee m_7^3$.
Die disjunktive Normalform kann aus der Wertetafel entnommen werden: Zu jedem n-Tupel mit dem Funktionswert *1* gehört genau ein Minterm (Beispiel: zu $f(0,1,1) = 1$ gehört $\bar{a} \wedge b \wedge c$).

2. die *konjunktive Normalform*. Sie ist ein Konjunkt von Maxtermen.

Für f_{23}^3: $f(a,b,c) = (a \vee b \vee c) \wedge (a \vee b \vee \bar{c}) \wedge (a \vee \bar{b} \vee c) \wedge (\bar{a} \vee b \vee c)$.
Auch die konjunktive Normalform kann aus der Wertetafel entnommen werden: Zu jedem n-Tupel mit dem Funktionswert *0* gehört genau ein Maxterm (Beispiel: zu $f(0,0,1) = 0$ gehört $a \vee b \vee \bar{c}$.

3. *Minimalformen.* Bei der Minimalform ist die Summe der Anzahl der Zeichen für die Schaltvariablen und die Verknüpfungen $\wedge$, $\vee$, $\bar{\ }$ (ohne die Klammern) am kleinsten.

Für f_{23}^3: $f(a,b,c) = (a \wedge (b \vee c)) \vee (b \wedge c)$ sowie $f(a,b,c) = (b \wedge (a \vee c)) \vee (a \wedge c)$.

Termumformungen. Mit algebraischen Methoden, d.h. durch Anwendung der *Gesetze der Schaltalgebra* (Anhang I.1.), kann jeder Term in andere wertgleiche Terme umgeformt werden, z.B. die disjunktive Normalform in eine Minimalform (Methoden von Termumformungen mit Beispielen: Anhang I.4.).

Die Schaltalgebra ist ein *Modell* bzw. eine *Interpretation* der *zweielementigen Booleschen Algebra* (kurz: B_2). Ein weiteres Modell der B_2 ist die Aussagenalgebra (Kapitel 2).

2. Aussagenalgebra

2.1. Einführung

Die *Aussagenalgebra* ist ein Teilgebiet der Aussagenlogik, in welchem die Formalisierung von Aussageformen und ihre äquivalente Umformung behandelt werden. Unter der Formalisierung wird die Gewinnung eines Wahrheitsterms verstanden – ebenso wie in der Schaltalgebra zu einem Schaltnetz der sie beschreibende Schaltterm aufgesucht wird. Für die Computertechnik hat die Aussagenalgebra folgende Bedeutung: Der Ausgangspunkt bei der Konstruktion eines Automaten sind immer Aussageformen, in welchen bestimmte Ausgangsvariablen mehreren Eingangsvariablen zugeordnet werden. Die Bestimmung des Wahrheitswertes der Ausgangsvariablen in Abhängigkeit von der Belegung der Eingangsvariablen soll von einer Maschine übernommen werden. Im Computer sind Tausende solcher „Logikmaschinen" enthalten.

Es wird vorausgesetzt, daß dem Leser der Inhalt von Kapitel 1 bekannt ist, denn es werden in Kapitel 2 die Gesetze, Funktionen, Normalformen usw. nicht mehr so gründlich behandelt, wie es in dem Kapitel über die Schaltalgebra geschah.

2.2. Aussagen, Aussageformen, Negation

Es gibt verschiedene Definitionen für *Aussagen.* Für unsere Zwecke genügt folgende einfache Definition: Eine Aussage ist ein sprachliches Gebilde, von dem es sinnvoll ist zu behaupten, daß es richtig (wahr, *w*) oder falsch (*f*) sei.

Dies gilt z.B. für folgende Sätze:

„3 ist eine Primzahl"

„Das Produkt von zwei geraden Zahlen ist eine gerade Zahl".

„Die Einerziffer bei der Zahl L0L ist 0" [1]).

Man prüfe, ob diese Aussagen wahr oder falsch sind.

Die *Aussageform* ist wie folgt definiert (vgl. auch [Mj]):

Eine Aussageform ist ein Satz mit mindestens einer Leerstelle, welcher nach Ausfüllen der Leerstellen zu einer Aussage wird. Die Grundmenge der Aussageform ist die Menge der Elemente, welche die Leerstellen belegen können. Die obigen Beispiele von Aussagen können aus folgenden Aussageformen entstanden sein:

„Die Zahl . . . ist eine Primzahl" (Grundmenge: $\mathbb{N}$) [2])

---

1) Für die Dualziffern werden die Zeichen 0 und L verwendet (vgl. Anhang III). In der Dualdarstellung einer Zahl:

$$\ldots + a \cdot 2^3 + v \cdot 2^2 + z \cdot 2^1 + e \cdot 2^0$$

nennen wir a die „Achterziffer", v die „Viererziffer", z die „Zweierziffer", e die „Einerziffer"

2) $\mathbb{N}$ und $\mathbb{Z}$ sind Abkürzungen für die Menge der natürlichen Zahlen und die Menge der ganzen Zahlen.

„Das Produkt von zwei . . . Zahlen ist eine . . . Zahl“ (Die Grundmenge besteht aus den beiden Elementen: Menge der geraden Zahlen, Menge der ungeraden Zahlen).
„Die Einerziffer bei der Zahl . . . ist 0“ (Grundmenge: $\mathbb{Z}$ in Dualdarstellung)

Bei der Konstruktion von Computern haben wir es oft mit derartigen Aussageformen zu tun. Dabei kann die Leerstelle auch eine Zeitvariable t sein. Die „Zeitskala“ ($t_0, t_1, \ldots, t_i, \ldots$) wird durch die numerierten „Takte“ eines Taktgebers gegeben.

Beispiel: „Bei dem Zeittakt t_n muß die Operation „Addieren“ erfolgen“ ($n \in \mathbb{Z}^+$). Dies soll an einem weiteren Beispiel durch Tabellen verdeutlicht werden: Aussageform A: „Die Operation „Addieren“ ist bei dem Zeittakt t_i beendet“.

t_0	a	t_1	a	t_2	a	t_3	a	t_4	a
LLL		LLL		LLL		LLL		LLL	
LL0	f	LL0	f	LL0	f	LL0	f	LL0	w
		0		L0		LL0		LL0	
		L		0L		L0L		LL0L	
===		===		===		====		====	

Bild 2-1. Die vier Phasen der Addition von zwei dreistelligen Dualzahlen

Die Aussageform A ist für i = 4 zu der wahren Aussage A_4 geworden.

Als *Namen* für *Aussagen* verwenden wir indizierte große Buchstaben, z.B. A_4: „Die Operation Addieren ist bei Zeittakt t_4 beendet“.

Eine Aussageform erhält als Namen einen nichtindizierten großen Buchstaben (in obigem Beispiel: A).

In der Aussagenalgebra wird völlig von dem *Inhalt* einer Aussageform oder einer Aussage abstrahiert. Es interessieren nur ihre Wahrheitswerte. Da aus einer Aussageform (falls es sich nicht um eine Tautologie oder Kontradiktion handelt, vgl. Bild 2-10) stets Aussagen gebildet werden können, von denen die einen wahr, die anderen falsch sind, ist es sinnvoll, für deren Wahrheitswerte eine Variable einzuführen. Es wird daher der Aussageform eine *Wahrheitsvariable* zugeordnet, ein Platzhalter für die Wahrheitswerte *f* und *w*. In obigem Beispiel (Bild 2-1) gehört zu der Aussageform A die Wahrheitsvariable a [1]).

Dies entspricht der Betrachtungsweise von Schaltnetzen in der *Schaltalgebra,* bei der es auf technische Ausführungsform, die Anforderungen an den Schalter usw. nicht ankommt, sondern nur auf die „Schaltwerte“, d.h., ob er in leitendem oder nichtleitendem Zustand ist.

Negation

Fügt man zu einer Aussage „es gilt nicht, daß“ hinzu, so erhält man das *Negat* der ursprünglichen Aussage.

Den Namen des Negates kennzeichnet man durch einen Querstrich, gelesen „nicht“ [2]).

---

1) Aus Zweckmäßigkeitsgründen, d.h. um beim Termumformungen unnötigen Zeichenballast zu vermeiden, verwenden wir kleine Buchstaben für die Wahrheitsvariable. In der Literatur wird auch das Zeichen $|A|$ gebraucht.

2) Weitere Lesearten sind: „non“, „quer“.

Beispiele:

A_1:	„Das Produkt von L und L ist L"	$\overline{A}_1$:	„Das Produkt von L und L ist nicht L"
B_1:	„5 gehört zur Menge der geraden Zahlen"	$\overline{B}_1$:	„5 gehört nicht zur Menge der geraden Zahlen"

Die Wahrheitswerte dieser Aussagen lauten:

$$a_1 = w, \qquad \overline{a_1} = f, \qquad b_1 = f, \qquad \overline{b_1} = w.$$

Für Aussageformen, welche je nach Einsetzung zu einer wahren oder falschen Aussage werden, schreiben wir „*Wahrheitswertetafeln*" oder kurz: „Wertetafeln" oder „Wahrheitstafeln"[1]).

Beispiele: (α und $\beta \in \{0, L\}$, $\gamma \in \mathbb{N}$):

A:	„Das Produkt von α und β ist L".	$\overline{A}$:	„Das Produkt von α und β ist nicht L".
B:	„γ gehört zur Menge der geraden Zahlen".	$\overline{B}$:	„γ gehört nicht zur Menge der geraden Zahlen".

a	$\overline{a}$
f	*w*
w	*f*

b	$\overline{b}$
f	*w*
w	*f*

Bild 2-2. Wertetafeln: Negation von Aussageformen[2])

Je nachdem, welche Elemente für α, β und γ in den Aussageformen A bzw. B und ihren Negaten eingesetzt werden, gelten für die entstandenen Aussagen die obere oder die untere Zeile der Wertetafel.

Wird z.B. in A für α eine L und für β eine 0 eingesetzt, so hat die entstandene Aussage A_1 den Wahrheitswert *f*. Die Aussage $\overline{A}_1$ dagegen ist *w* (erste Zeile der Wertetafel).

Man nennt *f* das Komplement von *w* (und umgekehrt), und das Negat $\overline{A}$ ist die zur Aussageform A komplementäre Aussageform.

Beziehungen zur Schaltalgebra: Zum Schalter A gehört eine Schaltvariable a, ebenso wie zur Aussageform A eine Wahrheitsvariable a gehört. Die „Werte", mit denen a belegt werden kann, sind in dem einen Falle die Schaltwerte *0* und *1*, im anderen Falle *f* und *w*. Hat ein Schalter einen ***Arbeits***- und einen ***Ruhe***kontakt, so sind deren Schaltwerte komplementär, ebenso wie die Wahrheitswerte bei einer ***Aussageform*** und deren ***Negat***.

---

1) Im allgemeinen werden Wertetafeln für ***Aussagenvariable*** (Platzhalter für Aussagen) verwendet. Für unsere Zwecke ist es sinnvoller, die oben definierten ***Aussageformen*** zu nehmen.

2) Streng genommen müßte man bei dem Wahrheitsterm $\overline{a}$, . . . ein anderes Zeichen als bei $\overline{A}$ verwenden.

2.3. Verknüpfungen von Aussagen und Aussageformen, Aussagenvariable

2.3.1. Verknüpfungen von Aussagen

Verbindet man (elementare) Aussagen oder ihre Negate durch „und“, „oder“, „entweder ... oder“, „wenn ..., dann“, „genau dann, wenn“ usw., so entstehen *Aussagenverknüpfungen,* welche wiederum Aussagen sind und weiter verknüpft werden können. Von Aussagenverknüpfungen kann also z.B. auch das Negat gebildet werden.

Die Wahrheitswerte der Aussagenverknüpfungen hängen allein von den Wahrheitswerten der verknüpften Einzelaussagen ab. Da die Bedeutung der genannten Partikel „und“, „oder“, ... in der Umgangssprache nicht eindeutig ist, wird sie in der Aussagenlogik durch Wahrheitstafeln festgelegt.

2.3.2. Verknüpfung von Aussageformen

Da wir es in diesem Buch insbesondere mit Aussageformen zu tun haben, für die eine Logikmaschine zu konstruieren ist, betrachten wir nun genauer die Verknüpfungen von Aussageformen.

Verknüpfungen von elementaren Aussageformen sind wieder Aussageformen [1]). Sie werden durch *Wahrheitsterme* (oder kurz: „Terme“) beschrieben, die aus den Zeichen für die Verknüpfungen und den Wahrheitsvariablen der elementaren Aussageformen bestehen.

Man erinnere sich an die Definition *„Schaltnetz“,* als welche nicht nur Verknüpfungen von Schaltern, sondern auch die Schalter selbst verstanden wurden, und an den *Schaltterm.*

2.3.3. Konjunktion $A \wedge B$

Die Verknüpfung von Aussageformen durch „und“ wird Konjunktion oder „Und-Verknüpfung“ genannt. Die entstandene Aussageform heißt: *Konjunkt.*

Beispiele:

A: „Ich fahre zum Zeitpunkt t in einer geschlossenen Ortschaft“
B: „Ich fahre zum Zeitpunkt t über 50 km/Std.”

Das Konjunkt $A \wedge B$ heißt (gleiche Teile der Aussageformen sind nur einmal geschrieben):

„Ich fahre zum Zeitpunkt t in einer geschlossenen Ortschaft *und* über 50 km/Std.”

	(a,b)	$a \wedge b = g$
0	(f, f)	$f \wedge f = f$
1	(f, w)	$f \wedge w = f$
2	(w, f)	$w \wedge f = f$
3	(w, w)	$w \wedge w = w$

Bild 2-3. Wertetafel der Konjunktion

[1]) Wenn wir eine Aussageform ohne jedes Verknüpfungszeichen von der durch Verknüpfungen entstandenen Aussageform unterscheiden wollen, so nennen wir jene eine *„elementare“* Aussageform (vgl. „Schaltnetz“ als Oberbegriff zum „Schalter“).

Die vier Zeilen 0 . . . 3 der Wertetafel gehören zu Aussagen, die aus der Aussageform A∧B entstanden sind, indem in die Leerstelle t feste Zeitpunkte t_i eingesetzt wurden. Ist zum Zeitpunkt t_0 die Aussage A_0 falsch und die Aussage B_0 falsch, so gilt Zeile 0. Für das Wahrheitswertepaar (a,b) muß das Paar (*f,f*) eingesetzt werden. Das Konjunkt a∧b hat in diesem Falle den Wahrheitswert *f* [1]). Wir haben dem Konjunkt in Bild 2-3 den Namen g gegeben. Die ausführliche Schreibweise von Bild 2-3 werden wir hinfort nicht beibehalten: In der Spalte a∧b erscheinen nur noch die „Funktionswerte" *f, f, f, w*.

Das Konjunkt A∧B hat den gleichen Werteverlauf (Folge der Wahrheitswerte von a ∧ b) wie die Aussageform

G: „Ich übertrete zum Zeitpunkt t eine Verkehrsregel".

Haben die Terme von zwei Aussageformen mit derselben Grundmenge den gleichen Werteverlauf, so nennen wir die Aussageformen *äquivalent* und verwenden das Zeichen ⇔. Wir können also schreiben:

$$A \wedge B \Longleftrightarrow G$$

Für die Wahrheitsterme ergibt sich:

$$a \wedge b = g$$

Auf diese Beziehung haben wir hier besonders hingewiesen, weil man in der Computertechnik ein Konjunkt als solches nicht gebraucht, sondern nur in Verbindung mit einer äquivalenten Aussageform. Das gilt ebenso für die noch zu besprechenden Verknüpfungen.

Beispiel: Zu der Aussageform

P: „Das Produkt $\alpha \cdot \beta$ ist L"

haben wir das äquivalente Konjunkt

A∧B: „Die Dualziffer α ist L und die Dualziffer β ist L"

Für die Aussageform P, deren Wahrheitswerte durch eine Logikmaschine bestimmt werden sollen, brauchen wir das äquivalente Konjunkt A∧B.

2.3.4. Disjunktion (Oder-Verknüpfung) A v B

Das sprachliche „Oder" wird in zwei verschiedenen Bedeutungen gebraucht, wie die Wertetafeln von Bild 2-4 zeigen:

	(a,b)	a v b	$a \succ\!\prec b$
0	*f f*	*f*	*f*
1	*f w*	*w*	*w*
2	*w f*	*w*	*w*
3	*w w*	*w*	*f*

Bild 2-4. Wertetafeln der einschließenden und der ausschließenden Disjunktion [2])

[1]) Streng genommen dürften die ∧-Zeichen in den Termen A∧B und a∧b nicht die gleichen sein! Das ∧-Zeichen in a∧b sagt nicht mehr aus, als in der Wertetafel von Bild 2-3 festgelegt ist.

[2]) Bei dieser und den folgenden Wertetafeln sind die Klammern und Kommata bei den Wertepaaren weggelassen worden. Wir lesen das Zeichen v: „*oder*". Es ist auch „vel" gebräuchlich.

Beispiel:

A: „Die Verkehrsampel am Zebrastreifen zeigt zum Zeitpunkt t rot"

B: „Ein Fußgänger läuft zum Zeitpunkt t über den Zebrastreifen"

Die Aussageform „A *oder* B" ist äquivalent zur Aussageform

H: „Ich muß als Kraftfahrer zum Zeitpunkt t vor dem Zebrastreifen halten".

Es ist dasjenige Oder gemeint, welches das Konjunkt $A \wedge B$ als wahr *einschließt.* Wir sprechen von der *„einschließenden" Disjunktion* oder dem *„einschließenden Oder"* (lateinisch: vel; das V kann als Merkhilfe für das Zeichen v dienen).

Ein Beispiel von dem Bau eines Logikautomaten:
Der Logikautomat soll selbsttätig in folgenden Fällen stoppen:

A: Die Maschine hat den Funktionswert w bestimmt.

B: Die Maschine hat alle 2^n n-Tupel in den Term eingesetzt.

Treffen beide Bedingungen zusammen, sind also beide Aussagen wahr, so muß der Automat natürlich auch stoppen. Daher gilt für die Bedingung

S: „Der Automat soll stoppen",

das einschließende Disjunkt, also $S \Longleftrightarrow A \vee B$.

2.3.5. Exklusives Oder A↣B (Entweder A oder B)

Häufig wird im Sprachgebrauch das Oder als *ausschließendes Oder* (auch *„exklusives Oder"*) A↣B (vgl. Wertetafel Bild 2-4) gebraucht. Wir wollen in diesem Fall immer das präzisere *„entweder . . . oder"* verwenden.

Beispiel aus der Computertechnik:

S: „Die Summe (mod 2) $\alpha + \beta$ ist L" [1])

Die Aussageform S ist äquivalent dem exklusiven Oder A↣B:

A: „Die Dualziffer α ist L"

B: „Die Dualziffer β ist L"

Wir können statt A↣B auch schreiben:

$(\overline{A} \wedge B) \vee (A \wedge \overline{B})$,

also das Zeichen ↣ durch die Zeichen ∧ , v, ‾ ersetzen.

2.3.6. Bijunktion A ⟷ B (A genau dann, wenn B)

Wir wählen wieder ein Beispiel aus der Computertechnik:
Zu den (elementaren) Aussageformen

A: „Das Vorzeichen der Zahl α ist plus"
(mit dem Negat $\overline{A}$: „Das Vorzeichen von α ist minus oder $\alpha = 0$) und

B: „Das Vorzeichen der Zahl β ist plus".

---

1) Die Summe modulo 2 berücksichtigt nur die 2^0-Stelle (vgl. 5.5.).

heißt das Bijunkt: A ↔ B. Es ist äquivalent zu der Aussageform

S: „Das Vorzeichen des Produktes $\alpha \cdot \beta$ ist plus".

Das Bijunkt kann auch in der Form

$$(\overline{A} \wedge \overline{B}) \vee (A \wedge B)$$

geschrieben werden. Das erste Konjunkt entspricht der Zeile 0 der Wertetafel (Bild 2-5, Spalte 2): Sind beide Variablen (a und b) mit *f* belegt, so erhält das Konjunkt $\overline{a} \wedge \overline{b}$ den Wert *w*. Zeile 3: Wird für (a,b) das Paar *(w,w)* eingesetzt, so hat $a \wedge b$ den Wert *w*.

2.3.7. Subjunktion A → B (Wenn-dann-Verknüpfung)

Unter der Subjunktion wird eine Verknüpfung verstanden, für welche die Wertetafel von Bild 2-5, Spalte 3 gilt.

Zeile	0 (a,b)	1 a ≻≺ b	2 a ↔ b	3 a → b	4 $\overline{a} \vee b$
0	*f f*	*f*	*w*	*w*	*w*
1	*f w*	*w*	*f*	*w*	*w*
2	*w f*	*w*	*f*	*f*	*f*
3	*w w*	*f*	*w*	*w*	*w*

Bild 2-5. Bijunktion und Subjunktion

Bilden wir ein Subjunkt von zwei (elementaren) Aussageformen, so müssen wir insbesondere darauf achten, daß gemäß Zeile 1 dem Paar (*f*, *w*) der Wert *w* zugeordnet ist im Gegensatz zum Bijunkt a ↔ b.

Beispiele für Subjunktionen finden wir in der Computertechnik nur bei Logikautomaten (vgl. Kapitel 9).

Der Vergleich der Spalten 3 und 4 zeigt, daß die Verknüpfung A → B auch durch $\overline{A} \vee B$ ausgedrückt werden kann.

In der Literatur werden für das exklusive Oder, die Bijunktion und die Subjunktion manchmal die Bezeichnungen, „Antivalenz", „Äquivalenz", „Implikation" gewählt [1]). Man sollte diese Bezeichnungen nur verwenden, wenn es sich um Aussagen *über* Aussagen handelt. Da diese Unterscheidung erst für die Logikautomaten wichtig wird, gehen wir hier nicht weiter darauf ein. (Der interessierte Leser findet Näheres im Anhang I.7.).

In den Abschnitten 2.8. und 2.9. findet der Leser eine Zusammenstellung der wichtigsten bisher genannten Begriffe: Aussage, Aussageform, Wahrheitsterm, Wahrheitsvariable, Verknüpfung, Namen und Lesarten der Verknüpfungen.

---

1) In der Tat werden diese Bezeichnungen für die entsprechenden Funktionen der Schaltalgebra verwendet (DIN 66000).

2.3.8. Weitere Verknüpfungen von Aussagen

Es können beliebig viele Verknüpfungen von Aussagen (bzw. Aussageformen) gebildet werden. Diese lassen sich in Klassen einteilen, genauso wie wir es bei den Schaltnetzen gesehen haben. Wichtig ist weiterhin, daß für jede beliebige Verknüpfung die drei Verküpfungszeichen $\wedge$, $\vee$, $^{-}$ genügen. Bei dem exklusiven Oder, der Bijunktion und der Subjunktion haben wir dies bereits gezeigt.

2.3.9. Aussagenvariable und deren Verknüpfungen

In der Literatur über die Aussagenlogik findet man die bisher erläuterten Verknüpfungen i.a. mit *Aussagenvariablen* dargestellt. Eine Aussagenvariable ist Platzhalter für eine beliebige Aussage. Wie die Wahrheitstafeln mit Aussagenvariablen zu deuten sind, sei am Beispiel der Konjunktion und Disjunktion gezeigt.

P	Q	$P \wedge Q$	$P \vee Q$
f	*f*	*f*	*f*
f	*w*	*f*	*w*
w	*f*	*f*	*w*
w	*w*	*w*	*w*

Setzt man für die Aussagenvariable P eine falsche Aussage A_1 und für Q eine wahre Aussage A_2 ein, so ist aus der Wertetafel (Zeile 2) abzulesen, daß das Konjunkt $A_1 \wedge A_2$ den Wahrheitswert *f* und das Disjunkt $A_1 \vee A_2$ den Wahrheitswert *w* erhält. Die Zeilen der Wertetafel gelten also für *Aussagen* A_i, welche für die Aussagenvariablen P und Q eingesetzt werden. Denn eine Aussagen*variable* kann keinen Wahrheitswert annehmen. Durch Wertetafeln mit Aussagenvariablen soll ausgesagt werden, daß der Wahrheitswert des Ergebnisses einer Verknüpfung von Aussagen (also z.B. von einem Konjunkt) nicht von den Aussagen selbst, sondern nur von deren Wahrheitswert abhängig ist.

2.4. Gesetze der Aussagenalgebra

In der Schaltalgebra (Abschnitt 1.4.) wurden einige Schaltnetze mit der gleichen Wertefolge besonders hervorgehoben. Man nennt diese Schaltnetze „äquivalent“ und zwischen ihren Schalttermen setzt man das Gleichheitszeichen. Wichtige dieser Gleichungen sind in Anhang I.1. als „Gesetze der Schaltalgebra“ zusammengestellt. Wir wollen nun sehen, ob dieselben Gleichungen für die Aussagenalgebra brauchbar sind.

Das *Kommutativgesetz* (K) für die Konjunktion und Disjunktion kann bereits aus den Wertetafeln von Bild 2-3 und 2-4 gefolgert werden.

Der Wahrheitswert des Terms $a \wedge b$ bzw. $a \vee b$ ist nämlich unabhängig davon, ob er dem Paar (*f*, *w*) oder (*w*, *f*) zugeordnet ist. Überträgt man das Kommutativgesetz auf die Aussagen bzw. Aussageformen selbst, so zeigt sich, daß man in der Aussagenalgebra nicht alle Feinheiten der Umgangssprache nachvollziehen kann. Es ist nämlich nicht dasselbe, ob ich sage: „Meine Freundin und ich. . .“ oder: „Ich und meine Freundin. . .“.

Entsprechendes gilt für das „*Assoziativgesetz* (A).

Die *Idempotenzgesetze* ($J_\wedge$) und ($J_\vee$) können ebenfalls aus den Wertetafeln für die Konjunktion und Disjunktion (Bild 2-3, 2-4) entnommen werden, denn $f \wedge f = f$, $w \wedge w = w$ sowie $f \vee f = f$ und $w \vee w = w$.

Das Gesetz des doppelten Komplementes (CC): $\bar{\bar{a}} = a$ nennt man in der Aussagenalgebra das „*Gesetz der doppelten Verneinung*". Durch die Gesetze (J) und (CC) gehen wiederum bei der Formalisierung Feinheiten der Sprache verloren.

Bei den Gesetzen (N) und (N*) – vgl. Anhang I.1. – sind in der Aussagenalgebra statt 0 und 1 die Konstanten f und w zu setzen, welche also die *neutralen Elemente* sind. Wir können dies auch aus den Wertetafeln Bild 2-3 und 2-4 erkennen: Für die Konjunktion ist w das neutrale Element, denn das Konjunkt $a \wedge w$ hat den gleichen Wahrheitswert wie a. Das neutrale Element der Disjunktion ist f, denn $a \vee f$ hat den gleichen Wahrheitswert wie a.

Der übliche Weg, die Gültigkeit von Gesetzen nachzuweisen, geht von den (Wahrheits-) Wertetafeln für Negation, Konjunktion und Disjunktion aus (Bild 2-2 bis 2-4), in denen also bereits die grundlegenden Gesetze (Axiome) verborgen sein müssen.

Bei der Aufstellung von Wertetafeln komplizierter Terme gehen wir von den Wertetafeln der in diesen enthaltenen einfachen Terme aus.

Wir wollen dies an zwei Beispielen, einem *Absorptionsgesetz* ($Ab_\wedge$): $a \wedge (a \vee b) = a$ und einem *Gesetz von De Morgen* (M) : $\overline{a \vee b} = \bar{a} \wedge \bar{b}$ zeigen:

(a,b)	a	a ∨ b	a∧(a ∨ b)	a ∨ b	$\overline{a \vee b}$	$\bar{a}$	$\bar{b}$	$\bar{a} \wedge \bar{b}$
f f	*f*	*f*	*f*	*f*	*w*	*w*	*w*	*w*
f w	*f*	*w*	*f*	*w*	*f*	*w*	*f*	*f*
w f	*w*	*w*	*w*	*w*	*f*	*f*	*w*	*f*
w w	*w*	*w*	*w*	*w*	*f*	*f*	*f*	*f*

Bild 2-6. Nachweis der Gültigkeit von Gesetzen durch Wertetafeln

Als Übung möge der Leser zum Nachweis der *Distributivgesetze* ebenso vorgehen.

Das Gesetz ($N^*_\wedge$): $a \wedge f = f$ gehört zu einer konjunktiven Verknüpfung einer Aussagen*form* A mit einer *Aussage* A_1, welche falsch ist. Wir vereinbaren, daß die Verknüpfung einer Aussageform mit einer Aussage möglich ist. Die Aussagenverknüpfung $A \wedge A_1$ ist unabhängig vom Wahrheitswert der Aussageform A falsch. Der Leser wende diese Überlegung auf ($N^*_\vee$) $a \vee w = w$ an. Auf die *Gesetze des Komplementes* (C) kommen wir bei den formal falschen bzw. formal wahren Aussageformen zurück (2.6).

2.5. Wahrheitsfunktionen

In den Bildern 2-3 und 2-6 werden Beispiele dafür gebracht, welche Wahrheitswerte sich ergeben, wenn zwei Aussageformen A (mit der Wahrheitsvariablen a) und B (mit der Wahrheitsvariablen b) verknüpft werden. In den ersten Spalten der Tabelle sind jeweils die vier möglichen Kombinationen der beiden Wahrheitswerte für die beiden Wahrheitsvariablen aufgeführt. Mit Absicht haben wir immer die gleiche Reihenfolge verwandt.

In den dann folgenden Spalten sind die Wahrheitswerte für die Verknüpfungen angegeben. Es ergibt sich, daß jedem Paar von Wahrheitswerten genau ein Wahrheitswert zugeordnet ist. Eine solche eindeutige Zuordnung nennt man in der Mathematik Funktion und wir können daher im Zusammenhang mit unseren Tabellen davon sprechen, daß diese Tabellen *„Wahrheitsfunktionen"* definieren (festlegen).

Die Wahrheitsterme im Kopf der Wertetafeln (z.B.: $a \wedge b$) sind die *Funktionsterme* der zugehörigen Wahrheitsfunktionen. Diese schreibt man meist als *Funktionsgleichungen,* z.B. für das exklusive Oder:

$$f(a,b) = (\bar{a} \wedge b) \vee (a \wedge \bar{b})$$

Auf die ausführliche Schreibweise einer Funktion, d.h. mit Angabe der Zuordnungsvorschrift und der Definitions- und Wertemengen, wird in Kapitel 3 eingegangen.

Wertefolge und Funktionssymbol

Zwei Kurzschreibweisen für die Wahrheitsfunktion seien eingeführt. Zunächst treffen wir eine Vereinbarung, in welcher Reihenfolge die Wahrheitswerttupel der Eingangsvariablen von oben nach unten geschrieben werden: Wir denken uns statt der Zeichen *f* und *w* die Dualziffern 0 und L und lesen die so entstandenen Zeichen als Dualzahlen. Von oben nach unten muß die Folge der natürlichen Zahlen stehen (vgl. Bild 2-7).

Die *Wertefolge* ist die Folge der Funktionswerte der Wertetafel von oben nach unten, wobei wir statt *f* und *w* die Ziffern *0* und *1* schreiben. Für das exklusive Oder z.B. ergibt sich wegen *f, w, w, f* die Wertefolge ⟨*0110*⟩. Auch das *Funktionssymbol* f_k^n beschreibt eine Funktion eindeutig. Der obere Index n gibt die „Stelligkeit" an. Der untere Index k ist die Dezimalzahl, welche der als Dualzahl gelesenen Wertefolge entspricht. Die folgende Tabelle gibt einige Beispiele:

Wertetafel

	(a,b)	f_1^2 (a,b)	f_7^2 (a,b)
00	*f f*	*f*	*f*
0L	*f w*	*f*	*w*
L0	*w f*	*f*	*w*
LL	*w w*	*w*	*w*

Funktions-gleichung	Funktionssymbol	Wertefolge
$f_2^1(a) = \bar{a}$	f_2^1	⟨*10*⟩
$f_1^2(a,b) = a \wedge b$	f_1^2	⟨*0001*⟩
$f_7^2(a,b) = a \vee b$	f_7^2	⟨*0111*⟩

Bild 2-7. Darstellung von Wahrheitsfunktionen durch Wertetafel, Funktionsgleichung, Symbol und Wertefolge

Beziehungen zur Schaltalgebra. Ein Schaltnetz (eine Aussageform) wird durch einen Schaltterm (Wahrheitsterm) beschrieben. Er ist der Funktionsterm einer Schaltfunktion (Wahrheitsfunktion). Symbol der Schaltfunktion (Wahrheitsfunktion) ist f_k^n. Der obere Index gibt die „Stelligkeit" der Funktion (Anzahl der Eingangsvariablen) an. Liest man die Folge der Funktionswerte in der Wertetafel von oben nach unten als Dualzahl (Schaltwerte *0* und *1* als 0 und L, Wahrheitswerte *f* und *w* als 0 und L), so erhält man den unteren Index als dezimales Äquivalent der Dualzahl. Die „Wertefolge" ist eine weitere Schreibweise der Schaltfunktion (Wahrheitsfunktion).

2.6. Äquivalente und komplementäre, formal falsche und formal wahre Aussageformen

2.6.1. Äquivalente Aussageformen

Man nennt zwei Aussageformen genau dann äquivalent, wenn zu ihnen die gleiche Wahrheitsfunktion gehört.

Beispiele für zweistellige Wahrheitsfunktionen:

Funktion	Funktionsterme (Beispiele)	Zugehörige äquivalente Aussageformen
f_1^2	$a \wedge b$, $\overline{\bar{a} \vee \bar{b}}$, $(\bar{a} \vee b) \wedge (a \vee \bar{b}) \wedge (a \vee b)$	$A \wedge B$, $\overline{\bar{A} \vee \bar{B}}$, $(\bar{A} \vee B) \wedge (A \vee \bar{B}) \wedge (A \vee B)$
f_7^2	$a \vee b$, $\overline{\bar{a} \wedge \bar{b}}$, $(\bar{a} \wedge b) \vee (a \wedge \bar{b}) \vee (a \wedge b)$	$A \vee B$, $\overline{\bar{A} \wedge \bar{B}}$, $(\bar{A} \wedge B) \vee (A \wedge \bar{B}) \vee (A \wedge B)$

Für die Äquivalenz verwendet man das Zeichen $\Longleftrightarrow$. Beispiel: $A \vee B \Longleftrightarrow \overline{\bar{A} \wedge \bar{B}}$. Alle Aussageformen mit der gleichen Wahrheitsfunktion fassen wir zu einer *Klasse äquivalenter Aussageformen* zusammen. Es gibt 16 Klassen von Aussageformen, die aus zwei elementaren Aussageformen bestehen (vgl. Anhang I.2.) Da vier *ein*stellige Funktionen gebildet werden können, gibt es vier Klassen

a	$f_0^1(a)$	$f_1^1(a)$	$f_2^1(a)$	$f_3^1(a)$
f	*f*	*f*	*w*	*w*
w	*f*	*w*	*f*	*w*

Bild 2-8. Einstellige Wahrheitsfunktion.

a	$a \wedge \bar{a}$	$a \vee \bar{a}$
f	*f*	*w*
w	*f*	*w*

Beispiele für f_0^1 und f_3^1

äquivalenter Aussageformen aus *einer* elementaren Aussageform. Je ein Beispiel für Terme der Funktionen f_0^1 und f_3^1, nämlich $a \wedge \bar{a}$ und $a \vee \bar{a}$, sind in Bild 2-8 angegeben. f_1^1 wird die *identische Funktion* genannt. f_2^1 ist die Wahrheitsfunktion der *Negation*.

Die Klassenbildung bei äquivalenten Aussageformen entspricht der Klassenbildung von äquivalenten Schaltnetzen in der Schaltalgebra. Die Tabellen im Anhang I.2. und I.3. sind daher in gleicher Weise für die Schalt- und Aussagenalgebra zu lesen.

2.6.2. Komplementäre Aussageformen

Nicht nur von den elementaren Aussageformen, sondern auch von ihren Verknüpfungen kann das Negat gebildet werden. Dies sei an einigen Beispielen erläutert, wobei wir die Wahrheitsfunktionen bzw. deren Terme verwenden wollen:

	$f_7^2(a,b)$	$f_8^2(a,b)$	$f_1^2(a,b)$	$f_{14}^2(a,b)$	$f_2^2(a,b)$	$f_{13}^2(a,b)$
(a,b)	$a \vee b$	$\overline{a \vee b}$	$a \wedge b$	$\overline{a \wedge b}$	$a \wedge \bar{b}$	$\overline{a \wedge \bar{b}}$
f f	*f*	*w*	*f*	*w*	*f*	*w*
f w	*w*	*f*	*f*	*w*	*f*	*w*
w f	*w*	*f*	*f*	*w*	*w*	*f*
w w	*w*	*f*	*w*	*f*	*f*	*w*

Bild 2-9. Wertetafeln: Negate von Funktionen

Man erhält das Negat einer Wahrheitsfunktion, indem man für jeden Funktionswert (*f* und *w)* dessen Komplement *(w* und *f)* einsetzt. So entsteht aus f_7^2 durch Negation die Funktion f_8^2 und aus f_1^2 die Funktion f_{14}^2 usw. Eine Aussageform und ihr Negat nennen wir „komplementäre" Aussageformen.

2.6.3. Formal falsche und formal wahre Aussageformen[1])

Zu den formal wahren Aussageformen gehört die konstante Wahrheitsfunktion f_r^n (mit $r = 2^{2^n} - 1$). Zu den formal falschen Aussageformen gehört die Funktion f_0^n. Beispiele: Die einstelligen Funktionen f_3^1 und f_0^1 sowie die zweistelligen Funktionen f_{15}^2 und f_0^2.

Man erhält stets formal falsche (wahre) Aussageformen durch konjunktive (disjunktive) Verknüpfung von komplementären Funktionen. Je ein Beispiel wurde in Bild 2-8 für einstellige Funktionen gezeigt. Eine formal falsche Aussageform (z.B. $A \wedge \bar{A}$) nennt man auch *Kontradiktion,* eine formal wahre (z.B. $A \vee \bar{A}$) heißt auch *Tautologie.*

Beispiele für zweistellige kontradiktorische bzw. tautologische Aussageformen werden in Bild 2-10 angegeben. Der Leser möge diese mit der Subjunktion vergleichen und Anwendungsbeispiele suchen.

(a,b)	f_0^2 $(\bar{a} \vee b) \wedge (a \wedge \bar{b})$	f_{15}^2 $(\bar{a} \vee b) \vee (a \wedge \bar{b})$
f f	*f*	*w*
f w	*f*	*w*
w f	*f*	*w*
w w	*f*	*w*

Bild 2-10. Wertetafeln für die Wahrheitsfunktionen einer Kontradiktion und einer Tautologie

2.7. Spezielle Funktionen und Terme, Termumformungen

Im letzten Abschnitt wurde die Funktion f_8^2 durch zwei verschiedene Funktionsterme: $\overline{a \vee b}$ und $\bar{a} \wedge \bar{b}$ ausgedrückt. Es gibt unendlich viele Funktionsterme, welche dieselbe Funktion darstellen. Wir betrachten zunächst zwei spezielle Typen von Funktionen, und zwar solche mit genau einem *w* und solche mit genau einem *f* in der Wertefolge.

Nach Anhang I.2. haben die zweistelligen Funktionen f_1^2, f_2^2, f_4^2, f_8^2 je genau ein *w* in der Wertefolge. Der kürzeste Term, der zu diesen Funktionen gehört, ein Konjunkt, wird *„Minterm"* genannt. Es gibt vier zweistellige Minterme (und zwar: $\bar{a} \wedge \bar{b}$, $\bar{a} \wedge b$, $a \wedge \bar{b}$, $a \wedge b$), acht dreistellige, 2^n n-stellige Minterme.

Die Funktionen f_7^2, f_{11}^2, f_{13}^2, f_{14}^2 (vgl. Anhang I.2.) haben je genau ein *f* in der Wertefolge. Die Terme $a \vee b$, $a \vee \bar{b}$, $\bar{a} \vee b$, $\bar{a} \vee \bar{b}$ sind die kürzesten Funktionsterme, mit denen sich diese Funktionen (mit genau einem *f* in der Wertefolge) darstellen lassen. Man nennt diese Disjunkte *„Maxterme".* Es gibt vier zweistellige Maxterme, 2^n n-stellige Maxterme.

---

[1]) Auch „immer" falsche (wahre) Aussageformen genannt, da sie bei jeder Wahrheitswertbelegung den gleichen Wahrheitswert haben.

Eine *disjunktive Normalform* ist ein Disjunkt von Mintermen

Beispiele: $(\bar{a} \wedge b) \vee (a \wedge \bar{b})$, Funktionsterm von f_6^2.

$(a \wedge \bar{b}) \vee (\bar{a} \wedge b) \vee (a \wedge b)$, Funktionsterm von f_7^2.

Man kann die disjunktive Normalform, die zu einer Funktion gehört, aus deren Wertetafel „ablesen", indem man die zu den Funktionswerten *w* gehörigen Minterme als Glieder einer Disjunktion aufschreibt.

Eine *konjunktive Normalform* ist ein Konjunkt von Maxtermen.

Beispiele: $(a \vee \bar{b}) \wedge (\bar{a} \vee b)$, Funktionsterm von f_6^2

$(a \vee b) \wedge (a \vee \bar{b}) \wedge (\bar{a} \vee b)$, Funktionsterm von f_1^2.

Kommt in der Wertefolge einer Funktion der Wert *w* weniger oft vor als *f*, so ist die disjunktive Normalform kürzer, andernfalls die konjunktive. In Kapitel 3.6. und 3.7. sind diese Beziehungen etwas ausführlicher dargestellt.

Jede Funktion läßt sich in den beiden Normalformen darstellen.

Schließlich zeichnen wir eine Form des Funktionsterms aus, welche die geringste Anzahl von Zeichen für die Verknüpfungen $\wedge$, $\vee$, $^-$ und die Aussagenvariablen hat, die *Minimalform.*

Näheres lese man in 3.7. nach.

Termumformungen

Wir können Terme auf algebraischem Wege, d.h. unter Anwendung der Gesetze (vgl. Anhang I.1.) umformen, z.B. in eine der beiden Normalformen oder in Minimalformen.

Beispiele für derartige Termumformungen sind im Anhang I.4. beschrieben.

2.8. Aussagenalgebra, Schaltalgebra und Boolesche Algebra B_2

In der Beschreibung von Schaltnetzen und Aussageformen – zwei ganz verschiedenen Bereichen – haben wir Formalisierungen vorgenommen, die völlig parallel laufen.

Für die Darstellung der Schalt- und der Wahrheitsterme wurden zwei *Normalformen* und *Minimalformen* ausgezeichnet (Anhang I.2. für die zweistelligen Funktionen). Die *Termumformungen* in beiden Bereichen unterscheiden sich nicht (Anhang I.4.). Die gleichen *Graphen* können zur Darstellung der Funktion verwendet werden (Anhang I.5.).

Es muß beachtet werden, daß nicht die *Aussagen,* sondern die (elementaren) *Aussageformen* einem *Schalter* entsprechen. Eine *Aussage* hat einen festen Wahrheitswert und kann mit einem immer offenen bzw. immer geschlossenen (unbeweglichen) Schaltkontakt verglichen werden, denen auch ein fester Schaltwert zuzuordnen ist.

Schaltalgebra	Aussagenalgebra
(elementare) Schaltnetze: Schalter mit dem Namen A, B, . . .	(elementare) Aussageformen A, B, . . .
Schaltvariable dieser Schalter: a, b, . . .	Wahrheitsvariable der (elementaren) Aussageformen: a, b, . . .
Schaltwerte *0, 1*	Wahrheitswerte *f, w*
Schaltnetze: Verknüpfungen von Schaltern: in Serie, parallel, Ruhekontakt	(Zusammengesetzte) Aussageformen: Verknüpfungen von elementaren Aussageformen: A <u>und</u> B, A <u>oder</u> B, <u>nicht</u> B
Schaltterme von Schaltnetzen $a \wedge b$, $a \vee b$, $\bar{a}$	Wahrheitsterme von Aussageformen $a \wedge b$, $a \vee b$, $\bar{a}$
Schaltfunktionen f_k^n (Wertetafel, Wertefolge)	Wahrheitsfunktionen f_k^n (Wertetafel, Wertefolge)
Gesetze (K), (A), (D) . . . Anhang I.1.	Gesetze (K), (A), (D). . . Anhang I.1.
Klassen äquivalenter Schaltnetze	Klassen äquivalenter Aussageformen
Schaltnetze mit n Schaltern, die bei *jedem* der 2^n Schaltwertkombinationen der Schalter den Schaltwert *0 (1)* haben. Zugehörige Schaltfunktion: f_0^n (f_r^n mit $r = 2^{2^n} - 1$)	Formal falsche (wahre) Aussageformen aus n elementaren Aussageformen haben bei *jeder* der 2^n Wahrheitswertebelegungen den Wahrheitswert *f (w)*. Zugehörige Wahrheitsfunktion: f_0^n (f_r^n mit $r = 2^{2^n} - 1$)
Der konstant offene (geschlossene) Schaltkontakt K_0 (K_1) mit dem konstanten Schaltwert *0 (1)* Schaltterm: Konstante *0 (1)*	Die falsche (wahre) Aussage A_1 (A_2) mit dem (konstanten) Wahrheitswert *f (w)* Wahrheitsterm: Konstante *f (w)*

Es liegt nahe, die Schalt- und die Aussagenalgebra wegen ihrer gleichen Struktureigenschaften einer allgemeinen Algebra unterzuordnen. Diese *zweielementige „Boolesche" Algebra* (kurz: B_2) soll im nächsten Kapitel beschrieben werden. Was in der Schalt- bzw. in der Aussagenalgebra *Schaltwerte* bzw. *Wahrheitswerte* waren, sind in der B_2 die *Elemente 0* und *1*. Die Terme der B_2 sind Zeichenreihen ohne Bezug auf ein Objekt.

Der Leser, der an diesem weiteren Abstraktionsprozeß weniger interessiert ist, kann das Kapitel 3 übergehen, ohne daß Schwierigkeiten im Verständnis des Hauptteils des Buches (ab Kapitel 4) entstehen. Zur Vertiefung der vielen Begriffe bezüglich der Terme seien jedoch die Abschnitte 3.6. und 3.7. empfohlen, welche direkt im Anschluß an dieses Kapitel lesbar sind und nur im Kapitel 3 in dieser Ausführlichkeit gebracht werden.

2.9. Zusammenfassung: Aussagenalgebra

Unter einer *Aussage* (A_1, A_2, . . .) verstehen wir einen Satz, von dem wir entscheiden können, ob er entweder wahr oder falsch ist, d.h. wir können ihm einen Wahrheitswert *(w, f)* zuordnen.

Durch *Verknüpfung von Aussagen* durch die Partikel *„und“*, *„oder“*, *„nicht“*, *„entweder . . . oder“*, *„genau dann, wenn“*, *„wenn, dann“* usw. entstehen wieder *Aussagen*. Die Wahrheitswerte dieser Aussagen hängen nur von den Wahrheitswerten der verknüpften Aussagen ab, und zwar in einer durch Wahrheitstafeln festgelegten Weise. Beim Gebrauch der Partikel muß man dies beachten.

Eine *Aussagenvariable* ist eine Leerstelle für Aussagen. Wir haben in diesem Kapitel keinen Gebrauch von ihr gemacht.

Eine *(elementare) Aussageform* ist ein Satz mit Leerstellen, welcher nach Ausfüllen der Leerstellen (hierfür wird eine *Grundmenge* angegeben) zu einer Aussage wird. (Beispiel: „Die Einerziffer der Dualzahl α ist L“. Bereich: $\alpha \in \mathbb{N}$. Für α = L0L ist die entstandene Aussage wahr, für α = L00 ist die entstandene Aussage falsch).

Zu einer (elementaren) Aussageform A gehört die *Wahrheitsvariable* a, diese ist Platzhalter für den Wahrheitswert einer Aussage, die aus A entstanden ist.

Elementare Aussageformen können wie Aussagen durch *„und“*, *„oder“*, . . . verknüpft werden und das Verknüpfungsergebnis ist wieder eine Aussageform. Die Verknüpfung wird durch einen *Wahrheitsterm* beschrieben, der aus Zeichen für die Wahrheitsvariablen (a,b, . . .) und für die Verknüpfungen ($\wedge$, $\vee$, . . .) besteht. In der folgenden Tabelle sind die wichtigsten Verknüpfungen von Aussageformen mit ihren Wahrheitstermen und ihrer Wahrheitsfunktion zusammengestellt:

Verknüpfung von Aussageformen		Zugehörige Wahrheitsterme		Wahrheitsfunktion	
Name	Symbol	Symbol	gelesen	Wertefolge	Symbol
Konjunktion	$A \wedge B$	$a \wedge b$	a und b	*⟨0001⟩*	f_1^2
(einschließende) Disjunktion	$A \vee B$	$a \vee b$	a oder b	*⟨0111⟩*	f_7^2
Negation	$\bar{A}$	$\bar{a}$	nicht a	*⟨10⟩*	f_2^1
Ausschließende Disjunktion [1] (Ausschl. Oder)	$A \rightarrowtail\!\!\!\!\prec B$ $(\bar{A} \wedge B) \vee (A \wedge \bar{B})$	$(\bar{a} \wedge b) \vee (a \wedge \bar{b})$	entweder a oder b	*⟨0110⟩*	f_6^2
Bijunktion [1] (Bisubjunktion)	$A \leftrightarrow B$ $(\bar{A} \wedge \bar{B}) \vee (A \wedge B)$	$(\bar{a} \wedge \bar{b}) \vee (a \wedge b)$	a genau dann, wenn b	*⟨1001⟩*	f_9^2
Subjunktion [1]	$A \rightarrow B$ $\bar{A} \vee B$	$\bar{a} \vee b$	wenn a, dann b	*⟨1101⟩*	f_{13}^2

Der Wahrheitsterm einer Aussageform ist zugleich der *Funktionsterm* der zu der Aussageform gehörigen *Wahrheitsfunktion*. Für sie gibt es folgende Schreibweisen: *Wertetafel, Wertefolge, Funktionssymbol*.

---

[1]) Für die *ausschließende Disjunktion*, die *Bijunktion* und die *Subjunktion* werden in der Literatur auch die Bezeichnungen *„Antivalenz“*, *„Äquivalenz“*, *„Implikation“* gebraucht. Nach DIN 66000 werden diese Bezeichnungen für die entsprechenden Schaltfunktionen der Schaltalgebra benützt. In diesem Buch verwenden wir jedoch „Antivalenz“, . . . nur für Aussagen über Aussagen (Metaaussagen). Da wir diese Unterscheidung erst bei den Logikautomaten benötigen, ist sie hier nicht näher begründet (vgl. auch Anhang I.7.).

Es gibt unendlich viele untereinander *äquivalente Aussageformen* und zwischen ihren Wahrheitstermen ist eine Gleichheitsbeziehung definiert (Beispiel: $A \wedge B \Longleftrightarrow \overline{\bar{A} \vee \bar{B}}$; $a \wedge b = \overline{\bar{a} \vee \bar{b}}$). Zu jeder Menge äquivalenter Aussageformen gehört genau eine Wahrheitsfunktion f_k^n, d.h. jede Wahrheitsfunktion f_k^n kann durch beliebig viele Funktionsterme dargestellt werden. Für jede Funktion f_k^n können folgende spezielle Funktionsterme angegeben werden:

die *disjunktive Normalform,* ein Disjunkt von Mintermen,

die *konjunktive Normalform,* ein Konjunkt von Maxtermen und

Minimalformen, welche die geringste Anzahl der Zeichen für die Verknüpfungen $\wedge$, $\vee$, $-$ und für die Wahrheitsvariablen haben.

Für *Termumformungen* nimmt man die Gesetze der Aussagenalgebra zu Hilfe.

Wahrheitsfunktionen können auch durch *Graphen* dargestellt werden, aus denen die Normalform abzulesen sind und mit denen in begrenztem Umfang Terme vereinfacht werden können.

Die *formal falsche (wahre) Aussageform* aus n elementaren Aussageformen hat einen Wahrheitsterm, der bei jeder der 2^n Wahrheitswertbelegungen der n Wahrheitsvariablen den Wahrheitswert *f (w)* annimmt. Man nennt sie auch *Kontradiktion (Tautologie).*

Die *Aussagenalgebra* ist wie die Schaltalgebra ein *Modell* (eine Interpretation) der zweielementigen Booleschen Algebra B_2 (vgl. Kapitel 3).

Es sei noch auf folgende Zusammenstellungen im Anhang I verwiesen:

3. Die zweielementige Boolesche Algebra

Vorbemerkung

Der Inhalt dieses Kapitels ist für das Verständnis des Hauptteiles dieses Buches (Kapitel 4 bis 12) nicht erforderlich und kann übergangen werden. Es soll dem Leser, dem Schalt- und Aussagenalgebra bekannt sind, die Durcharbeitung von Kapitel 1 und 2 ersparen. Ihm genügen nach dem Lesen des Kapitels 3 die Zusammenfassungen von Kapitel 1 und 2 (Schaltalgebra und Aussagenalgebra), um die in diesem Buch verwendeten Begriffe und Symbole zu verstehen. Vom gesamten Inhalt des Kapitels 3 genügt es, folgendes zu wissen: Die Schaltalgebra und die Aussagenalgebra sind „*Modelle*" der zweielementigen Booleschen Algebra (B_2), d.h. die B_2 bildet die diesen Modellen zugrundeliegende „*Struktur*". Maschinen für die Verknüpfungen der Aussagenalgebra, die Logikmaschinen, sind deshalb auch Maschinen für die übergeordnete Struktur, also „*Boolesche Maschinen*" (genauer: Maschinen der B_2).

3.1. Boolesche Algebren: Komplementäre, distributive Verbände

Eine Menge M trägt eine algebraische *Struktur*, wenn auf ihr eine oder mehrere Verknüpfungen definiert sind, für die bestimmte Gesetzmäßigkeiten gelten. Zu den wichtigsten Strukturen zählen: Gruppe, Körper, Ring, Verband.

Verband

Eine Menge V mit mindestens zwei Elementen hat Verbandsstruktur, wenn zwei verschiedene Verknüpfungen auf V, nämlich $\sqcap$ und $\sqcup$, definiert und folgende Gesetze für alle a, b, $c \in V$ gültig sind:

Existenz und Eindeutigkeit:

Durch $a \sqcap b$ sowie durch $a \sqcup b$ ist genau ein Element des Verbandes V bestimmt.

Kommutativgesetze:

($K_\sqcap$) $a \sqcap b = b \sqcap a$ ($K_\sqcup$) $a \sqcup b = b \sqcup a$

Assoziativgesetze:

($A_\sqcap$) $(a \sqcap b) \sqcap c = a \sqcap (b \sqcap c)$ ($A_\sqcup$) $(a \sqcup b) \sqcup c = a \sqcup (b \sqcup c)$

Absorptionsgesetze:

($Ab_\sqcap$) $a \sqcap (a \sqcup b) = a$ ($Ab_\sqcup$) $a \sqcup (a \sqcap b) = a$

Für den *distributiven Verband* kommen hinzu die

Distributivgesetze:

(D$_\sqcap$) $a \sqcap (b \sqcup c) = (a \sqcap b) \sqcup (a \sqcap c)$ (D$_\sqcup$) $a \sqcup (b \sqcap c) = (a \sqcup b) \sqcap (a \sqcup c)$

Beispiele für Verbände und distributive Verbände sind z. B. in [Ge] oder [Hr] nachzulesen.

Ein distributiver Verband heißt *komplementär,* wenn zusätzlich folgende Gesetze gelten:

Existenz neutraler Elemente:

Es gibt in V ein Einselement *1* (neutrales Element bzgl. $\sqcap$) mit der Eigenschaft

(N$_\sqcap$) $a \sqcap 1 = a$

für alle $a \in V$.

Es gibt in V ein Nullelement *0* (neutrales Element bzgl. $\sqcup$) mit der Eigenschaft

(N$_\sqcup$) $a \sqcup 0 = a$

für alle $a \in V$.

Existenz eines komplementären Elementes:

Zu jedem $a \in V$ gibt es genau ein Element $\bar{a} \in V$, genannt *Komplement* von a, mit den Eigenschaften:

(C$_\sqcap$) $a \sqcap \bar{a} = 0$ (C$_\sqcup$) $a \sqcup \bar{a} = 1$

Der distributive, komplementäre Verband wird auch „*Boolesche Algebra*“[1]) genannt.

Die genannten Gesetze[2]) sind nicht unabhängig voneinander. Nach Huntington (1904) genügen für das Axiomensystem die Gesetze (K), (D), (N), (C). Den obigen Gesetzen entnimmt man eine interessante Eigenschaft. Wenn man in irgend einem Gesetz die Zeichen $\sqcap$ mit $\sqcup$ sowie *0* mit *1* tauscht, so erhält man wieder ein Gesetz. Diese Eigenschaft eines Verbandes wird *Dualität* genannt. Nach dem *Dualitätsprinzip* gilt zu jedem aus den angegebenen Gesetzen gefolgerten Satz auch der zu ihm duale Satz, d.h. bei dem die Zeichen $\sqcap$ mit $\sqcup$ und *0* mit *1* (und umgekehrt) vertauscht sind[3]). Die Gesetze und die Sätze haben Bedeutung für die später behandelten Termumformungen. Für diese Umformungen erweist es sich als zweckmäßig, weitere Sätze, die sich aus den bisher genannten ableiten lassen, mit hinzuzunehmen. Eine Auswahl von ihnen ist im Anhang I.1. zusammengestellt.

---

1) Georges Boole (1815-1864). Professor am Queens-College in Cork.

2) Der feinere Unterschied zwischen den Begriffen *Gesetz* und *Axiom* sowie einem aus diesem abgeleiteten *Satz* soll hier nicht weiter berücksichtigt werden.

3) Für den Beweis wird auf spezielle Literatur verwiesen.

Beispiele für Boolesche Algebren

1. Beispiel:

Die Potenzmenge. Die Mengenverknüpfungen zwischen den Teilmengen A, B, ... einer nichtleeren Menge M sind wie folgt definiert:

Symbol	Bedeutung	Name
$\bar{A}$	$\{x \mid x \notin A \wedge x \in M\}$	Komplementmenge von A bzgl. M
$A \cap B$	$\{x \mid x \in A \wedge x \in B\}$	Schnittmenge von A und B
$A \cup B$	$\{x \mid x \in A \vee x \in B\}$	Vereinigungsmenge von A und B

Die Menge aller Teilmengen von M, der Potenzmenge $\mathfrak{P}(M)$, bildet bezüglich $^{-}$, $\cap$, $\cup$ einen Booleschen Verband mit dem Einselement M und dem Nullelement { }, der leeren Menge. Für eine Menge M mit n Elementen hat $\mathfrak{P}(M)$ 2^n Elemente. Diese sind die Teilmengen von M.

Beispiel:

Als Mengen wählen wir a) $M_1 = \{1, 2\}$

b) $M_2 = \{1, 2, 3\}$

Die Elemente der Potenzmengen von M_1 und M_2 sind in Bild 3-1a und b in einem *Hasse-Diagramm* angeordnet. Jeweils zwei aufsteigende Linien führen von den Bildpunkten der zu verknüpfenden Elemente (Teilmengen) zum Bildpunkt des Ergebnisses der Verknüpfung $\cup$. Entsprechend führen die absteigenden Linien zum Ergebnis der Verknüpfung $\cap$.

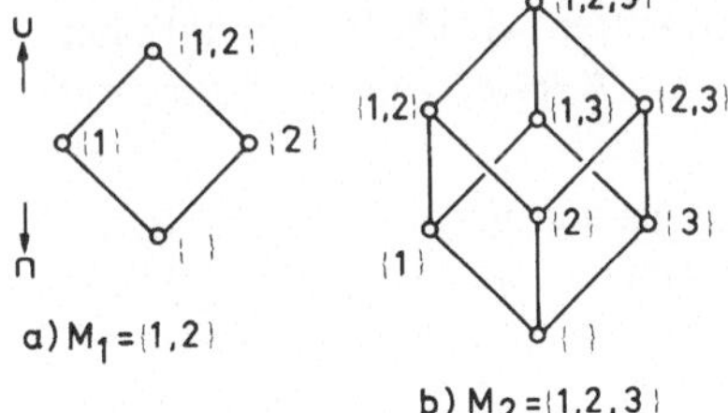

b) M_2={1,2,3}

Bild 3-1. Potenzmengen

a) T_1 = {1,2,3,6} b) T_2 = {1,2,3,5,6,10,15,30}

Bild 3-2. Teilermengen

2. Beispiel:

Teilermengen. Die Menge der Teiler einer natürlichen Zahl n, wenn n in seiner Primzahlzerlegung nur einfach auftretende Primzahlen hat, bildet mit den Verknüpfungen: kleinstes gemeinschaftliches Vielfaches *(kgV)* und größter gemeinsamer Teiler *(ggT)* eine Boolesche Algebra, wie in Bild 3-2a und b für zwei Beispiele angegeben ist.

Die *Verknüpfungstafeln* für $\cap$ und $\cup$ bzw. für kgV und ggT der beiden genannten achtelementigen Booleschen Algebren M_2 und T_2 sind in Bild 3-3 aufgeführt, ebenso eine Tafel der jeweils komplementären Elemente. Dabei sind für a, b, c, ... die Elemente der beiden Beispiele, ferner für $\sqcap$ und $\sqcup$ die Verknüpfungen gemäß folgender Zuordnungen einzusetzen:

				S						
	0	a	b	c	d	e	f	*1*	⊓	⊔
1. Beispiel	{ }	{2}	{1}	{3}	{1,2}	{2,3}	{1,3}	{1,2,3}	∩	∪
2. Beispiel	1	2	3	5	6	10	15	30	*ggT*	*kgV*

⊓	0	a	b	c	d	e	f	*1*
0	*0*	*0*	*0*	*0*	*0*	*0*	*0*	*0*
a	*0*	a	*0*	*0*	a	a	*0*	a
b	*0*	*0*	b	*0*	b	*0*	b	b
c	*0*	*0*	*0*	c	*0*	c	c	c
d	*0*	a	b	*0*	d	a	b	d
e	*0*	a	*0*	c	a	e	c	e
f	*0*	*0*	b	c	b	c	f	f
1	*0*	a	b	c	d	e	f	*1*

⊔	0	a	b	c	d	e	f	*1*
0	*0*	a	b	c	d	e	f	*1*
a	a	a	d	e	d	e	*1*	*1*
b	b	d	b	f	d	*1*	f	*1*
c	c	e	f	c	*1*	e	f	*1*
d	d	d	d	*1*	d	*1*	*1*	*1*
e	e	e	*1*	e	*1*	e	*1*	*1*
f	f	*1*	f	f	*1*	*1*	f	*1*
1	*1*	*1*	*1*	*1*	*1*	*1*	*1*	*1*

x	$\overline{x}$
0	*1*
a	f
b	e
c	d
d	c
e	b
f	a
1	*0*

Bild 3-3
Verknüpfungstafeln zu den Beispielen. An der Linie S spiegeln sich die zueinander komplementären Elemente

Die *Anzahl der Elemente einer endlichen Booleschen Algebra*. Eine endliche Boolesche Algebra hat 2^k Elemente ($k \in \mathbb{N}$), also mindestens zwei Elemente. Für den Beweis, der über die Isomorphie zwischen Potenzmengen und Booleschen Algebren geführt werden kann, wird auf spezielle Literatur verwiesen. Umgekehrt gibt es auch zu jedem $k \in \mathbb{N}$ eine Boolesche Algebra mit 2^k Elementen (Potenzmenge einer Menge mit k Elementen).

3.2. Die zweielementige Boolesche Algebra (kurz: B_2)

In diesem Buch beschränken wir uns auf diejenige Boolesche Algebra, welche nur *zwei* Elemente besitzt. Schaltalgebra und Aussagenalgebra betrachten wir als Interpretationen (Modelle) der B_2. Sämtliche Booleschen Maschinen, die von Kapitel 4 bis 12 betrachtet werden, sind Maschinen der B_2.

Da es in jeder Booleschen Algebra ein Null- und ein Einselement geben muß, gehören zur B_2 genau die Elemente *0* und *1*, wobei *0* das Komplement von *1* ist (und umgekehrt):

(C0) $\overline{0} = 1,$ (C1) $\overline{1} = 0.$

Die Boolesche Algebra B_2 mit den Elementen *0* und *1* und den Verknüpfungen ⊓, ⊔, ‾ ist eindeutig bestimmt. Wir beweisen dies, indem wir zeigen, daß die Verknüpfungstafeln für ⊓ und ⊔ nur in *einer* Weise ausgefüllt werden können. Wegen des Gesetzes der Existenz neutraler Elemente und des Kommutativgesetzes (vgl. 3.1. oder Anhang I.1.) muß die Ausfüllung der Verknüpfungstafeln[1]) folgendermaßen beginnen:

⊓	*0*	*1*
0	?	*0*
1	*0*	*1*

⊔	*0*	*1*
0	*0*	*1*
1	*1*	?

[1]) Streng genommen darf eine *Operationstafel* erst dann Verknüpfungstafel genannt werden, wenn sie in genau einer Weise ausgefüllt werden kann.

Für $0 \sqcap 0$ bleiben die Möglichkeiten: $0 \sqcap 0 = 0$ und

$0 \sqcap 0 = 1$

Wir führen $0 \sqcap 0 = 1$ zum Widerspruch durch Anwenden des Absorptionsgesetzes (Ab) und des Distributivgesetzes (D)

$$0 \overset{Ab}{=} 0 \sqcap (0 \sqcup 1) \overset{D}{=} (0 \sqcap 0) \sqcup (0 \sqcap 1) = 1 \sqcap 0 = 1$$

Entsprechend ergibt sich durch Dualisierung ein Widerspruch zu der Annahme $1 \sqcup 1 = 0$. Es werden also genau folgende Verknüpfungstafeln erhalten:

⊓	0	1
0	0	0
1	0	1

⊔	0	1
0	0	1
1	1	1

Bild 3-4. Verknüpfungstafeln der B_2 für ⊓ und ⊔

3.3. Funktionen der B_2

Unter einer Funktion versteht man eine Abbildung der Elemente einer Definitionsmenge auf die Elemente einer Wertemenge (Funktionswerte). Bei einer n-stelligen Funktion ($n \in \mathbb{N}$) besteht die Definitionsmenge aus n-Tupeln, deren Komponenten *0* oder *1* sind. Die Wertemenge ist $\{0,1\}$.

Durch eine Funktion wird also den 2^n n-Tupeln jeweils ein Element aus $\{0,1\}$ zugeordnet. Man kann diese Zuordnungen in Pfeildiagrammen veranschaulichen. Für die *Negation,* eine „einstellige" Funktion, und die „zweistelligen" Funktionen *Konjunktion* und *Disjunktion* ergeben sich folgende Diagramme [1]):

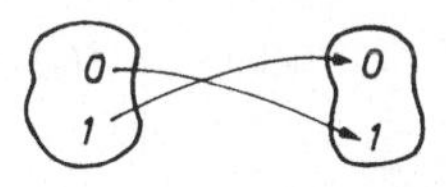

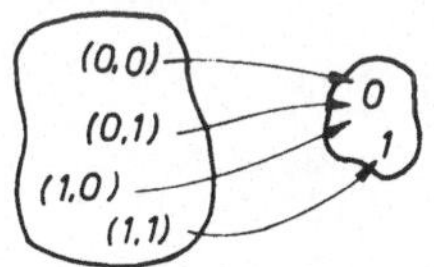

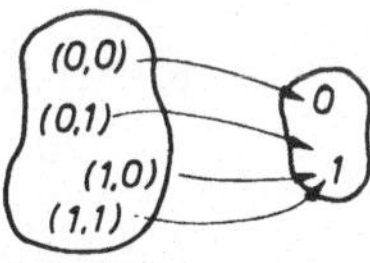

Bild 3-5. Pfeildiagramme der Funktionen Negation, Konjunktion, Disjunktion

Symbol der Verknüpfung	gelesen [2])	Name der Verknüpfung	Name des Verknüpfungsergebnisses
$\bar{a}$	„Komplement von a"	Negation	Negat
$a \sqcap b$	„a und b"	Konjunktion	Konjunkt
$a \sqcup b$	„a oder b"	Disjunktion	Disjunkt

Bild 3-6a. Verknüpfungen der B_2: Symbole, Lesart, Name

[1]) Sicher wäre es methodisch günstiger, den Verknüpfungen der B_2 andere Namen zu geben als denen der *Modelle* der B_2 (Aussagen- und Schaltalgebra). Wir wollen jedoch hier den Leser durch allzu viele Namen nicht belasten.

[2]) Statt „und" und „oder" kann man auch „geschnitten" und „vereinigt" lesen.

Um die Abbildung der 2-Tupel (Paare) auf {*0,1*} deutlicher zu machen, schreiben wir die Verknüpfungstafeln von Bild 3-4 als *Wertetafeln,* und fügen die Wertetafel der einstelligen Negation hinzu.

(a,b)	$a \cap b$
(0,0)	*0*
(0,1)	*0*
(1,0)	*0*
(1,1)	*1*

(a,b)	$a \cup b$
(0,0)	*0*
(0,1)	*1*
(1,0)	*1*
(1,1)	*1*

a	$\bar{a}$
0	*1*
1	*0*

Bild 3-6b. Wertetafeln der Konjunktion, Disjunktion und Negation

Wie weiter unten ausgeführt wird, läßt sich jede beliebige n-stellige Funktion durch die zweistellige Konjunktion und Disjunktion sowie die einstellige Negation ausdrücken.

Es genügt sogar eine einzige Funktion, die Peirce-Funktion (f_8^2, NOR), zur Darstellung aller anderen. Das gleiche gilt für die Shefferfunktion (f_{14}^2, NAND). Wir machen jedoch aus methodischen Gründen keinen Gebrauch davon.

3.4. Schreib- und Darstellungsweisen von Funktionen der B_2

Wir haben bisher schon zwei Darstellungsweisen verwendet, das *Pfeildiagramm,* welches nur theoretische Bedeutung hat, und die *Wertetafel.*

1. Die *Wertetafel* beschreibt eine Funktion vollständig, da sie jedem n-Tupel der Definitionsmenge einen Funktionswert aus der Wertemenge {*0,1*} zuordnet. Wir wollen nun an je einem Beispiel einer ein-, zwei- und dreistelligen Funktion weitere Darstellungsweisen besprechen. Wir charakterisieren die drei Beispiele zunächst durch ihre Wertetafel:

a)

a	f(a)
0	*1*
1	*0*

b)

(a,b)	f(a,b)
0 0	*0*
0 1	*1*
1 0	*1*
1 1	*0*

c)

(a,b,c)	f(a,b,c)
0 0 0	*0*
0 0 1	*0*
0 1 0	*1*
0 1 1	*0*
1 0 0	*1*
1 0 1	*0*
1 1 0	*1*
1 1 1	*0*

Bild 3-7. Wertetafeln von je einer ein-, zwei- und dreistelligen Funktion[1])

Wir vereinbaren, die n-Tupel (erste Spalte) immer in der hier gezeigten Anordnung zu schreiben: Als Dualzahlen (Anhang III) interpretiert, ergibt sich hierbei von oben nach unten die Folge der positiven ganzen Zahlen.

Die Wertetafel läßt sich ohne größeren Aufwand nur für Funktionen aufschreiben, die nicht mehr als fünfstellig sind. Weitere Schreibweisen sind:

---

[1]) Bei den 4 Wertepaaren und den 8 Wertetripeln lassen wir der Einfachheit halber hier und in den folgenden Wertetafeln die Klammern und Kommata weg.

2. Angabe der *Zuordnungsvorschrift* sowie der *Definitions-* und *Wertemengen.* Die obigen Beispiele ergeben:

	Zuordnungsvorschrift	Funktionsgleichung
(1a)	f: $a \to f(a)$	mit $f(a) = \bar{a}$
(2a)	f: $(a,b) \to f(a,b)$	mit $f(a,b) = (\bar{a} \sqcap b) \sqcup (a \sqcap \bar{b})$
(3a)	f: $(a,b,c) \to f(a,b,c)$	mit $f(a,b,c) = (a \sqcap \bar{c}) \sqcup (b \sqcap \bar{c})$

	Definitionsmenge	*Wertemenge*
zu (1a):	$a \in \{0,1\}$	$f(a) \in \{0,1\}$
zu (2a):	$(a,b) \in \{(0,0), (0,1), (1,0), (1,1)\}$	$f(a,b) \in \{0,1\}$
zu (3a):	$(a,b,c) \in \{(0,0,0), (0,0,1), (0,1,0), (0,1,1)$ $(1,0,0), (1,0,1), (1,1,0), (1,1,1)\}$	$f(a,b,c) \in \{0,1\}$

Eine kürzere Schreibweise für die Angabe der Definitionsmengen, und zwar der Paare (a,b) bzw. Tripel (a,b,c), ist das kartesische Produkt (auch Produktmenge)

$$\{0,1\} \times \{0,1\} \text{ bzw. } \{0,1\} \times \{0,1\} \times \{0,1\}$$

Diese ausführliche Schreibweise wird in der Literatur und in diesem Buch kaum verwendet, da die Definitions- und Wertemengen von vornherein festgelegt und als bekannt vorausgesetzt werden. Wir begnügen uns daher i.a. mit der Angabe der *Funktionsgleichung,* z.B. $f(a) = \bar{a}$.

Der Ausdruck auf der rechten Seite des Gleichheitszeichens ist der Funktionsterm, und f(a) ist der Funktionswert „an der Stelle a".

3. *Abkürzungen für die Funktionsdarstellung*

Die obige Festlegung der Schreibweise der Wertetafel (Ordnung der n-Tupel) gestattet es, eine eindeutige Kurzschreibweise und ein Funktionssymbol einzuführen. Schreibt man die Funktionswerte (2. Spalte in den Wertetafeln von Bild 3-7) in der Reihenfolge, wie sie von oben nach unten stehen, und setzt sie in spitze Klammern, so erhält man die *„Wertefolge".* Das *Funktionssymbol* f_k^n hat als oberen Index n die Anzahl der Eingangsvariablen und als unteren Index diejenige Dezimalzahl, welche der als Dualzahl gedeuteten Wertefolge entspricht. Dies soll an den drei Beispielen verdeutlicht werden:

Funktionsterm	Wertefolge	Funktionssymbol f_k^n
$\bar{a}$	⟨*10*⟩	f_2^1
$(\bar{a} \sqcap b) \sqcup (a \sqcap \bar{b})$	⟨*0110*⟩	f_6^2
$(a \sqcap \bar{c}) \sqcup (b \sqcap \bar{c})$	⟨*00101010*⟩	f_{42}^3

Bild 3-8. Funktionsterm, Wertefolge und Funktionssymbol von je einer einstelligen, zweistelligen und dreistelligen Funktion

4. Graphische Darstellungen von Funktionen

Die Pfeildiagramme von Bild 3-5 sind Graphen Boolescher Funktionen. Weitere Darstellungen:

a) Koordinatendarstellungen

Man kann eine Boolesche Funktion als Graph in einem Koordinatennetz zeichnen, wie es in der gewöhnlichen Algebra üblich ist. Bild 3-9a zeigt eine solche Darstellung für $f(a) = \bar{a}$, d.h. für f_2^1. Die Funktionswerte f(a) sind als Kreuze markiert. Die Darstellungsweise nach Bild 3-9b ist jedoch üblicher: Da einem n-Tupel der Definitionsmenge nur entweder der Wert *0* oder *1* der Wertemenge zugeordnet werden kann, lassen sich die Funktionswerte durch nichtausgefüllte *(0)* bzw. ausgefüllte *(1)* Kreise symbolisieren. Die Kreise stellen die n-Tupel dar. Für f_6^2 und f_{42}^3 ergeben sich die Graphen von Bild 3-9c und d [1]).

In der technischen Literatur spricht man wegen der Graphen von Bild 3-9d auch vom „Booleschen Raum" und den „Punkten im Booleschen Raum".

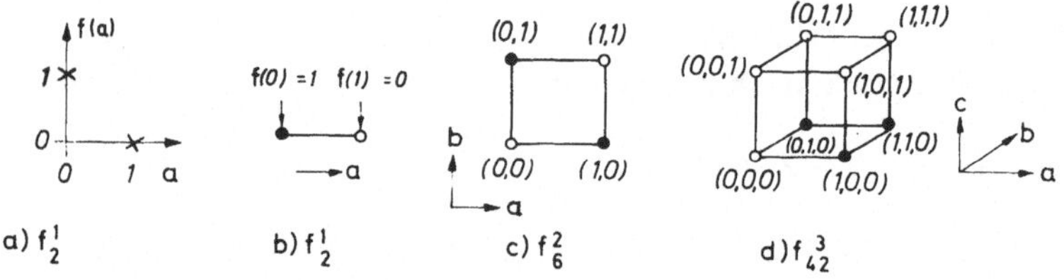

Bild 3-9. Koordinatendarstellung Boolescher Funktionen

b) Karnaugh-Diagramme ([Ka], [Ve])

Der Vollständigkeit halber sei eine andere Form der Graphen von Bild 3-9, nämlich das Karnaugh-Diagramm, erwähnt. Es wird auch für einfache Termumformungen gebraucht. Karnaugh-Diagramme sind im Anhang I.5. behandelt. Dort wird auch auf die Beziehung zum Marquand-Diagramm (1881) und zur Baumdarstellung von Mc Farlane (1885) eingegangen.

3.5. Die Anzahl der n-stelligen Funktionen der B_2

Wie wir gesehen haben, läßt sich jede Funktion vollständig durch eine Wertetafel beschreiben (vgl. Bild 3-6 und 3-7). Wir können nun die Anzahl der n-stelligen Funktionen bestimmen, indem wir feststellen, wieviele Möglichkeiten der Zuordnung der Werte *0* und *1* zu den n-Tupeln der Definitionsmenge bestehen.

---

[1]) Die Graphen von Bild 3-9 dürfen nicht mit Hasse-Diagrammen (Bild 3-1, 3-2 und 3-11) verwechselt werden, deren „Punkte" die *Elemente* von *Verbänden* darstellen. Das Hasse-Diagramm der B_2 hat nur zwei „Punkte" (0 und 1).

Die Wertetafel von Bild 3-10 zeigt für *einstellige Funktionen* f_k^1 vier Möglichkeiten auf, von denen f_0^1 und f_3^1 konstante Funktion sind. f_1^1 bezeichnen wir als „*identische Funktion*".

a	f_0^1 (a)	f_1^1 (a)	f_2^1 (a)	f_3^1 (a)
0	*0*	*0*	*1*	*1*
1	*0*	*1*	*0*	*1*

Bild 3-10
Die vier einstelligen Funktionen der B_2

Bei *zweistelligen* Funktionen besteht die Definitionsmenge aus 4 Paaren (vgl. die Wertetafel von Bild 3-7b), und es gibt $2^4 = 16$ verschiedene Möglichkeiten der Zuordnung der Werte *0* und *1* zu den vier Paaren.

Wie der Leser aus der Kombinatorik weiß (vgl. z.B. [Wz]), gibt es 2^n *Variationen* für zwei Elemente (hier: *0* und *1*) zur n-ten Klasse (hier ist n die Anzahl der Werte in der Wertefolge) mit Wiederholung (m.W.).

Die 16 zweistelligen Funktionen sind im Anhang 1.2. zusammengestellt. Dort sind auch die Funktionsterme der Funktionen in verschiedenen Formen angegeben. Es gibt 256 *dreistellige* Funktionen, da zu den $2^3 = 8$ Tripeln 2^8 Variationen m.W. von *0* und *1* möglich sind. Die Anzahl der n-stelligen Funktionen ist 2^{2^n} (vgl. Anhang I.3.).

3.6. Spezielle Funktionen und Funktionsterme, Termumformungen

3.6.1. Funktionen mit genau einer *1* in der Wertefolge

Beispiele:

Wertetafel

(a,b)	$a \sqcap \bar{b}$	$\bar{a} \sqcap \bar{b}$
0 0	*0*	*1*
0 1	*0*	*0*
1 0	*1*	*0*
1 1	*0*	*0*

Wertefolge	*Funktionssymbol*	*Funktionsterm*
⟨*0010*⟩	f_2^2	$a \sqcap \bar{b}$
⟨*1000*⟩	f_8^2	$\bar{a} \sqcap \bar{b}$
⟨*00000001*⟩	f_1^3	$a \sqcap b \sqcap c$
⟨*00000100*⟩	f_4^3	$a \sqcap \bar{b} \sqcap c$

Der einfachste Funktionsterm für eine Funktion mit genau einer *1* in der Wertefolge ist ein Konjunkt, in welchem jede Eingangsvariable genau einmal entweder direkt oder als Negat vorkommt. Man nennt ihn einen *Minterm*. Ein Minterm nimmt für genau ein n-Tupel den Wert *1* an. Da es 2^n Funktionen (mit n Eingangsvariablen) gibt, deren Funktionsterm ein Minterm ist, gibt es 2^n verschiedene Minterme in n Variablen.

3.6.2. Funktionen mit genau einer *0* in der Wertefolge

Beispiele:

Wertetafel

(a,b)	$a \cup b$	$\bar{a} \cup b$
0 0	*0*	*1*
0 1	*1*	*1*
1 0	*1*	*0*
1 1	*1*	*1*

Wertefolge	*Funktionssymbol*	*Funktionsterm*
⟨*0111*⟩	f_7^2	$a \cup b$
⟨*1101*⟩	f_{13}^2	$\bar{a} \cup b$
⟨*11111101*⟩	f_{253}^3	$\bar{a} \cup \bar{b} \cup c$

Der einfachste Funktionsterm für eine Funktion mit genau einer *0* ist stets ein Disjunkt, welches jede Eingangsvariable je einmal entweder direkt oder als Negat enthält. Ein solches Disjunkt wird *Maxterm* genannt. Ein Maxterm nimmt genau bei einem (der insgesamt 2^n) n-Tupel den Wert *0* an, z.B. $\bar{a} \cup b$ bei *(1,0)*, dem 3. Paar in der Wertetafel von f_{13}^2, und $\bar{a} \cup \bar{b} \cup c$ bei *(1,1,0)*, dem 7. Tripel in der Wertetafel von f_{253}^3.

Es gibt 2^n verschiedene Maxterme in n Variablen, da 2^n n-stellige Funktionen mit genau einer *0* in der Wertefolge gebildet werden können.

3.6.3. Disjunkt von Mintermen. Disjunktive Normalform

An zwei Beispielen sei eine disjunktive Verknüpfung von Termen gezeigt:

(a,b)	$\bar{a} \cap b$	$a \cap \bar{b}$	$(\bar{a} \cap b) \cup (a \cap \bar{b})$	$\bar{a} \cap \bar{b}$	$\bar{a} \cap b$	$a \cap b$	$(\bar{a} \cap \bar{b}) \cup (\bar{a} \cap b) \cup (a \cap b)$
0 0	*0*	*1*	*1*	*1*	*0*	*0*	*1*
0 1	*1*	*0*	*1*	*0*	*1*	*0*	*1*
1 0	*0*	*0*	*0*	*0*	*0*	*0*	*0*
1 1	*0*	*0*	*0*	*0*	*0*	*1*	*1*

Das Disjunkt der Minterme $\bar{a} \cap b$ und $\bar{a} \cap \bar{b}$ ist der Funktionsterm von f_{12}^2, das Disjunkt der Minterme $\bar{a} \cap \bar{b}$, $\bar{a} \cap b$ und $a \cap b$ ist der Funktionsterm von f_{13}^2. Der Funktionsterm von einer Funktion mit p *1*-Werten in der Wertefolge kann also als Disjunkt von p Mintermen geschrieben werden. Wir nennen den Funktionsterm in dieser Darstellung die *disjunktive Normalform* [1]).

Die disjuntive Normalform ist leicht aus der Wertetafel bzw. der Wertefolge zu entnehmen. Als Beispiele wählen wir die Funktionen von Bild 3-7:

1. Beispiel:

Die zweistellige Funktion mit der Wertefolge ⟨*0110*⟩ und dem Funktionssymbol f_6^2 hat die disjunktive Normalform

$$f_6^2(a,b) = (\bar{a} \cap b) \cup (a \cap \bar{b})$$

---

[1]) Auch „*kanonische*" oder „*ausgezeichnete*" disjunktive Normalform.

Der Minterm $\bar{a} \sqcap b$ gehört zu der ersten *1* der Wertefolge, er nimmt genau bei der Wertebelegung *(0,1)* den Wert *1* an (vgl. die Wertetafel von Bild 3-7b). Entsprechend erhält der Minterm $a \sqcap \bar{b}$ genau bei der Wertebelegung *(1,0)* den Wert *1*.

2. Beispiel:

Die dreistellige Funktion f^3_{42} mit der Wertefolge ⟨*00101010*⟩ hat die disjunktive Normalform

$$f^3_{42}(a,b,c) = (\bar{a} \sqcap b \sqcap \bar{c}) \sqcup (a \sqcap \bar{b} \sqcap \bar{c}) \sqcup (a \sqcap b \sqcap \bar{c}).$$

Der Leser bestimme die drei Tripel (a,b,c), bei denen jeweils einer der drei Minterme den Wert *1* annimmt, und vergleiche das Ergebnis mit der Wertetafel von Bild 3-7c.

3. Beispiel:

Die einstellige Funktion f^1_2 mit der Wertefolge ⟨*10*⟩ hat die disjunktive Normalform:

$$f^1_2(a) = \bar{a}$$

Die disjunktive Normalform der *konstanten Funktion* f^n_r mit $r = 2^{2^n} - 1$ enthält alle 2^n Minterme. Sie wird auch „vollständige disjunktive Normalform" genannt.

Beispiel: $f^2_{15}(a,b) = (\bar{a} \sqcap \bar{b}) \sqcup (\bar{a} \sqcap b) \sqcup (a \sqcap \bar{b}) \sqcup (a \sqcap b)$

Die Darstellungsweise

$$f^n_0(a,b,\ldots) = 0$$

der *konstanten Funktion* f^n_0 wird zu den disjunktiven Normalformen gerechnet.

3.6.4. Konjunkt von Maxtermen. Konjunktive Normalform

Bei der konjunktiven Verknüpfung von Maxtermen entsteht wieder ein Funktionsterm. Als Beispiele seien zweistellige Maxterme verknüpft:

(a,b)	$\bar{a} \sqcup b$	$\bar{a} \sqcup \bar{b}$	$(\bar{a} \sqcup b) \sqcap (\bar{a} \sqcup \bar{b})$	$\bar{a} \sqcup b$	$a \sqcup \bar{b}$	$\bar{a} \sqcup \bar{b}$	$(\bar{a} \sqcup b) \sqcap (a \sqcup \bar{b}) \sqcap (\bar{a} \sqcup \bar{b})$
0 0	*1*	*1*	*1*	*1*	*1*	*1*	*1*
0 1	*1*	*1*	*1*	*1*	*0*	*1*	*0*
1 0	*0*	*1*	*0*	*0*	*1*	*1*	*0*
1 1	*1*	*0*	*0*	*1*	*1*	*0*	*0*

Bei der konjunktiven Verknüpfung der Maxterme $\bar{a} \sqcup b$ und $\bar{a} \sqcup \bar{b}$ entsteht der Funktionsterm zu f^2_{12}, bei der Verknüpfung der Maxterme $\bar{a} \sqcup b$, $a \sqcup \bar{b}$ und $\bar{a} \sqcup \bar{b}$ der Funktionsterm von f^2_8. Der Funktionsterm einer Funktion mit p Nullen kann stets als Konjunkt von p Maxtermen geschrieben werden. Einen Funktionsterm in dieser Darstellung nennen wir die *konjunktive Normalform.*

Die konjunktive Normalform ist also aus der Wertetafel bzw. der Wertefolge abzulesen: Man sucht den zu jeder *0* der Wertefolge gehörigen Maxterm und bildet das Konjunkt dieser Maxterme.

Als Beispiele wählen wir wieder die Funktionen von Bild 3-7.

1. Beispiel:

Die zweistellige Funktion f_6^2 mit der Wertefolge ⟨*0110*⟩ hat die konjunktive Normalform:

$$f_6^2(a,b) = (a \sqcup b) \sqcap (\bar{a} \sqcup \bar{b})$$

Denn der Maxterm $a \sqcup b$ nimmt genau bei der Belegung *(0,0)* den Wert *0* an, der Maxterm $\bar{a} \sqcup \bar{b}$ genau bei *(1,1)*.

2. Beispiel:

Die dreistellige Funktion f_{42}^3 mit der Wertefolge ⟨*00101010*⟩ hat die konjunktive Normalform:

$$f_{42}^3(a,b,c) = (a \sqcup b \sqcup c) \sqcap (a \sqcup b \sqcup \bar{c}) \sqcap (a \sqcup \bar{b} \sqcup \bar{c}) \sqcap (\bar{a} \sqcup b \sqcup \bar{c}) \sqcap (\bar{a} \sqcup \bar{b} \sqcup \bar{c})$$

Die Maxterme sind in der Reihenfolge geschrieben, wie sie den *0*-Werten der Wertetafel (vgl. Bild 3-7c) zugeordnet sind.

3. Beispiel:

Der Funktionsterm

$$f_2^1(a) = \bar{a}$$

ist auch als konjunktive Normalform aufzufassen.

Die konjunktive Normalform der *konstanten Funktion* f_0^n enthält alle 2^n Maxterme und wird auch „vollständige konjunktive Normalform" genannt.

Beispiel:

$$f_0^2(a,b) = (a \sqcup b) \sqcap (a \sqcup \bar{b}) \sqcap (\bar{a} \sqcup b) \sqcap (\bar{a} \sqcup \bar{b})$$

Die Darstellungsweise der *konstanten Funktion*

$$f_r^n = 1 \quad \text{mit } r = 2^{2^n} - 1$$

wird zu den konjunktiven Normalformen gerechnet.

3.6.5. Minimalformen

Eine Minimalform ist ein Funktionsterm einer Funktion, bei welchem die Summe der Anzahlen aus den Zeichen der Variablen und den Zeichen der Verknüpfungen $\sqcap$, $\sqcup$, $^-$ (andere Zeichen sind nicht zugelassen) am kleinsten ist. Die Klammern sollen nicht mitzählen. Kommutative Umformungen eines Terms werden hierbei nicht als verschiedene Terme betrachtet.

Zu den obigen Beispielen gehören folgende Minimalformen:

f_2^1: $\bar{a}$

f_6^2: $(\bar{a} \cap b) \cup (a \cap \bar{b})$ und $(a \cup b) \cap (\bar{a} \cup \bar{b})$

f_{42}^3: $(a \cup b) \cap \bar{c}$

Die disjunktive und die konjunktive Normalform von f_6^2 haben gleich viele Zeichen und lassen sich nicht weiter minimieren. Die Funktion f_{23}^3 (vgl. Abschnitt 1.5.5.) hat mindestens drei Minimalformen:

$(a \cap (b \cup c)) \cup (b \cap c)$,

$(b \cap (a \cup c)) \cup (a \cap c)$ und

$(c \cap (a \cup b)) \cup (a \cap b)$

3.6.6. Termumformungen

In den verschiedenen Interpretationen der B_2 (Schaltalgebra, Aussagenalgebra) besteht häufig die Aufgabe, einen Funktionsterm in eine gewünschte Form zu bringen, z.B. in eine Minimalform, also zu „minimieren“. Das gleiche Problem stellt sich bei dem Bau einer Booleschen Maschine, die am einfachsten wird, wenn der zugehörige Funktionsterm eine bestimmte einfache Form hat.

Anhang I.4. bringt einige Übungen zu Termumformungen.

Als *Beispiel* sei hier nur gezeigt, wie aus der *disjunktiven Normalform* die *konjunktive* gewonnen werden kann.

Aufgabe: Es ist die konjunktive Normalform von

f_{23}^3 mit der Wertefolge ⟨*00010111*⟩

zu bestimmen.

Das Negat[1]) von f_{23}^3 hat die Wertefolge ⟨*11101000*⟩

Die disjunktive Normalform des Negates von f_{23}^3 lautet also:

$$\overline{f_{23}^3(a,b,c)} = (\bar{a} \cap \bar{b} \cap \bar{c}) \cup (\bar{a} \cap \bar{b} \cap c) \cup (\bar{a} \cap b \cap \bar{c}) \cup (a \cap \bar{b} \cap \bar{c})$$

Anwendung des Gesetzes von De Morgan (M) ergibt:

$$\overline{f_{23}^3(a,b,c)} = \overline{\overline{(\bar{a} \cap \bar{b} \cap \bar{c})} \cap \overline{(\bar{a} \cap \bar{b} \cap c)} \cap \overline{(\bar{a} \cap b \cap \bar{c})} \cap \overline{(a \cap \bar{b} \cap \bar{c})}}$$

[1]) Vgl. hierzu Kapitel 3.7.1.

Nochmalige Anwendung von (M):

$$\overline{\overline{f^3_{23}(a,b,c)}} = \overline{\overline{(a\cup b\cup c)\cap(a\cup b\cup \bar{c})\cap(a\cup \bar{b}\cup c)\cap(\bar{a}\cup b\cup c)}}$$

$$f^3_{23}(a,b,c) = (a\cup b\cup c)\cap(a\cup b\cup \bar{c})\cap(a\cup \bar{b}\cup c)\cap(\bar{a}\cup b\cup c)$$

Dies ist die konjunktive Normalform von f^3_{23}.

3.7. Verknüpfungen von Funktionen

Es sollen drei Verknüpfungen von Funktionen behandelt werden:

die Negation einer Funktion,
die Disjunktion,
die Konjunktion.

3.7.1. Das Negat einer Funktion

Eine Funktion f ist das Negat einer Funktion g, geschrieben:

$$f = \bar{g},$$

wenn die Funktionswerte von f komplementär zu den entsprechenden Funktionswerten von g sind, wobei *0* das Komplement von *1* ist (und umgekehrt). Die Komplementarität ist leicht aus der Wertetafel bzw. der Wertefolge zu entnehmen (vgl. hierzu auch das (B-1)-Komplement der Dualzahlen, Anhang III).

Beispiele: ⟨*01*⟩	komplementär zu ⟨*10*⟩	$f^1_1 = \overline{f^1_2}$
⟨*0111*⟩	komplementär zu ⟨*1000*⟩	$f^2_7 = \overline{f^2_8}$
⟨*00101010*⟩	komplementär zu ⟨*11010101*⟩	$f^3_{42} = \overline{f^3_{213}}$

Die Summe der unteren Indizes der Funktionssymbole komplementärer Funktionen ist bei n-stelligen Funktionen $2^{2^n} - 1$[1]). Dies ist leicht einzusehen, wenn man die Wertefolgen als Dualzahlen interpretiert und deren Summe bildet.

Allgemein gilt:

$$f^n_k = \overline{f^n_r} \quad \text{mit} \quad r + k = 2^{2^n} - 1$$

In der Tabelle der zweistelligen Funktionen (Anhang I.2.) spiegeln sich die komplementären Funktionen an der Linie S zwischen f^2_7 und f^2_8.

---

[1]) Weil die Numerierung mit 0 beginnt, muß Eins subtrahiert werden.

Auch die *Funktionsterme* komplementärer Funktionen nennen wir komplentär und benutzen das Komplementzeichen. Es gilt also z.B.:

a	ist das Negat	von $\overline{a}$	(und umgekehrt)
$a \sqcup b$	ist das Negat	von $\overline{a \sqcup b}$	(und umgekehrt)
$(a \sqcap b) \sqcup \overline{c}$	ist das Negat	von $\overline{(a \sqcap b) \sqcup \overline{c}}$	(und umgekehrt)

3.7.2. Das Disjunkt der Funktionen f und g

Der Funktionsterm[1]) des Disjunktes der Funktionen f und g enthält alle Minterme der Funktionsterme von f und g. Minterme, die in beiden Funktionen vorkommen, brauchen wegen des Idempotenzgesetzes (($I_\sqcup$), vgl. Anhang I.1.) nur einmal geschrieben zu werden. Man bildet das Disjunkt von Funktionen am einfachsten aus den Wertetafeln bzw. Wertefolgen, da die *1*-Zeichen jeweils als Zeichen für einen Minterm gedacht werden können.

Beispiel 1:

$$\begin{array}{rl} & \langle 00101010 \rangle \\ \sqcup & \underline{\langle 01101001 \rangle} \\ & \underline{\underline{\langle 01101011 \rangle}} \end{array} \qquad f^3_{42} \sqcup f^3_{105} = f^3_{107}$$

Beispiel 2:

$$\begin{array}{rl} & \langle 0111 \rangle \\ \sqcup & \underline{\langle 1000 \rangle} \\ & \underline{\underline{\langle 1111 \rangle}} \end{array} \qquad f^2_7 \sqcup f^2_8 = f^2_{15} = 1$$

Das Disjunkt von zwei komplementären Funktionen ist f^n_r mit $r = 2^{2^n} - 1$, d.h. es ist die Konstante *1*.

3.7.3. Das Konjunkt der Funktionen f und g

Der Funktionsterm des Konjunktes $f \sqcap g$ besteht aus denjenigen Mintermen, die sowohl in der Funktion f als auch in g vorkommen. Das Konjunkt kann daher aus den Wertefolgen der Funktionen wie folgt gebildet werden:

Beispiel 1:

$$\begin{array}{rl} & \langle 0111 \rangle \\ \sqcap & \underline{\langle 1101 \rangle} \\ & \underline{\underline{\langle 0101 \rangle}} \end{array} \qquad f^2_7 \sqcap f^2_{13} = f^2_5$$

Beispiel 2:

$$\begin{array}{rl} & \langle 01101101 \rangle \\ \sqcap & \underline{\langle 10010010 \rangle} \\ & \underline{\underline{\langle 00000000 \rangle}} \end{array} \qquad f^3_{109} \sqcap f^3_{146} = f^3_0 = 0$$

Der Funktionsterm[2]) des Konjunktes zweier Funktionen enthält alle Maxterme, die in beiden Funktionstermen der verknüpften Funktionen enthalten sind. Das Konjunkt zweier komplementärer Funktionen ist f^n_0, d.h. die Konstante 0. Wenn zwei nicht gleichstellige Funktionen verknüpft werden sollen, so muß die Funktion mit der ge-

---

[1]) in der disjunktiven Normalform [2]) in der konjunktiven Normalform

ringeren Stellenzahl „*expandiert*" werden auf die Stellenzahl der anderen. Im Anhang I.4. wird ausführlicher auf das Expandieren eingegangen.

Beispiel 3: $f_2^1 \sqcap f_{13}^2$ ⟨*10*⟩ expandiert auf ⟨*1100*⟩

$$\begin{array}{r} \langle 1100 \rangle \\ \sqcap\, \underline{\langle 1101 \rangle} \\ \underline{\underline{\langle 1100 \rangle}} \end{array} \quad f_2^1 \sqcap f_{13}^2 = f_{12}^2$$

Das Expandieren ist auch erforderlich, wenn das *Disjunkt* zweier nicht gleichstelliger Funktionen gebildet werden soll.

3.7.4. Die zweistelligen Funktionen als Verband

Mit den 2^{2^n} n-stelligen Funktionen der B_2 kann man einen Verband bilden. Als Beispiel mögen die 16 zweistelligen Funktionen dienen.

Die aufsteigenden Linien im Diagramm führen zum Disjunkt zweier Funktionen und die absteigenden zum Konjunkt.

Beispiele:

⟨*0111*⟩ ⊔ ⟨*1101*⟩ = ⟨*1111*⟩

⟨*0111*⟩ ⊓ ⟨*1011*⟩ = ⟨*0011*⟩

Jeweils komplementäre Elemente sind:

⟨*0000*⟩ und ⟨*1111*⟩

⟨*0001*⟩ und ⟨*1110*⟩

⟨*0010*⟩ und ⟨*1101*⟩ usw.

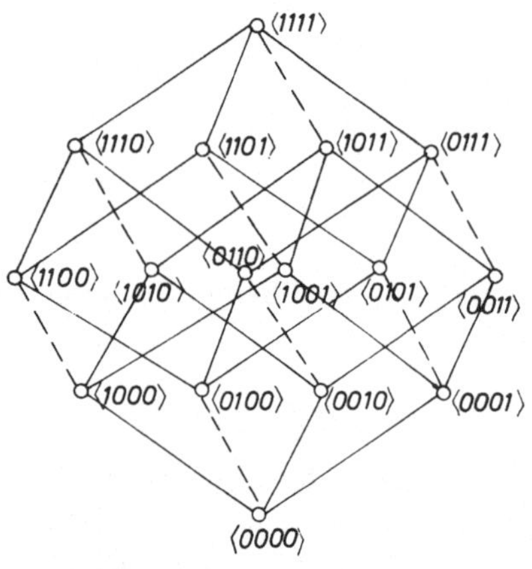

Bild 3-11

Die zweistelligen Funktionen der B_2 als Verband (Hasse-Diagramm)

3.8. Schaltalgebra und Aussagenalgebra als Modelle der B_2

Die folgende Tabelle gibt eine Gegenüberstellung der Objekte der B_2 und ihrer beiden Modelle Schaltalgebra und Aussagenlogik.

Die in der B_2 gültigen Gesetze (Anhang I.1.) gelten in beiden Modellen (Interpretationen). Die zweistelligen Funktionen $f_0^2, \ldots f_{15}^2$ und die Funktionsterme in der disjunktiven und konjunktiven Normalform sowie in einer Minimalform sind für die B_2 und ihre Interpretationen in Anhang I.2. zusammengestellt.

B_2	Schaltalgebra	Aussagenalgebra
Elemente *0,1*	Schaltwerte *0,1*	Wahrheitswerte *f, w*
Boolescher Term	Schaltterm	Wahrheitsterm
a: Elementvariable	a: Schaltvariable eines Arbeitskontaktes des Schalters mit dem Namen A	a: Wahrheitsvariable der Aussageform mit dem Namen A
$\bar{a}$: Term des Negates von a	$\bar{a}$: Schaltterm eines Ruhekontaktes des Schalters mit dem Namen A	$\bar{a}$: Wahrheitsterm des Negates $\bar{A}$ der Aussageform mit dem Namen A
$a \sqcap b$: Term des Konjunktes von a und b	$a \wedge b$: Schaltterm der Serienschaltung von Arbeitskontakten der Schalter A und B	$a \wedge b$: Wahrheitsterm der konjunktiven Verknüpfung der Aussageformen A und B: $A \wedge B$ [1])
$a \sqcup b$: Term des Disjunktes von a und b	$a \vee b$: Schaltterm der Parallelschaltung von Arbeitskontakten der Schalter A und B	$a \vee b$: Wahrheitsterm der disjunktiven Verknüpfung der Aussageformen A und B: $A \vee B$ [1])

3.9. Zusammenfassung: Boolesche Algebra B_2

Komplementäre, distributive Verbände werden auch *Boolesche Algebren* genannt. Jede endliche Boolesche Algebra hat 2^k Elemente ($k \in \mathbb{N}$). In einer Booleschen Algebra sind *zwei zweistellige Verknüpfungen* $\sqcap$ und $\sqcup$ (Konjunktion und Disjunktion) und *eine einstellige Verknüpfung* (Negation) definiert. In diesem Buch interessiert allein die *zweielementige* Boolesche Algebra (B_2) mit den Elementen *0* und *1*. Wir betrachten die *Schaltalgebra* und die *Aussagenalgebra* als *Modelle* (auch: Interpretationen) der B_2. Die beiden *Elemente* sind in der Schaltalgebra die Schaltwerte *0* und *1*, in der Aussagenalgebra die Wahrheitswerte *f* und *w*. Bei einer *n-stelligen Funktion* ist jedes der 2^n n-Tupel von *0* und *1* abgebildet auf *0* bzw. *1*. Es gibt 2^{2^n} n-stelligen Funktionen (vgl. Anhang I.3.). Von den vier *einstelligen* Funktionen (vgl. Bild 3-10) ist die Negation (f_2^1) die wichtigste. Die 16 *zweistelligen* Funktionen sind im Anhang I.2. zusammengestellt. Zu ihnen gehört die *Konjunktion* (f_1^2) und die *Disjunktion* (f_7^2). Zur Darstellung einer beliebigen Funktion benötigen wir lediglich die Verknüpfungszeichen $\sqcap$, $\sqcup$, $\bar{}$. Es ist sogar möglich, mit einem einzigen Zeichen auszukommen (Sheffer-Strich (f_{14}^2) oder Peirce-Pfeil (f_8^2)). Für jede Funktion kann man unendlich viele Funktionsterme angeben. Zwischen verschiedenen Funktionstermen, die zu derselben Funktion gehören, wird das

---

[1]) Das Zeichen $\wedge$ im Wahrheitsterm $a \wedge b$ und in $A \wedge B$ müßte streng genommen verschieden sein (vgl. 2.3.).

Gleichheitszeichen gesetzt. Funktionsterme von Funktionen mit genau einer *1* in der Wertefolge nennen wir *Minterme,* solche mit genau einer *0* nennen wir *Maxterme.* Unter den Funktionstermen einer jeden Funktion zeichnen wir aus:

die *disjunktive Normalform,* ein Disjunkt von Mintermen,
die *konjunktive Normalform,* ein Konjunkt von Maxtermen, und
Minimalformen, bei denen die Summe der Anzahl der Zeichen für die Variablen und die Verknüpfungen am geringsten ist.

Die *Gesetze* der Booleschen Algebra B_2 (Anhang I.1.) enthalten wichtige Gleichungen von Funktionstermen, mit Hilfe derer man Termumformungen (Anhang I.4.) vornehmen kann.

Zu den graphischen Darstellungen von Funktionen gehören Pfeildiagramme, Koordinatendarstellungen und Karnaugh-Diagramme (Anhang I.5.).

Alle in diesem Buch beschriebenen Maschinen sind solche der B_2 bzw. ihrer wichtigsten Interpretation, der Aussagenalgebra.

4. Elemente von statischen Booleschen Maschinen (Logikmaschinen)

4.1. Einführung

Für die Verknüpfungen im Körper der rationalen Zahlen (Addition, Subtraktion usw.) hat man seit langer Zeit Maschinen verwendet, bei denen die Zahlen durch konkrete Modelle simuliert werden. Schon das Rechnen mit den Fingern (digit), mit Steinchen (calculi) und ähnlichem gehört hierzu. Der *Abakus* ist seit dem 2. Jahrtausend vor Chr. in Ostasien bekannt. Die Maschinen des 17. Jahrhunderts (Schickard um 1620, Pascal um 1640, Leibnitz um 1670) sind im Prinzip in den heutigen mechanischen Tischrechenmaschinen erhalten geblieben.

Es wundert daher nicht, wenn schon, kurz nachdem Boole seinen Kalkül entwickelte (1854), *Logikmaschinen* gebaut wurden. Eine solche Maschine ist nicht nur Logikmaschine, sondern auch Maschine für die Funktionen der übergeordneten Struktur, die wir heute die Boolesche Algebra nennen, eine *„Boolesche Maschine"*. Die ersten Logikmaschinen waren mechanische Maschinen, später (ab etwa 1947) baute man elektrische. Bei diesen wird eine Aussageform durch ein *Schaltnetz* „simuliert". Wir sagen auch: Eine Wahrheitsfunktion wird durch ein Schaltnetz mit der entsprechenden Schaltfunktion *realisiert*. Wir können das Schaltnetz als *Maschine* verwenden, in welche Wahrheitswert-Tupel für die Eingangsvariablen eingegeben werden (als Schalterstellungen der Schalter), und der durch das Schaltnetz fließende Strom (Glühlampe) zeigt den zugehörigen Wahrheitswert der Funktion an. Mit anderen Worten: Die (Wahrheits-) Wertetafel einer Wahrheitsfunktion kann durch ein Schaltnetz „erzeugt" werden.

Im Kapitel 1 wurde diese Tatsache bereits bei fünf Beispielen intuitiv angewendet: Wir haben Maschinen für die Anzeige des Gewinners beim *Knobelspiel Faust-Hand* sowie *Rechenmaschinen* für das Rechnen mit Dualzahlen betrachtet. Diese Maschinen waren Schaltnetze, deren Zustände (Schalterstellungen und Leuchten der Lampe) so zu deuten waren, daß sie Wahrheitswerte von Aussagen simulieren. Nachdem uns nun die Aussagenalgebra zur Verfügung steht, können wir systematisch vorgehen.

Es soll zunächst in Abschnitt 4.2. gezeigt werden, daß wir für *jede beliebige Aussageform* ein entsprechendes *Schaltnetz* bauen können, welches eine *Maschine* für die Erzeugung der Wahrheitsfunktion der Aussageform darstellt. In Abschnitt 4.3. wird ein anderes Maschinenprinzip vorgestellt, und zwar die *„elektronische Technik"* mit den elektronischen Bauelementen Dioden und Transistoren.

Wenn wir dann zu einer symbolischen Beschreibung der Maschinenelemente übergegangen sind, brauchen wir nicht mehr an die spezielle Realisierung der Maschine zu denken: Wir arbeiten nur noch mit dem Maschinensymbol als „black box".

4.2. Schaltnetze als Boolesche Maschinen (Logikmaschinen)

4.2.1. Allgemeines

Die in der Einführung dargestellten Beziehungen zwischen Aussageformen und deren Logikmaschinen sollen übersichtlich dargestellt werden.

Die *elementaren Aussageformen* A, B, . . . (nicht Aussagenvariable!) werden in der Logikmaschine durch *Schalter mit Arbeitskontakt* A, B, . . . simuliert [1]). Eine Aussageform wird nach Ausfüllen ihrer Leerstellen zu einer *Aussage* A_i[2]) mit dem Wahrheitswert *f* bzw. *w*. Dies wird durch den Schaltwert *0* bzw. *1* des Schalters dargestellt, der in die unbetätigte bzw. betätigte Stellung gebracht werden muß. Eine Aussageform A werde zu einer wahren Aussage A_1, indem man ihre Leerstellen durch bestimmte Elemente der Grundmenge ausfüllt. Belegt man mit denselben Elementen die Leerstellen des *Negates* $\bar{A}$ dieser Aussageform, so wird dieses zu einer Aussage $\bar{A}_1$ mit entgegengesetztem Wahrheitswert, wie ihn A_1 hat. Entsprechend muß dem *Negat* der Aussageform ein Schalter mit *Ruhekontakt* zugeordnet werden, bei dem die *Schalterstellungen* komplementär zu den *Schaltwerten* sind.

Eine *konjunktive Verknüpfung* der elementaren Aussageformen A und B wird durch *Serienschaltung* der Schalter A und B, die *disjunktive Verknüpfung* von A und B wird durch *Parallelschaltung* der Schalter A und B simuliert. Der *Schaltwert* des *Schaltnetzes* (Serien- bzw. Parallelschaltung) stellt dann den *Wahrheitswert* der *Aussage* dar, die aus der Aussageform nach Ausfüllen ihrer Leerstellen entstanden ist.

Dies soll in einer Tabelle zusammengestellt werden:

Elementare Aussageformen mit den Namen A,B, . . .	Schalter (mit Arbeitskontakten) mit den Namen A,B, . . .
Aus A entsteht die Aussage A_1 mit dem Wahrheitswert *w*	Schalter A wird betätigt, ein Arbeitskontakt hat den Schaltwert *1*
Aus A entsteht die Aussage A_2 mit dem Wahrheitswert *f*	Schalter A wird nicht betätigt, der Schaltwert eines Arbeitskontaktes ist *0*
Das Negat der Aussageform A ist $\bar{A}$	Ruhekontakt des Schalters A
Die Aussage $\bar{A}_1$ hat den Wahrheitswert *w*, wenn A_1 den Wahrheitswert *f* hat (und umgekehrt)	Der Schaltwert eines Ruhekontaktes ist *1*, wenn ein Arbeitskontakt des Schalters A den Schaltwert *0* hat (und umgekehrt)
Verknüpfungen von Aussageformen: $A \wedge B$ $A \vee B$	Schaltnetze aus Schaltern Serienschaltung von A und B Parallelschaltung von A und B

---

1) A,B, . . . sind *Namen* für bestimmte Aussageformen, keine Variablen, für die man Aussagen einsetzen kann. Ebenso sind A,B, . . . *Namen* für Schalter.

2) Aussagen, die aus einer Aussageform (z.B. A) entstehen, tragen als Namen indizierte große Buchstaben (z.B. A_1, A_2. . .)

An dem Beispiel „Knobelspiel" (vgl. Abschnitt 1.5.4.) seien diese Beziehungen erläutert:

Die Aussageform lautet: „A ist Gewinner *genau dann, wenn* A Faust hat *und* B *nicht* Faust *und* C *nicht* Faust haben, *oder* wenn A *nicht* Faust hat *und* B Faust *und* C Faust haben".

In dieser Formulierung fehlt die Leerstelle in den elementaren Aussageformen, sie kann lauten: „am (Datum) bei Spiel Nr. . . .".

Das Schaltnetz zu dieser Aussageform besteht aus einem Arbeitskontakt von Schalter A und Ruhekontakten von Schalter B und C, die in Serie geschaltet sind (wegen *und*) und zu dieser Serienschaltung liegt parallel (wegen *oder*) eine zweite Serienschaltung aus einem Ruhekontakt von Schalter A und Arbeitskontakten von Schalter B und C (vgl. Bild 1-29).

Es soll nun gezeigt werden, daß wir zu jeder beliebigen Aussageform ein entsprechendes Schaltnetz bauen können. Nun lassen sich die unendlich vielen denkbaren Aussageformen zu *Klassen* zusammenfassen (vgl. 2.5.). Es gibt 2^{2^n} Klassen von Aussageformen, die aus n elementaren Aussageformen bestehen. Zu jeder Klasse gehört genau eine Wahrheitsfunktion. Es braucht also nur nachgewiesen zu werden, daß zu jeder Wahrheitsfunktion ein entsprechendes Schaltnetz (Boolesche Maschine) gebaut werden kann. Wir wollen dies an den 16 Klassen der Aussageformen aus *zwei* elementaren Aussageformen zeigen, genauer: an den 16 zugehörigen zweistelligen Wahrheitsfunktionen.

4.2.2. Schaltnetze als Maschinen für die 16 zweistelligen Wahrheitsfunktionen

Die 16 zweistelligen Wahrheitsfunktionen sind in Anhang I.2. zusammengestellt. Wir gehen bei den Maschinen von der *disjunktiven Normalform* (DNF) oder der *konjunktiven Normalform* (KNF) der Funktionsterme aus.

a) Die Funktionen mit einem Minterm in der DNF: Konjunktionen

Jede Maschine für diese Funktionen ist eine Serienschaltung von zwei Schaltkontakten, dabei entspricht der *negierten* Variablen ein *Ruhe*kontakt.

(a, b)	$\bar{a} \wedge b$
(f, f)	f
(f, w)	w
(w, f)	f
(w, w)	f

Wertetafel für f_4^2

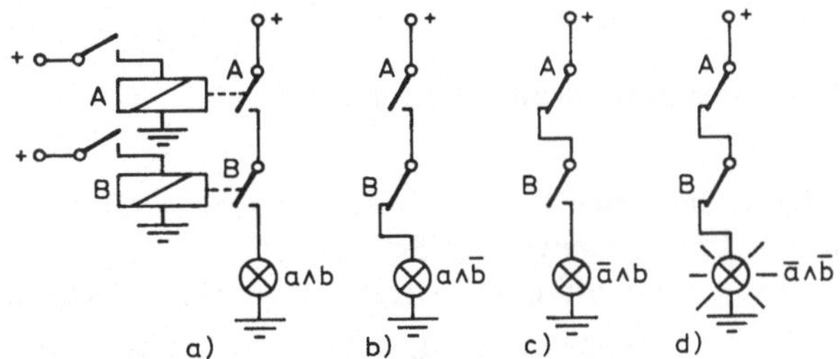

Bild 4-1. Schaltnetze als Maschinen für f_1^2, f_2^2, f_4^2, f_8^2

Es sei kurz an der Wertetafel für f_4^2 demonstriert, wie das Schaltnetz von Bild 4-1c als Boolesche Maschine (bzw. Logikmaschine) dient: Die *Paare* (a,b) der Wertetafel sind bei dem Schaltnetz *Schaltwerte der Schalter* A und B. Da aber der Schaltkontakt des Schalters A ein *Ruhe*kontakt ist, muß man für a den (gedachten) Schaltwert eines

*Arbeits*kontaktes von A nehmen. Die erste Zeile mit dem Paar *(f, f)* entspricht also der in Bild 4-1c gezeichneten Stellung. Der Schaltwert $\bar{a}$ ist *1* (weil der entsprechende Schaltwert a eines Arbeitskontaktes von A den Schaltwert *0* hätte).

Eine andere, etwas leichtere Deutung der Beziehung des Schaltnetzes zur Wertetafel ist folgende: Die Paare (a,b) entsprechen den ***Schalterstellungen*** der Schalter A und B (nicht betätigt ≙ *f*, betätigt ≙ *w*). Soll z.B. das Paar *(w, f)* eingestellt werden, so wird Schalter A betätigt und B nicht betätigt. Die Schalterstellungen werden bei Relaisschaltern durch den Strom, der durch die Steuerspule fließt, repräsentiert (kein Strom = unbetätigt).

Die *Funktionswerte* $\bar{a} \wedge b$ werden durch den Schaltwert des *Schaltnetzes* dargestellt, und die einfachste Anzeige dieses Schaltwertes ist ein Glühlämpchen in dem Stromkreis. Dieses zeigt durch sein Leuchten den Wahrheitswert des Funktionsterms $\bar{a} \wedge b$ an (leuchtend ≙ *w*).

Die Ausführung der Schalter als Relais ist nur bei der Maschine für f_1^2 angedeutet; sie ist leicht auf die anderen zu übertragen.

b) Funktionen mit zwei Mintermen in der DNF: Exklusives ODER und Bijunktion

Den beiden disjunktiv verknüpften Mintermen entsprechend haben wir zwei Serienstromkreise, die parallel geschaltet sind. Da bei jedem Schalter jeweils ein Arbeits- und ein Ruhekontakt gekoppelt ist, können Umschalter verwendet werden, wie Bild 4-2c für f_6^2 zeigt. Bei der entsprechenden Maschine für f_9^2 sind lediglich die Verbindungsleitungen

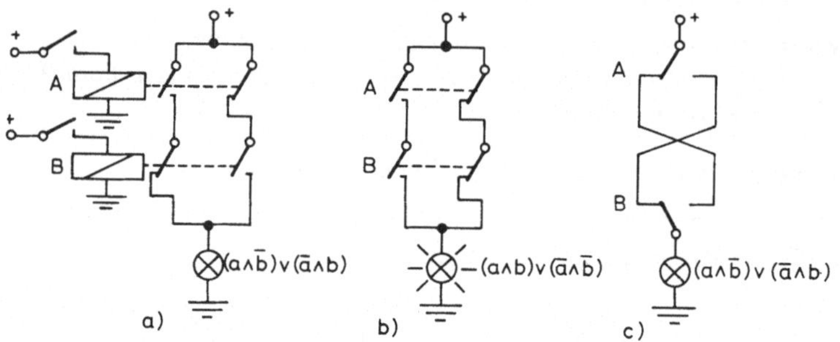

Bild 4-2. Schaltnetze als Maschinen für f_6^2, f_9^2

zwischen den Schaltkontakten nicht gekreuzt. Man nennt die Maschinen auch „Antivalenz"- bzw. „Äquivalenz"-Schaltung[1]). Die genaueren Zusammenhänge mit den entsprechenden Begriffen der Aussagenlogik sind in Anhang I.7. abgehandelt.

f_3^2, f_5^2, f_{10}^2, f_{12}^2 haben zwei Minterme und die zugehörigen Maschinen haben zwei parallel geschaltete Serienstromkreise. Da die Funktionsterme von f_3^2, . . . auf die Terme a, b, $\bar{b}$, $\bar{a}$ reduziert werden können, sind den genannten Maschinen einfachere aus je einem Arbeits- bzw. Ruhekontakt äquivalent.

---

1) Nach DIN 66 000 werden die entsprechenden Schaltfunktionen der Schaltalgebra „Antivalenz"- und „Äquivalenzfunktion" genannt.

c) Funktionen mit drei Mintermen in der DNF: Disjunktionen

Wenn wir das bisherige Bauprinzip weiterführen, nämlich für jeden Minterm eine Serienschaltung bauen, so entstehen für drei disjunktiv verknüpfte Minterme drei Serienstromkreise, die parallel liegen, wie Bild 4-3a für f_7^2 zeigt. Wir haben aber schon in Abschnitt 1.3.1. für f_7^2 die einfache Parallelschaltung mit je einem Arbeitskontakt für A und B kennengelernt (Bild 4-3b).

Sie entspricht der *konjunktiven* Normalform a v b des Funktionsterms von f_7^2. Auch bei den anderen drei Funktionen mit drei Mintermen (f_{11}^2, f_{13}^2, f_{14}^2) gehen wir von den konjunktiven Normalformen $a \vee \bar{b}$, $\bar{a} \vee b$, $\bar{a} \vee \bar{b}$ aus, um die einfachsten Maschinen zu erhalten (Bild 4-3c bis e).

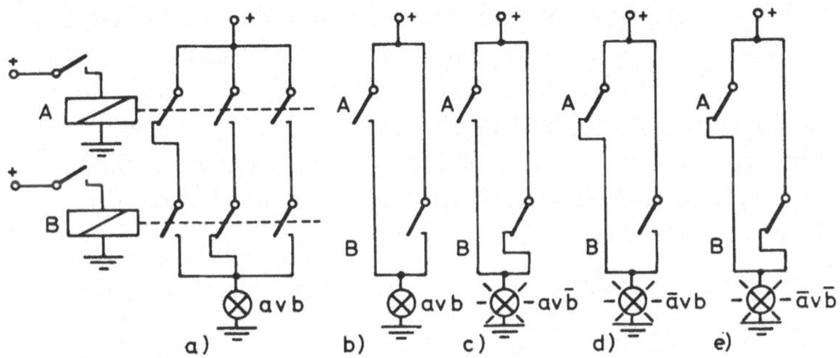

Bild 4-3. Maschinen für die Funktionen mit drei Mintermen

d) f_0^2 und f_{15}^2 sind *konstante Funktionen,* deren Funktionsterme zwei Variable enthalten. Entsprechend haben die Maschinen zwei Schalter. Da die Terme auf *0* bzw. *1* minimiert werden können, ist diesen Maschinen mit zwei Schaltern ein immer offener bzw. immer geschlossener Kontakt äquivalent.

4.2.3. Schaltnetze als Maschinen für n-stellige Funktionen (n $\geqslant$ 3)

Es gibt 256 *dreistellige* Wahrheitsfunktionen (Anhang I.3.). Von diesen sind in Abschnitt 1.5. schon einige im Zusammenhang mit Anwendungen vorgestellt worden (z.B. f_{24}^3, f_{36}^3, f_{66}^3, f_{129}^3, f_{23}^3, f_{55}^3). Die zugehörigen Schaltnetze wurden als Maschinen benutzt. Eine systematische Betrachtung der Maschinen für die dreistelligen Funktionen erübrigt sich, da sie keine neuen Aspekte bringt. Man wird bei einer Maschinenkonstruktion von einer minimierten Form des Funktionsterms ausgehen (vgl. Beispiel 5 von 1.5.5.), damit die Maschine möglichst wenig aufwendig wird. Das gleiche gilt für n-stellige Funktionen mit n > 3.

4.2.4. Schaltnetze mit bivariablem Relais als Maschinen

Die bisher vorgestellten Maschinen können z.T. wesentlich vereinfacht werden, indem die „bivariable" Relaisschaltung angewendet wird. Der interessierte Leser findet Einzelheiten darüber im Anhang II.2. Da wir im folgenden jedoch der modernen Computertechnik mit elektronischen Maschinen folgen wollen, ist die Kenntnis der bivariablen Schaltung zum Verständnis des weiteren Textes nicht erforderlich.

4.3. Maschinen für Disjunktion, Negation, Konjunktion in elektronischer Technik

4.3.1. Allgemeines

In den ersten Anfängen der Computerentwicklung (etwa 1935) hatte man Computer in der bisher beschriebenen *Relaistechnik* konstruiert [Zu]. Sie waren den etwa gleichzeitig entstehenden Maschinen mit Vakuumröhren als Schaltelemente durchaus ebenbürtig, zumal Röhren nur eine begrenzte Lebensdauer haben und daher unzuverlässig sind. Erst die etwa 1947 aufgekommenen *Transistoren* erwiesen sich als die idealen Schaltelemente eines Computers: Praktisch unbegrenzte Lebensdauer (keine Abnutzung mit der Anzahl der Schaltvorgänge), mechanisch robust, wenig Energieverlust, kurze Schaltzeiten, wenig Platz brauchend. Die Gegenüberstellung in Bild 4-4 soll zeigen, daß man das Relais, die Röhre und den Transistor in gleicher Weise als *Schalter*, die durch ein *elektrisches Signal gesteuert* werden, verwenden kann. Beim herkömmlichen Relais geschieht die mechanische Bewegung eines Schaltkontaktes durch ein Magnetfeld, das von dem steuernden Strom erzeugt wird. Röhre und Transistor sind *elektronische* Relais ohne mechanisch bewegte Schaltkontakte. Weitere Einzelheiten über die drei Relaistypen findet der Leser in Anhang II.3.

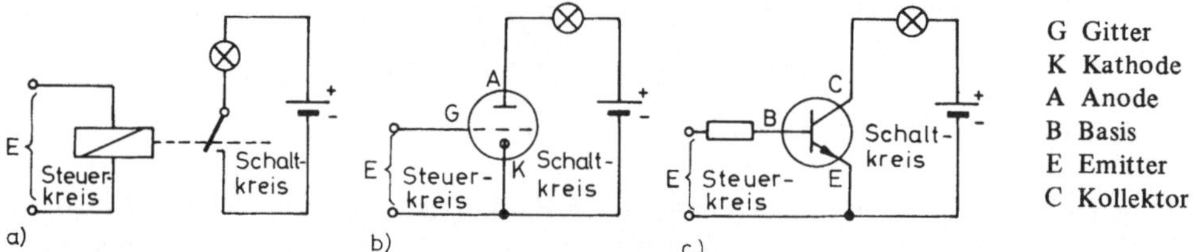

Bild 4-4. Relais, Röhre und Transistor als elektrisch gesteuerte Schalter
a) Elektromechanisches Relais; b) Röhre; c) Transistor

Nun könnten wir die in 4.2 besprochenen Schaltnetze auch mit elektronischen Relais, d.h. Röhren bzw. Transistoren, aufbauen. In der Tat ist dies möglich und wird technisch mit sogenannten MOS-Feldeffekttransistoren[1]) realisiert.

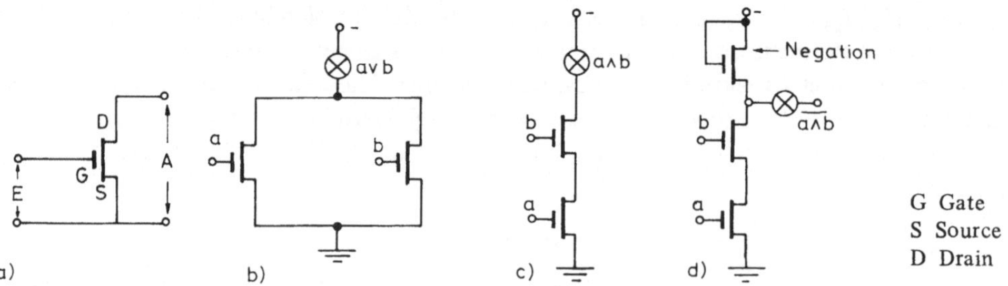

Bild 4-5. Logische Schaltungen mit MOS-Feldeffekttransistoren
a) Symbol MOS-FET; b) ODER-Schaltung; c) UND-Schaltung; d) NAND-Schaltung

[1]) MOS-FET = Metall-Oxyd-Schicht-Feldeffekttransistor.

Die Schaltstrecke des als Relais betrachteten MOS-FET liegt zwischen den Anschlüssen S und D des Transistors (Bild 4-5a), und die Steuerung des Schalters erfolgt von G aus und ist fast leistungslos. Wie bei den in Kapitel 1 und 4.2 beschriebenen Schaltkreisen können ODER- und UND-Schaltungen durch Parallel- bzw. Serienschaltung (Bild 4-5b) und c) aufgebaut werden. Die Negation kann durch einen weiteren Transistor bewirkt werden (Bild 4-5d). Im folgenden wollen wir jedoch die Dioden-Transistor-Technik zum Aufbau logischer Schaltungen benutzen, da sie von dem Leser, der sich die beschriebenen Schaltungen bauen will, leichter realisierbar ist.

4.3.2. Elektronische Maschine für die Disjunktion (ODER-Glied)

Wir behandeln zunächst die Maschine für die Funktion f(a,b) = a v b. Bei der Maschine nach dem „Ventilprinzip" werden die Werte für die Eingangsvariablen (für die Boolesche Algebra B_2: *0* und *1;* für die Logik: *f* und *w*) durch Spannungssignale simuliert (vgl. jedoch das *Strom*signal beim elektromechanischen Relais). Die Eingangsbuchsen a, b der Maschinen von Bild 4-6 sind den Eingangsvariablen a, b zugeordnet. Die Buchsen sind über Dioden (Symbol ⯆) mit der Anzeigevorrichtung für den Funktionswert (Glühlampe) verbunden.

Die Diode ist ein elektrisches *Ventil,* d.h. sie läßt den Strom nur in *einer* Richtung fließen, in der anderen Richtung wird er gesperrt. Den Pfeil des Symbols kann man als *Durchlaßrichtung* betrachten (für die in der Technik gebräuchliche Definition der Stromrichtung von plus nach minus).

Der Zweck der Dioden ist eine „Entkopplung" der Signaleingänge: Liegt nur an *einem* Eingang 12 V (Bild 4-6b und c) und wären keine Dioden dazwischengeschaltet, so gäbe es einen Kurzschluß zwischen den Eingängen. Man kann die Wirkungsweise dieser Schaltung auch in einem mechanischen Modell mit Luft als strömendem Medium und Luftventilen bauen. Wenn der Leser im Erkennen der Funktionsweise elektronischer Schaltungen ungeübt ist, so lese er die Beschreibung des „Luftmodells" im Anhang II.4. nach.

Die Wirkungsweise der in Bild 4-6 beschriebenen ODER-Maschine ist mit der Parallelschaltung von Schaltern vergleichbar. Dennoch besteht ein prinzipieller Unterschied: Wenn ein Schalter (mit Arbeitskontakt) den Schaltwert *0* hat (offener Kontakt), so ist keine Spannung am Ausgang des Schalters vorhanden. Bei dem elektronischen Modell liegen aber 0 Volt an dem Zweig, in dem das *0*-Signal angelegt ist.

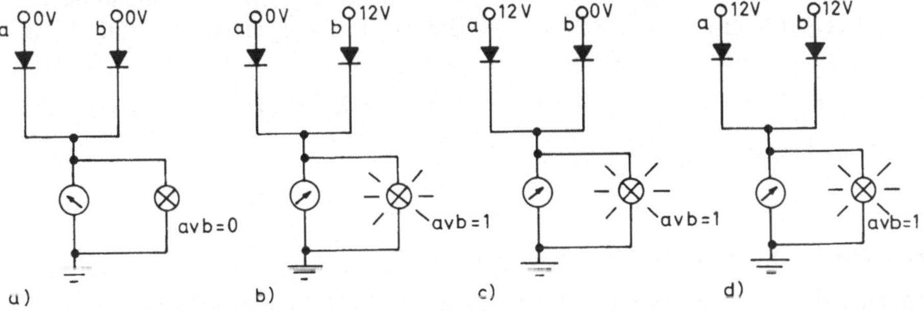

Bild 4-6. „ODER-Maschine" in Elektronischer Technik (Ventilprinzip). Die vier möglichen Belegungen der Eingangsvariablen mit *0* und *1*.

4.3.3. Maschine für die Negation (NICHT-Glied)

Bevor wir die NICHT-Maschine in der elektronischen Technik besprechen, soll gezeigt werden, daß die Negation in der Schaltertechnik nicht nur mit einem *Ruhekontakt* realisiert werden kann: Nach Bild 4-7a liegt der ***Arbeitskontakt***, der die Eingangsvariable a simuliert, ***parallel*** zur Anzeigeeinrichtung (Glühlampe) für den Funktionswert $\bar{a}$ und in Serie mit einem Widerstand R_N („Negatorwiderstand", 220 Ω bei einer Glühlampe 6 V, 30 mA). Bei geschlossenem Schalter (Belegung der Eingangsvariablen mit *1*) leuchtet die Lampe nicht ($\bar{a}$ = *0*), bei offenem Schalter (a = *0*) wird der Funktionswert $\bar{a}$ = *1* angezeigt.

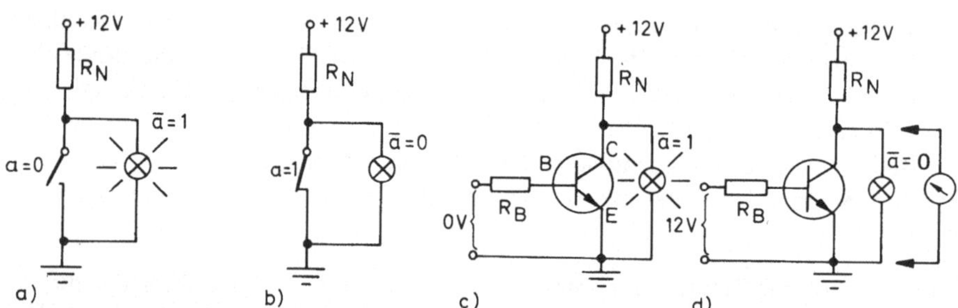

Bild 4-7. Maschinen für die NICHT-Funktion

Nun kann der mechanische Schalter auch durch einen elektronischen, z.B. den Transistor, ersetzt werden. Die Werte für die Eingangsvariablen *0* und *1* (bzw. *f* und *w*) werden durch Spannungen (0 V, 12 V) simuliert, die an den Eingang des Transistors (zwischen E und B) gelegt werden. Der Wert für das Negat $\bar{a}$ liegt am Ausgang des Transistors (zwischen E und C) und kann durch eine Glühlampe angezeigt werden. Wir können auch ein Voltmeter anlegen und erhalten die Anzeige des Wertes für $\bar{a}$ als Spannungswert (0 V, 12 V). Ein Eingangssignal von 0 V zwischen B und E *„sperrt"* den Transistor (Widerstand $R_{CE} \approx 10^9$ Ω). Da durch R_N kein Strom fließen kann, wird auch kein Spannungsabfall erzeugt, und die Spannung an C ist 12 V (= *1*-Signal). Ein *1*-Signal am Eingang des Transistors bewirkt ein *„Durchschalten"* des Transistors (Widerstand R_{CE} gering, etwa 10 Ω) und über R_N fällt (fast) die ganze Spannung von 12 V ab, so daß am Ausgang (fast) 0 Volt gemessen werden (= *0*-Signal). Der Eingangsstrom in die Basis B des Transistors muß begrenzt werden, hierzu dient der Widerstand R_B (etwa 10 kΩ). Der Widerstand R_N wird so bemessen, daß der Strom bei durchgeschaltetem Transistor auf etwa 30 mA begrenzt wird $\left(\frac{12\text{ V}}{0{,}03\text{ A}} = 400\ \Omega\right)$.

4.3.4. Maschine für die Konjunktion (UND-Glied)

Im folgenden soll eine schaltungstechnisch sehr einfache Schaltung beschrieben werden, die jedoch nicht leicht zu verstehen ist.

Man geht aus vom Gesetz von De Morgan, mit dem sich die UND-Verknüpfung durch ODER und NICHT ausdrücken läßt:

$$a \wedge b = \overline{\overline{a} \vee \overline{b}}$$

Bild 4-8b zeigt zunächst eine Maschine für den Term $\overline{a} \vee \overline{b}$ (vgl. Wertetafel Bild 4-8a). Die Dioden sind umgekehrt wie diejenigen von Bild 4-6 gepolt.

Der Leser möge die vier Zeilen der Wertetafel durchspielen und bestätigen, daß die Glühlampe die Funktionswerte der Wertetafel von Bild 4-8a anzeigt.

(a, b)	$\overline{a} \vee \overline{b}$
0 0	*1*
0 1	*1*
1 0	*1*
1 1	*0*

a) Wertetafel b) Maschine für $\overline{a} \vee \overline{b}$ c) a = *0*, b = *1* d) a = *1*, b = *1*

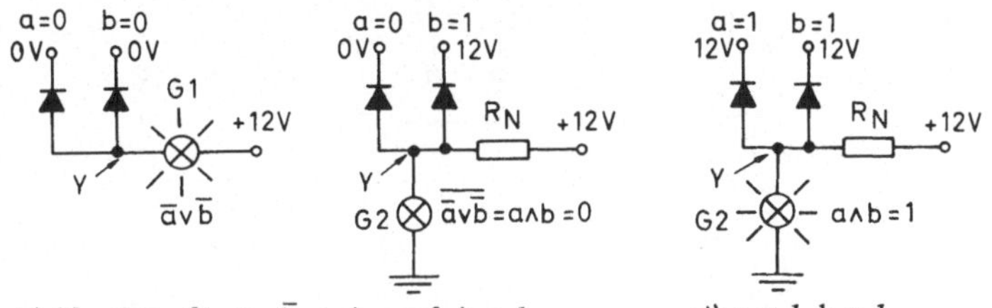

Bild 4-8. UND-Schaltung als Schaltung für $\overline{a} \vee \overline{b}$

In Bild 4-8c und d ist diese ODER-Schaltung mit einer NICHT-Schaltung (Bild 4-7a) kombiniert. G1 von Bild 4-8b wird durch den „Negatorwiderstand“ R_N ersetzt, und G2 zeigt den Wert für den Term $a \wedge b$ an.

Eine analog arbeitende Maschine mit Luft als strömendem Medium (statt der Elektronen in der Schaltung nach Bild 4-8) ist in Anhang II.4. erklärt und als Hilfe für den Leser gedacht, der in der Elektronik weniger bewandert ist.

Man kann die Schaltungen von Bild 4-8 auch so deuten: Die *Spannung* am Punkt Y ist „komplementär“ dem *Strom*, der durch G1 bzw. R_N fließt. Diese Spannung wird zur Anzeige des Negates von $\overline{a} \vee \overline{b}$ benützt, d.h. hier zum Betreiben von G2.

4.3.5. Maschinen für Konjunktionen und Disjunktionen mit negierten Eingangsvariablen

Bisher wurden nur die Maschinen für die Terme $a \vee b$ und $a \wedge b$ behandelt. Wenn die Eingangsvariablen (teilweise) negiert sind, so muß eine Signalumkehr erfolgen. Hierfür können wir die in Bild 4-7c und d besprochene Schaltung nehmen, also jeweils einen Transistor. Nun wird sich dieses Problem von selbst lösen, wenn wir zur Simulation der Variablen elektronische Speicher verwenden, welche auch das Negat des Wertes, der für die Variablen eingesetzt wird, liefern. Wir stellen daher die Besprechung der Maschinen für $\overline{a} \vee b$, $a \vee \overline{b}$, $\overline{a} \wedge b$, $\overline{a} \wedge \overline{b}$, . . . zurück, bis wir diese Hilfsmittel in der Hand haben (Abschnitt 4.3.8.).

1) Bei dieser und den folgenden Wertetafeln sind die Klammern und Kommata bei den Wertepaaren weggelassen worden.

4.3.6. Maschinen für NAND und NOR

Durch Kopplung der UND-Maschine mit der NICHT-Maschine bzw. der ODER-Maschine mit der NICHT-Maschine erhalten wir Maschinen für NAND und NOR. Sie entsprechen den gekoppelten Schaltnetzen (vgl. 1.3.7.), bei denen der Funktionswert $a \wedge b$ bzw. $a \vee b$ als Steuerstrom für ein Relais diente. Das elektromechanische Relais von dort wird hier durch ein elektronisches ersetzt. An die Eingänge a und b werden die Signale für die Werte *0* und *1* als Spannungen 0 V und 12 V gegeben. Am Ausgang der Schaltung kann der Funktionswert als Spannungssignal entnommen werden.

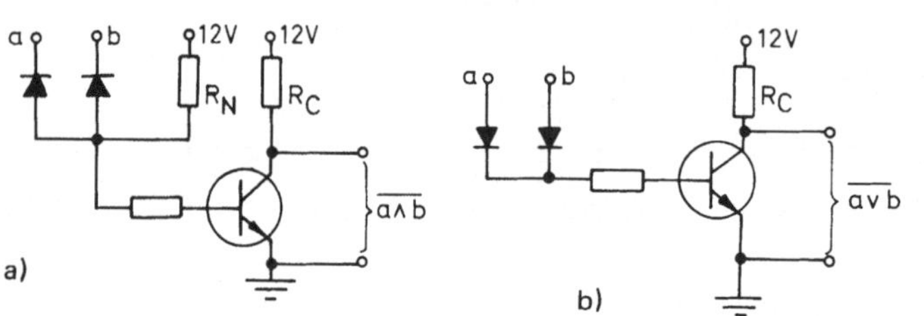

(a, b)	$\overline{a \wedge b}$	$\overline{a \vee b}$
0 0	*1*	*1*
0 1	*1*	*0*
1 0	*1*	*0*
1 1	*0*	*0*

c)

Bild 4-9. Maschinen für NAND und NOR in elektronischer Technik
a) Maschine für NAND; b) Maschine für NOR; c) Wertetafel für NAND und NOR

4.3.7. Speicher als Geber der Werte für die Variablen („Variablenglied")

Es ist nun zweckmäßig, für die Konstruktion von Booleschen Maschinen ein besonderes Element herzurichten, das eine Eingangsvariable simuliert, d.h. die Werte *0* und *1* (bzw. *f* und *w*) als Spannungssignal liefern kann. Ohne diese Elemente ist es nicht möglich, kompliziertere Computerfunktionen aufzubauen, wie wir es in den Kapiteln 5 bis 10 vorhaben.

Im Prinzip kann dieser Signallieferant ein mechanischer Umschalter gemäß Bild 4-10a sein. Dieser Doppelumschalter möge eine Variable a simulieren. Soll a mit *1* belegt werden, so bewegen wir den Kipphebel nach rechts (Richtung S = Setzen). Am Ausgang Q liegt dann ein *1*-Signal, am Ausgang $\overline{Q}$ entnehmen wir ein *0*-Signal mit der Bedeutung: $\overline{a} = 0$. Die in Bild 4-10a gezeichnete Schaltung simuliert a = *0* und $\overline{a} = 1$ (R = Rücksetzen).

Es soll nun ein elektronischer Speicher vorgestellt werden.

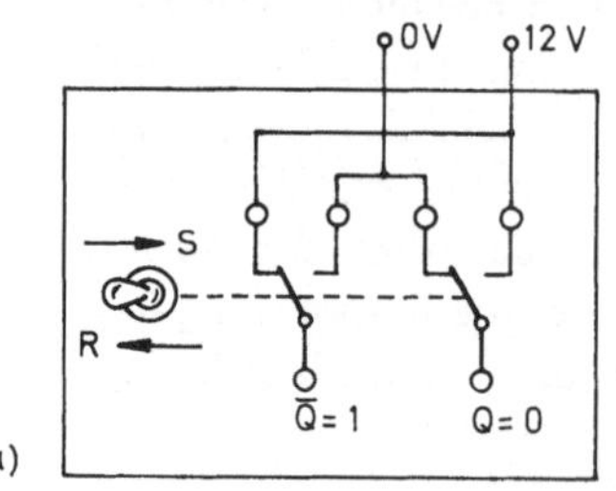

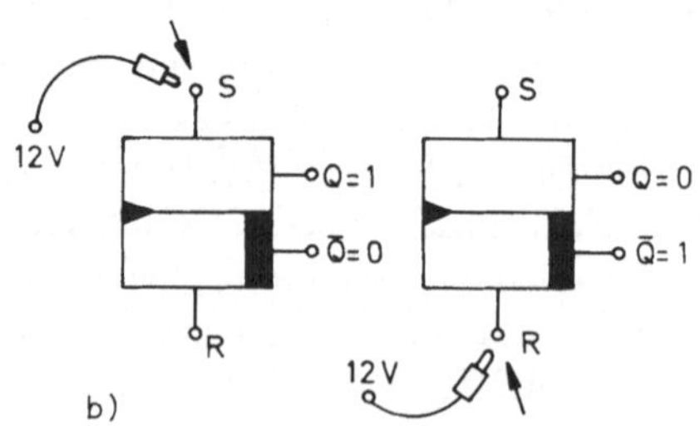

Bild 4-10. Speicher zur Simulierung von Variablen (Variablenglied)
a) Doppel-Umschalter; b) Elektronische Speicher

Die Kästchen von Bild 4-10b nennen wir *„Variablenglieder"* oder *„Speicherglieder"*. Ein solches simuliert eine Variable und deren Komplement (Negat). Wir können Werte *(0* bzw. *1, f* bzw. *w)* einlesen, indem wir mit einem Kabel, das mit dem 12 V-Pol verbunden ist, die R- bzw. die S-Buchse berühren. Dann kippen die eingebauten Transistor-Schalter in eine Stellung, die am Q-Ausgang den Wert, mit der die Variable belegt wurde, als Spannungssignal (0 V, 12 V) liefert. Am $\overline{Q}$-Ausgang liegt gleichzeitig das komplementäre Signal. Bild 4-11 zeigt eine Prinzipschaltung des Speichergliedes. Diese kann auch als eine Hintereinanderschaltung von zwei NOR-Gliedern betrachtet werden (vgl. Bild 4-9b). Man kann nämlich eine ODER-Schaltung für zwei Eingangsvariablen auch aus zwei *Widerständen* statt aus zwei Dioden bauen. Das wesentliche ist nur, daß die beiden Eingänge „entkoppelt" werden. Die beiden Transistoren befinden sich immer in komplementärem Zustand, d.h. einer ist „durchgeschaltet", der andere „gesperrt". Ein *1*-Signal an S läßt T_1 durchschalten, so daß an $\overline{Q}$ ein *0*-Signal liegt. Dieses sperrt T_2, so daß am Ausgang Q ein *1*-Signal (12 V) abgenommen werden kann. Näheres ist in Kapitel 6 zu finden.

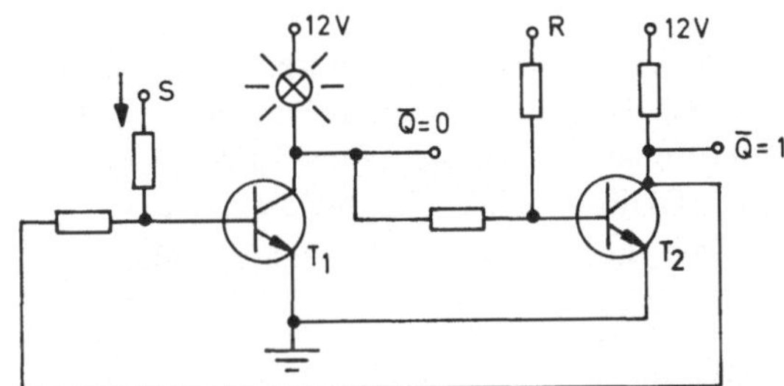

Bild 4-11
Speicher aus zwei NOR-Maschinen

Die Bezeichnung *„Speicherglied"* hat ihre Begründung darin, daß ein eingelesener Wert solange behalten wird, bis wir ihn ändern (durch ein neues Signal) – oder die Spannungsversorgung abstellen. Der am Ausgang Q anliegende Wert wird auch der „Inhalt" des Speichergliedes genannt und bei dem SIMULOG-Modell von einem Glühlämpchen angezeigt (vgl. Bild 4-13d). Wir schreiben:

$\langle a \rangle = 0$, gelesen: „Der Inhalt des Speichergliedes a ist *0*"

$\langle a \rangle = 1$, gelesen: „Der Inhalt von a ist *1*".

4.3.8. Einführung einer Symbolik für die Maschinen der Konjunktion, Disjunktion, Negation

Nachdem wir nun gesehen haben, daß sich Maschinen für die Logikfunktionen in verschiedener Weise realisieren lassen, ist es sinnvoll, von der speziellen Ausführungsform abzusehen und nur noch mit *Symbolen* für die Maschinen zu arbeiten. Die Symbole nach der DIN-Norm sind in Bild 4-12 zusammengestellt. Ein Punkt am *Eingang* bedeutet, daß das Komplement des Wertes, mit der die *Eingangsvariable* belegt wurde, eingegeben wird. Mit den oben beschriebenen Speichergliedern ist dies leicht zu realiserien, da diese das Komplement der von ihnen vertretenen Eingangsvariablen am Ausgang $\overline{Q}$ liefern. Der Punkt am *Ausgang* eines Maschinensymbols bedeutet, daß das Komplement des *Funktionswertes* abzugreifen ist.

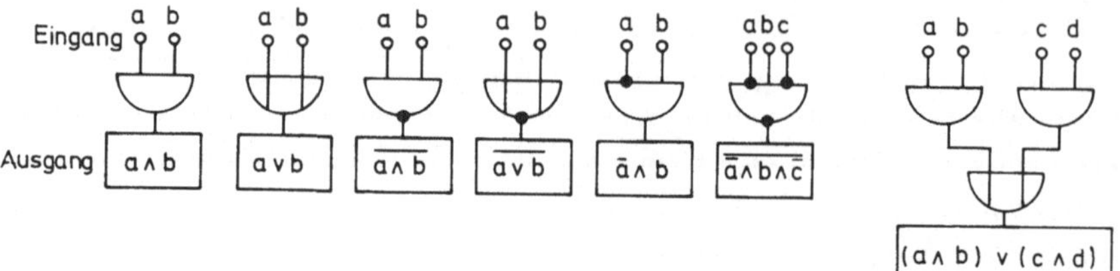

Bild 4-12. Symbole für UND- und ODER-Glieder nach DIN

4.3.9. Die Elemente des Lehrgerätes SIMULOG

Die Schaltungen von Computerteilen und Logikmaschinen, die im weiteren Text des Buches angegeben werden, können mit käuflichen Bauteilen ausgeführt werden, so z.B. mit dem Lehrgerät SIMULOG der Fa. Leybold-Heraeus, Köln. Auf eine Grundplatte können 24 bzw. 48 Logikglieder (UND-Glieder, ODER-Glieder, Kombi-Glieder) und Speicherglieder aufgesteckt und zu Rechenwerken, Logikmaschinen, spielenden Maschinen usw. zusammengeschaltet werden.

Das UND/NAND-Glied (Bild 4-13a) enthält eine Glühlampe zur Anzeige des Funktionswertes. Da zusätzlich ein NICHT-Glied eingebaut ist, kann auch die NAND-Funktion abgegriffen werden. Es können bis zu 4 Variable (a,b,c,d) verknüpft werden. Entsprechend ist das ODER/NOR-Glied gebaut. Das Kombiglied gestattet, in bequemer Weise z.B. das exklusive Oder (f_6^2) zu realisieren. Bei der Beschaltung mit $\bar{a}$,b,a,$\bar{b}$ an den vier Eingängen wird an der rechten (grünen) Buchse f_6^2 abgegriffen, an der linken (roten) f_9^2, die Bijunktion (Äquivalenz). Das Gerät arbeitet mit 12 V als *1*-Signal und etwa 0 Volt als *0*-Signal. Das Speicherglied (Bild 4-13d) ist im Prinzip nach Bild 4-11 geschaltet. Die Bedeutung der drei linken Eingangsbuchsen wird in Kapitel 6 erklärt.

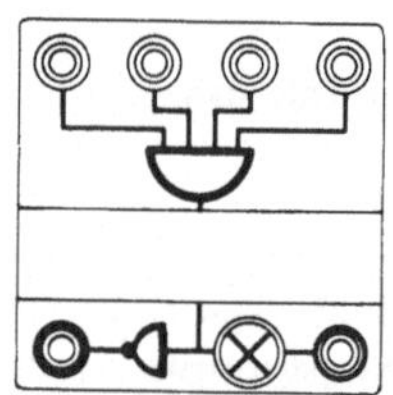

a) UND/NAND-Glied

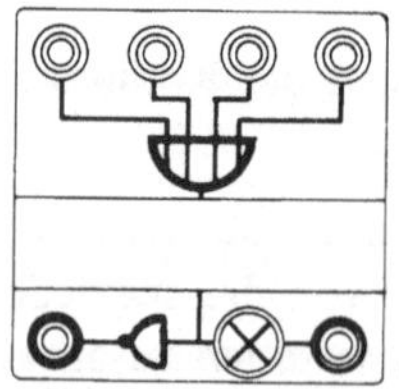

b) ODER/NOR-Glied

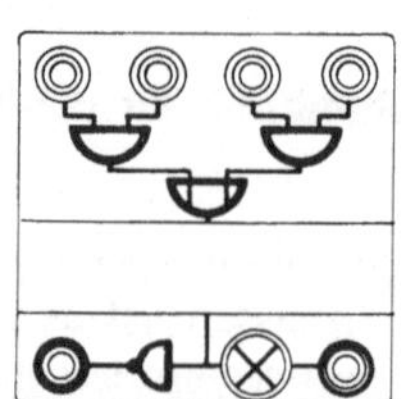

c) Kombi-Glied

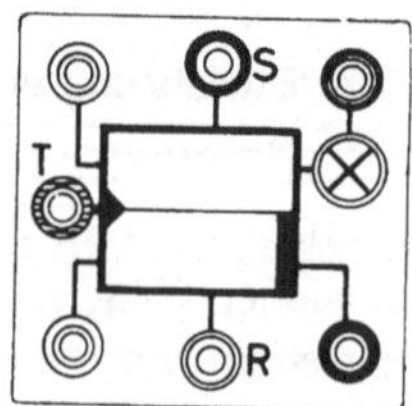

d) Speicherglied

Bild 4-13. Logikelemente und Speicher des Lehrgerätes SIMULOG

4.4. Maschinen für beliebige Funktionen in elektronischer Technik

Allgemeines

Für jede Boolesche Funktion (Wahrheitsfunktion) läßt sich ein Funktionsterm angeben, der außer den Variablen nur die Verknüpfungszeichen $\wedge, \vee, -$ hat. Wir können daher mit den Maschinen für diese „Grundverknüpfungen", die wir in 4.3.2. bis 4.3.4. besprochen haben, Maschinen für jede beliebige Funktion zusammensetzen.

Für die 16 zweistelligen Funktionen können wir die Maschinen noch systematisch besprechen. Für drei- und mehrstellige Funktionen ist dies nicht mehr möglich, die Anzahl der dreistelligen Funktionen ist bereits 256 (vgl. Anhang I.3.). Im späteren Text werden aber viele Beispiele gebracht, die sich aus den Anwendungen beim Computer ergeben.

Maschinen für die zweistelligen Funktionen in elektronischer Technik

Wir haben die Maschine für UND (f^2_1) und ODER (f^2_7) als Grundfunktionen in Abschnitt 4.3. bereits ausführlich behandelt. In Bild 4-9 sind die Maschinen für f^2_{14} (NAND) und f^2_8 (NOR) beschrieben. Die Maschinensymbole f^2_4 und f^2_6 (Exklusives Oder) sind in Bild 4-12 gezeichnet. Die Maschinen für f^2_6 und f^2_9 mit den Elementen des SIMULOG zeigt Bild 4-14, und zwar für (a,b) = *(1,0)* und (a,b) = *(1,1)*. Die Funktionswerte *1* bzw. *0* sind an der Glühlampe des Logikgliedes abzulesen (leuchtendes Lämpchen ≙ *1*).

Die Symbole der anderen Maschinen sind im Anhang I.2. zusammengestellt. Für ihren Aufbau brauchen wir wie in Bild 4-14 jeweils zwei Speicher, welche auch die Komplemente der Wahrheitswerte liefern, und *ein* Logikglied von Bild 4-13.

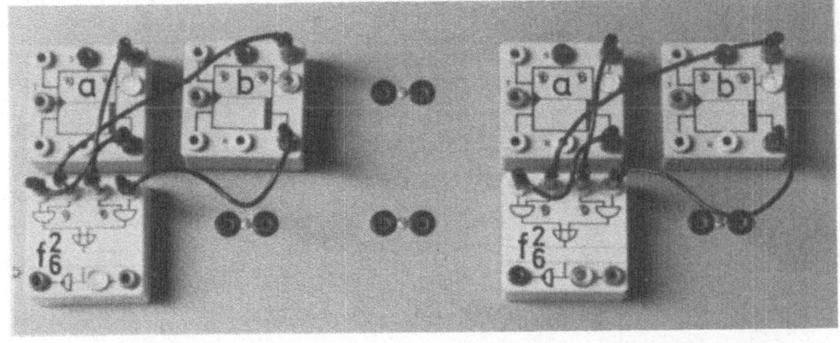

a) b)

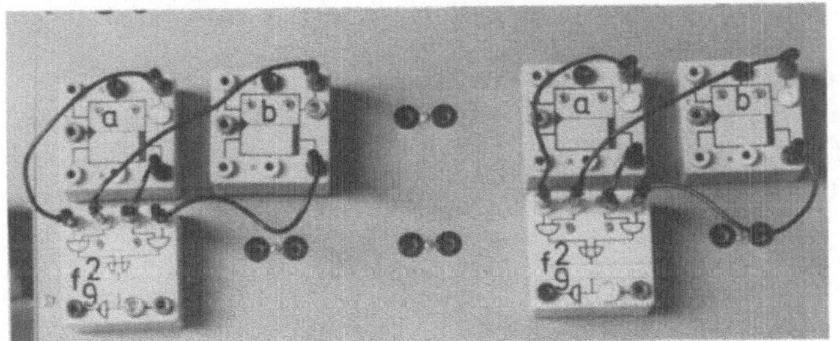

c) d)

Bild 4-14
Maschine für das exklusive Oder (f^2_6) und f^2_9 mit SIMULOG

a) $f^2_6(1,0)$
b) $f^2_6(1,1)$
c) $f^2_9(1,0)$
d) $f^2_9(1,1)$

4.5. Erfüllung der Booleschen Gesetze durch die Booleschen Maschinen

4.5.0. Allgemeines

In Kapitel 1 haben wir Gesetze der Schaltalgebra durch Aufsuchen von Schaltnetzen mit gleicher Wertetafel gefunden. Diese Gesetze wurden dann als Boolesche Gesetze bezeichnet (Kapitel 3), indem wir von dem Bezug auf Schalter und deren Schaltwerte abstrahierten.

Es ist sinnvoll, zu untersuchen, ob die in Abschnitt 4.3. eingeführten (elektronischen) Maschinen allen *Gesetzen der zweielementigen Booleschen Algebra* genügen. Es würde grundsätzlich die Überprüfung auf Befolgung der *Axiome* (z. B. der vier von Huntington, vgl. 3.1.) ausreichen. Um jedoch zugleich mehr Übung im Entwurf von Booleschen Maschinen zu bekommen, wollen wir noch zusätzlich einige andere Gesetze auswählen. Die Richtigkeit der von der Maschine gewonnenen Werte wird am sichersten durch Vergleich der angezeigten Werte (Lämpchen) mit denen der Wertetafel geprüft.

Daß dieser Vergleich auch von einer Booleschen Maschine übernommen werden kann, wird in 4.5.10 und später in Kapitel 9 gezeigt. Wir wählen einige der Gesetze von Anhang I.1.

4.5.1. Kommutativgesetze

Die Kommutativität der Variablen in einem Konjunkt bzw. einem Disjunkt bedeutet bei der Maschine, daß die Eingänge, die mit den Signalen für die Wertebelegungen beschickt werden, vertauscht werden können.

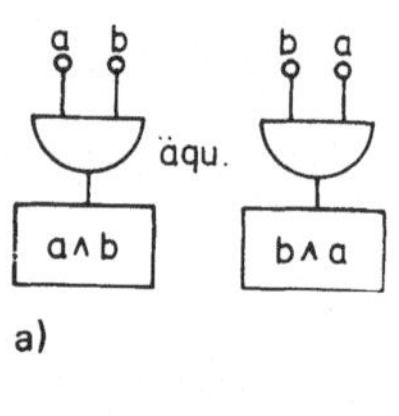

Bild 4-15

Kommutativ-Gesetz bei Booleschen Maschinen. Äquivalent ist mit äqu abgekürzt

a) Kommutativgesetz der Konjunktion ($K_\wedge$) Maschinen in Symbolen
b) Kommutativgesetz der Disjunktion ($K_\vee$) mit SIMULOG-Elementen

4.5.2. Assoziativgesetze

In einer Anordnung von Logikgliedern nach Bild 4-16 können wir das Assoziativgesetz der Konjunktion nachprüfen: Bei jedem der acht Tripel (a, b, c), eingelesen in die Variablenglieder (Speicher) a, b und c, erhalten wir bei dem UND-Glied I und bei dem UND-Glied II die gleichen Funktionswerte.

4.5.3. Distributivgesetze

$(D_\wedge)\quad a \wedge (b \vee c) = (a \wedge b) \vee (a \wedge c) \qquad (D_\vee)\quad a \vee (b \wedge c) = (a \vee b) \wedge (a \vee c)$

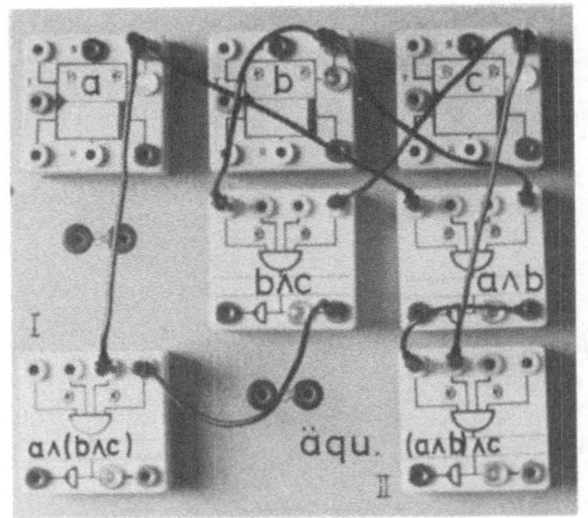

Bild 4-16
Assoziativgesetz der Konjunktion mit SIMULOG-Elementen

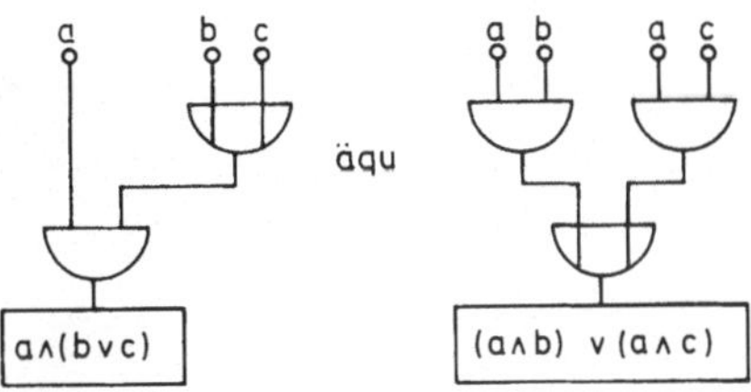

Bild 4-17
Distributivgesetz $D_\wedge$ in Maschinensymbolen

Aus Bild 4-17 ist zu erkennen, daß man für den Term auf der linken Seite der Gesetze zwei Maschinenelemente (UND- bzw. ODER-Glieder) benötigt, für den rechten jedoch drei. Da es bei den SIMULOG-Elementen ein Kombiglied (2 × UND vor ODER) gibt, ist der rechte Term von $D_\wedge$ durch *ein* Logikglied darzustellen.

4.5.4. Idempotenz-Gesetze

($I_\wedge$) $a \wedge a = a$ ($I_\vee$) $a \vee a = a$

Wenn man zwei (oder mehr) Eingänge eines UND-Gliedes mit der gleichen Variablen beschaltet, so ist der von der Maschine angezeigte Funktionswert gleich dem Wert, der für die Variable eingesetzt wird. Das heißt, daß das Logikglied überhaupt entbehrlich ist: Das Variablenglied (der Speicher) allein genügt. Das gleiche gilt für das ODER-Glied.

4.5.5. Absorptionsgesetze

($Ab_\wedge$) $a \wedge (a \vee b) = a$ ($Ab_\vee$) $a \vee (a \wedge b) = a$

Der Term $a \vee (a \wedge b)$ wird von dem Logikelement II (Bild 4-19) angezeigt bzw. ist als Spannungssignal von der rechten (grünen) Buchse abzugreifen. Die Funktionswerte sind gleich dem Variablenwert a, abzulesen am Variablenglied (Speicher) a. Entsprechend ist die symbolische Darstellung von Bild 4-18 zu verstehen.

4.5.6. Gesetze des Komplements

($C_\wedge$) $a \wedge \bar{a} = \mathit{0}$ ($C_\vee$) $a \vee \bar{a} = \mathit{1}$

Die Schaltungen von Bild 4-20 realisieren die Gesetze des Komplements. Das UND-Glied I zeigt unabhängig von der Belegung der Variablen a ein *0*-Signal, das ODER-Glied II ein *1*-Signal.

Bild 4-18. ($Ab_\wedge$) in Maschinensymbolen

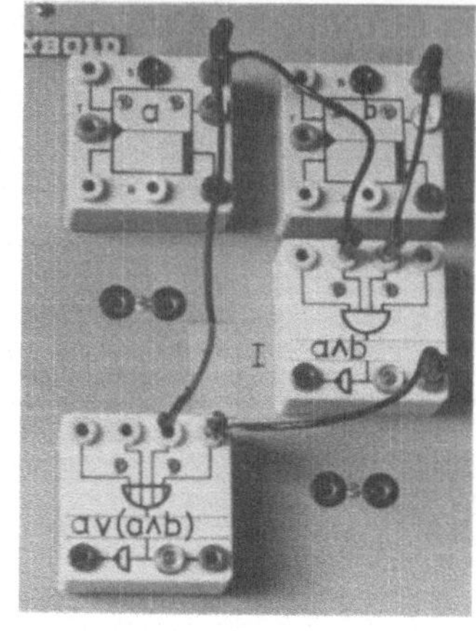

Bild 4-19. ($Ab_\vee$) mit SIMULOG-Elementen

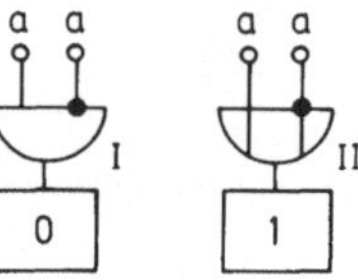

Bild 4-20. Gesetze des Komplementes ($C_\wedge$) und ($C_\vee$) in Maschinensymbolen

4.5.7. Gesetz des doppelten Komplements

(CC) $\bar{\bar{a}} = a$

Wir können das Gesetz in zweifacher Weise mit SIMULOG-Elementen realisieren.

1. Bild 4-21b: Die erste Negation findet im Variablenglied a statt, d.h. wir entnehmen aus der (roten) Ausgangsbuchse $\overline{Q}$ den Wert $\bar{a}$. Die zweite Negation wird durch ein UND-Glied besorgt, von dessen NAND-Ausgang (rote Buchse) der Wert $\bar{\bar{a}}$ als Spannungssignal entnommen werden kann. Wie Bild 4-21b zeigt, können wir dieses Signal durch ein Voltmeter anzeigen (Der NAND-Ausgang hat bei den SIMULOG-Modellen kein Lämpchen).

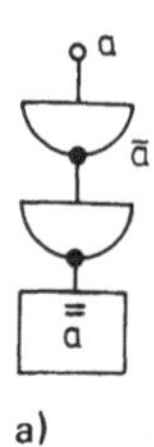

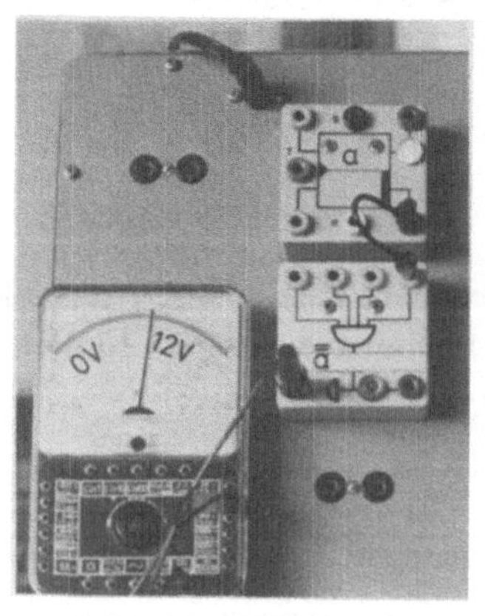

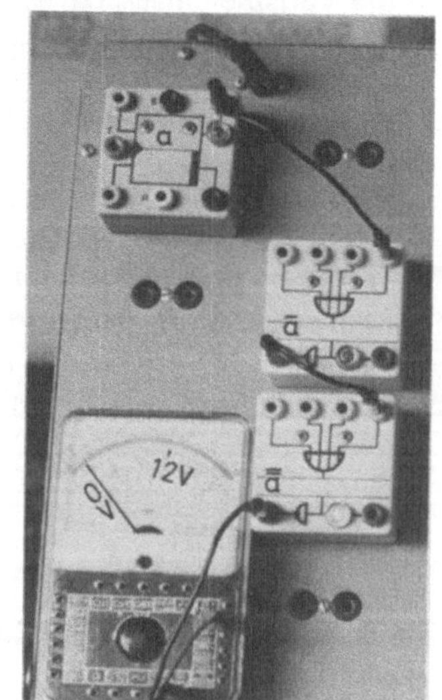

Bild 4-21. Gesetz des doppelten Komplements

a) in Symbolen
b) mit SIMULOG-Elementen
c) mit zwei NOR-Stufen

2. Wir schalten zwei ODER-Glieder (oder auch UND-Glieder) hintereinander (Bild 4-21c). Die erste Negation geschieht in ODER-Glied $\bar{a}$, die zweite in ODER-Glied $\bar{\bar{a}}$.

4.5.8. Gesetze von De Morgan

$(M_\wedge)$ $\overline{a \wedge b} = \bar{a} \vee \bar{b}$ $(M_\vee)$ $\overline{a \vee b} = \bar{a} \wedge \bar{b}$

Zur Überprüfung, ob unsere Maschinenelemente die Gesetze von De Morgan befolgen, lesen wir in die Variablenglieder a und b die vier Wertepaare (a,b) ein und vergleichen die Werte des Negat-Ausganges vom UND-Glied I (mit einem Voltmeter) mit dem durch das Lämpchen angezeigten Wert $\bar{a} \vee \bar{b}$ am ODER-Glied II.

Wir lesen Bild 4-22b wie folgt (Es sei daran erinnert, daß ⟨a⟩ gelesen wird: „Inhalt des Speichers a"):

$$\langle a \rangle = 0,\ \langle b \rangle = 1,\ \overline{a \wedge b} = 1,\ \bar{a} \vee \bar{b} = 1$$

Das Gesetz von De Morgan hat große Bedeutung für die Planung von Booleschen Maschinen. Man kann nämlich UND-Glieder durch ODER-Glieder (und umgekehrt) ersetzen. Es müssen dabei nur die Komplemente der Eingangs- und Ausgangsvariablen genommen werden.

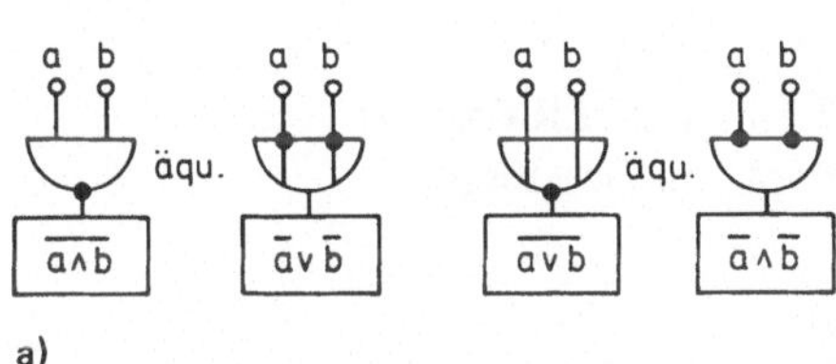

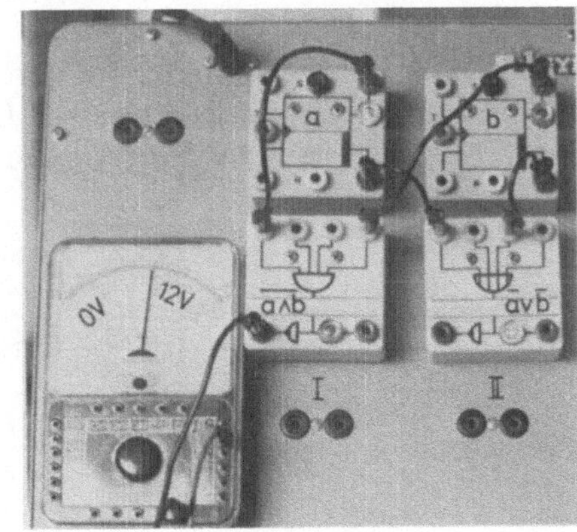

Bild 4-22. Gesetze von De Morgan
a) $(M_\wedge)$ und $(M_\vee)$ in Maschinensymbolen
b) $(M_\wedge)$ mit SIMULOG-Elementen

4.5.9. Gesetze mit den Konstanten *0* und *1*

$(N_\wedge)$ $a \wedge 1 = a$ $(N_\vee)$ $a \vee 0 = a$

$(N^*_\wedge)$ $a \wedge 0 = 0$ $(N^*_\vee)$ $a \vee 1 = 1$

Als Beispiel wählen wir $(N^*_\wedge)$ und $(N^*_\vee)$ und behandeln eine Realisierung mit SIMULOG-Elementen. Die konstanten Signale entnehmen wir, wie die Photos zeigen, der linken Buchse (0-Potential) bzw. der rechten Buche (+ 12V-Pol) eines Buchsenpaares der Grundplatte.

Bild 4-23
Gesetze mit den Konstanten *0* und *1*
a) $a \wedge 0 = 0$
b) $a \vee 1 = 1$

In der Schaltung nach Bild 4-23a führen wir in einen Eingang des UND-Gliedes das konstante 0-Signal (0 Volt); entsprechend bei Bild 4-23b ein konstantes *1*-Signal (12 Volt). Das UND-Glied I zeigt konstant *0*, unabhängig von der Belegung für a; ODER-Glied II liefert als Wert für den Term $a \vee 1$ den konstanten Wert *1*.

4.5.10. Maschinelle Überprüfung

Bisher haben wir zur Überprüfung der beiden Maschinen, die äquivalent sein sollen, alle 2^n Funktionswerte (bei n Variablen) verglichen. Diese Arbeit kann uns die Maschine für die Bijunktion abnehmen, die durch ein Kombiglied realisiert wird (vgl. Maschine für f_9^2 in Bild 4-14).

Bild 4-24 zeigt, wie eine Bijunktions-Maschine (Äquivalenz-Maschine) die Gleichheit der Funktionswerte anzeigt, welche von UND-Glied I und ODER-Glied II bestimmt werden. Es handelt sich um die Terme aus dem Gesetz von De Morgan:

$$a \wedge b = \overline{\bar{a} \vee \bar{b}}$$

mit den Abkürzungen

$$s = a \wedge b$$

$$r = \overline{\bar{a} \vee \bar{b}}\,.$$

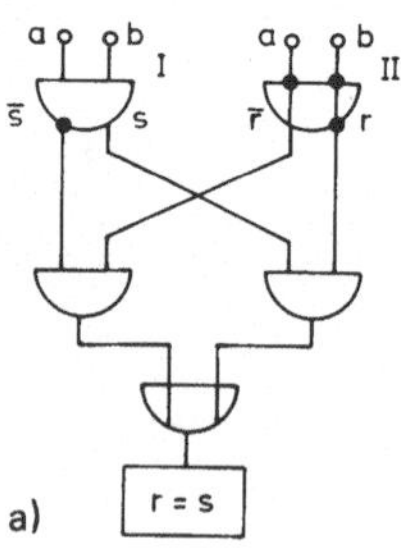

a)

b)

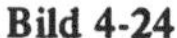
Bild 4-24
Maschinelle Überprüfung der Gleichheit der Funktionswerte, die durch zwei Maschinen bestimmt werden.
a) in Maschinensymbolen
b) mit SIMULOG-Elementen

In Kapitel 9 werden wir diese Überprüfungen mit *Automaten* vornehmen, welche die 2^n n-Tupel selbsttätig einlesen.

4.6. Einfache Logikmaschinen

4.6.1. Allgemeines

Eine *Logikmaschine* im engeren Sinne ist eine Maschine für die Wahrheitsfunktion einer Aussageform. Genauer gesagt: Die Maschine bestimmt die Funktionswerte, die zu jedem Wahrheitswerttupel der Eingangsvariablen gehören. Bei der Anwendung der Maschine stellen wir ein Wahrheitswerttupel ein, und die Maschine zeigt den zugehörigen Funktionswert „automatisch" an.

Etwas entsprechendes geschieht bei der Tischrechenmaschine: Die Summanden werden eingestellt, und die Summe erscheint automatisch.

Die in Kapitel 1 und in Abschnitt 4.2. behandelten *Schaltnetze* können wir als Logikmaschinen verwenden. Die Schaltwerte des Schaltnetzes (angezeigt durch ein Glühlämpchen) simulieren die Funktionswerte der Wahrheitstafel. In diesem Abschnitt legen wir besonderen Wert auf *Logikmaschinen in elektronischer Technik.*

Von Logik*automaten* sprechen wir, wenn die Maschine die 2^n n-Tupel für n Eingangsvariable automatisch durchläuft und die Erfüllungsmenge (d.h. die n-Tupel, die dem Funktionswert *w* zugeordnet sind) zur Anzeige bringt. Bei entsprechender Programmierung können Computer als Logikautomaten dienen. Wir werden daher später auch die Funktionsweise von *Logikautomaten* besprechen (Kapitel 9).

Die in diesem Abschnitt 4.6. behandelten Beispiele für *Logikmaschinen* sind für das Verständnis des weiteren Textes nicht unbedingt erforderlich und können insbesondere vom nur technisch interessierten Leser übergangen werden. In Abschnitt 4.7. werden Logikmaschinen als einfache Computerelemente beschrieben.

4.6.2. Logikaufgabe 1: Knobelspiel Faust-Hand. Maschine als Schiedsrichter

Die Spielregel für das *Knobelspiel Faust-Hand,* welches von drei Spielern gespielt wird, möge der Leser in 1.5.5. nachlesen. Eine Logikmaschine soll „entscheiden", wer der Gewinner ist.

Logische Formulierung

Wir können vier Aussagen formulieren, in welchem Fall Spieler A, B, C oder keiner von ihnen der Gewinner ist. Zum Beispiel:

„A ist Gewinner *genau dann,*
wenn A Faust hat *und* B *nicht* Faust *und* C *nicht* Faust
oder wenn A *nicht* Faust hat *und* B Faust *und* C Faust".

Der Wahrheitsterm hierzu lautet:

$$g_a = (a \wedge \bar{b} \wedge \bar{c}) \vee (\bar{a} \wedge b \wedge c)$$

Wir haben also statt der beiden Aussagen, „A hat Faust" und „A hat Hand" die Aussage „A hat Faust" und deren Negat „A hat *nicht* Faust" verwendet.
Entsprechend heißen die anderen Wahrheitsterme:

$$g_b = (\bar{a} \wedge b \wedge \bar{c}) \vee (a \wedge \bar{b} \wedge c)$$

$$g_c = (\bar{a} \wedge \bar{b} \wedge c) \vee (a \wedge b \wedge \bar{c})$$

$$g_o = (\bar{a} \wedge \bar{b} \wedge \bar{c}) \vee (a \wedge b \wedge c)$$

Nun können wir die Eingangsvariable a, b und c durch drei Variablenglieder (Speicher) simulieren, und der Speicherinhalt *1* bedeutet den Wahrheitswert *w*. Es gilt die Wertetafel von Bild 1-22 (Seite 22), in der wir *0* und *1* durch *f* und *w* ersetzen können.

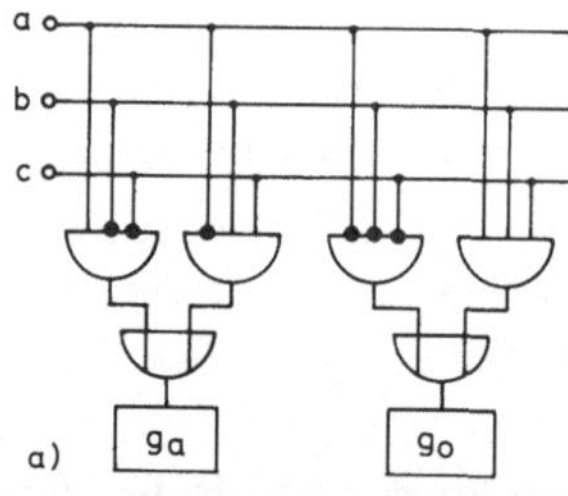

Bild 4-25
Maschinen als Schiedsrichter im Knobelspiel Faust-Hand
a) Gewinnanzeige g_a und g_o
b) Knobelspiel mit SIMULOG

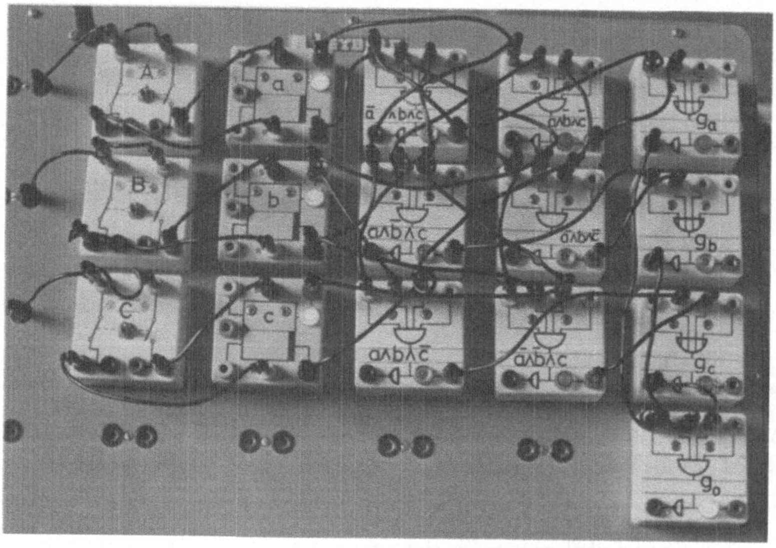

Die Maschine zur Gewinnanzeige (Bild 4-25a) benötigt jeweils für g_a, g_b, g_c und g_o zwei UND-Glieder mit je drei Eingängen und ein ODER-Glied. Bild 4-25b zeigt eine Realisierung mit dem Lehrgerät SIMULOG. Die drei Druckschalter werden durch die drei Spieler bedient (Druck bedeutet Faust). Über den Umschalter des Druckschalters wird ein *1*-Signal bei Betätigung an die S-Buchse, bei Nichtbetätigung an die R-Buchse der Speicher a, b und c geführt. Als Term für „Unentschieden" (g_o) wird

$$g_o = \overline{g_a} \wedge \overline{g_b} \wedge \overline{g_c}$$

verwendet.

Ein *Schaltnetz* als Logikmaschine für das Knobelspiel wurde bereits in 1.5.4. beschrieben.

4.6.3. Logikaufgabe 2: „Besucherproblem"

a) *Problem:* Wolfgang will Freunde zu Besuch einladen. Dabei bestehen folgende Bedingungen:

(1) Wenn er Andreas einlädt, muß er auch Bernd einladen.

(2) Entweder darf er nur Andreas und Claus zusammen oder beide nicht einladen.

(3) Er soll entweder Bernd oder Claus einladen.

Frage: Wer darf tatsächlich eingeladen werden, ohne eine Bedingung zu verletzen?

b) *Logische Formulierung des Problems*

Wir legen Abkürzungen für folgende Aussageformen fest:

A: „Andreas wird eingeladen" usf.

Die drei Bedingungen werden wie folgt formuliert:

(1) $A \rightarrow B$, (Subjunktionspfeil, vgl. 2.4)

(2) $(A \wedge C) \vee (\overline{A} \wedge \overline{C})$,

(3) $(B \wedge \overline{C}) \vee (\overline{B} \wedge C)$

Die Gesamtbedingung E: „Die Bedingungen sind erfüllt" lautet:

(4) $E \Longleftrightarrow (A \rightarrow B) \wedge ((A \wedge C) \vee (\overline{A} \wedge \overline{C})) \wedge ((B \wedge \overline{C}) \vee (\overline{B} \wedge C))$

und die entsprechende Wahrheitsfunktion:

(4a) $e = (\overline{a} \vee b) \wedge ((a \wedge c) \vee (\overline{a} \wedge \overline{c})) \wedge ((b \wedge \overline{c}) \vee (\overline{b} \wedge c))$.

Dabei wurde $a \rightarrow b$ durch den Term $\overline{a} \vee b$ ersetzt (vgl. 2.3.7.).

Wir erhalten die (Wahrheits-) Wertetafel von Bild 4-26a, in der folgende Abkürzungen für die Einzelterme aus (4a) gebraucht werden:

$y_1 = \overline{a} \vee b \qquad y_2 = (a \wedge c) \vee (\overline{a} \wedge \overline{c}) \qquad y_3 = (b \wedge \overline{c}) \vee (\overline{b} \wedge c)$

Zeile	(a,b,c)	y_1	y_2	y_3	e
0	*f f f*	*w*	*w*	*f*	*f*
1	*f f w*	*w*	*f*	*w*	*f*
2	*f w f*	*w*	*w*	*w*	*w*
3	*f w w*	*w*	*f*	*f*	*f*
4	*w f f*	*f*	*f*	*f*	*f*
5	*w f w*	*f*	*w*	*w*	*f*
6	*w w f*	*w*	*f*	*w*	*f*
7	*w w w*	*w*	*w*	*f*	*f*

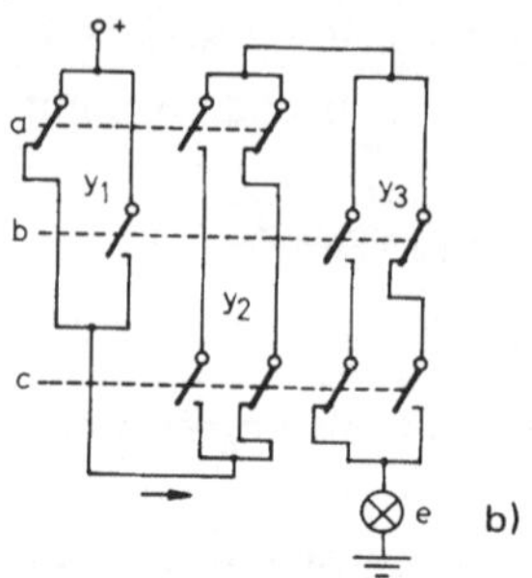

Bild 4-26. Wertetafel und Schaltnetz als Logikmaschine für das „Besucherproblem"
a) Wertetafel; b) Schaltnetz

c) *Logikmaschine in Schaltertechnik*

Die Schalter a, b, c (mit mehreren gekoppelten Arbeits- und Ruhekontakten) simulieren die Variablen a, b, c. Alle Schalter sind in der *unbetätigten* Stellung (= Wahrheitswert *f*) gezeichnet.

d) *Logikmaschine in elektronischer Technik*

Den Logikplan zeigt Bild 4-27a, eine Realisierung mit dem SIMULOG Bild 4-27b. Der Zustand der Maschine entspricht Zeile 6: (a, b, c) = (*w*, *w*, *f*); $y_1 = w$, $y_2 = f$; $y_3 = w$, $e = f$, wie von den Lämpchen abgelesen werden kann.

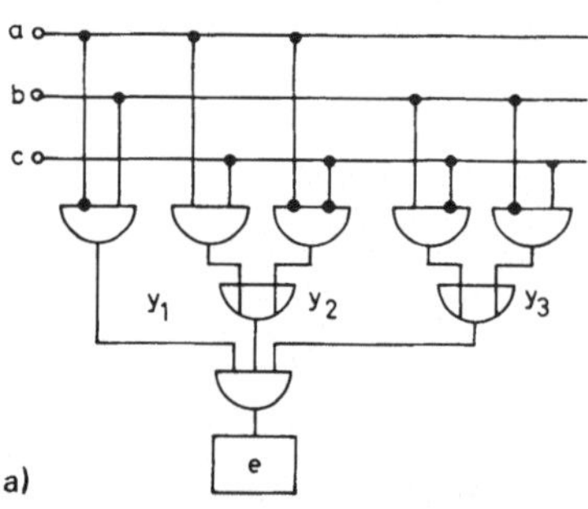

Bild 4-27. Logikmaschine Besucherproblem
a) Logikplan; b) Realisierung mit SIMULOG

Wir erinnern uns daran, daß die Punkte am Eingang der Maschinensymbole (Bild 4-27a) die Negation der Eingangsvariablen bedeuten. Entsprechend sind in Bild 4-27b die Negatausgänge der Speicher benutzt.

Eine ähnliche Aufgabe („Fernsehproblem") wird bei den Logik*automaten* (Kapitel 9) wieder aufgenommen und der entsprechende Automat konstruiert.

4.6.4. Logikaufgabe 3: „Fährproblem"

Problem:

Ein Bauer will mit einem kleinen Boot eine Gans, einen Wolf und einen Sack Korn über den Fluß bringen. Er kann aber immer nur eines von den Dreien hinübernehmen. An einem Ufer darf er nicht allein zurücklassen:

(1) den Wolf mit der Gans, sonst frißt er sie,

(2) die Gans mit dem Korn, sonst frißt sie es.

Wie muß der Bauer die Überfahrt bewerkstelligen, ohne eine verbotene Kombination an einem Ufer zurückzulassen?

Ein Logiker will dem Bauern eine Maschine bauen, mit der er vorher eine „Strategie" ausprobieren kann. Die Maschine soll ihm immer anzeigen, wenn er etwas Verbotenes macht.

Logische Formulierung des Problems

Wir verwenden u.a. folgende Aussagen:

B_n: „Der Bauer ist auf dem nördlichen Ufer"

B_s: „Der Bauer ist auf dem südlichen Ufer

G_n: „Die Gans ist auf dem nördlichen Ufer" . . .

V_n: „Diese Kombination ist für das nördliche Ufer verboten" . . .

Dann können wir schreiben:

$$V_n \Longleftrightarrow (W_n \wedge G_n \wedge \overline{B}_n) \vee (G_n \wedge K_n \wedge \overline{B}_n)$$

$$V_s \Longleftrightarrow (W_s \wedge G_s \wedge \overline{B}_s) \vee (G_s \wedge K_s \wedge \overline{B}_s)$$

Die zugehörigen Wahrheitsfunktionen lauten in einer minimierten Form:

$$v_n = \overline{b}_n \wedge g_n \wedge (w_n \vee k_n)$$

$$v_s = \overline{b}_s \wedge g_s \wedge (w_s \vee k_s)$$

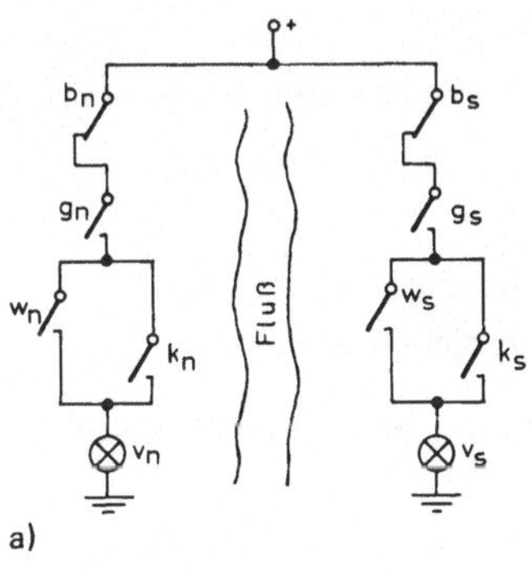

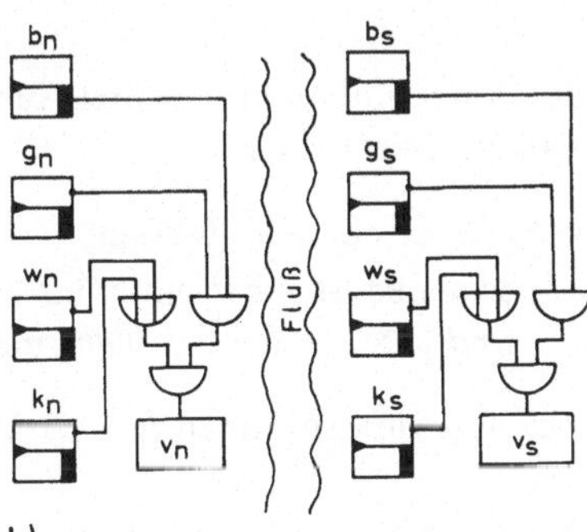

Bild 4-28
Logikmaschine für „Fährproblem"
a) Schaltnetz
b) Logikmaschine mit SIMULOG

Die Logikmaschinen in der Form von Bild 4-28a und b erlauben es, das Abfahren eines der vier Objekte vom nördlichen Ufer und die Ankunft auf dem südlichen Ufer (und umgekehrt) zu simulieren: Bei dem Schaltnetz als Logikmaschine werden die entsprechenden Schalter (Kippschalter, Relais) betätigt. Bei der elektronischen Maschine wird das Speicherglied bei einer Abfahrt rückgesetzt bzw. bei der Ankunft gesetzt. Eine verbotene Kombination wird durch die Lämpchen v_n bzw. v_s angezeigt. Es gibt noch weitere Möglichkeiten, das Problem zu formulieren, so z.B. wenn man berücksichtigt, daß die Aussage „Der Bauer ist auf dem nördlichen Ufer" das Negat der Aussage „Der Bauer ist auf dem südlichen Ufer" ist.

Schlußbemerkung

Können wir behaupten, daß die Maschinen nach Bild 4-28 wirklich das Problem lösen? Nein: Die Lösung ist nur durch eine sequentielle Maschine zu bewerkstelligen, die so zu programmieren ist, daß sie alle erlaubten Hin- und Rückfahrtkombinationen ausprobiert, bis alle vier Objekte auf der südlichen Seite sind. Und wenn dabei nicht der eigentliche Trick der Aufgabe mit einprogrammiert wird (nämlich, daß der Bauer einen „Fahrgast" zum Ausgangsufer wieder zurückholt), dann wird die Maschine das Problem nicht lösen (vgl. Band II). Wir werden im 9. Kapitel auf weitere Logikprobleme eingehen, bei denen in der Programmierung bereits der Ansatz für den Lösungsweg steckt.

4.6.5. Logikaufgabe 4: Logikmaschine als „Gedankenleser" (Ratespiele)

Problem: „Wochentage raten"

Spielregel: Spieler A denkt sich einen Wochentag.

Spieler B soll diesen raten. Dabei darf er an A drei Fragen stellen, die dieser nur mit „ja" oder „nein" zu beantworten braucht.

Lösung: Die drei Fragen können lauten:

1. Frage: „Kommt der Buchstabe S im Namen des Wochentages vor? "
2. Frage: „Kommt der Buchstabe O im Namen des Wochentages vor? "
3. Frage: „Hat der Name mehr als sieben Buchstaben? "

(Dabei ist nicht „Sonnabend", sondern „Samstag" zu nehmen. Als achter Tag kann „Feiertag" hinzugenommen werden.)

Logische Formulierung:

Jeder Wochentag kann durch ein Konjunkt von drei Aussagen, die den drei Fragen entsprechen, ausgedrückt werden. Zum Beispiel:

„Der Tag ist Samstag" $\Longleftrightarrow$ „Es ist ein S im Namen"
und „Es ist *nicht* ein O im Namen"
und „Der Name hat *nicht* mehr als sieben Buchstaben".

Wir legen folgende Zeichen für Aussageformen fest (Grundmenge: Menge der Wochentage t):

So: „Der gemerkte Tag t ist ein Sonntag" usw,

ferner:

S: „Es ist ein S im Namen des Wochentages t“
O: „Es ist ein O im Namen des Wochentages t“
M: „Der Name des Wochtentages t hat mehr als 7 Buchstaben“.

Derartige Ratespiele mit jeweils zwei Antwortmöglichkeiten (hier: ja, nein) können in einem *Erkennungsbaum* graphisch dargestellt werden (Bild 4-29). Man geht an den Kanten des Graphen entlang, nach links bei der Antwort „nein“, nach rechts bei der Antwort „ja“, und landet „mechanisch“ bei dem zu erratenden Wochentag. Dieser Erkennungsbaum kann in einer Logikmaschine als Schaltnetz „mechanisiert“ werden. Die Umschalter s, o, m werden bei der Antwort „nein“ nach links gestellt, nach rechts bei „ja“. Der Strom fließt nur zu demjenigen Lämpchen, welches die richtige Antwort anzeigt. Fe bedeutet „Feiertag“.

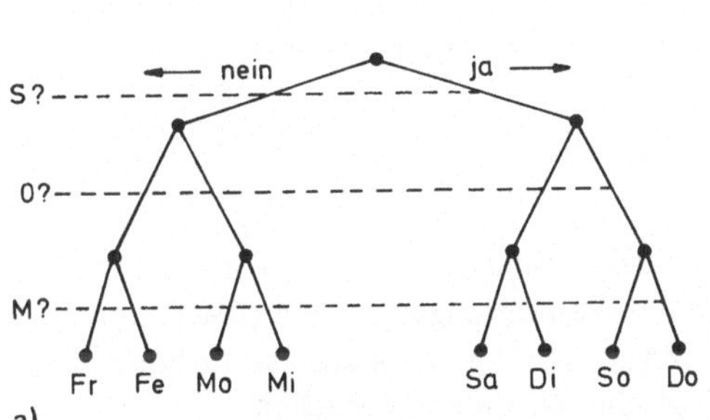

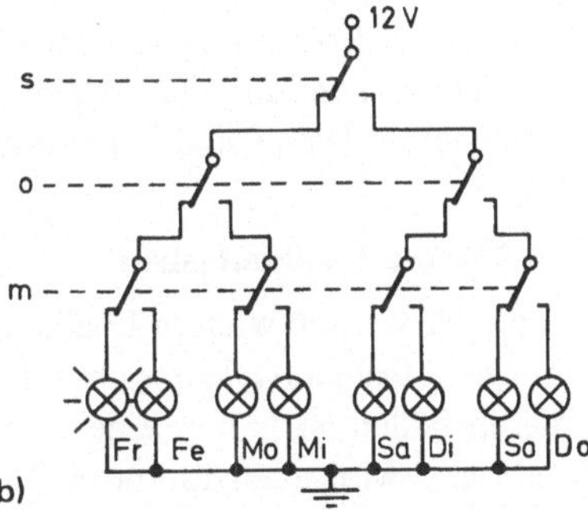

Bild 4-29. Erkennungsbaum und Schaltnetz als Logikmaschine für „Wochentage raten“
a) Erkennungsbaum; b) Schaltnetz

Es gelten folgende Wahrheitsterme für die Aussageformen, wie sie oben am Beispiel des Samstags ausgeführt wurden:

$so = s \wedge o \wedge \overline{m}$	$do = s \wedge o \wedge m$
$mo = \overline{s} \wedge o \wedge \overline{m}$	$fr = \overline{s} \wedge \overline{o} \wedge \overline{m}$
$di = s \wedge \overline{o} \wedge m$	$sa = s \wedge \overline{o} \wedge \overline{m}$
$mi = \overline{s} \wedge o \wedge m$	$fe = \overline{s} \wedge \overline{o} \wedge m$

In dem *Schaltnetz* von Bild 4-29b sind alle acht Terme enthalten, dabei sind soweit wie möglich die Schalter für gleiche Eingangsvariable zusammengelegt worden. In *elektronischer Technik* ist dies auch möglich, wie Bild 4-30 zeigt. Maschinen nach Bild 4-30 haben große Bedeutung für die Computertechnik, es sind die *Decodierer*, die vielfältige Aufgaben zu erfüllen haben. Einfache Decodierer werden wir im Kapitel 5 besprechen.

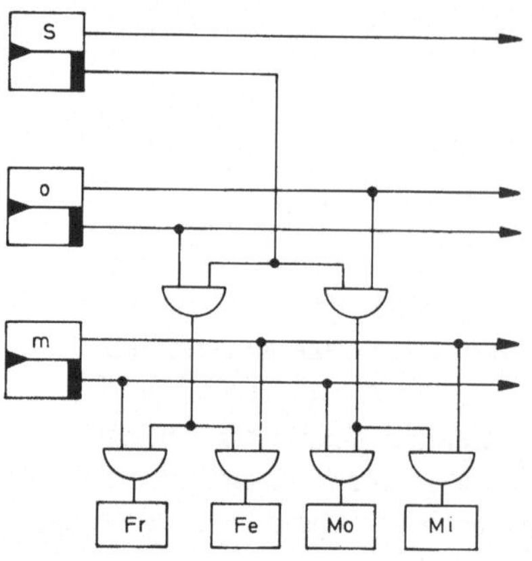

Bild 4-30
Ratespiel in elektronischer Technik
Ein Paar von UND-Gliedern, welches eine gemeinsame Eingangsgröße hat, entspricht einem Umschalter in der Schaltertechnik

Ratespiele lassen sich in vielfältiger Weise variieren.

Beispiele: Die Erkennung von Spielkarten aus einem Satz von 8 oder 16 oder 32 Spielkarten. Die Erkennung eines Namens, einer Stadt, einer chemischen Substanz usw. aus 2^n Elementen. Dabei sind n Fragestellungen erlaubt.

4.6.6. Weitere Logikaufgaben

In Kapitel 9 werden weitere Logikaufgaben behandelt, insbesondere wird eine Klassifizierung von Aufgaben, welche sich mit den Mitteln der Aussagenalgebra lösen lassen, eingeführt. In diesen Fällen ist immer eine entsprechende Maschine oder ein Automat zu konstruieren. In Kapitel 9 wird auch Literatur für aussagenlogische Aufgaben angegeben.

4.7. Logikmaschinen als Computerelemente

4.7.1. Allgemeines

In Kapitel 5 werden eine Reihe wichtiger Logikmaschinen besprochen, die für die Computeroperationen wesentlich sind. Hier soll zunächst an einfachen Beispielen das Vorgehen bei der Konstruktion von Teilen elektronischer Rechenautomaten diskutiert werden. Bei den in Abschnitt 1.5. behandelten Beispielen, ein Schaltnetz als Maschine für arithmetische Operationen zu verwenden, wurde intuitiv verfahren. Nachdem uns nun die Aussagenalgebra als Werkzeug zur Verfügung steht und wir für beliebige Wahrheitsterme Maschinen bauen können, werden wir systematisch vorgehen. Grundlagen des Rechnens im Dualsystem werden vorausgesetzt (vgl. Anhang III).

4.7.2. Beispiel 1: Produkt von zwei Dualziffern

Wenn die Maschine zur Ermittlung des Produktes von zwei einstelligen Dualzahlen auch noch so einfach aussieht, so ist sie doch ein Element eines Multiplizierwerkes in einem großen Computer. Wir benötigen sie in Abschnitt 7.7. für die Maschine zur Multiplikation mehrstelliger Dualzahlen.

$0 \cdot 0 = 0$
$0 \cdot L = 0$
$L \cdot 0 = 0$
$L \cdot L = L$

a)

(a,b)	p
(f, f)	*f*
(f, w)	*f*
(w, f)	*f*
(w, w)	*w*

b)

c)

Bild 4-31
Das Produkt zweier Dualziffern. Multiplizierer
a) „Kleines Einmaleins" des Rechnens im Dualsystem
b) Wertetafel für Multiplikation
c) Logikplan für Multiplizierer

Fassen wir die Dualziffern 0 und L in der Tabelle des „Kleinen Einmaleins" als Wahrheitswerte auf, so erhalten wir:

$$p = a \wedge b.$$

Die zugehörige Aussageform

$$P \Longleftrightarrow A \wedge B$$

enthält folgende elementare Aussageformen:

A: „Die Dualziffer α ist L"
B: „Die Dualziffer β ist L"
P: „Das Produkt $\alpha \cdot \beta$ ist L".

Die Maschine für das Produkt zweier Dual*ziffern* ist ein UND-Glied. Die Werte für a und b werden in die Speicher a und b eingegeben, und der Funktionswert p wird von dem Glühlämpchen des UND-Gliedes p abgelesen oder als Spannungssignal entnommen.

4.7.3. Beispiel 2: Summe von zwei Dualziffern (Halbaddierer)

Wie schon im Kapitel 1.5.2. genauer ausgeführt wurde, kann bei der Summe von zwei Dualziffern eine zweistellige Dualzahl entstehen. Die Ziffer in der Dualstelle 2^0 nennen wir *„Summenziffer* s", die Ziffer in der Stelle 2^1 nennen wir *„Übertragsziffer* u".

(a,b)	u	s
00	0	0
0L	0	L
L0	0	L
LL	L	0

a)

$$u = a \wedge b$$
$$s_1 = (\bar{a} \wedge b) \vee (a \wedge \bar{b})$$

b)

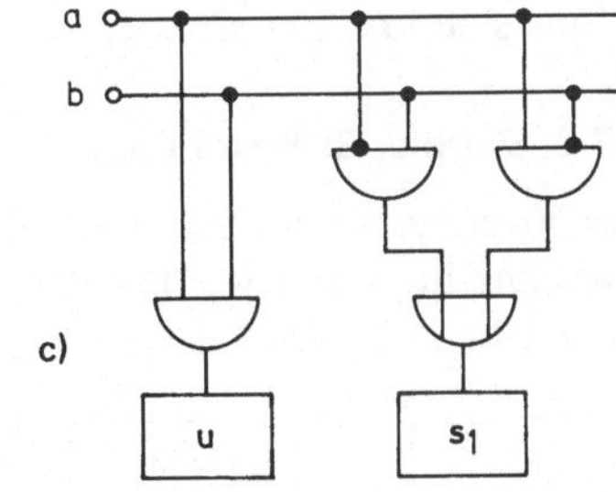

c)

Bild 4-32. Summe zweier Dualziffern. Halbaddierer
a) Summe zweier Dualziffern; b) Funktionsterme; c) Halbaddierer (Logikplan)

Wir lesen die Summentafel als Wahrheitstafel mit den beiden Ausgangsvariablen u und s. Die Funktionsterme (Bild 4-32b) sind daraus abzulesen. Entsprechende Aussageformen kann sich der Leser anhand des ersten Beispiels konstruieren. Das Symbol der Logikmaschine, Halbaddierer genannt, zeigt Bild 4-32c.

Die einzelnen Maschinen für u und s können nicht vereinfacht werden. Ihre Kombination jedoch führt zu vereinfachten Maschinen, wenn es uns gelingt, u und s derart umzuformen, daß sie gleiche Teilterme enthalten.

Dies ist tatsächlich möglich:

$s_2 = \overline{(a \wedge b) \vee (\bar{a} \wedge \bar{b})}$ (weil f_6^2 das Komplement von f_9^2 ist)

$s_2' = \overline{u \vee (\bar{a} \wedge \bar{b})}$

$s_3 = \overline{a \wedge b} \wedge \overline{\bar{a} \wedge \bar{b}}$ (Gesetz von De Morgan auf s_2 anwenden)

$s_3' = \bar{u} \wedge \overline{\bar{a} \wedge \bar{b}}$

$s_4 = \overline{a \wedge b} \wedge (a \vee b)$ (Gesetz von De Morgan auf $\overline{\bar{a} \wedge \bar{b}}$ von s_3 anwenden)

$s_4' = \bar{u} \wedge (a \vee b)$

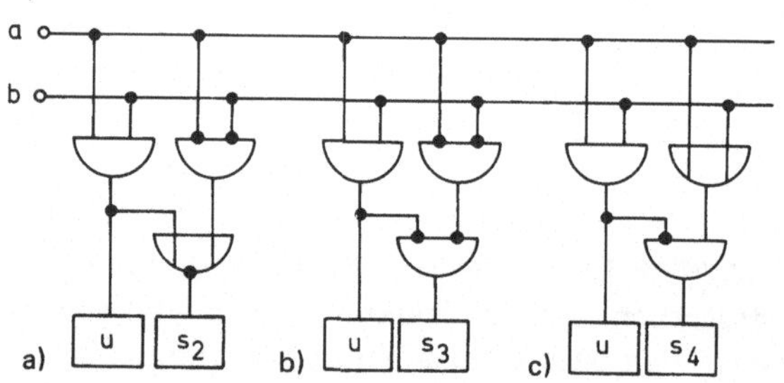

Bild 4-33. Halbaddierer in verschiedenen Formen
a) u, s_2; b) u, s_3; c) u, s_4; d) Halbaddierer (u, s_4) mit SIMULOG

Die Ausgangsvariable u wird also Eingangsvariable für s_i! Die Maschinen für s_2, s_3 und s_4 sind in Bild 4-33a, b und c symbolisch dargestellt.

Die Realisierung eines Halbaddierers (mit u und s_4) zeigt Bild 4-33d. Zu dem Term s_4 kann man folgende Aussage wählen: „Die Summe s_4 ist genau dann Eins, wenn a *oder* b Eins sind *und* der Übertrag u *nicht* Eins ist.

4.7.4. Beispiel 3: Bestimmung des Vorzeichens bei arithmetischen Operationen

Das Vorzeichen von Summe, Differenz, Produkt und Quotient soll durch eine Logikmaschine bestimmt werden. Wir stellen zunächst eine „Wertetafel" auf, wobei s(a) das Vorzeichen (Signum) der Zahl a bedeutet.

		s(a + b)		s(a – b)			
s(a)	s(b)	$\|a\| > \|b\|$	$\|a\| < \|b\|$	$\|a\| > \|b\|$	$\|a\| < \|b\|$	s(a · b)	s(a : b)
+	+	+	+	+	–	+	+
+	–	+	–	+	+	–	–
–	+	–	+	–	–	–	–
–	–	–	–	–	+	+	+

Bild 4-34. Wertetafel: Vorzeichen von Summe, Differenz, Produkt, Quotient

Nun können wir dem Pluszeichen das *f* der Logik (*0* der B_2) zuordnen und dem Minuszeichen das *w* (*1* der B_2). Diese Zuordnung wählen wir, weil bei Rechenautomaten meist das Minuszeichen als 1 codiert wird. Die einfachen Maschinen zur Bestimmung des Vorzeichens sind dann aus der Wertetafel Bild 4-34 abzulesen: Für das Vorzeichen von Produkt und Quotient benötigen wir – entsprechend f_6^2 – ein Kombiglied. Für das Vorzeichen von Summe und Differenz muß zunächst festgestellt werden, ob der Betrag von a größer oder kleiner als der von b ist. Die Vorzeichen sind nur von *einer* Variablen abhängig. Es liegen die Funktionen f_3^2, f_5^2 und f_{10}^2 vor.

4.7.5. Abstraktionsprozesse bei dem Entwurf der Maschinen

In den behandelten Beispielen findet eine ganze Folge von Abstraktionsprozessen statt.

1. Es werden elementare *Aussageformen* zu dem betreffenden Problem aufgestellt, z.B. „Die Dualziffer α ist L“, „Das Produkt $\alpha \cdot \beta$ ist L“.
2. Die elementaren Aussageformen werden verknüpft mit *und; oder; nicht; genau dann, wenn;* . . ., um den Sachverhalt darzustellen.
   Beispiel: „Das Produkt $\alpha \cdot \beta$ = L *genau dann, wenn* Dualziffer α = L *und* β = L“.
   Die Äquivalenz wird formal dargestellt durch $P \Leftrightarrow A \wedge B$.
3. Wir schreiben den Wahrheitsterm dieser Aussageformen und zeichnen den *Logikplan* (Symbole der Maschinenelemente).
   Beispiel: $p = a \wedge b$
4. Wir konstruieren die *Logikmaschine* gemäß dem Logikplan. Speicher a,b,c, . . . simulieren die Eingangsvariablen a,b,c, . . . Wahrheitswerte *f* und *w* werden in die Speicher „eingelesen“ und liegen dort als Spannungssignale (0 V, 12 V) vor.
5. Der Funktionswert (Produkt, Summe, Gewinnanzeige) wird als Spannungs- bzw. Lichtsignal von dem Verknüpfungsglied abgelesen.

Wenn diese Gedankengänge dem Leser klar geworden sind, wird es keine Schwierigkeit bedeuten, das Vorgehen bei der Konstruktion von elektronischen Rechenautomaten zu verstehen. Nach einiger Übung beherrscht der Konstrukteur die oben genannten Prozesse von Abstraktionen und Simulationen, ohne daß sie ihm bewußt werden.

4.8. Zusammenfassung

Wir haben zunächst gesehen, daß die in Kapitel 1 behandelten *Schaltnetze* als *Logikmaschinen* (oder noch allgemeiner: als *Boolesche Maschinen)* brauchbar sind. Der Grund liegt in der Isomorphie zwischen der Schalt- und Aussagenalgebra; beide sind Boolesche Algebren. Schalter und Schaltnetze mit ihren Schalttermen entsprechen Aussageformen mit ihren Wahrheitstermen. Man kann mit einem Schaltnetz den Funktionswert, der einem n-Tupel zugeordnet ist, ermitteln. Die Schaltnetze können als eine Realisierung (eine konkrete „Abbildung“) der Funktion betrachtet werden.

Wir können das Schaltnetz als eine *Maschine* betrachten, wie ein Vergleich mit der Tischrechenmaschine zeigt. Bei beiden werden zu verknüpfende Elemente in die Maschine eingegeben, und diese zeigt das Verknüpfungsergebnis an.

Für die *Computer* hatten die *elektromechanischen Schalter* (Relais) nur in der Anfangszeit Bedeutung. Die seit 1947 aufgekommenen *Transistoren* sind als (elektronische) *Relais* zu betrachten, weil sie wie das elektromechanische Relais durch Strom gesteuerte Schalter sind. Die Transistoren sind den elektromechanischen Relais in allen wesentlichen Eigenschaften weit überlegen (große Schaltgeschwindigkeit, wenig Steuerstrom, klein, billig, hohe Lebensdauer). Wahrscheinlich hätten die Computer heute kaum eine Bedeutung, wäre der Transistor nicht erfunden worden. (Dabei wird vorausgesetzt, daß die Röhre als elektronisches Relais keine wesentliche Fortentwicklung erfahren hätte.)

Wir haben daher auch Boolesche Maschinen in *elektronischer Technik* behandelt, d.h. Maschinen aus Transistoren und Dioden (elektronische Ventile), und werden im folgenden wegen ihrer Wichtigkeit fast nur noch diese Technik benützen.

Nachdem wir dann Boolesche Maschinen in zwei Realisierungen (Schaltertechnik und elektronische Technik) besprochen hatten, war es sinnvoll, *Symbole* für die Maschinen einzuführen, d.h., von der speziellen Bauart der Maschine zu abstrahieren. Für den *Konstruktionsplan* einer komplexen Maschine haben wir die Bezeichnung „*Logikplan*" eingeführt, denn er kann auch als eine andere Schreibweise für den Wahrheitsterm aufgefaßt werden.

Die einzelnen Schritte bei dem Bau einer Logikmaschine (Booleschen Maschine) seien noch einmal zusammengefaßt:

1. Das gestellte *Problem* wird in eine *Aussageform* gefaßt und der hierzu gehörige *Wahrheitsterm* aufgestellt. Dieser ist in einen möglichst einfachen Term umzuformen.
2. Aus dem Wahrheitsterm ergibt sich der *Logikplan*, aus welchem sofort abzulesen ist, wie die elementaren Maschinen (UND-Glied, ODER-Glied, NICHT-Glied) zusammenzuschalten sind.

Der interessierte Leser wird auf den Anhang II hingewiesen, wo einige Themen von Kapitel 4 vertieft werden (Funktionsweise mechanischer Tischrechenmaschinen; Logikmaschinen mit „bivariablem" Relais; Vergleichstafel Relais, Röhre, Transistor; Maschinen für ODER und UND nach dem Ventilprinzip mit Luft).

5. Statische Boolesche Maschinen (Zuordner) in Computern

Einführung

In einem Rechenautomaten finden die in Kapitel 4 eingeführten statischen Booleschen Maschinen vielseitige Anwendung. Wir hatten dort schon einfache Beispiele (Halbaddierer, Multiplizierer, Vorzeichen von Summe, Produkt, . . .) behandelt. Diese Anwendungsbeispiele sollen in diesem Kapitel vertieft und erweitert werden:

Im Abschnitt 5.1. befassen wir uns mit *Code-Umsetzern.* Alle Zeichen (Buchstaben, Zahlen, Operationszeichen), aber auch die „Befehle" und die „Adressen" („Hausnummern") der Speicher in einem Computer sind binär verschlüsselt (codiert). Die Codierung und Decodierung wird durch Boolesche Maschinen besorgt.

Auch das *„Lesen* und *Schreiben" von Zeichen* kann als Decodier- und Codiervorgang verstanden werden (5.2.).

Ein wichtiges Element von Addierwerken ist der *Volladdierer,* der die Summe von drei Dualziffern ermittelt. Er wird in verschiedenen Varianten ausgeführt (5.3.).

Die entsprechende Maschine eines Subtrahierwerkes ist der *Vollsubtrahierer* (5.4.).

Die *Quersumme von Dualzahlen modulo 2* kann in einem Zuordner bestimmt werden. Im Computer wird nach dem Transport oder der Verarbeitung von Zeichen kontrolliert, ob sich ein Zeichen durch einen Fehler verändert hat. Das wichtigste Kontrollverfahren ist die Bestimmung der Quersumme modulo 2 eines Zeichens (Parity check, 5.5.).

Weitere Beispiele für Zuordner sind: *Quersummenbestimmung von Dualzahlen* (5.6.), die *Erkennung von Pseudodezimalen* (5.7.) und ein *Umsetzer,* der eine Zahl in die zugehörige *Zahl modulo m* umwandelt (5.8.).

5.1. Code-Umsetzer (Zuordner im engeren Sinne)

5.1.1. Allgemeines

In einem Wörterbuch werden von zwei verschiedenen Sprachen die Wörter gleicher Bedeutung einander zugeordnet. Die zugeordneten Wörter sind nur verschiedene Zeichen für die gleiche Bedeutung. Im Rechenautomaten müssen die Zahlzeichen verschiedener Zahlensysteme ineinander umgewandelt werden, z.B. wenn die Zahl im Dezimalsystem ein- und ausgegeben und im Dualsystem verarbeitet wird. Ebenso werden Operationsbefehle (z.B. „Addiere", „Quadratwurzel aus") mit Zeichen (z.B. ADD, SQRT) eingegeben, die vom Programmierer leicht zu merken sind. Sie werden in der Maschine in Binärzeichen „codiert" und als solche steuern sie die zugehörige Operation.

Unter *Codieren* verstehen wir die Umwandlung eines Zeichens in ein solches mit mehreren Einzelzeichen (z.B. 7 → LLL), das *„Decodieren"* ist der umgekehrte Vorgang. Anders ausgedrückt: *Codieren* ist der Übergang von einem Alphabet mit *vielen* Zeichen in ein Alphabet mit *wenigen* Zeichen. Besteht das Alphabet nur aus den Zeichen 0 und 1, so spricht man von einem *Binär-Code.*

In der Tabelle von Bild 5-1 sind einige *Zahlencodes* angegeben.

Dezimal-system	Dual-system	BCD-Code Zehner	Einer	Oktal-system	Sedezimal-system [1])
0	0000	0000	0000	0	0
1	000L	0000	000L	1	1
2	00L0	0000	00L0	2	2
3	00LL	0000	00LL	3	3
4	0L00	0000	0L00	4	4
5	0L0L	0000	0L0L	5	5
6	0LL0	0000	0LL0	6	6
7	0LLL	0000	0LLL	7	7
8	L000	0000	L000	10	8
9	L00L	0000	L00L	11	9
10	L0L0	000L	0000	12	A
11	L0LL	000L	000L	13	B
12	LL00	000L	00L0	14	C
13	LL0L	000L	00LL	15	D
14	LLL0	000L	0L00	16	E
15	LLLL	000L	0L0L	17	F
16	L0000	000L	0LL0	20	10

Bild 5-1. Darstellung der Zahlen 0 . . .16 in verschiedenen Zahlsystemen und Zahlencodes

In den *BCD-Codes* (Binary Coded Decimal[2])) wird jede Dezimal*ziffer* einer Dezimalzahl durch eine vierstellige Dualzahl dargestellt. Zu den vollständigen BCD-Codes gehören noch Kontrollbits (vgl. 5.5.) und u.U. weitere Bits.

5.1.2. Dual → Dezimal-Umsetzer (Decodieren, Entschlüsseln)

In Kapitel 1.5.4. haben wir bereits ein Schaltnetz gebaut, welches als Decodierer für die zweistelligen Dualzahlen 00 . . . LL brauchbar ist. Es kann mit zwei Relais realisiert werden, welche einen bzw. zwei Umschaltkontakte besitzen. Vier Glühlampen zeigen an, welche der Dezimalziffern 0, 1, 2 oder 3 zu einer eingestellten Dualzahl gehören. Wird L0 eingestellt, d.h. das Relais für 2^1 betätigt und dasjenige für 2^0 nicht betätigt, so leuchtet die Glühlampe „2". Ferner haben wir als Vorbereitung für den Decodierer in Kapitel 4.6.5. die Ratespiele besprochen. Wir können den mit Bild 4-29 eingeführten

[1]) Auch „Hexadezimalsystem" genannt.

[2]) Im englischen Sprachgebrauch ist unsere Unterscheidung zwischen *„binär"* und *„dual"* nicht üblich. Es wird nur *„binary"* verwendet, auch für das *Dual*system.

„Erkennungsbaum“ für die Decodieraufgabe übernehmen und die Fragen von Kapitel 4.6.5. auf unser Problem umformen (Beispiel: dreistellige Dualzahlen):

1. Frage: „Ist die Viererziffer v eine Eins? “ [1])
2. Frage: „Ist die Zweierziffer z eine Eins? “
3. Frage: „Ist die Einerziffer e eine Eins? “

Das Schaltnetz für das „Ratespiel“ (Bild 4-29 von Kapitel 4) ist als *„Decodierer“* für dreistellige Dualzahlen verwendbar.
Nun wollen wir die Decodieraufgaben genauer formulieren, dabei beschränken wir uns auf die acht dreistelligen Dualzahlen.

Es ergeben sich folgende Aussageformen (Grundmenge für n: 000, . . . , LLL):

V: „Die Viererziffer der Dualzahl n ist L“
Z: „Die Zweierziffer der Dualzahl n ist L“
E: „Die Einerziffer der Dualzahl n ist L“,

ferner die Aussageformen [2]):

Z_0: „Der Dualzahl n entspricht die Dezimalzahl 0“
Z_1: „Der Dualzahl n entspricht die Dezimalzahl 1“ usf.

Wird z. B. für n die Dualzahl 000 eingesetzt, so ist
Z_0 eine wahre Aussage,
Z_1 eine falsche Aussage.

Z_0 ist äquivalent zu der Aussageform:

„Die Viererziffer der Dualzahl n ist *nicht* L *und* die Zweierziffer von n ist *nicht* L *und* die Einerziffer von n ist *nicht* L“.

Die Wahrheitsterme für $Z_0, Z_1, Z_2, \ldots$ sind:

$z_0 = \overline{v} \wedge \overline{z} \wedge \overline{e}$ $z_4 = v \wedge \overline{z} \wedge \overline{e}$
$z_1 = \overline{v} \wedge \overline{z} \wedge e$ $z_5 = v \wedge \overline{z} \wedge e$
$z_2 = \overline{v} \wedge z \wedge \overline{e}$ $z_6 = v \wedge z \wedge \overline{e}$
$z_3 = \overline{v} \wedge z \wedge e$ $z_7 = v \wedge z \wedge e$.

---

1) In der Dualdarstellung einer Zahl:
$a \cdot 2^3 + v \cdot 2^2 + z \cdot 2^1 + e \cdot 2^0$
nennen wir a die „Achterziffer“, v die „Viererziffer“, z die „Zweierziffer“ und e die „Einerziffer“.

2) „Der Dualzahl n entspricht die Dezimalzahl x“ soll bedeuten, daß n und x die gleiche Zahl benennen, n in der Dualdarstellung, x in der Dezimaldarstellung.

Der Term z_0 hat genau dann den Wert *w*, wenn v = 0 und z = 0 und e = 0.
Der Term z_5 hat genau dann den Wert *w*, wenn v = L und z = 0 und e = L.

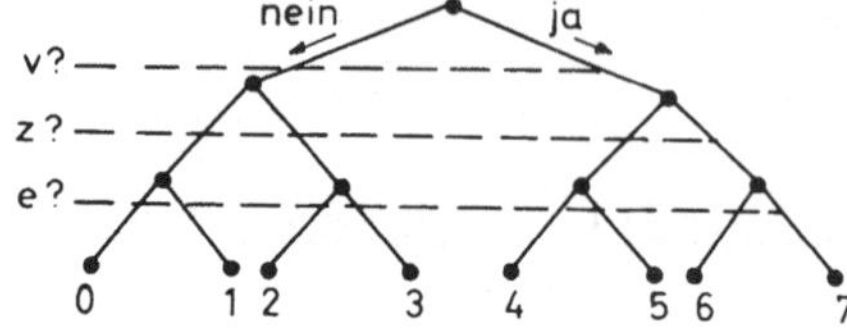

Bild 5-2a
Erkennungsbaum für Dualzahlen

v z e	z_0	z_1	z_2	z_3	z_4	z_5	z_6	z_7
0 0 0	*w*							
0 0 L		*w*						
0 L 0			*w*					
0 L L				*w*				
L 0 0					*w*			
L 0 L						*w*		
L L 0							*w*	
L L L								*w*

Bild 5-2b
Decodiertafel für die Dualzahlen 000 . . . LLL. Die Zeichen für falsch (*f*) sind weggelassen worden

Um Bild 5-2b als Wahrheitstafel lesen zu können, müssen bei den Eingangsvariablen statt 0 und L die Zeichen *f* und *w* eingesetzt werden.

Die Funktionsterme $\overline{v} \wedge \overline{z} \wedge \overline{e}$ . . . sind Minterme und können nicht weiter minimiert werden. Soll aber eine *Maschine* die Gesamtheit der Terme (Funktionenbündel) darstellen, so läßt sich eine Vereinfachung erzielen:

Gleiche Teilterme werden herausgeschält und brauchen in der Maschine nur einmal realisiert werden. So entsteht das *Schaltnetz* von Bild 4-29b (Seite 89).

Überträgt man diese Schaltung in die *elektronische Technik*, so entsteht Bild 4–30. Es gelten jedoch neue Überlegungen, soll der Decodierer sehr schnell sein. Für moderne elektronische Bauelemente rechnet man pro Schaltvorgang etwa 10 ns ($10 \cdot 10^{-9}$ Sekunden). Diese addieren sich bei *Hintereinanderschaltung* von Logikgliedern. Eine schnellere Schaltung wird vorgezogen, auch wenn sie aufwendiger ist. So verwendet man als Decodierer für jeden Term ein UND-Glied, wie Bild 5-3 zeigt.

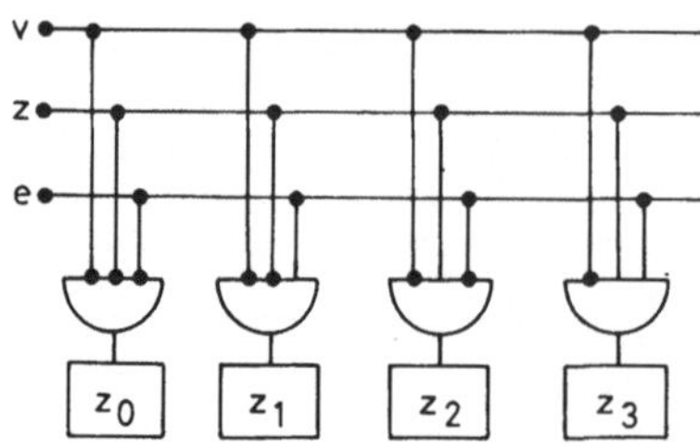

Bild 5-3
Decodierer Dual → Dezimal in elektronischer Technik

5.1.3. Umsetzer Dual → Sedezimal

Das Sedezimalsystem (Sechzehnersystem), welches die Ziffern 0, 1, . . . , 9, A, B, . . . , F verwendet, ist in Bild 5-1 den Dualzahlen gegenübergestellt. Die Decodiertafel von Bild 5-2b können wir leicht auf die Sedezimalzahlen erweitern. Wir wollen nun einen Decodierer für die einstelligen Sedezimalzahlen 0 . . . F konstruieren, also für alle vierstelligen Dualzahlen. Dabei können wir das System der Maschine von Bild 5-3 erweitern, d.h wir verwenden 16 UND-Glieder mit je vier Eingängen. Das UND-Glied für z.B. die Sedezimalzahl C realisiert den Term $z_c = a \wedge v \wedge \overline{z} \wedge \overline{e}$ (a: Achterziffer). Ein zweistufiger Decodierer kann aus Bild 5-3 abgeleitet werden. Je nachdem, ob der Achter den Wert L hat oder nicht, führen die Ausgänge zu den Zahlen über oder unter 8, wie Bild 5-4 zeigt:

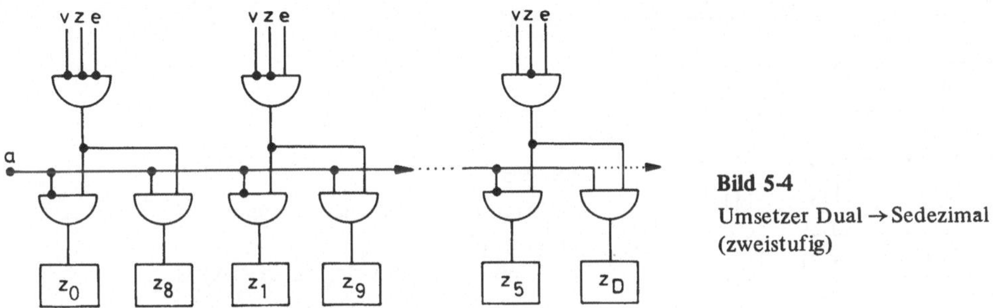

Bild 5-4
Umsetzer Dual → Sedezimal (zweistufig)

5.1.4. Codierer Dezimal → Dual (Codieren, Verschlüsseln)

Logische Formulierung

Wir wollen uns auf die Zahlen 0 . . . 7 beschränken. Die Eingangsvariablen sind die Dezimalziffern, bzw. Aussageformen folgender Art:

Z_0: „Die Dezimalzahl n ist 0"
Z_i: „Die Dezimalzahl n ist i".

Die drei Ausgangsvariablen sind die Aussageformen:

E: „Die Einerziffer der Dualzahl, die der Dezimalzahl n entspricht, ist Eins"
Z: „Die Zweierziffer der Dualzahl, die der Dezimalzahl n entspricht, ist Eins"
V: „Die Viererziffer der Dualzahl, die der Dezimalzahl n entspricht, ist Eins".

Es sind z.B. folgende Aussageformen äquivalent:

E ⟺ „Die Dezimalzahl n ist 1 *oder* 3 *oder* 5 *oder* 7".

Die Wahrheitsterme für den Codierer sind:

(1) $e = z_1 \vee z_3 \vee z_5 \vee z_7$
(2) $z = z_2 \vee z_3 \vee z_6 \vee z_7$
(3) $v = z_4 \vee z_5 \vee z_6 \vee z_7$.

Wenn wir die Decodiertafel von Bild 5-2b als *Codiertafel* betrachten wollen, so müssen wir sie von *rechts nach links* lesen. Zu den 8-Tupeln $(z_0, z_1, \ldots, z_7)$ gehören die drei Funktionsterme v, z und e. In der Wertetafel kommen von den 2^8 möglichen 8-Tupeln nur acht vor, nämlich diejenigen mit genau einem *w*.

Die *Codiermaschine* benötigt gemäß den Termen (1), (2), (3) drei ODER-Glieder mit je vier Eingängen. Zur Darstellung der acht Eingangsvariablen brauchen wir acht Speicher, die in Bild 5-5a nur durch die Variablen $z_0 \ldots z_7$ angedeutet sind. Die Maschine kann auch als Schaltnetz gebaut werden. Die acht Ziffern werden durch acht Relais simuliert. Drei Parallelschaltungen sind für v, z und e vorzusehen.

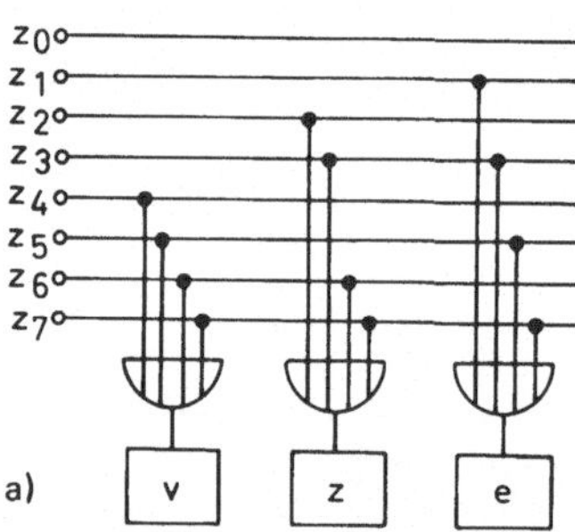

Bild 5-5
Codierer in elektronischer Technik
a) Logikplan
b) Realisierung mit Lehrgerät SIMULOG

b)

5.1.5. Zusammenfassung: Codierung-Decodierung

In der Fachsprache nennt man das Verschlüsseln *Codieren* und das Entschlüsseln *Decodieren.* Wenn man in der Umgangssprache das Wort „*Verschlüsseln*" anwendet, so meint man dabei, daß das Zeichen, welches verschlüsselt wird, das bekanntere ist. Der Techniker versteht jedoch unter Codieren die Umwandlung eines Zeichens aus einem Alphabet mit *vielen* Zeichen in ein Zeichen eines Alphabetes mit *weniger* Zeichen. Die Umsetzung von den Dezimalzahlen (Alphabet mit 10 Zeichen) in die Dualzahlen (Alphabet mit 2 Zeichen) ist also eine *Codierung.* Da das Dualsystem uns weniger geläufig ist, würden wir diesen Vorgang auch als eine „Verschlüsselung" bezeichnen. Eine Codierung liegt ebenfalls vor, wenn wir von dem Alphabet mit 25 Buchstaben übergehen zu einer binären Darstellung (z.B. Fernschreibcode). Eine binäre Zeichenverschlüsselung findet auch beim Lochen einer Lochkarte statt. Die binären Zeichen sind: Loch – kein Loch.

Da die Binärzeichen (0 und 1) mit großer Zuverlässigkeit und Geschwindigkeit in Computern gespeichert, transportiert und verarbeitet werden können, scheut man nicht den Aufwand, geläufige Zeichen (Buchstaben, Zahlen) in einen Binärcode zu codieren und für die Zeichenausgabe wieder zu decodieren.

Bei jeder Art von Booleschen Maschinen braucht man Codierer und Decodierer. Beispiele sind: die Feldbelegung bei den spielenden Maschinen (Kapitel 10) und der „Genetische Code“ (Kapitel 11).

Ein charakteristisches Element für die *Decodierung* ist das *UND-Glied* (bzw. die Serienschaltung). Die *Codierung* erfolgt mit *ODER-Gliedern* (bzw. Parallelschaltungen). Die bisher besprochenen *statischen* Maschinen (Zuordner) stellen das zugeordnete Zeichen sofort zur Verfügung (wenn man von der sehr kurzen Schaltzeit in den elektronischen Bauelementen absieht).

Schon für mehr als vierstellige Binärzeichen werden (statische) Zuordner unökonomisch, Dann verwendet man *sequentielle* Maschinen.

5.2. Zeichen erkennen und Zeichen schreiben

Allgemeines

Unter *„automatischer Zeichenerkennung“* versteht man das Umwandeln optischer oder akustischer Zeichen (Schriftzeichen, Sprache) in Maschinensignale, welche dann der (elektronischen) Datenverarbeitung zugänglich sind. Weil es sich hierbei um Zeichenzuordnungen handelt, sind es *Codier-* bzw. *Decodier*-Vorgänge. Sie sind von großer Bedeutung für die Technik der Rechenautomaten. Bisher wird viel eintönige und zeitraubende menschliche Arbeit aufgewandt, um geschriebene Daten für die Maschine aufzuarbeiten (Umwandeln in Lochkarten). Daher ist die automatische Zeichenerkennung ein wichtiges Forschungsobjekt.

Zeichen erkennen (Decodieren)

Wir wählen einige einfache stilisierte Zeichen, denen ein bestimmter Vorrat von Zeichenelementen zugrunde liegt. Als Dezimalziffern 0 . . . 9 wollen wir die Zeichen von Bild 5-6a verwenden. Die Elemente sind die sieben Balken a, b, . . . g von Bild 5-6b. Zum Umsetzen der Balken in ein elektrisches Signal kann man sich vorstellen, daß die Balken eines Zeichens leuchtend sind und sieben Photozellen über diesen Balken das Licht in ein Stromsignal umwandeln.

Bild 5-6a. Zeichen für Dezimalziffern (Sieben-Segment-Code)

Bild 5-6b. Lichtbalken der Zeichen

Wir können nun eine Wertetafel (Bild 5-7) aufstellen in Anlehnung an Bild 5-2b. Die Eingangsvariablen sind hier 7-Tupel (a, b, c, d, e, f, g). Von den $2^7 = 128$ Möglichkeiten nützen wir nur zehn aus. Diesen zehn 7-Tupeln sind die Dezimalziffern 0 . . . 9 zugeordnet. Die Eins-Zeichen bei den Eingangsvariablen bedeuten: Lichtbalken x vorhanden.

	(a,	b,	c,	d,	e,	f,	g)	z_0	z_1	z_2	z_3	z_4	z_5	z_6	z_7	z_8	z_9
0	1	–	1	1	1	1	1	w									
1	–	–	–	–	1	–	1		w								
2	1	1	1	–	1	1	–			w							
3	1	1	1	–	1	–	1				w						
4	–	1	–	1	1	–	1					w					
5	1	1	1	1	–	–	1						w				
6	–	1	1	1	–	1	1							w			
7	1	–	–	–	1	–	1								w		
8	1	1	1	1	1	1	1									w	
9	1	1	–	1	1	–	1										w

Bild 5-7. Decodiertafel für die Zeichen von Bild 5-6. (Die *f*-Zeichen sind weggelassen worden)

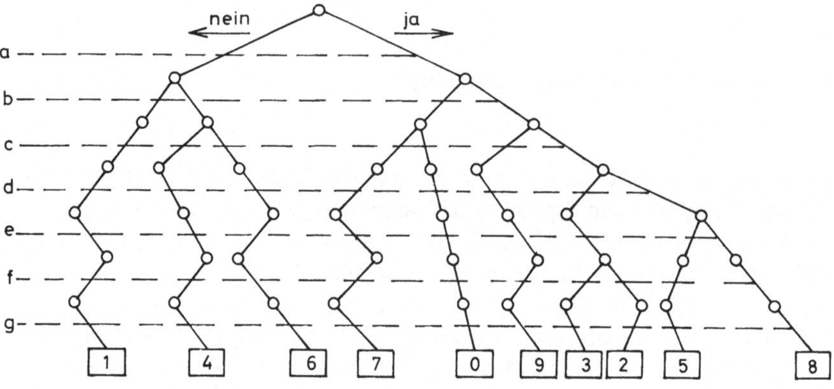

Bild 5-8a. Erkennungsbaum zu: Zeichen lesen

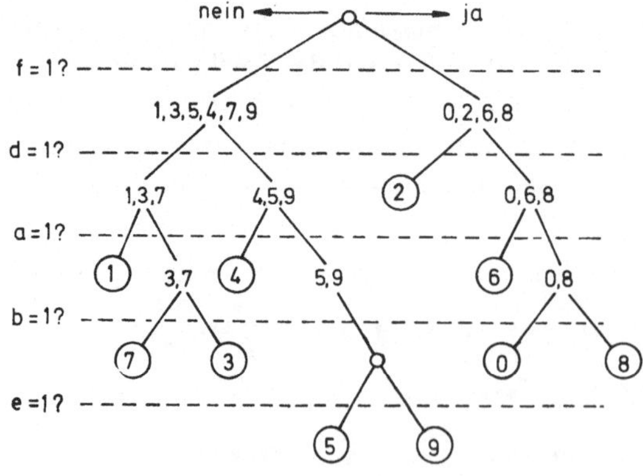

Bild 5-8b

Zeichen lesen: Erkennung 0 . . . 9

An dem Bild 5-8a, einem „Erkennungsbaum", sieht man sofort, daß der entsprechende Zuordner in Schaltertechnik recht aufwendig wird. Das g-Relais braucht z.B. zehn Kontakte. Bild 5-8a ist so zu lesen: Wege nach links unten von Knoten zu Knoten laufen über einen Ruhekontakt, die Wege nach rechts über einen Arbeitskontakt. Liegt eine Verzweigung über einem Arbeits- und Ruhekontakt, so können diese zu einem Umschaltkontakt zusammengefaßt werden.

Wenn aber nur die Zeichen 0 . . . 9 vorkommen können, und nur diese unterschieden werden sollen, so kann die Erkennung nach dem Schema von Bild 8b erfolgen[1]).

Für eine Maschine nach Bild 5-8b sind nur 5 Relais mit einem bis zu drei Umschaltern nötig, wie es Bild 5-8c mit SIMULOG-Relaisgliedern zeigt.

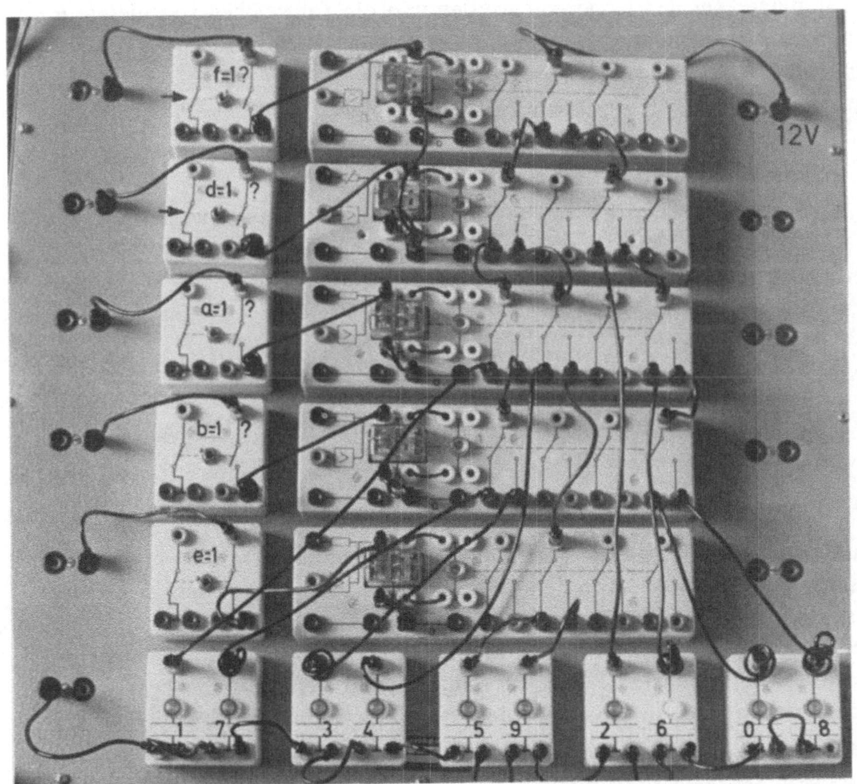

Bild 5-8c. Maschine mit Relais zu 5-8b

---

[1]) Diese Schaltung verdanke ich Herrn J. Küster, Kiel

Für die Maschine in *elektronischer Technik* gehen wir von den Termen (es sind Minterme) aus, die aus der Decodiertafel, Bild 5-7, abgelesen werden können (z_0 ist Wahrheitsvariable für die Aussageform: „Die Kombination (a, $\bar{b}$, . . . g) stellt die Dezimalzahl 0 dar" usf.):

$$z_0 = a \wedge \bar{b} \wedge c \wedge d \wedge e \wedge f \wedge g$$

$$z_1 = \bar{a} \wedge \bar{b} \wedge \bar{c} \wedge \bar{d} \wedge e \wedge \bar{f} \wedge g$$

$$z_2 = a \wedge b \wedge c \wedge \bar{d} \wedge e \wedge f \wedge \bar{g} \quad \text{usw.}$$

Wir können den Decodierer mit zehn UND-Gliedern zu je sieben Eingängen bauen. Da es sich um Minterme handelt, sind sie nicht zu vereinfachen. Man kann aber gleiche Teilterme in dem „Funktionenbündel" herausschälen und die zugehörigen Maschinen nur einmal vorsehen. So kommt bei z_2, z_3, z_5 und z_8 der Term $a \wedge b \wedge c$ gemeinsam vor. Der Term $e \wedge g$ ist in sieben Termen enthalten.

Außerdem können Vereinfachungen erfolgen, wenn durch die sieben Balken von Bild 5-6b nicht noch andere Zeichen dargestellt werden und die Zahlzeichen von diesen unterschieden werden müssen. Kommen also nur die Kombinationen von Bild 5-6a vor, so können wir einfachere Terme ansetzen.

Diese können z.B. aus Bild 5-8b abgelesen werden:

$$z_0 = f \wedge d \wedge a \wedge \bar{b}$$

$$z_1 = \bar{f} \wedge \bar{d} \wedge \bar{a} \quad \text{usw.}$$

Es können aber auch noch einfachere Terme aufgestellt werden, z.B.:

$$z_0 = \bar{b} \wedge c \qquad z_5 = a \wedge \bar{e}$$

$$z_1 = \bar{a} \wedge \bar{b} \qquad z_6 = \bar{a} \wedge b \wedge c$$

$$z_2 = \bar{g} \qquad z_7 = a \wedge \bar{b} \wedge \bar{c}$$

$$z_3 = b \wedge \bar{d} \wedge \bar{f} \qquad z_8 = a \wedge b \wedge d \wedge f$$

$$z_4 = \bar{a} \wedge b \wedge \bar{c} \qquad z_9 = a \wedge b \wedge \bar{c}$$

Die Terme wurden auf folgendem Wege gefunden: Man geht von der Decodiertafel (Bild 5-7) aus und sucht Kombinationen von den Zeichen 1 und 0 (das 0-Zeichen ist hier nur als Strich – gezeichnet), die für ein z_i typisch sind. So kommt die Kombination c = 1 und b = 0 nur bei z_0 vor und genügt daher zur Charakterisierung. Der vollständige Decodierer kann also mit neun UND-Gliedern mit vier (und weniger) Eingängen, wie sie in 4.3.9. beschrieben sind, aufgebaut werden. Natürlich können auch ODER-Glieder nach de Morgan und Kombiglieder als UND-Glieder mit zwei Eingängen geschaltet werden. Für z_2 ist kein Logikglied erforderlich, der Wert von z_2 kann direkt von $\bar{Q}$ des Speichers für g abgegriffen werden.

Die sieben Speicher von Bild 5-9 sind in der Lage der sieben Balken angeordnet. Man muß sich vorstellen, daß sie durch Photozellen gesetzt werden, die – wie oben beschrieben – über dem leuchtenden Balken des zu erkennenden Zeichens sitzen.

Bild 5-9. Zeichen erkennen mit SIMULOG

Zeichen schreiben (Codierung)

Es soll eine Apparatur gebaut werden, welche diejenigen der sieben Lichtbalken zum Aufleuchten bringt, welche gemäß Bild 5-6a die stilisierten Zahlzeichen ergeben sollen. Lesen wir die Decodiertafel Bild 5-7 von rechts nach links, so entnehmen wir, bei welchen Ziffern 0 . . . 9 die einzelnen Lichtbalken leuchten müssen:

$$a = z_0 \vee z_2 \vee z_3 \vee z_5 \vee z_7 \vee z_8 \vee z_9$$

$$b = z_2 \vee z_3 \vee z_4 \vee z_5 \vee z_6 \vee z_8 \vee z_9$$

. . . .

$$f = z_0 \vee z_2 \vee z_6 \vee z_8 \, .$$

Entsprechend dem *Codier*-Vorgang erhalten wir *ODER*-Schaltungen. Wir können die Lichtbalken durch Speicher simulieren, welche durch die sieben ODER-Glieder gesetzt werden. Für die Darstellung der zehn Ziffern 0 . . . 9 (mit den Wahrheitsvariablen $z_0 \ldots z_9$) nehmen wir dann ebenfalls Speicher (oder auch zehn Buchsenpaare der Grundplatte des SIMULOG).

5.3. Maschine für die Addition von drei Dualziffern: Volladdierer

Allgemeines

Die Addierwerke von Rechenautomaten addieren in einem Schritt nur jeweils *zwei* Zahlen. Bei der Addition von Zahlenkolonnen werden zuerst die beiden ersten Zahlen addiert, zu der Zwischensumme die dritte Zahl usf. Wir können uns also auf die Addition von zwei (mehrstelligen) Zahlen beschränken. Weiter wollen wir zunächst nur die Addition von Dualzahlen betrachten. Wie das Zahlenbeispiel von Bild 5-10a zeigt, müssen in der Spalte 0 (2^0, Einer) nur *zwei* Ziffern addiert werden (vgl. auch Anhang III). Dies besorgt ein *Halbaddierer,* den wir schon in 4.7.3. behandelt haben. In den nächsten Spalten kommt der Übertrag u der vorhergehenden (rechten) Spalte als Ziffer c hinzu, so daß *drei* Dualziffern zu addieren sind. Hierfür wollen wir uns nun den *„Volladdierer“*

Spalte:		5	4	3	2	1	0
a		0	L	L	0	L	L
b	+	0	0	L	0	L	L
c		L	L	0	L	L	
		L	0	0	L	L	0

a) Beispiel für Addition zweier Dualzahlen

Zeile	(a, b, c)	u s
0	0 0 0	0 0
1	0 0 L	0 L
2	0 L 0	0 L
3	0 L L	L 0
4	L 0 0	0 L
5	L 0 L	L 0
6	L L 0	L 0
7	L L L	L L

b) Wertetafel mit Volladdierer

Bild 5-10
Addition im Dualsystem

konstruieren. Es können acht verschiedene Kombinationen der Ziffern 0 und L auftreten, die in Bild 5-10b in den *Zeilen* 0 . . . 7 aufgeführt sind. Im Zahlenbeispiel (Bild 5-10a) sind die *Spalten* 5, 4, 3, 2, 1 die Kombinationen von *Zeile* 1, 5, 6, 1, 7 von Bild 5-10b. Die Summe ergibt die z.T. zweistelligen Zahlen in der Spalte u s von Bild 5-10b. Für die Maschine, die wir konstruieren wollen, müssen wir eine Schaltung sowohl für die Ziffer der Stelle 2^0 der Summe (wir nennen sie hinfort „Summenziffer“) als auch für die Ziffer der Stelle 2^1 der Summe (hinfort „Übertragsziffer“) bauen. Deuten wir die Zeichen 0 und L als *f* und *w* einer Wahrheitstafel, so können wir folgende disjunktiven Normalformen ablesen:

(1) $s = (\overline{a} \wedge \overline{b} \wedge c) \vee (\overline{a} \wedge b \wedge \overline{c}) \vee (a \wedge \overline{b} \wedge \overline{c}) \vee (a \wedge b \wedge c)$

(2) $u = (\overline{a} \wedge b \wedge c) \vee (a \wedge \overline{b} \wedge c) \vee (a \wedge b \wedge \overline{c}) \vee (a \wedge b \wedge c)$

s und u sind Abkürzungen für die Funktionsterme f^3_{105} (a,b,c) und f^3_{23} (a,b,c). Die Terme von (1) und (2) können in einfachere umgeformt werden. Wir geben Vereinfachungen an, die wir später in Maschinen realisieren wollen:

(1a) $s = ((a \vee b \vee c) \wedge \overline{u})) \vee (a \wedge b \wedge c)$

(2a) $u = (a \wedge b) \vee (a \wedge c) \vee (b \wedge c)$

Man beachte, daß die Ausgangsvariable u als Eingangsvariable für s erscheint, also ein Teilterm von s ist. Der Ausdruck (2a) kann noch in eine Minimalform überführt werden, z.B. $(a \wedge (b \vee c)) \vee (b \wedge c)$. Der Weg der algebraischen Umformung von (2) in (2a) sei dem Leser empfohlen. Die Lösung ist in Kapitel 1.5.6. zu finden.

Eine andere Termumformung führt zu Ausdrücken, in denen der Teilterm $(a \wedge \bar{b}) \vee (\bar{a} \wedge b)$ mehrfach vorkommt:

(1b) $s = (\bar{c} \wedge ((a \wedge \bar{b}) \vee (\bar{a} \wedge b))) \vee (c \wedge \overline{(a \wedge \bar{b}) \vee (\bar{a} \wedge b)})$

(2b) $u = (a \wedge b) \vee (c \wedge ((a \wedge \bar{b}) \vee (\bar{a} \wedge b)))$

Volladdierer I (disjunktive Normalform)

Nur einer von den acht Mintermen des Ausdruckes (1) kommt in (2) vor, so daß wir nur *ein* UND-Glied gemeinsam für s und u verwenden können. Es ergibt sich der Volladdierer von Bild 5-11, für den wir sieben UND-Glieder und zwei ODER-Glieder brauchen.

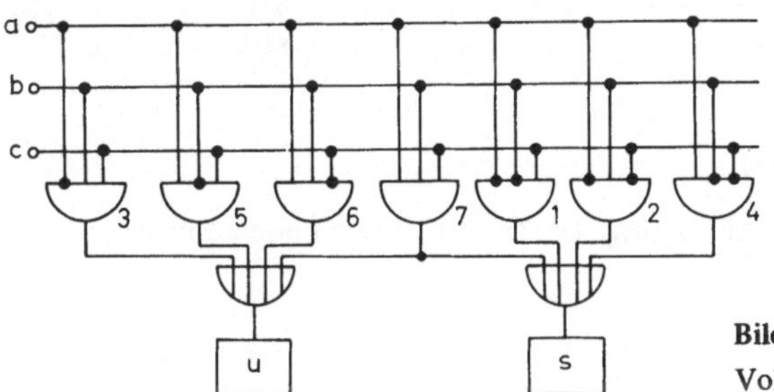

Bild 5-11
Volladdierer I nach der disjunktiven Normalform

Der *Volladdierer II* (Bild 5-12) hat den Vorteil, daß die Eingangsvariablen a, b, c nicht als Negate vorliegen müssen. Diese Schaltung wird in integrierten Bauelementen verwendet (z.B. Siemens FLH 221). Allerdings ist sie dort nach Bild 5-13 abgewandelt.

Der Volladdierer II nach Bild 5-12 bzw. 5-14 ist die Realisierung der Terme (1a) und (2a).

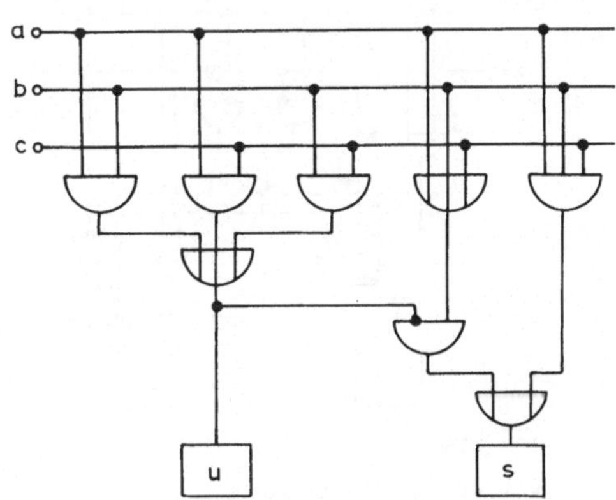

Bild 5-12
Volladdierer II nach (1a) und (2a)

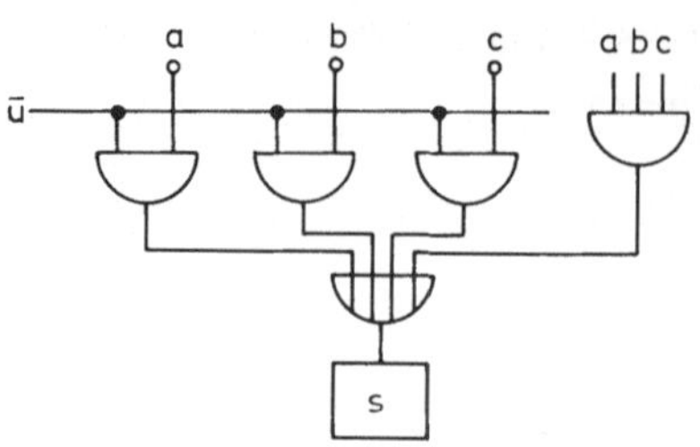

Bild 5-13
Abwandlung von Volladdierer II für die Summenziffer

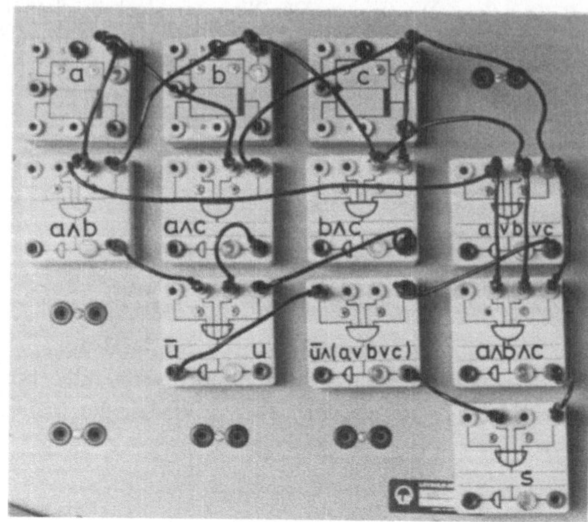

Bild 5-14
Volladdierer II mit SIMULOG

Volladdierer III (aus zwei Halbaddierern)

Die Terme (1b) und (2b) seien mit der Abkürzung $t = (\bar{a} \wedge b) \vee (a \wedge \bar{b})$ noch einmal aufgeschrieben:

(1b′) $s = (\bar{c} \wedge t) \vee (c \wedge \bar{t})$

(2b′) $u = (a \wedge b) \vee (c \wedge t)$

Man kann zu diesen Formen kommen, wenn man sich überlegt, daß man zunächst die Addition von zwei Dualziffern a und b durch einen Halbaddierer HA 1 (bestehend aus einem UND-Glied für den Übertrag u_1 und einem Kombiglied für die Summe s_1, vgl.

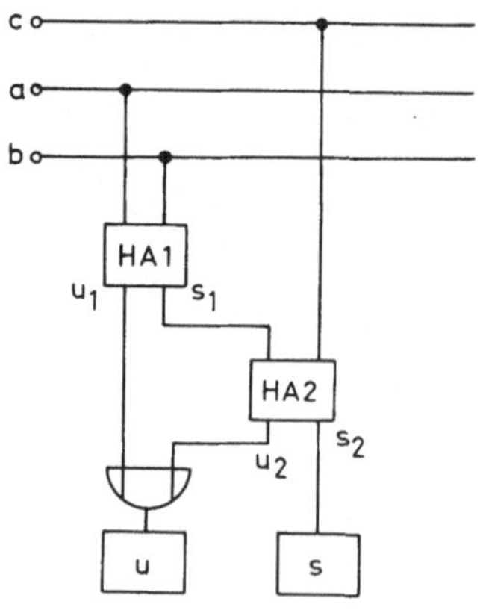

Bild 5-15
Volladdierer III aus zwei Halbaddierern

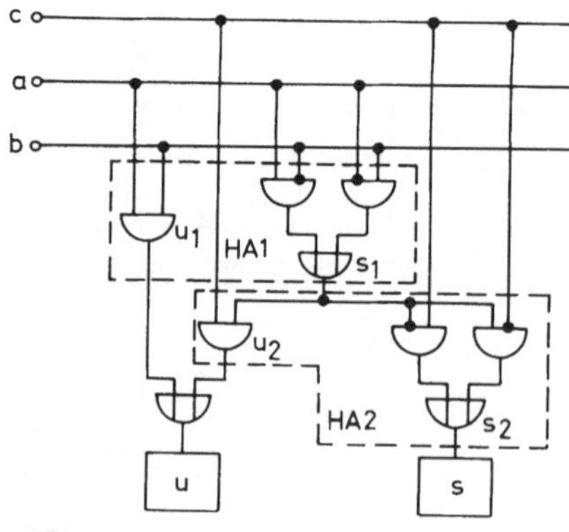

Bild 5-16
Volladdierer III, Logikplan

4.7.3.) vornimmt. s_1 wird mit der dritten zu addierenden Zahl (c) wieder in einen Halbaddierer (HA 2) geführt. Ein Übertrag u entsteht, wenn u_1 *oder* u_2 den Wert 1 haben. Die Summe s_2 gibt die gesuchte Summe s des Volladdierers (vgl. Bild 5-15).

Den *Logikplan* für diesen Volladdierer zeigt Bild 5-16. Er läßt sich mit drei Kombigliedern des SIMULOG realisieren. Für die Rechenwerke des Kapitels 7 und 8 ist dieser Volladdierer sehr zweckmäßig, da er nur drei Logikglieder beansprucht. Die Elemente von Bild 5-16, die zu HA 1 bzw. HA 2 gehören, sind umrandet.

5.4. Maschinen für die Subtraktion von Dualziffern: Vollsubtrahierer

Allgemeines

Man kann die Subtraktion auf eine Addition zurückführen (Addition des B- oder (B-1)-Komplements des Subtrahenden, vgl. Anhang III) und damit den Volladdierer auch für die Subtraktion verwenden. Nach diesem Verfahren wird technisch im Rechenautomaten die Subtraktion vollzogen (vgl. 7.5.). Wir wollen uns im folgenden jedoch überlegen, wie man einen „Vollsubtrahierer" (als Zuordner) konstruieren kann. In diesem Fall gehen wir von der Methode des „Entlehnens" aus, welche an dem Zahlenbeispiel von Bild 5-17a kurz demonstriert werden soll. Wenn die Minuendenziffer m kleiner als die Subtrahendenziffer s ist, so muß von der nächsthöheren Dualstelle entlehnt werden. Die Entlehnung e wird zur Borgeziffer b (Nähere Erläuterung im Anhang III).

m	L	0	0	L	L
s –		L	L	L	0
b	L	L	0	0	
e		L	L	0	0
d	0	0	L	0	L

a) Zahlenbeispiel für eine Subtraktion im Dualsystem

	m	s	b	e	d
0	0	0	0	0	0
1	0	0	L	L	L
2	0	L	0	L	L
3	0	L	L	L	0
4	L	0	0	0	L
5	L	0	L	0	0
6	L	L	0	0	0
7	L	L	L	L	L

b) Vollsubtrahierer Wertetafel

Bild 5-17
Subtraktion im Dualsystem

Logische Formulierung des Vollsubtrahierers

Wir schreiben – wie bei der Wertetafel des Volladdierers Bild 5-10 – die möglichen Ziffernkombinationen m, s, b (vgl. die *Spalten* in obigem Zahlenbeispiel) als *Zeilen* in eine Wertetafel (Bild 5-17b). Die Ziffern 0 und L deuten wir wieder als Wahrheitswerte *f* und *w*, und wir können aus der Wertetafel die disjunktiven Normalformen der Terme e und d ablesen:

$$(1) \quad d = (\overline{m} \wedge \overline{s} \wedge b) \vee (\overline{m} \wedge s \wedge \overline{b}) \vee (m \wedge \overline{s} \wedge \overline{b}) \vee (m \wedge s \wedge b)$$

$$(2) \quad e = (\overline{m} \wedge \overline{s} \wedge b) \vee (\overline{m} \wedge s \wedge \overline{b}) \vee (\overline{m} \wedge s \wedge b) \vee (m \wedge s \wedge b)$$

Die Entlehnung e_n (Funktionswert) der Dualstelle n erscheint in der Dualstelle n + 1 als Eingangsvariable b (ähnlich wie der Übertrag des Volladdierers).

Vollsubtrahierer

Da drei Minterme (m_1, m_2, m_7) für beide Funktionen gleich sind, ergibt sich ein recht einfacher Zuordner (Bild 5-18a) nach den disjunktiven Normalformen (1) und (2). Bild 5-18b zeigt eine auf die Verwendung von Kombigliedern minimierte Form. Wenn diese mit dem Volladdierer von Bild 5-16 kombiniert wird, so kann man einen sehr einfachen Volladdierer/Vollsubtahierer bauen. Hierauf soll an dieser Stelle jedoch nicht weiter eingegangen werden, da wir später bei den Rechenwerken für Addition und Subtraktion die Subtraktion nach anderen Verfahren durchführen werden.

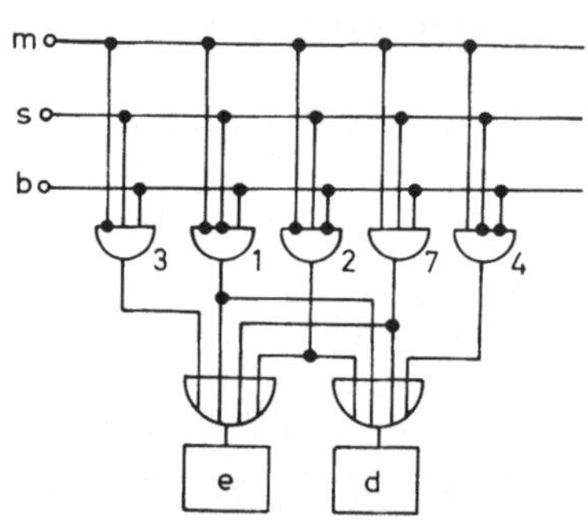

Bild 5-18a. Vollsubtrahierer nach (1) und (2)

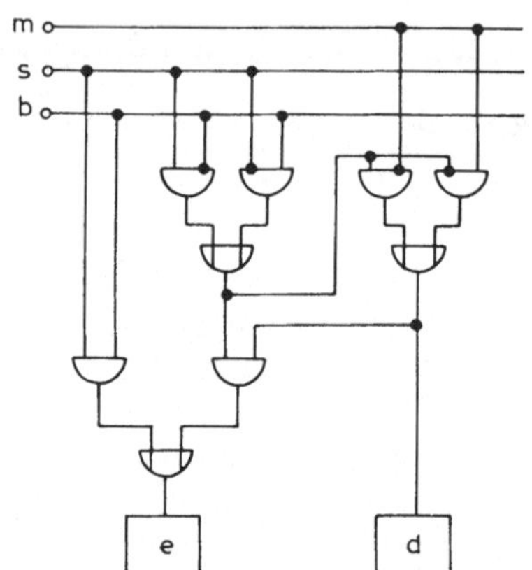

Bild 5-18b
Vollsubtrahierer mit Kombigliedern

5.5. Quersumme modulo 2 einer Dualzahl (Paritätsprüfung)

Allgemeines

Der Restklassenkörper mod 2 enthält zwei Klassen: Die Klasse 0*, welche alle (ganzen) Zahlen enthält, die bei der Division durch 2 den Rest 0 ergeben, und die Klasse 1*, welche alle Zahlen enthält, die bei der Division durch 2 den Rest 1 ergeben. Zur Klasse 0* gehören also: 0, 2, 4, 6 . . . , zur Klasse 1*: 1, 3, 5, 7 . . .

Suchen wir zu einer Zahl n die zugehörige Zahl n (mod 2), so bedeutet das die Bestimmung der Restklasse, zu der n gehört. Wir lassen dabei aber zur Vereinfachung die Sterne weg.

Bild 5-19 gibt die n (mod 2) und n (mod 3) für einige ganze Zahlen an.

n	n(mod 2)	n(mod 3)
0	0	0
1	1	1
2	0	2
3	1	0
4	0	1
5	1	2
6	0	0

Bild 5-19
n (mod 2) und n (mod 3)

In den Rechenautomaten werden die Binärzeichen der Daten (Zahlen, Buchstaben. . .) sehr oft transportiert und verarbeitet. Dabei kann irgendwo ein Fehler entstehen, zum Beispiel kann sich ein *0*-Signal in ein *1*-Signal umwandeln und umgekehrt. Es ist relativ einfach, einen solchen Fehler zu erkennen, wenn die Zeichen bestimmte Bedingungen erfüllen müssen. In Bild 5-20 ist zu den dreistelligen Dualziffern ein weiteres Bit PB (Paritäts-Bit) hinzugefügt worden. Dieses PB macht, wenn man es auch als Dualziffer auffaßt, die Quersumme des so entstandenen Zeichens *gerade*, so daß die Quersumme mod 2 Null ist.

PB	v	z	e
0	0	0	0
1	0	0	L
1	0	L	0
0	0	L	L
1	L	0	0
0	L	0	L
0	L	L	0
1	L	L	L

Bild 5-20
Dualzahlen mit Paritätsbit

Wir wollen nun eine Maschine konstruieren, welche die Quersumme einer Zahl mit drei Dualstellen ermittelt und dann entscheidet, ob das Paritätsbit 1 oder 0 werden muß. Die Aufgabe der Maschine ist also die Prüfung, ob die Quersumme *ungerade* oder *gerade* ist. Das bedeutet: Die Maschine soll durch ein *1*-Signal den Befehl: „Paritätsbit = 1“ bzw. durch ein *0*-Signal den Befehl: „Paritätsbit = 0“ liefern[1]).

Logische Formulierung

Wir stellen folgende Aussageformen auf (Grundmenge: $n \in \{000, \ldots LLL\}$):

E: „Die Einerziffer der Zahl n ist L“
Z: „Die Zweierziffer der Zahl n ist L“
V: „Die Viererziffer der Zahl n ist L“
P: „Die Quersumme der Dualziffern der Zahl n ist ungerade“.

Je nachdem, welche Zahlen man für n einsetzt, werden die Aussagen E_i, Z_i, V_i, P_i zu wahren oder falschen Aussagen.

Wir können folgenden Term ansetzen:

$$(1)\quad p = \underset{m_1}{(\bar{v} \wedge \bar{z} \wedge e)} \vee \underset{m_2}{(\bar{v} \wedge z \wedge \bar{e})} \vee \underset{m_4}{(v \wedge \bar{z} \wedge \bar{e})} \vee \underset{m_7}{(v \wedge z \wedge e)}.$$

---

[1]) Beachte: Die Maschine kennt nicht die Unterscheidung zwischen 1 und L: Es sind *1*-Signale (12 V), die wir einmal als Dualziffer, das andere Mal als Zeichen dafür, daß das Paritätsbit 1 (als Binärsignal!) gesetzt werden muß, deuten.

Die Minterme m_1, m_2, m_4, m_7 gehören der Reihenfolge nach zu den Zahlen 00L, 0L0, L00, LLL, deren Quersumme ungerade ist. Wir formen (1) um, daß die Teilterme $f_6^2(e, z)$ und $f_9^2(e, z)$ entstehen:

$$(1a) \quad p = (\overline{v} \wedge ((\overline{z} \wedge e) \vee (z \wedge \overline{e})) \vee (v \wedge ((\overline{z} \wedge \overline{e}) \vee (z \wedge e))$$

$$(1a') \quad p = (\overline{v} \wedge t) \vee (v \wedge \overline{t})$$

mit

$$t = (\overline{z} \wedge e) \vee (z \wedge \overline{e}).$$

Logikmaschine

Für den Term (1a) bauen wir die Maschine in elektronischer Technik. Dabei können wir zweckmäßig Kombiglieder (vgl. 4.3.9.) einsetzen:

Das Kombiglied I liefert sowohl t als auch $\overline{t}$ (am Negatausgang). Im Kombiglied II werden t mit $\overline{v}$ und $\overline{t}$ mit v verknüpft. Das ODER-Glied des Kombigliedes II liefert das Signal für p (Wahrheitswert der Aussagenform P), also ein 1-Signal, wenn die Quersumme der Zahl n ungerade ist.

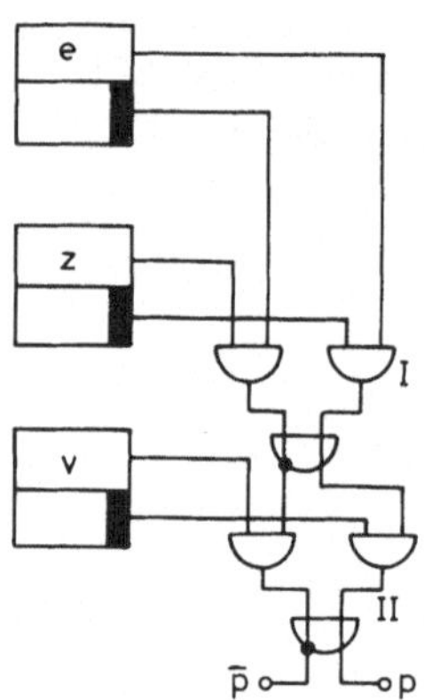

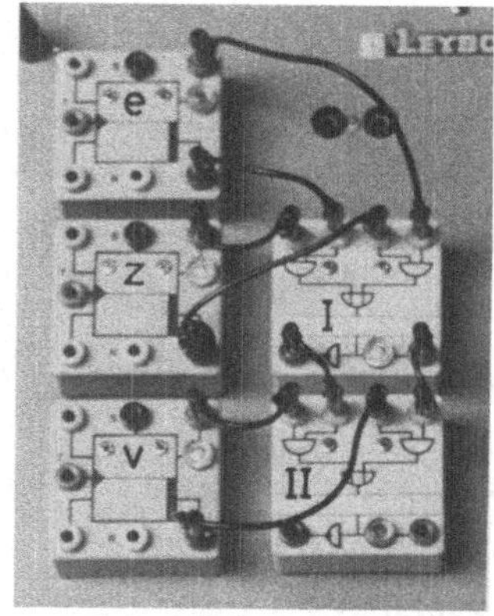

Bild 5-21
Maschine für Paritätsprüfung

Die *Erweiterung der Maschine* von Bild 5-21 auf n-stellige Dualzahlen mit $n > 3$ ist sehr einfach. Für jede neu hinzukommende Dualstelle benötigen wir ein weiteres Kombiglied: Das Ausgangssignal p von Bild 5-21 kann als Aussage gewertet werden, daß von der Dualstelle Einer bis zu den Vierern die Ungeradzahligkeit vorliegt (oder nicht). Die nächste Dualstelle ändert diese Aussage, falls sie L ist. Sie ändert die Aussage nicht, wenn sie 0 ist. Wir brauchen also bei dem Zuordner für die Paritätsbestimmung nur *linear* mit der Anzahl der Eingangsvariablen den Aufwand zu vergrößern – im Gegensatz zu den Decodierern oder Addierern.

Auf die Realisierung der Maschine mit *Schaltnetzen* (elektromechan. Relais) sei nur hingewiesen. Die Kombiglieder von Bild 5-21, welche die Funktionen f_6^2 und f_9^2 realisieren, sind durch entsprechende Schaltnetze nach Bild 4-2c (zwei Umschalter) zu ersetzen.

5.6. Quersumme von Dualzahlen (Quantity recognition)

Problemstellung

Eine Zeichenfolge, die in einem Rechenautomaten geschlossen verarbeitet wird, hat i.a. eine bestimmte Anzahl von Binärzeichen (bit), z.B. 8 oder 16 bit und wird ein „Byte" oder „Wort" genannt. Wir wollen uns jetzt die Aufgabe stellen, die Anzahl der 1-Zeichen in einem Wort durch einen *Zuordner* zu bestimmen. Dies ist gleichbedeutend mit der Aufgabe, die Quersumme einer Dualzahl zu ermitteln.

Wir wählen als einfache Aufgabe nur dreistellige Dualzahlen.

Logische Formulierung

Bei drei Dualstellen mit der Viererziffer v, der Zweierziffer z und der Einerziffer e kann die Quersumme nur die Werte 0, 1, 2 oder 3 annehmen. Die zu bestimmenden Ausgangsvariablen nennen wir entsprechend: z_0, z_1, z_2, z_3.

Es ergeben sich folgende Terme:

(0) $z_0 = \overline{v} \wedge \overline{z} \wedge \overline{e}$

(1) $z_1 = (\overline{v} \wedge \overline{z} \wedge e) \vee (\overline{v} \wedge z \wedge \overline{e}) \vee (v \wedge \overline{z} \wedge \overline{e})$

(2) $z_2 = (\overline{v} \wedge z \wedge e) \vee (v \wedge \overline{z} \wedge e) \vee (v \wedge z \wedge \overline{e})$

(3) $z_3 = v \wedge z \wedge e$.

v z e	v + z + e
0 0 0	0
0 0 L	1
0 L 0	1
0 L L	2
L 0 0	1
L 0 L	2
L L 0	2
L L L	3

Erläuterung: Die Minterme von z_1 gehören zu den Dualzahlen 00L, 0L0, L00.

Für den Bau der Maschine, die alle vier Terme (0) . . . (3) realisieren soll, versuchen wir, gleiche Teilterme herauszuholen. Dies ist mit f_6^2 (v, z) möglich:

(1a) $z_1 = (\overline{e} \wedge ((\overline{v} \wedge z) \vee (v \wedge \overline{z})) \vee (\overline{v} \wedge \overline{z} \wedge e)$

(2a) $z_2 = (e \wedge ((\overline{v} \wedge z) \vee (v \wedge \overline{z})) \vee (v \wedge z \wedge \overline{e})$.

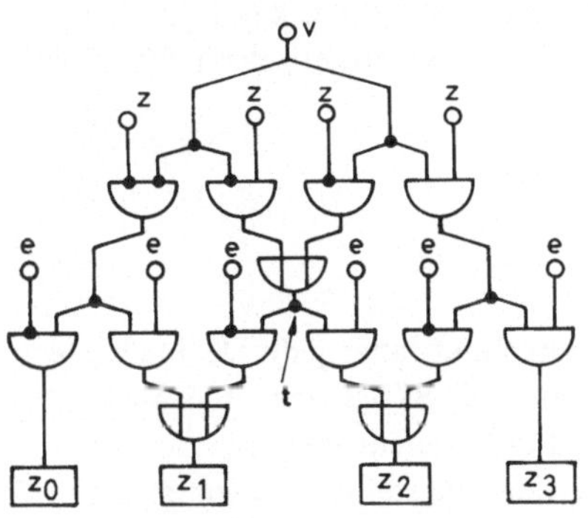

Bild 5-22
Zuordner: Quersumme der Dualzahlen 000 bis LLL

Den *Maschinenentwurf* (Logikplan) für den elektronischen Zuordner zeigt Bild 5-22. Dabei wird für z_0 das für z_1 erforderliche Konjunkt $\overline{v} \wedge \overline{z}$ mitverwendet und für z_3 das Konjunkt $v \wedge z$ von z_2.

Um die Maschine in einem Schaltnetz zu realisieren, können wir – in Analogie zu dem Erkennungsbaum von Bild 5-2a – ein *„logisches Netz"* entwerfen. Wir erweitern auf *vierstellige Dualzahlen* (Bild 5-23).

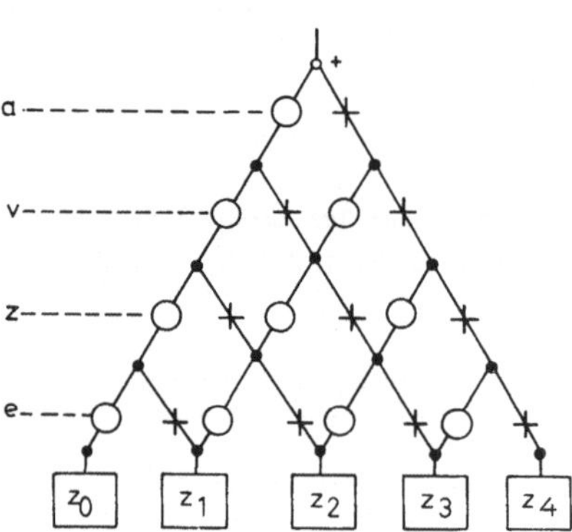

Bild 5-23. „Logisches Netz"

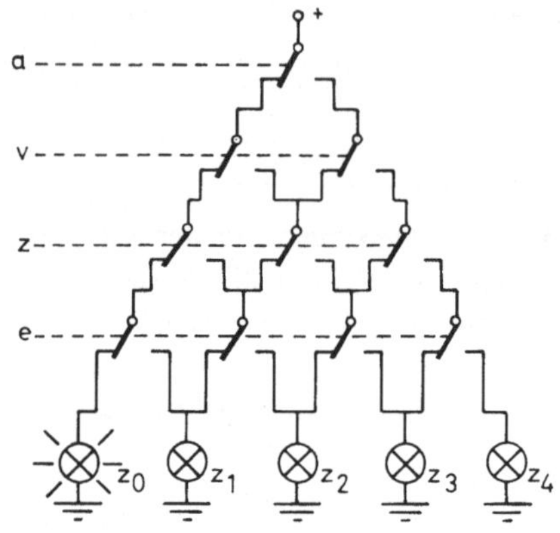

Bild 5-24. Schaltnetz zu Bild 5-23

Wie beim Erkennungsbaum fragen wir:

a: „Ist die Achterziffer a bei der Zahl n eine Eins? "

Bei der Antwort „nein" gehen wir über das Zeichen 0 den Weg nach *links* unten, bei „ja" über das Zeichen + nach rechts unten.

Es folgt die Frage:

v: „Ist die Viererziffer v bei der Zahl n eine Eins? " usf.

Die Zeichen 0 bzw. Kreuz entsprechen im Schaltnetz jeweils einem Ruhe- bzw. einem Arbeitskontakt. Da sie immer hinter einem Knoten des Baumes liegen, kann ein Paar von ihnen als Umschalter ausgeführt werden. So entsteht das Schaltnetz nach Bild 5-24.

5.7. Pseudodezimale erkennen

Problemstellung

Häufig wird in Rechenautomaten mit Dezimalzahlen gerechnet, aber jede Dezimal*ziffer* binär dargestellt. Verwendet man hierfür das Dualsystem (vgl. BCD-Code, Bild 5-1), so sind den Ziffern 0 . . . 9 die „Tetraden" 0000 . . . L00L zugeordnet. Bei der Addition zweier Dezimalziffern kann die Summe auch eine der zweistelligen Dezimalzahlen

10 bis 18 sein, also in Dualdarstellung LOLO . . . LOOLO. Diese „*Pseudodezimalen*“[1]) müssen „erkannt“ werden, um sie z.B. in eine Darstellung durch *zwei* Tetraden umzucodieren. Die eine Tetrade steht für die Zahnerziffer, die andere für die Einerziffer der Dezimalzahl.

Die Zahl LLLL z.B. ergibt: 000L 0L0L.

Wir wollen eine Maschine konstruieren, welche bei den Zahlen L0L0 bis LLLL erkennt, daß eine Zehnerziffer d enthalten ist. Sie soll ein Signal liefern, welches z.B. die Umsetzung der Zahl in zwei Tetraden veranlaßt.

a	v	z	e
L	0	L	0
L	0	L	L
L	L	0	0
L	L	0	L
L	L	L	0
L	L	L	L

Nebenstehende Tetraden sind den Zahlen 10 . . . 15 zugeordnet. Bezeichnen wir die Dualziffern einer vierstelligen Dualzahl mit a, v, z und e (Achterziffer, Viererziffer, . . .), so können wir für die Zehnerziffer d folgenden Ausdruck ansetzen (die $\wedge$-Zeichen sind fortgelassen):

(1) $d = a\bar{v}z\bar{e} \vee a\bar{v}ze \vee av\bar{z}\bar{e} \vee av\bar{z}e \vee avz\bar{e} \vee avze$.

Sollen jedoch die Pseudodezimalen nur von den Zahlen 0000 . . . L00L unterschieden werden, so genügt folgender Term:

(2) $d = (a \wedge z) \vee (a \wedge v)$

(2a) $d = a \wedge (z \vee v)$,

denn die Kombinationen Achter *und* Zweier bzw. Achter *und* Vierer kommen bei 0000 . . . L00L nicht vor. Der Term (2a) genügt zur „Erkennung“ der Pseudodezimalen L0L0 . . . LLLL. Als Maschine für die Pseudotetradenerkennung reicht also ein Kombiglied oder ein ODER- und ein UND-Glied aus.

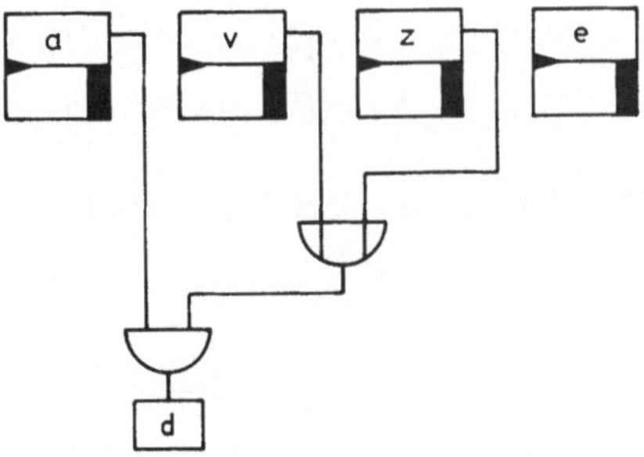

Bild 5-25
Maschine für die Erkennung der Pseudodezimalen

5.8. Umsetzer modulo m

In Kapitel 8 werden wir eine Maschine zur Herstellung einer Zahlenfolge konstruieren. Dabei müssen wir zu bestimmten Zahlen n die zugehörigen Zahlen modulo m bestimmen gemäß der Tabelle von Bild 5-19. Diese Umrechnung kann durch Zuordner bewerk-

[1]) Nach DIN 44300

stelligt werden. Wir greifen einen sehr einfachen Fall heraus und planen einen Umsetzer modulo 3 für die Zahlen n = 0 . . . 6. Dieser Umsetzer muß also der 3 die 0, der 4 die 1, . . . zuordnen.

Es gelten folgende *Aussageformen* (mit der Grundmenge $\{n | n \leqslant 6\}_{\mathbb{Z}^+}$:

Z_0: „n (mod 3) ist Null *genau dann, wenn* n = 0 *oder* n = 3 *oder* n = 6".

Wenn n als Dualzahl dargestellt wird, können wir schreiben:

Z_0: „n (mod 3) ist Null *genau dann, wenn* n = 000 *oder* n = 0LL *oder* n = LL0".

n = 000 ergibt eine neue Aussageform etwa derart:

„Die Viererziffer von n ist *nicht* L *und* die Zweierziffer von n ist *nicht* L . . . "

Z_1: „n (mod 3) ist Eins *genau dann, wenn* n = 1 *oder* n = 4"

Z_2: „n (mod 3) ist Zwei *genau dann, wenn* n = 2 *oder* n = 5".

Die entsprechenden *Wahrheitsterme* dieser Aussageformen sind:

(1) $z_0 = (\overline{v} \wedge \overline{z} \wedge \overline{e}) \vee (\overline{v} \wedge z \wedge e) \vee (v \wedge z \wedge \overline{e})$

(2) $z_1 = (\overline{v} \wedge \overline{z} \wedge e) \vee (v \wedge \overline{z} \wedge \overline{e})$

(3) $z_2 = (\overline{v} \wedge z \wedge \overline{e}) \vee (v \wedge \overline{z} \wedge e)$.

Bevor wir die zugehörige Maschine bauen, formen wir derart um, daß in den drei Termen z_0, z_1, z_2 möglichst gleiche Teilterme enthalten sind:

(1a) $z_0 = (z \wedge [(\overline{v} \wedge e) \vee (v \wedge \overline{e})]) \vee (\overline{v} \wedge \overline{z} \wedge \overline{e})$

(2a) $z_1 = \overline{z} \wedge [(\overline{v} \wedge e) \vee (v \wedge \overline{e})]$.

Wir erhalten eine *Maschine* nach Bild 5-26:

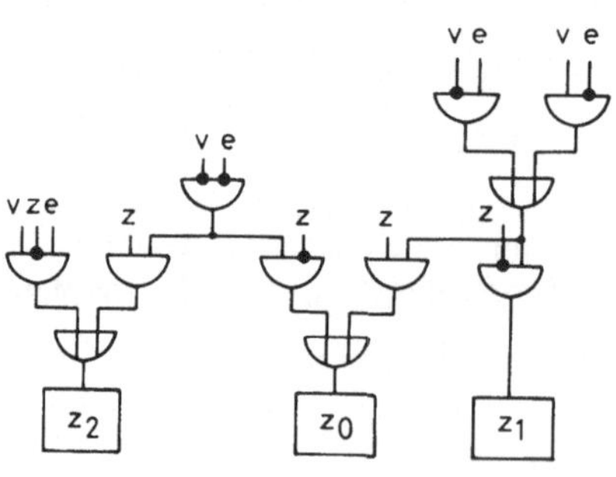

Bild 5-26. Umsetzer mod 3 für dreistellige Dualzahlen bis LL0.

Durch die Herausschälung des Teilterms $(\bar{v} \wedge e) \vee (v \wedge \bar{e})$ aus zwei Termen konnte die Maschine vereinfacht werden.

5.9. Schlußbemerkung

Wir haben in diesem Abschnitt verschiedene Problemstellungen, die bei der Konstruktion von Rechenautomaten auftreten, mit *statischen* Booleschen Maschinen gelöst. Diese Maschinen werden auch als *Zuordner* bezeichnet, weil sie beliebigen Belegungen der Eingangsvariablen die Funktionswerte zuordnen.

Derartige Zuordner werden rasch aufwendiger, wenn die Anzahl der Eingangsvariablen zunimmt. Man beachte, daß unser „Voll"-Addierer nur drei Dual*ziffern* verarbeiten konnte, ebenso der Vollsubtrahierer. Der Decodierer ging nur bis zu 16 Ausgangsvariablen; die Quersumme haben wir nur von *vier*stelligen Dualzahlen bestimmt. Lediglich bei der Bestimmung der Quersumme mod 2 nimmt der Aufwand pro Dualstelle linear zu.
Um nun ökonomische Addierer, Decodierer usw. konstruieren zu können, müssen wir *sequentielle* Verfahren einsetzen. Ein sequentielles Verfahren ist z.B. das schriftliche Addieren von zwei mehrstelligen Zahlen: Wir haben nur die Summen von 0 + 0 bis 9 + 9 im Gedächtnis gespeichert (Zuordner), bestimmen zuerst die Summe der Ziffern der Dezimalstelle 10^0 und wiederholen für jede höhere Dezimalstelle den gleichen Prozeß. Um Maschinen dieser Art behandeln zu können, müssen zunächst einige grundlegende technische Prinzipien sequentieller Maschinen besprochen werden. Dies soll nun in Kapitel 6 geschehen.

6. Die Bausteine der Booleschen Automaten (sequentielle Boolesche Maschinen)

6.1. Einführung: Abgrenzung Boolesche Maschine – Boolescher Automat

Die Definitionen der Begriffe „Boolesche Maschine“ und „Boolescher Automat“ sollen an einem Beispiel verdeutlicht werden:

Der Volladdierer im Rechenwerk eines Rechenautomaten ist eine (statische) Maschine (vgl. 5.4.). Die Eingangsvariablen sind die Variablen der beiden zu addierenden Dualziffern (a_n und b_n) und der Übertragsziffer c_n der vorhergehenden Dualstelle. Aus diesen muß der Volladdierer die Summenziffer s_n und die Übertragsziffer u_n der jeweiligen Dualstelle 2^n zu bilden. Die Funktionswerte s_n und u_n sind dem Tripel (a_n, b_n, c_n) zugeordnet. Man nennt daher die *Boolesche Maschine,* die diese Zuordnung bewirkt, auch einen *Zuordner.* Wegen der sehr geringen Umschaltzeiten der elektronischen Bauelemente (Größenordnung 10^{-8} Sekunden) erscheinen die Signale für die Funktionswerte praktisch im selben Augenblick, in dem die Eingangsvariablen eingegeben werden. So erklärt sich der Begriff *„statische“* Maschine.

Will man nun aber ein *Serienrechenwerk* konstruieren, so ist dies nur mit einer sequentiellen Maschine möglich [1]). Zur Veranschaulichung analysiere man das Vorgehen des menschlichen Rechners bei der Lösung einer Addition. Dazu sei ein Rechenbeispiel gegeben:

2^n n =	4	3	2	1	0
a_n	L	0	L	0	L
b_n			L	0	L
c_n	0	L	0	L	(0)
u_n		0	L	0	L
s_n	L	L	0	L	0

Bild 6-1. Rechenbeispiel

a) *Dualstelle 2^0:*

1. Verknüpfung a_0, b_0, c_0, ergibt $s_0 = 0$, $u_0 = L$
2. Aufschreiben der Summenziffer $s_0 = 0$
3. Übertragen der Übertragsziffer $u_0 = L$ in Dualstelle 2^1 als c_1
4. Übergang zur Dualstelle 2^1

b) *Dualstelle 2^1:*

1. – 4. Wie oben, Indizes um Eins erhöhen usf.

Wir verwenden dabei *Speicher* für Summe und Übertrag (Papier, Tinte). Nach Beendigung der Addition der Dualstelle 2^n gehen wir zur Dualstelle 2^{n+1} über. Für jede Dualstelle sind der Reihe nach die Operationen 1 bis 4 durchzuführen.

---

[1]) Man spricht auch von einer *„Sequentiellen Logik“* (vgl. z.B. [Ze]), in der die Zeit – eine sonst in der Logik unbekannte Größe – eine Rolle spielt.

Die Maschine, welche diese Abfolge der Operationen ausführen soll, nennen wir einen *Booleschen Automaten.* Er benötigt neben statischen Maschinen (im obigen Beispiel war es ein Volladdierer) folgende zusätzlichen Elemente:

1. *Speicher* zum Aufnehmen von Eingangsvariablen (Summanden), Zwischenwerten und Ergebnissen. Die Speicher müssen so eingerichtet sein, daß sie die Werte von anderen Speichern aufnehmen bzw. an andere weitergeben können: Man muß sie zu *Schieberegistern* verknüpfen können;
2. einen *Taktgeber,* welcher eine Folge von Signalen als „Arbeitstakte" (i.a. Rechteckspannungen ⎍) herstellt;
3. ein *Befehlswerk,* welches die richtige zeitliche Abfolge der „Befehle" bestimmt. Bestandteile eines Befehlswerks sind *Zähler* (z.B. Dualzähler), die eine bestimmte Folge verschiedener Signale herstellen, ferner Verknüpfungsglieder.

Diese *Elemente Boolescher Automaten* sollen in diesem Kapitel näher beschrieben werden.

Der wichtigste Baustein sequentieller Boolescher Maschinen ist der *Speicher* für die Einheit der Information (1 bit). Er muß zwei Zustände (0 oder 1) speichern, aber auch seinen Inhalt durch ein Signal (Setzen, Rücksetzen) ändern können. Die Technik der Datenverarbeitung verwendet viele Typen von Speichern. Den beiden zu speichernden Werten sind vor allem elektrische oder magnetische Größen zugeordnet. Im elektrischen Speicher („Flipflop") sind es zwei Potentiale (Spannungen), im magnetischen Speicher (z.B. Magnetkern-, Magnetband-, Magnettrommel-Speicher) sind es Magnetisierungsrichtungen. Hier sollen nur die im Selbstbau leicht zugänglichen elektrischen Speicher besprochen werden, und wir wollen folgende Zuordnung treffen[1]):

Der Spannung 0 V entspricht *0* (gelesen: Null),

der Spannung 12 V entspricht *1* (gelesen: Eins oder Strich).

Ferner sollen bei unseren Speichermodellen die Werte *0* bzw. *1* durch eine nichtleuchtende bzw. leuchtende Glühlampe angezeigt werden.

Es ist interessant, daß sich dieses *Speicherelement* (das „Flipflop") mit den bekannten Logikfunktionen beschreiben und bauen läßt! Auf dem Grundkonzept dieser Schaltung baut auf: die *Schieberegister*-Einheit, die *Dualzähler*-Einheit und die *astabile Kippschaltung* (der Taktgeber).

6.2. Speicherelement für ein Bit: Bistabile Kippschaltung, „RS-Flipflop"[2])

6.2.1. Allgemeines

In Kapitel 4.3.7. wurde bereits das *„Variablenglied"* eingeführt. Diese Bezeichnung wurde gewählt, weil es eine Boolesche Variable simuliert (vgl. a_n, b_n, c_n, . . . in 6.1.), für welche die Werte *0* und *1* „eingesetzt" werden können.

---

1) Auch „positive Logik" genannt.

2) Die Bezeichnung kommt aus dem Englischen: R = reset, S = set. Da die beiden Transistoren eines Flipflop die Funktion von zwei gekoppelten Kippschaltern erfüllen, nennt man das Flipflop auch *„Kippschaltung"* und, weil sie zwei stabile Zustände hat, *„bistabile* Kippschaltung".

Dieses Variablenglied ist nun nichts anderes als ein Speicher für die Werte *0* und *1*. Wir lernten in 4.3.7., daß das Speicherelement (Flipflop) eine Schalterkombination ist und prinzipiell mit mechanischen Schaltern aufgebaut werden kann. Allerdings ist ein solches Flipflop für den Aufbau Boolescher Automaten nicht brauchbar, da man die Werte *0* bzw. *1* nur von Hand eingeben kann.

Für einen Automaten benötigen wir Speicher, in welche die Werte *0* bzw. *1* durch ein elektrisches Signal „eingelesen" werden können. Dies ist bereits mit elektromechanischen Schaltern (Relais) möglich. Der interessierte Leser findet in Anhang II.6. eine Beschreibung der Wirkungsweise eines solchen Flipflop. Für die heutige Technik der Computer spielt das Relais als Speicher keine Rolle mehr.

6.2.2. RS-Flipflop (bistabile Kippschaltung) mit elektronischen Schaltern (Transistoren)

Die schon in Kapitel 4.3.7. erwähnte Kippschaltung aus zwei NOR-Einheiten soll näher erläutert werden.

a) *Speicherinhalt Q = 0 (Bild 6-2a)*

Am Eingang (an der Basis B) des Transistors T1 (genauer: an R1) liegt die Spannung 12 V (im folgenden auch: „*1*-Signal"). T1 hat daher einen sehr geringen Widerstand. Man sagt: „T1 ist *durchgeschaltet*". (Der ausgefüllte Kreis des Transistorsymbols soll diesen Zustand andeuten). Die Spannung am Kollektor C von T1 ist dabei (fast) 0 V („*0*-Signal"), weil die 12 V der Spannungsquelle fast ganz über R5 abfallen.

Damit ist die Spannung am Eingang (d.h. der Basis) von T2 (genauer: an R2) 0 V. T2 hat dadurch einen sehr großen Widerstand, und die Spannung am Kollektor von T2 ist etwa 12 V (*1*-Signal). Diese Spannung liegt (über R1) an T1. Der Zustand ist stabil. Wir legen die Spannung am Kollektor von T1 als den „Speicherinhalt" Q fest. Im Zustand von Bild 6-2a ist also der Speicherinhalt Q = *0*. Die Glühlampe G, die den Wert von Q anzeigt, liegt im Stromkreis von T2. Von dem Kollektor von T2 entnehmen wir das Komplement von Q, also $\overline{Q}$. Strom und Spannung am Kollektor eines Transistors sind jeweils „komplementär".

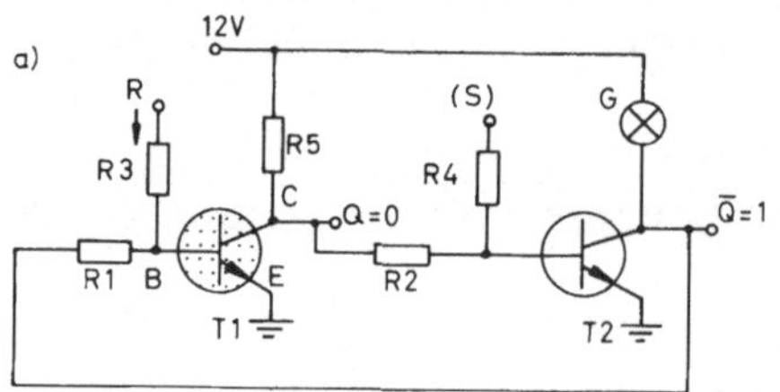

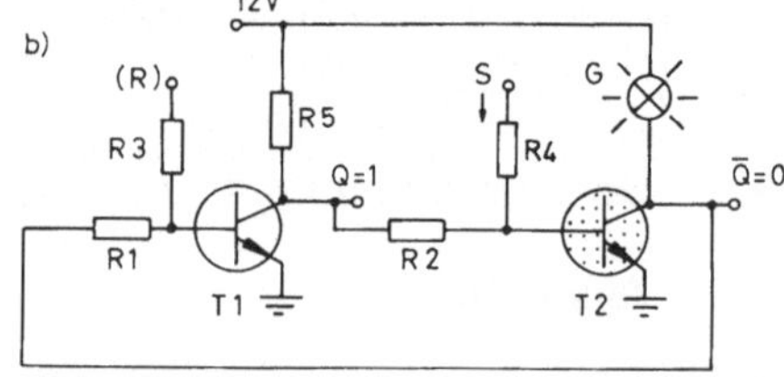

Bild 6-2. Flipflop mit Transistoren (Prinzipschaltung)
a) Speicherinhalt NULL; b) Speicherinhalt EINS

b) *Speicher „setzen": 1 einlesen (Bild 6-2b)*

Wird an R4 ein „Schreibsignal" S (12 V) gelegt, so wird die Basis von T2 positiv und T2 schaltet durch, d.h. der Widerstand von T2 wird sehr klein. Am Kollektor von T2 liegen dann etwa 0 V, die an den Eingang von T1 geführt werden. Dadurch wird der Widerstand von T1 sehr groß (T1 wird „gesperrt"), und die Spannung an seinem Kollektor wird 12 V und damit auch die Spannung an R2. Es ist wieder ein stabiler Zustand eingetreten, nachdem die beiden Tranistoren „umgekippt"[1]) sind („Kippschaltung"), und das Setzsignal an R4 ist nicht mehr nötig. Der Speicherinhalt ist Q = *1*, angezeigt durch die leuchtende Glühlampe G und die Spannung 12 V am Ausgang Q.

c) *Speicher „löschen" oder „rücksetzen": 0 einlesen (Bild 6-2a)*

Soll der Speicherinhalt gelöscht werden, so muß an den R-Eingang (Widerstand R3 vor T1) ein *1*-Signal gegeben werden. Das Flipflop kippt dann in die stabile Stellung nach Bild 6-2a um.

d) *Ausführliche Schaltung des elektronischen Flipflop*

Die Schaltungen nach Bild 6-4 sind zwar prinzipiell funktionstüchtig, jedoch führen folgende Zusätze zu einer verbesserten Schaltung:

1. Von der Basis eines jeden Transistors legt man einen Widerstand gegen Masse.
2. Zwischen den Emittern und Masse ist ein Emitterwiderstand zweckmäßig.
3. Parallel zu R1 und R2 legt man Kondensatoren und erreicht damit höhere Schaltgeschwindigkeiten.
4. Vor die Glühlampe schaltet man einen Widerstand, um den Transistor vor den hohen Einschaltströmen der Lampe zu schützen.

6.2.3. Flipflop aus Verknüpfungsgliedern

Man kann ein Flipflop als eine Kombination der bekannten Maschinen für die Konjunktion, Disjunktion und Negation (UND-, ODER-, NICHT-Glieder) auffassen (vgl. Abschnitt 4.3.).

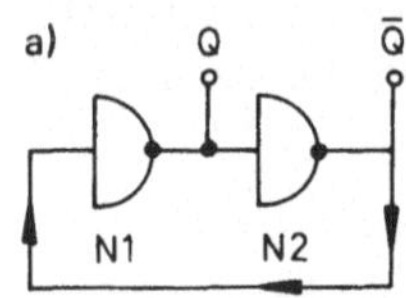

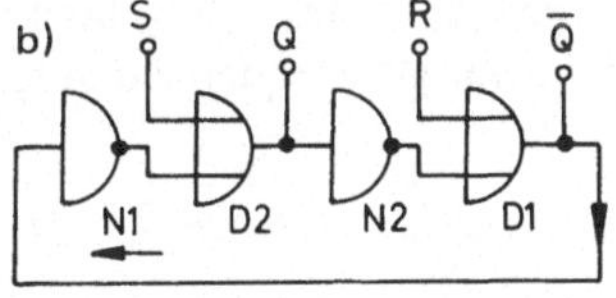

Bild 6-3. Logikdarstellung des Flipflop

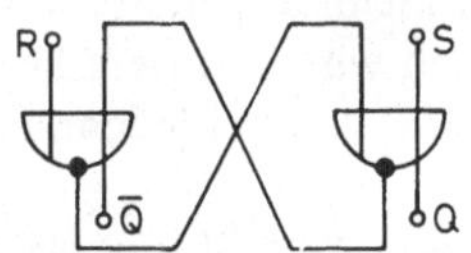

Bild 6-4. Flipflop aus zwei ODER/NOR-Gliedern

Die Grundschaltung des Flipflop besteht aus zwei hintereinandergeschalteten NICHT-Gliedern N1 und N2 und der Ausgang von N2 ist auf N1 zurückgekoppelt (Bild 6-3a). Liegt am Eingang von N2 der Wert Q = *1*, so wird er durch N2 in sein Komplement $\bar{Q}$ = *0* überführt. Am Eingang von N1 liegt daher ein *0*-Signal, welches hinter N1 zu einem *1*-Signal wird. Dies ist also ein stabiler Zustand.

[1]) Man möge sich die Bezeichnungen *„durchgeschaltet"*, *„gesperrt"*, *„umkippen"* merken. Sie sind in der Elektronik üblich.

Ferner werden folgende Ausdrücke viel gebraucht: *„Einlesen"* eines Speichers, dies kann ein *„Setzen"* = *1*-Einlesen oder *„Rücksetzen"* = *0*-Einlesen sein. Statt „Rücksetzen" ist auch der Ausdruck „Löschen" üblich.

Um nun beliebige Werte einstellen zu können, bauen wir zwischen N1 und N2 sowie zwischen N2 und N1 ODER-Glieder mit den Eingangsbuchsen S und R (Bild 6-3b). Es sei z.B. Q = *0*. Wenn über S eine *1* an D2 gelegt wird, erscheint hinter N2 eine *0* und darauf hinter N1 eine *1*. Es hat sich ein neuer stabiler Zustand eingestellt mit Q = *1* („bistabile" Kippschaltung). Das *1*-Signal an S kann nun wegbleiben.

Im *elektronischen Flipflop* (Bild 6-2) stellen die Transistoren die NICHT-Funktionen und die Paare der Eingangswiderstände R1, R3 bzw. R2, R4 die ODER-Eingänge dar. Eine ODER-Schaltung benötigt nämlich nicht notwendig Dioden, auch Widerstände können der „Entkopplung" der Eingänge dienen (RT-Logik).

Aus den in Kapitel 4.3. beschriebenen ODER/NOR-Gliedern kann man durch Zusammenschalten gemäß Bild 6-4 ein RS-Flipflop aufbauen.

Auch mit UND-NAND-Gliedern ist dies möglich. Dann braucht man zum Setzen bzw. Rücksetzen Null-Signale.

Das Flipflop kann auch mit elektromechanischen Relais konstruiert werden. In dem *Relaismodell* (Anhang II.6.) entsprechen die Ruhekontakte der Relais den NICHT-Gliedern und die Verzweigung vor den Relaiseingängen den ODER-Gliedern (Parallelschaltung von zwei Signalen).

6.3. Taktgeber (astabile Kippschaltung)

6.3.1. Allgemeines

Wir haben in 6.1. schon erwähnt, daß wir für Boolesche Automaten Speicher benötigen, welche auf ein bestimmtes Zeitsignal (im folgenden: „*Takt*") einen Wert übernehmen. Die Herstellung dieses Zeitsignals durch einen „*Taktgeber*" soll zunächst besprochen werden. Während in modernen Rechenautomaten in einer Sekunde 10^6 Arbeitstakte und mehr ausgeführt werden müssen (die Frequenz des Taktgebers ist also etwa 10^6 Hz), ziehen wir für unsere Modellversuche sehr niedrige Frequenzen vor, da wir beobachten wollen, was bei jedem Takt geschieht.

6.3.2. RS-Flipflop als Taktgeber [1])

Als einfacher, handbetätigter Taktgeber kann ein Speicherglied verwendet werden (vgl. Abschnitt 4.3.9.).

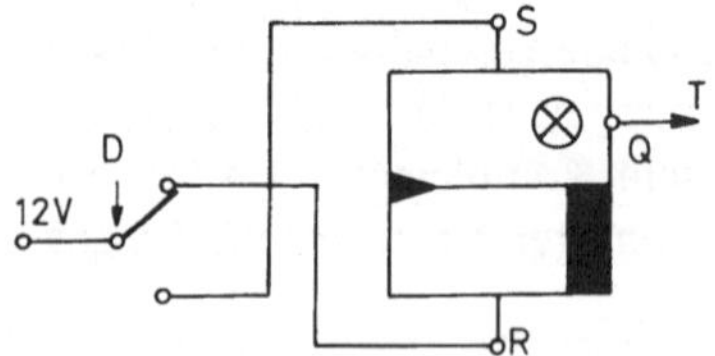

Bild 6-5a. RS-Flipflop als Taktgeber

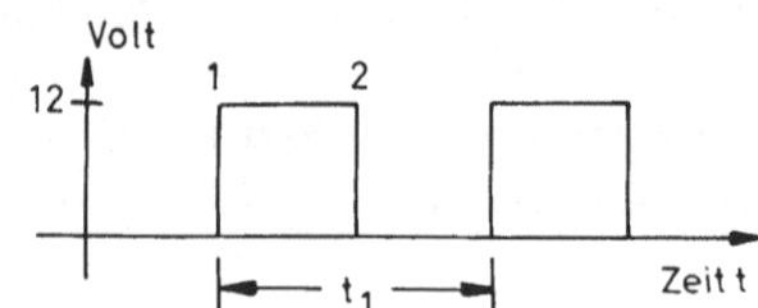

Bild 6-5b. Spannung bei Q

[1]) Man könnte fragen, warum nicht ein Druckschalter allein als Taktgeber genügt. Aber bei dem Zustandekommen des mechanischen Kontaktes entstehen viele Impulse (der Kontakt „prellt"), welche unsere empfindlichen elektronischen Speicher als Mehrfachtakte registrieren, und ein eindeutiger Zähl- oder Schiebevorgang kommt nicht zustande.

Über einen Umschalter D (z.B. Druckschalter) setzen und rücksetzen wir einen Speicher. Solange wir D betätigen, ist die Spannung bei Q 12 V, beim Loslassen ist sie 0 V. Bild 6-5b zeigt die Spannung an der Ausgangsbuchse Q in Abhängigkeit von der Zeit. Zum Zeitpunkt 1 beginnt die Betätigung des Druckschalters (Drücken), bei 2 endet sie. Die Zeit t_i ist umgekehrt proportional der Taktfrequenz. Bei Rechenautomaten liegt t_i in der Größenordnung von 10^{-6} s.

6.3.3. Astabile Kippschaltung als Taktgeber

Der in 6.3.2. besprochene „Taktgeber" ist natürlich für einen Automaten nicht zu gebrauchen, denn die Taktfolge muß automatisch erzeugt werden. Dies ist mit einer *„astabilen Kippschaltung"* möglich.

Es sei eine Schaltung besprochen, welche direkt aus der bistabilen Kippschaltung von Bild 6-2 abgeleitet werden kann. Wir erinnern uns, daß das Setzen bzw. Rücksetzen über den S- bzw. R-Eingang durch ein 12 V-Signal erfolgte.

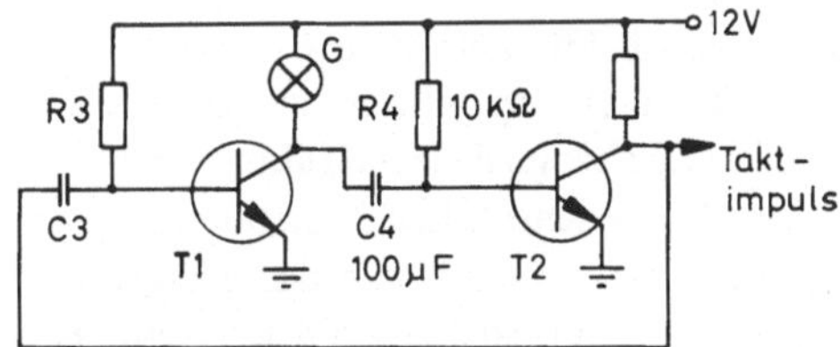

Bild 6-6. Astabile Kippschaltung

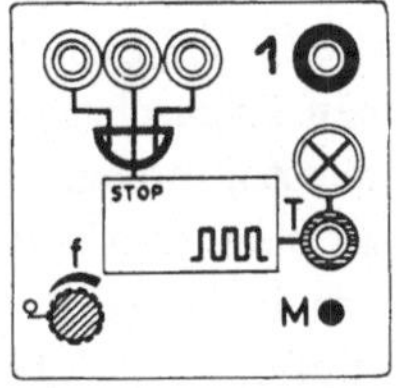

Bild 6-7a
Taktgeber des SIMULOG

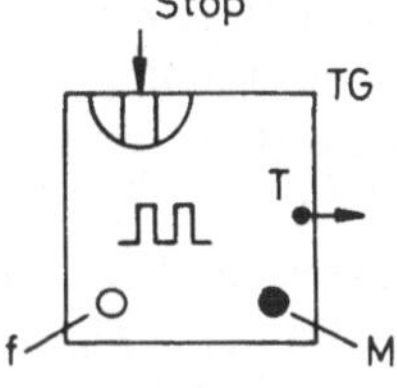

Bild 6-7b
Symbol Taktgeber

Bei der astabilen Kippschaltung liegen die Eingänge R und S (R3, R4) *dauernd* an der Spannung 12 V. Diese kann sich jedoch nicht sofort an den Eingängen von T1 bzw. T2 ausbilden, da zuerst die Kondensatoren C3 oder C4 aufgeladen werden müssen (vgl. Bild 6-6).

Gehen wir von dem Zustand aus, bei dem T1 soeben „durchgeschaltet" wurde, also an der linken Seite von Kondensator C4 etwa 0 V anliegen (Glühlampe G leuchtet). Von diesem Augenblick an wird C4 über R4 aufgeladen, so daß die Spannung an der Basis von T2 nach einer bestimmten Zeit[1]) soweit angewachsen ist, daß T2 durchschaltet (Glühlampe G erlischt). Dann liegen am Ausgang von T2 etwa 0 V, und nun wird der Kondensator C 3 entladen. Das gleiche Spiel beginnt am Eingang von T1: Über R3 wird C3 wieder aufgeladen, bis das Potential positiv genug ist, um T1 durchzuschalten usw. Die Glühlampe G zeigt durch ihr Leuchten, daß am Taktausgang (Transistor 2) gerade 12 V liegen. An dem Leuchten bzw. Nichtleuchten erkennen wir die jeweilige Phase der Rechteckspannung.

[1]) Nach der Formel $\tau = R \cdot C$ errechnet sich die Zeitkonstante $\tau = 0{,}01\ M\Omega \cdot 100\ \mu F = 1$ sec, wenn die Werte für R und C aus Bild 6-6 eingesetzt werden.

6.3.4. Taktgeber des Lehrgerätes SIMULOG (Bild 6-7a)

Für die Schaltungen, die ab Kapitel 7 beschrieben werden, kann man einen Taktgeber verwenden, wie er als Zubehör für das Lehrgerät SIMULOG erhältlich ist. Eine eingebaute astabile Kippschaltung liefert an der Buchse T Taktsignale, deren Frequenz durch den Drehknopf f von etwa 1 Hz bis 100 Hz kontinuierlich eingestellt werden kann. Der Stop kann über 3 Eingänge, die durch ODER verknüpft sind, eingeleitet werden. Wenn man auf den Knopf M drückt, wird der Stop für die Länge eines Taktes unterbrochen. Ferner kann man durch die Betätigung von M auch Einzeltakte („Handtakt“) erhalten, wenn der Drehknopf f auf Linksanschlag steht (f = 0 Hz). In den Schaltbildern der folgenden Kapitel ist dieser Taktgeber meist nur als Symbol gemäß Bild 6-7b gezeichnet.

6.4. Speicher mit „dynamischem" Setz- und Rücksetzeingang (JK-Flipflop)

6.4.1. Allgemeines

Wie wir in 6.2.2. gesehen haben, wird in das RS-Flipflop der Wert *0* bzw. *1* eingelesen, indem an R bzw. S ein kurzzeitiges *1*-Signal gegeben wird. Für viele Zwecke benötigen wir ein Flipflop, welches einen einzuschreibenden Wert in „Vorspeichern“ aufnimmt und erst zu einem bestimmten Zeitmoment (i.a. auf ein Taktsignal eines Taktgebers) diesen Wert als Speicherinhalt übernimmt. Bild 6-8 soll dies schematisch darstellen. Im einfachsten Falle ist der Vorspeicher selbst ein Flipflop. Dann nennt man das gesamte Flipflop ein „Master-Slave-Flipflop“. Als „Master“ wird der Vorspeicher VS bezeichnet, als „Slave“ das eigentliche Flipflop. Dieses Flipflop wird in Anhang II.7. genauer beschrieben. Man kann aber auch als Vorspeicher Kondensatoren verwenden.

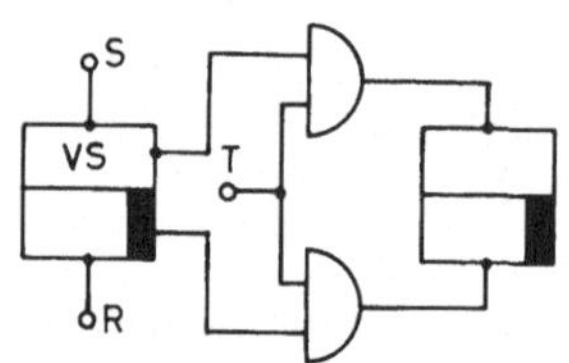

Bild 6-8. Schema JK-Flipflop

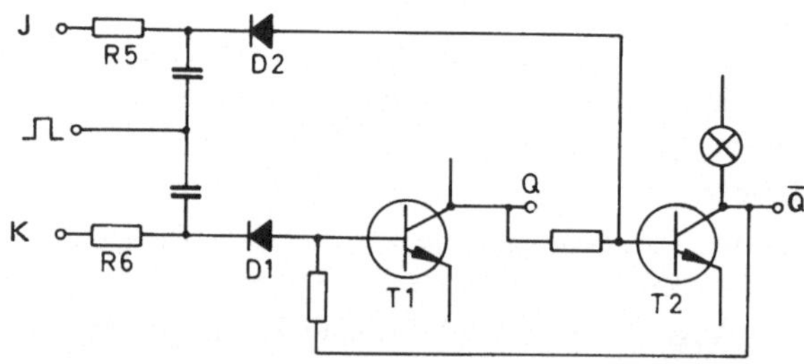

Bild 6-9. Flipflop mit C-Vorspeicher

6.4.2. JK-Flipflop [1]) mit Kondensator-Vorspeicher

Die Wirkungsweise eines Speichers mit Kondensatoren als Vorspeicher sei anhand von Bild 6-9 kurz erläutert (die Schaltung muß man sich durch Bild 6-2 ergänzt denken).

[1]) Der Gebrauch „*JK-Flipflop*“ ist in der Literatur nicht einheitlich. Oft meint man damit ein als Dualzähler nach Bild 6-15 geschaltetes Flipflop.

Setzen (Einlesen eines 1-Signals)

Das Setzen über den S-Eingang beim RS-Flipflop erfolgt, indem ein *1*-Signal an T2 gegeben wird, worauf dieser *durchschaltet*. Dagegen muß beim Setzen eines Flipflop in der Anordnung nach Bild 6-9 ein 0-Signal an T1 gelangen, um diesen zu *sperren*. T2 kippt anschließend um. Das Sperren von T1 wird durch den „negativen“ Spannungssprung (12 V → 0 V) des Taktsignals bewirkt, der über die Diode D1 an die Basis von T1 gelangt. Das ist allerdings nur möglich, wenn auch am Eingang von R6, also an der Buchse K, ein *0*-Signal liegt.

Rücksetzen (Einlesen eines 0-Signals)

Ein „Löschen“ des Speicherinhaltes tritt ein, wenn an J ein *0-Signal* liegt und der negative Spannungssprung des Taktsignals T über D2 an T2 gelangen kann.

6.4.3. D-Flipflop

Man kann den K-Eingang sparen, wenn man das Signal für K durch einen Negator (z.B. Transistor) erzeugt. Die Schaltung von Bild 6-9 ist in 6-10 als Symbol übernommen. Der D-Eingang führt direkt an J und über den Negator N an K.

Das D-Flipflop ist bequemer als das JK-Flipflop zu handhaben, da für die Vorbereitung nur die Buchse D belegt wird.

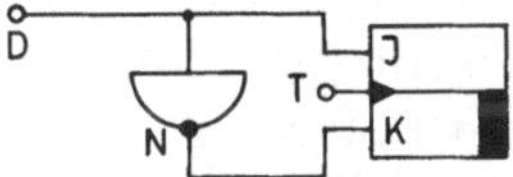

Bild 6-10. D-Flipflop

6.4.4. Speicher des Lehrgerätes SIMULOG

Wenn man sich die in den folgenden Kapiteln beschriebenen sequentiellen Maschinen (Computermodelle usw.) bauen will, so kann man hierzu zweckmäßig die fertigen Bauelemente des Lehrgerätes SIMULOG (vgl. 4.3.9.) verwenden. Die Speicher enthalten sowohl die Funktionen des RS-Flipflops als auch des JK-Flipflops.

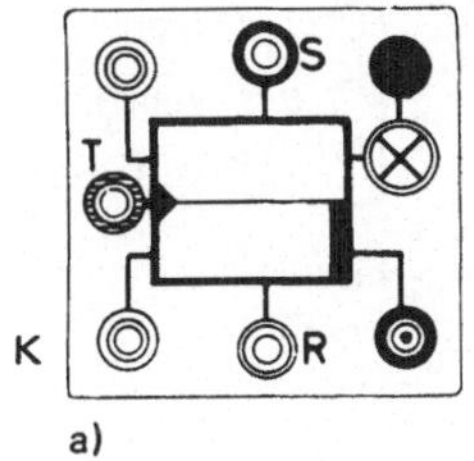

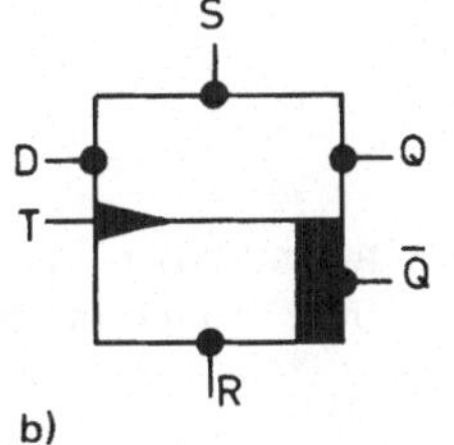

Bild 6-11
Flipflop des Lehrgerätes SIMULOG
a) JK-Flipflop
b) D-Flipflop

In den folgenden symbolischen Darstellungen verwenden wir das Bild 6-11b, welches sich auf das D-Flipflop bezieht. (Besitzt man ein Flipflop nach Bild 6-11a, so muß man jeweils auch den Vorbereitungseingang K belegen).

6.5. Schieberegister

6.5.1. Allgemeines

Als „Register" bezeichnet man eine größere Anzahl von zusammenhängenden 1-Bit-Speichergliedern, wie sie in 6.4. beschrieben sind. Die darin gespeicherte Menge binärer Zeichen (die z.B. die Dualziffern einer Dualzahl bedeuten können) nennt man in der Computerliteratur auch ein „Wort". Ein *Schiebe*-Register ist nun so eingerichtet, daß auf einen *„Befehl"* (Taktsignal) jeder einzelne Speicher des Registers seinen Inhalt an seinen Nachbarn übergibt. In einem nach *rechts* schiebenden Register ist es der rechte Nachbar. Als Beispiel für eine Anwendung des Schieberegisters sei das *Serienaddierwerk* (vgl. 7.3.) angegeben, bei welchem eine Dualziffer (von 2^0 beginnend) nach der anderen in den Volladdierer abgerufen werden muß. Dazu wird nach jedem Additionsvorgang einer Dualstelle der Speicherinhalt aller beteiligten Speicherzellen gleichzeitig um eine Stelle nach rechts verschoben.

6.5.2. Schieberegister mit D-Flipflops bzw. JK-Flipflops

In Bild 6-12 sind drei Speicher so geschaltet, daß jeder beim Taktsignal T (vom Taktgeber TG) von seinem linken Nachbarn den Inhalt übernimmt. F1 übernimmt die *1* von F2, F2 übernimmt die *0* von F3, F3 übernimmt die *1*, die am Ausgang des UND-Gliedes K anliegt, welches zu einem Logiknetz (statische Boolesche Maschine, z. B. Volladdierer) gehören möge. Die Werte von K ändern sich in dem Beispiel gemäß Spalte K (Bild 6-13). Nach zwei Takten ist der Inhalt von F3 bis F1 gewandert.

Derartige Schaltungen verwenden wir z.B. bei einem Serienrechenwerk. Die gestrichelten Linien in Bild 6-12 zeigen die zusätzlichen Verbindungen, die für das JK-Flipflop erforderlich sind. Es muß also zusätzlich der Komplement-Ausgang des UND-Gliedes K mit dem K-Eingang von F3 verbunden werden. Die spitzen Klammern in der Datenflußtafel von Bild 6-13 lesen wir: *„Inhalt von . . .",* z.B. ⟨F3⟩: „Inhalt von F3".

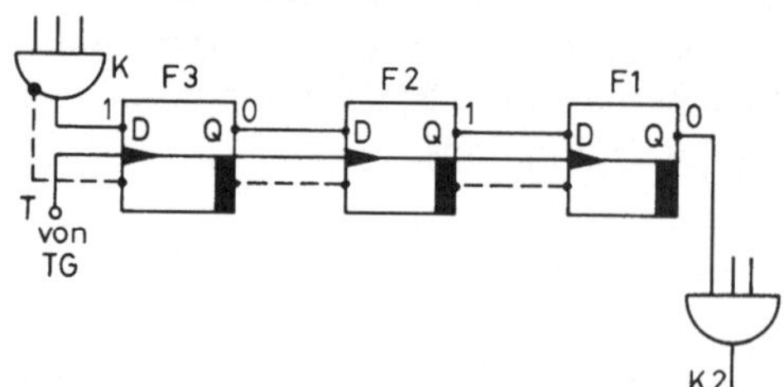

Bild 6-12. Schieberegister. Schieben rechts (gestrichelt: für JK-Flipflop)

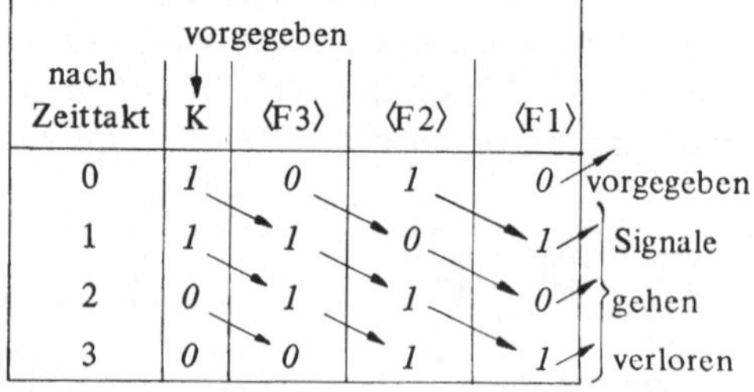

nach Zeittakt	vorgegeben K	⟨F3⟩	⟨F2⟩	⟨F1⟩	
0	*1*	*0*	*1*	*0*	vorgegeben
1	*1*	*1*	*0*	*1*	Signale
2	*0*	*1*	*1*	*0*	gehen
3	*0*	*0*	*1*	*1*	verloren

Bild 6-13. Datenflußtafel für Schieberegister ⟨F_i⟩ bedeutet: Inhalt des Speichers F_i

6.5.3. Ringschieberegister mit D-Flipflops

Wenn man den Ausgang von F1 auf den Eingang von F3 „zurückkoppelt" (Bild 6-14), so steht nach drei Taktsignalen der anfängliche Inhalt wieder in jedem Speicher. Mit einem Ringregister kann man also die enthaltene Information hinter dem Speicher F1 seriell verarbeiten und sie gleichzeitig wieder in das Register einschreiben lassen. Der Leser möge als Übung die Zeitfolge im Ringschieberegister gemäß Bild 6-13 tabellarisch aufzeichnen. Wir werden derartige Ringschieberegister häufig anwenden (z.B. Multiplikator-Register im Multiplizierwerk).

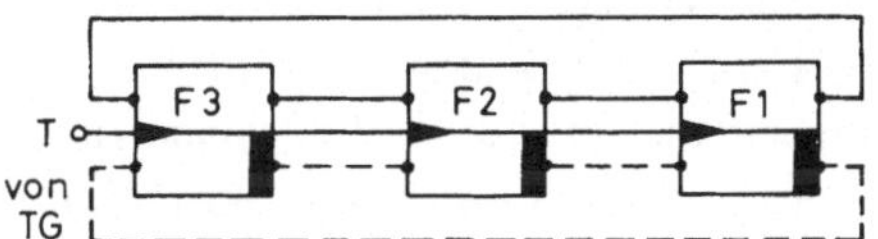

Bild 6-14
Ringschieberegister
(gestrichelt: JK-Flipflop)

6.6. Dualzähler (Binärzähler)

6.6.1. Allgemeines

Mechanische Zähler werden z.B. beim Kilometerzähler eines Autos verwendet, diese zeigen im Dezimalsystem an. Die Ziffer 9 wird durch die Zahl 10 abgelöst, indem ein besonderer Zahn an der Einer-Scheibe den Zehner um eine Ziffer weiterdreht. Entsprechendes gilt für den Hunderterübertrag usw.

Man kann sich auch für das Dualsystem einen mechanischen Zähler bauen. Für den Bau eines elektrischen Dualzählers verwenden wir eine Eigenart der Dualzahlen, die wir aus untenstehender Tabelle erkennen.

Dabei denken wir uns für jede Dualstelle einen Speicher.

2^3	2^2	2^1	2^0
0	0	0	0
0	0	0	L
0	0	L	0
0	0	L	L
0	L	0	0
0	L	0	L
0	L	L	0
0	L	L	L
L	0	0	0

Der Speicher für die *Dualstelle* 2^0 *ändert* nach jedem Zählschritt seinen Inhalt.

Der Speicher für die *Dualstelle* 2^1 *ändert* seinen Inhalt, wenn im Speicher für die Dualstelle 2^0 die L *verschwindet.*

Der Speicher für die *Dualstelle* 2^2 *ändert* seinen Inhalt, wenn im Speicher für die Dualstelle 2^1 die L *verschwindet.*

Oder ganz allgemein gilt für 2^n (für $n > 0$): Der Speicher für *die Dualstelle* 2^n *ändert* seinen Inhalt, wenn im Speicher für die Dualstelle 2^{n-1} die L *verschwindet.*

Es liegt nahe, daß wir dem Inhalt *1* (bzw. dem *1*-Signal) des Speicherelementes die duale L zuordnen und dem Inhalt *0* die duale 0.

6.6.2. Elektronische Dualzähler mit D-Flipflops

a) Dualstelle 2^0. Wir können ein D-Flipflop derart schalten, daß es auf ein Taktsignal seinen Inhalt *ändert,* und zwar müssen wir es nach Bild 6-15 „negativ rückkoppeln", d.h. den Komplement-Ausgang $\overline{Q}$ mit dem Eingang D verbinden. Nehmen wir an, eine *1* sei gespeichert. An Q liegen dann 12 V und an $\overline{Q}$ liegt 0 V. Führen wir das *0*-Signal von $\overline{Q}$ in der gezeichneten Weise (Bild 6-15) an den D-Eingang, wird der Speicher „vorbereitet", beim nächsten Taktimpuls eine *0* einzulesen, d.h. seinen Inhalt zu ändern. Wenn aber eine *0* gespeichert ist, so liegt an $\overline{Q}$ und damit am D-Eingang ein *1*-Signal. Das ist die Bedingung, daß bei Erscheinen[1]) eines Taktsignals eine *1* eingeschrieben wird. Da bei jedem *zweiten* Taktsignal eine *1* gesetzt wird, nennt man diese Schaltung auch einen *„Untersetzer 2 : 1".* Man kann damit beliebige Frequenzen halbieren. Durch die einfache Anordnung nach Bild 6-15 haben wir also einen Zähler für die Dualstelle 2^0 gewonnen. (Verwenden wir ein JK-Flipflop, so müssen wir außerdem Q mit K verbinden).

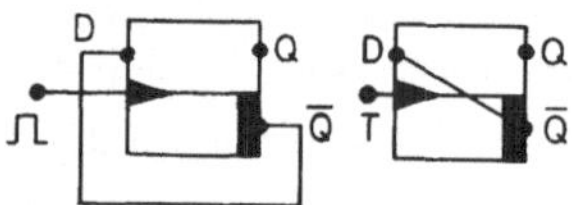

Bild 6-15. Dualstelle 2^0 („Untersetzer 2 : 1")

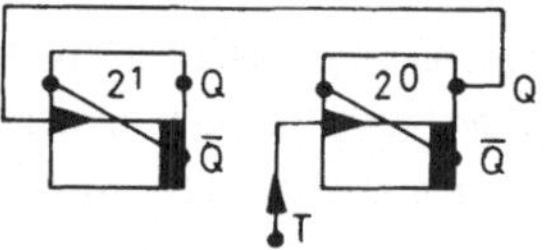

Bild 6-16. Dualstellen 2^0 und 2^1

b) Dualstelle 2^1. Wie wir aus der Tabelle der Dualzahlen entnehmen, muß auch der Speicher für 2^1 seinen Inhalt in regelmäßigen Intervallen *ändern.* Wir schalten daher zunächst den Speicher für 2^1 genau wie denjenigen für 2^0, d.h. verbinden $\overline{Q}$ mit D. Nun haben wir weiterhin festgestellt, daß die Änderung des Inhalts des Speichers für 2^1 genau dann erfolgen muß, wenn der Inhalt des 2^0-Speichers von *1* nach *0* springt. Als Taktsignal verwenden wir daher das Signal, welches am Q-Ausgang vom 2^0-Speicher liegt. Wenn nämlich die Spannung bei Q von 12 V (Speicherinhalt *1*) auf 0 V (Speicherinhalt *0*) *fällt,* entsteht genau der Spannungs*sprung,* den wir für den Speicher für 2^1 als Taktsignal benötigen.

Diese Vorschrift für den Speicher 2^1 können wir für jede beliebige höhere Dualstelle verwenden. Einen so entstandenen Dualzähler für vier Dualstellen zeigt Bild 6-17 mit JK-Flipflops.

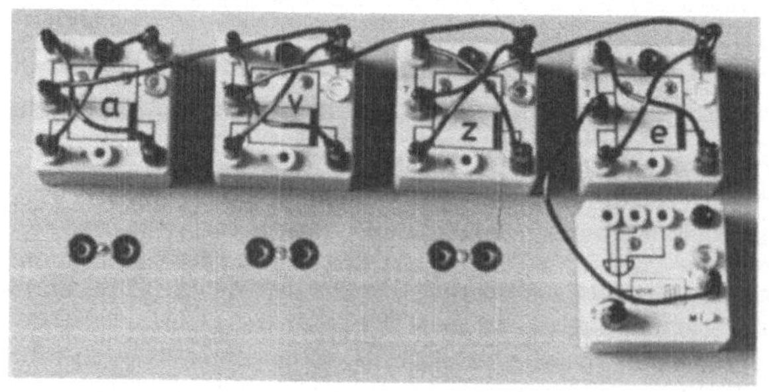

Bild 6-17
Dualzähler mit Lehrgerät SIMULOG

[1]) Genauer: bei der fallenden Flanke des Taktsignals

c) Rückwärtszählender Dualzähler. Wenn wir die Dualzahlen absteigend von z.B. LLL aufschreiben, können wir eine ähnliche Vorschrift für den Bau eines rückwärtszählenden Zählers angeben. Es muß das Taktsignal für den Speicher für 2^n von dem $\overline{Q}$-Ausgang des Speichers für 2^{n-1} genommen werden. Der Leser möge sich anhand der Dualzahlen (vgl. Tabelle von 6.6.1.) die Vorschrift, die zu dieser Schaltung führt, überlegen.

d) Vorwärts/Rückwärts-Zähler. Der Unterschied zwischen einem Vorwärts- und einem Rückwärtszähler liegt also nur darin, daß beim Rückwärtszähler das Taktsignal für den Speicher für 2^n vom $\overline{Q}$-Ausgang des Speichers für 2^{n-1} genommen wird und nicht von Q wie beim Vorwärtszähler. Durch einen *„elektronischen Umschalter"* (ein Kombiglied nach Abschnitt 4.3.9.) wird durch das Signal V der Zähler zum Vorwärtszählen veranlaßt, durch das Signal R zum Rückwärtszählen, wie Bild 6-18 für einen zweistelligen Dualzähler zeigt. Für einen n-stelligen Dualzähler werden n-1 Kombiglieder benötigt.

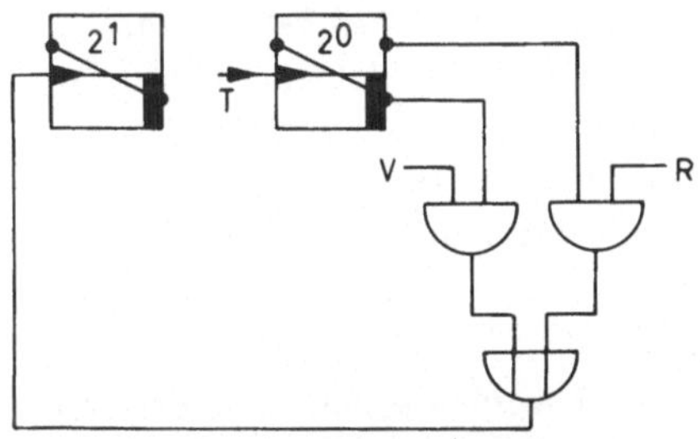

Bild 6-18. Vorwärts-Rückwärts-Zähler mit „elektronischem Umschalter"

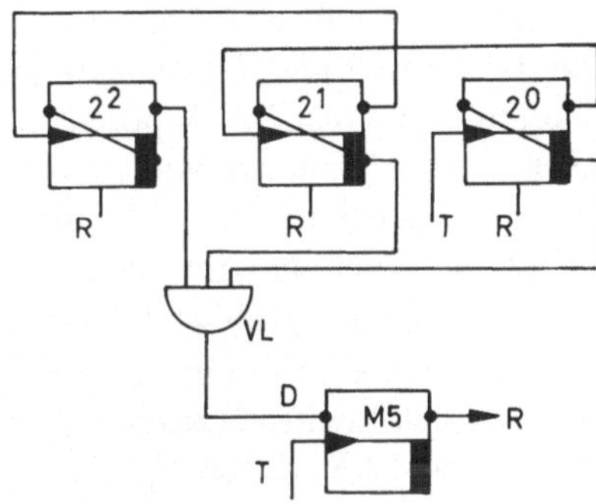

Bild 6-19. Zähler mod 5

6.6.3. Herstellung einer Folge von Kombinationen der Elemente 0 und 1

Dualzahlen können als Kombination der Elemente aus{0, L}gedeutet werden, und zwar sind es *Variationen* mit Wiederholung von zwei Elementen zur n-ten Klasse. Die beiden *Elemente* sind die Dualziffern 0 und L, die *Klasse* ist die Anzahl der Dualstellen. Da die n-Tupel, mit denen die Eingangsvariablen der Aussagenalgebra bzw. der Booleschen Algebra belegt werden, als derartige Variationen zu deuten sind, kann man den Dualzähler benutzen, um die Folge der n-Tupel automatisch zu bilden (Logikautomaten Kapitel 9).

6.6.4. Zähler modulo n (Sprungzähler)

Unter einem Zähler mod n versteht man einen Zähler, der die Folge der ganzen Zahlen von 0 bis n-1 durchzählt und dann wieder mit 0 beginnt usf. Der Zähler von Bild 6-16 ist als Zähler mod 4 aufzufassen, der Zähler von Bild 6-17 als Zähler mod 16. Man erkennt leicht, daß man sehr einfach Zähler mod n bauen kann für $n = 2^k$. Wir benötigen dafür k Speicher, welche nach Bild 6-17 geschaltet sind.

Nun haben derartige Zähler große praktische Bedeutung, wie wir in späteren Kapiteln sehen werden. Dabei benötigt man Sprungzähler für beliebiges n. Wir wollen eine einfache, aber typische Schaltung für n = 5 angeben.

Die drei Speicherglieder von Bild 6-19 ergeben zunächst einen *Zähler mod 8*. Das UND-Glied VL („Vorbereiten Löschung") „erkennt" die Stellung *100* und setzt das Speicherglied M5 beim Erscheinen des nächsten Taktes. Ist aber ⟨M5⟩ = *1*, so werden alle drei Speicherglieder des Zählers 0 gesetzt, so daß die *101* nicht erscheint. Der Zähler zählt also die Folge: *000, 001, 010, 011, 100, 000, . . .*

6.7. Zusammenfassung

Für den Aufbau von Booleschen *Automaten* (Logikautomaten) werden zusätzlich zu den Logik-*Maschinen* (UND-Glied, ODER-Glied, NICHT-Glied . . .) ein Taktgeber und Speicherelemente benötigt.

Der *Taktgeber* stellt eine Folge von Signalen (Zeitmarken) her. Ein *Speicherelement* kann die Werte *0* und *1* speichern. Als Speicherglied wurde hier das elektronische „Flipflop", eine bistabile Kippschaltung, beschrieben. Es wird durch elektrische Signale *gesetzt* (Einlesen einer *1*) bzw. *rückgesetzt* (Einlesen einer *0*, auch „Löschen" des Inhaltes genannt). Diese elektronische Kippschaltung entspricht einem Doppelumschalter, der durch ein „mechanisches Signal" (Druck mit dem Finger) betätigt wird, ferner einer entsprechenden Schaltung mit Relais (vgl. Anhang II.6.).

Alle Zeichen, die im Computer gespeichert oder verarbeitet werden sollen, sind Zeichenfolgen aus den Elementarzeichen 0 und 1 (im Computer als Spannungssignal *0* und *1*, z.B. 0 V und 12 V, dargestellt).

Zur Speicherung einer solchen 0,1-Folge dient ein *Register*. In *Schieberegistern* geben die einzelnen Speicherglieder ihren Inhalt auf ein Taktsignal an den rechten bzw. linken Nachbarn weiter (rechts- und linksschiebende Register).

In einem *Ringschieberegister* aus n Speichergliedern wird der Inhalt des letzten Speichergliedes in das erste zurückgeschrieben, und nach n Schiebetakten steht das ursprünglich enthaltene Zeichen wieder im Ringschieberegister („nichtlöschendes Auslesen").

Die Folge der Dualzahlen kann sehr leicht hergestellt werden in einem elektronischen *Dualzähler* (Binärzähler, Digitalzähler). Für einen Zähler, der bis zur Zahl 2^n-1 zählen soll, werden lediglich n Speicherglieder (Flipflops) benötigt, die in bestimmter Weise zusammengeschaltet werden. Sie finden vielseitige Verwendung in Computern und in der Digitaltechnik.

Weitere Einzelheiten findet der Leser im Anhang II:

7. Rechenwerke digitaler Rechenautomaten

7.1. Einführung

In Kapitel 5.4. wurde schon gezeigt, daß wir in den Verknüpfungsmaschinen der Logik zugleich Maschinen für arithmetische Operationen (Addition, Subtraktion, Multiplikation) besitzen und daß das Dualsystem dieser Technik besonders angemessen ist. In 5.4. beschränkten wir uns auf Operationen mit zwei bis drei Dualziffern. Wir nannten die Maschinen für die Verknüpfung von *zwei* Dual*ziffern:* den *Halbaddierer,* den *Halbsubtrahierer,* den *Multiplizierer,* für die Verknüpfung von *drei* Dual*ziffern:* den *Volladdierer,* den *Vollsubtrahierer.*

Diese Maschinen sind *Zuordner,* d.h. statische Boolesche Maschinen. Für die „Errechnung" des Ergebnisses ist nur die Umschaltzeit der Schalter zu berücksichtigen, sie liegt bei elektronischen Schaltern (Dioden, Transistoren) bei 10^{-8} Sekunden.

Zuordner werden unökonomisch, wenn *mehrstellige* Zahlen verknüpft werden sollen. Dann benötigt man *sequentielle* Maschinen, welche jedoch die statischen Elemente (Volladdierer, Multiplizierer) enthalten.

So kommen wir zu den Rechen*werken: Addierwerk, Multiplizierwerk* usw., von denen in diesem Kapitel die Rede sein soll. Voraussetzung für das Verständnis ihrer Arbeitsweise sind die beim Dualrechnen üblichen Verfahren, welche im Anhang III ausführlich beschrieben sind. Schwierigere Algorithmen, insbesondere für das Dividieren, das Rechnen mit konegativen Zahlen und das Wurzelziehen, werden mit den zugehörigen Maschinen erst in Band II behandelt.

Der Vorteil des Rechnens im Dualsystem oder in einer binären Zahlendarstellung für elektronische Maschinen liegt in der Tatsache, daß die Simulation der Zeichen 0 und L durch zwei Spannungen (z.B. 0 V, 12 V) bei der Speicherung und Verarbeitung sehr störungssicher ist. Die Toleranzen können sehr breit gehalten werden, z.B. werden als 0 alle Spannungen zwischen 0 V und 4 V „gelesen", als L alle Spannungen zwischen 8 V und mehr als 12 V. Dieser Vorteil hebt die Nachteile auf, z.B. daß die Stellenzahl im Durchschnitt das 3,3-fache der Dezimalzahlen ist und daß Umsetzer benötigt werden.

Man „verschenkt" sogar noch Stellen, z.B. im BCD-Code, in dem die Ziffern 0 . . . 9 dual verschlüsselt werden und die Zeichen L0L0 . . . LLLL unbenützt bleiben. Ferner gibt man zusätzliche „Prüfbits" hinzu (vgl. 5.5.), um Signalstörungen entdecken zu können.

In diesem Kapitel beschränken wir uns auf die *elektronischen Maschinen* und verwenden die in Kapitel 4.3.9. beschriebenen Verknüpfungs- und Speicherglieder. Die Relaistechnik ist i.a. zu aufwendig. Allgemein gilt für die in Kapitel 7 beschriebenen Rechenwerke:

Sie sind primär für das Rechnen mit *Dualzahlen* gedacht. Einige große Rechenautomaten arbeiten in der Tat im reinen Dualsystem. Überwiegend wird jedoch das Dezimalsystem benützt. Die Dezimalziffern sind dann, der Natur der digitalen Rechenautomaten gemäß, binär codiert, z.B. im BCD-Code. Wir können bei unseren Modellen eine Tetrade (in vier Speichergliedern) als BCD-codierte Dezimalziffern auffassen. Oder man verwendet Sedezimalziffern (Basis 16), so daß eine Tetrade unserer Modelle den Ziffern 0 . . . F entspricht (vgl. 5.1.).

7.2. Zählrechenwerke

Allgemeines

Die einfachste Art des *Addierens* ist das *Zusammen-„Zählen"*, d.h. von der Zahl des ersten Summanden ausgehend, wird soviel weitergezählt, wie der zweite Summand angibt. Dieses Hinzuzählen, welches Kinder im Vorschulalter anwenden, kann mit der Maschine simuliert werden. Natürlich ist diese Methode von wenig praktischem Nutzen, weil sie zuviel Zeit erfordert. Wir wollen dennoch Prinzipien für die maschinelle Realisierung besprechen, weil wir mit geringem Aufwand – unseren Zählern (vgl. 6.6.) und einem kleinen Befehlswerk – auskommen.

Zählrechenwerke für Addition und Subtraktion

Den Summanden a „schreibt" man in einen *Vorwärtszähler* A ein, den Summanden b in einen *Rückwärtszähler* B (vgl. Bild 7-1). Der Kippschalter S (mit Ruhekontakt) dient dem Stop des Taktgebers TG. Wird er betätigt, so wird der Stop aufgehoben und der Automat startet, d.h. der Taktgeber gibt seine Zählsignale an A und B. Wenn der Zähler B bis Null zurückgezählt hat, wird dies durch das UND-Glied St „erkannt" und der Taktgeber wird gestoppt. Vor dem Einschreiben neuer Zahlen in A und B muß der Schalter S geschlossen werden, um den Taktgeber TG zu stoppen.

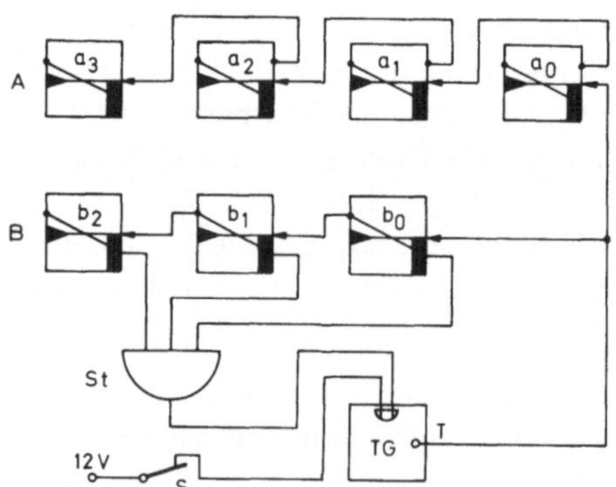

Bild 7-1
Addierwerk als Zählrechenwerk

Für die *Subtraktion* muß der Zähler A als Rückwärtszähler arbeiten (vgl. 6.6.). Soll ein Rechenwerk sowohl addieren als auch subtrahieren können, so muß man den Zähler A als Vorwärts-Rückwärtszähler bauen. Für n Speicher des Zählers A benötigt man n-1 Kombiglieder (vgl. 6.6.).

Auch ein Multiplizierwerk und ein Dividierwerk kann prinzipiell als Zählrechenwerk konstruiert werden.

7.3. Paralleladdierwerke

Für die nun zu besprechenden technisch interessanten Addierwerke benötigen wir den schon in 5.4. ausführlich behandelten Volladdierer. Er wird im folgenden nicht mehr mit seinen einzelnen Logikgliedern aufgezeichnet, sondern wir betrachten ihn als „black box", für den wir eines der Bilder 5-11, 5-14, 5-16 setzen können.

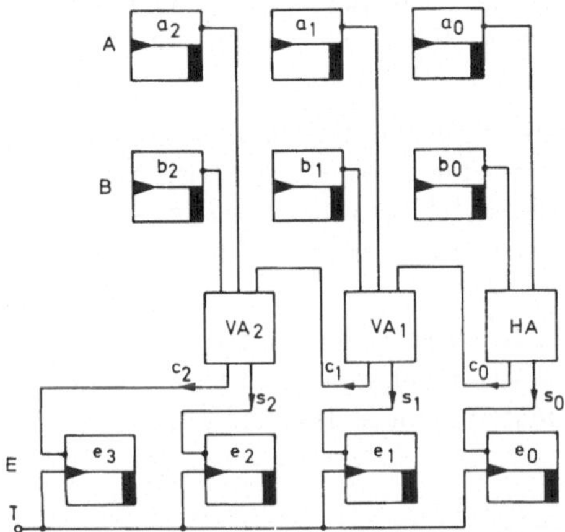

Bild 7-2a
Paralleladdierwerk

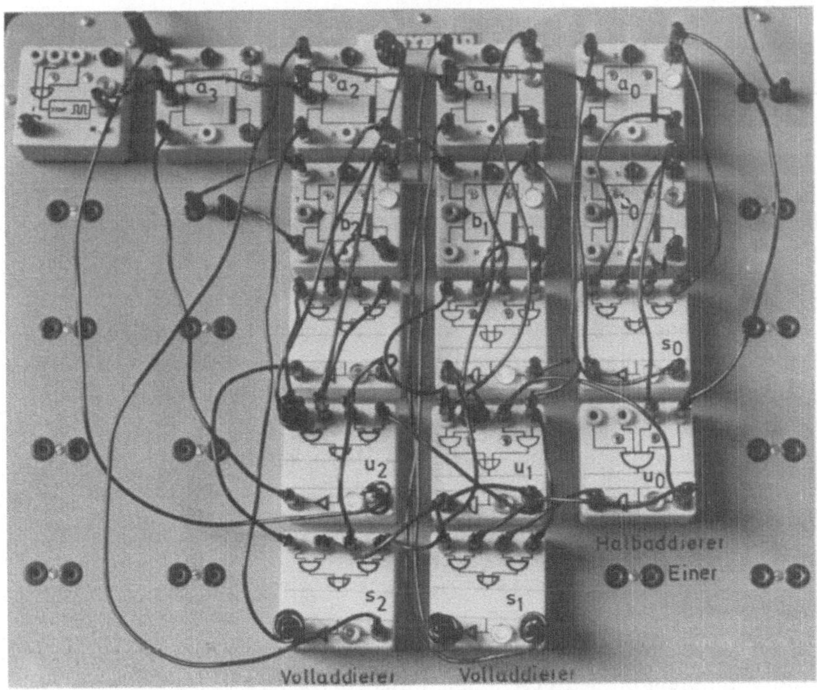

Bild 7-2b. Addierwerk mit Akkumulator

Die einfachste Möglichkeit, ein Addierwerk für beliebig viele Dualstellen zu konstruieren, bietet das *Paralleladdierwerk*, bei welchem für jede Dualstelle, außer für 2^0, ein Volladdierer VA erforderlich ist. Für die Dualstelle 2^0 wird nur ein Halbaddierer HA (vgl. Bild 4-32) benötigt, da kein Übertrag zu übernehmen ist.

Die beiden Summanden werden in die Register A und B eingeschrieben. Die Summenziffern s_n, deren Signale an den Ausgängen von HA und den Volladdierern VA_n liegen, werden in ein Ergebnisregister E übertragen. Man kann nach Bild 7-2a vorgehen und die Summensignale an die D-Eingänge der Speicher des E-Registers führen. Auf ein Taktsignal T werden die Werte von s_n in E gespeichert.

Ohne ein gesondertes Ergebnisregister kommt man aus, wenn nach vollzogener Addition der Inhalt eines der Summandenregister nicht mehr benötigt wird. Dann wird nach Bild 7-2b das Ergebnis z.B. in das Register A eingelesen. Ein solches Register, welches zunächst einen Summanden und dann das Ergebnis enthält, nennt man in der Computertechnik einen *„Akkumulator"*.

Der hohe Materialaufwand – so scheint es jedenfalls, wenn wir uns selbst ein Paralleladdierwerk aus einzelnen Logikgliedern aufbauen – ist nicht wesentlich für einen Computer. Wegen seiner Schnelligkeit wird es in Computern dem Serienaddierwerk vorgezogen.

7.4. Serienaddierwerke

7.4.1. Allgemeines

Ein *Serien*-Rechenwerk verarbeitet die einzelnen Stellen der zu verknüpfenden Zahlen *nacheinander*, genauso wie wir es beim schriftlichen Rechnen tun. Das Addieren erfolgt – von der Stelle 2^0 beginnend – bis zur höchsten Stelle.

Die zu besprechenden Serienrechenwerke können auch mit Parallelrechenwerken *kombiniert* sein, z.B. können die im BCD-Code dargestellten Dezimalstellen einzeln seriell und die Ergebnisse der Dezimalstellen dann parallel addiert werden (oder umgekehrt).

Grundsätzlich gilt, daß bei allen Addierwerken nur jeweils *zwei* Summanden verarbeitet werden: Wenn Zahlenkolonnen addiert werden sollen, so wendet man beim Automaten nicht das vom schriftlichen Rechnen bekannte Verfahren an, bei dem zuerst von *allen* Summanden die Einer, dann die Zweier usw. addiert werden. Die Summe wird beim Rechenautomaten zunächst von den ersten beiden Summanden gebildet, zu dieser ersten Zwischensumme wird der dritte Summand addiert usf. Daher hat das oben beschriebene *„Akkumulator-Register"* eine Sonderstellung unter den Registern, denn es enthält zunächst einen Summanden, dann die erste Teilsumme, dann die zweite usf., wie das Hauptzählwerk einer Tischrechenmaschine.

7.4.2. Serienaddierwerk I

a) Wir wollen ein Serienrechenwerk zunächst mit einem getrennten Ergebnisregister bauen, dann mit Akkumulator. Wir beschränken uns auf vierstellige Zahlen und analysieren einen vollständigen Additionsvorgang anhand einer Datenflußtafel.

Takt TZ	Register A				Register B				VA s_n	Register E				VA u_n	C c_n
	a_3	a_2	a_1	a_0	b_3	b_2	b_1	b_0		e_3	e_2	e_1	e_0		
00	0	L	0	L	0	L	L	0	L	(0)	(0)	(0)	(0)	0	(0)
01	(0)	0	L	0	(0)	0	L	L	L	L	(0)	(0)	(0)	0	0
10	(0)	(0)	0	L	(0)	(0)	0	L	0	L	L	(0)	(0)	L	0
11	(0)	(0)	(0)	0	(0)	(0)	(0)	0	L	0	L	L	(0)	0	L
(1) 00	(0)	(0)	(0)	(0)	(0)	(0)	(0)	(0)	0	L	0	L	L	(0)	0

Bild 7-3. Datenflußtafel Serienaddierwerk (Beispiel: *L0L* + *LL0*)
Die Schiebepfeile sind nur zwischen Zeile 0 und 1 eingetragen. Die weiteren möge der Leser ergänzen. Eingeklammerte Werte haben keine Bedeutung

Zu Beginn (Zeile Takt 00) werden die Summanden a und b in die Register A und B eingelesen, im Beispiel L0L und LL0. Das Ergebnisregister E ist leer. Im Volladdierer VA werden die Summe s_n und der Übertrag u_n ermittelt. Sie liegen am Vorbereitungseingang vom Speicher e_3 bzw. Speicher C. Der Taktzähler TZ steht auf 00 und verursacht den Stop des Taktgebers TG über UND-Glied St. Bei Drücken der M-Taste des Taktgebers wird der Stop aufgehoben und das erste Taktsignal erscheint. Dabei wird der Inhalt der drei Register um eine Stelle nach rechts verschoben. Die letzte Stelle geht verloren (Zeichen: ↗). Gleichzeitig übernimmt der Speicher e_3 die Summe, die an seinem Vorbereitungseingang lag, und Speicher C übernimmt den Übertrag (der allerdings in diesem Falle 0 ist). Der Taktzähler TZ hat nach dem ersten Taktsignal den Inhalt 01. Anhand von Bild 7-3 kann man die nächsten Takte verfolgen. Wenn TZ auf 00 springt (dies ist die Ausgangstellung), wird der Stop ausgelöst und der Additionsvorgang ist beendet.

Das Ergebnis steht stellenrichtig im Ergebnisregister E.

Das *Befehlswerk* ist sehr einfach. Es besteht aus dem *Taktgeber TG,* der die Schiebetakte und die Zähltakte verteilt, und dem Taktzähler TZ, welcher die Zahl der Stellenverschiebungen entsprechend der Länge der Register auf vier beschränkt.

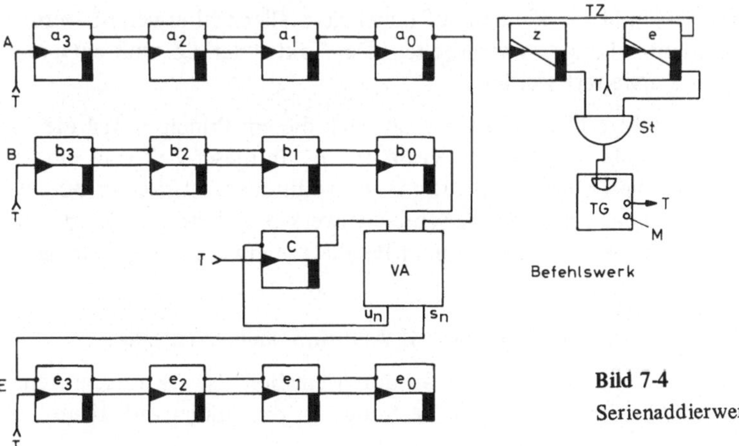

Bild 7-4
Serienaddierwerk I

b) Serienrechenwerk mit Akkumulatorregister (Bild 7-5)

Wie man aus der Datenflußtafel erkennt, wird die Stelle a_3 des Registers A nach dem Takt 00 frei und steht zur Verfügung, um die Summe s_0 aufzunehmen. Man braucht also kein besonderes Register E für das Ergebnis. In Bild 7-5 ist ein Serienaddierwerk abgebildet, dessen Register AC (Akkumulator) zunächst den Summanden A und nach vollendeter Addition das Ergebnis E aufnimmt.

Bild 7-5. Serienaddierwerk I mit Akkumulator

c) Die Register von Bild 7-4 und 7-5 können auf beliebige Stellenzahl erweitert werden, um Dualzahlen gewünschter Länge zu verarbeiten. Der Taktzähler TZ muß entsprechend der Registerlänge erweitert werden.

d) Die *Additionszeit* für n-stellige Dualzahlen beträgt nach diesem Prinzip n mal die Taktzeit. Diese liegt bei modernen Automaten bei 0,1 μs. In dieser Zeit sind die Schaltvorgänge im Volladdierer abgelaufen. Die volle Additionszeit bei einer 30-stelligen Dualzahl würde dann bei einem Serienrechenwerk 3 μs betragen. Da diese Zeit zu lang ist, wird in großen Computern dem Paralleladdierwerk der Vorzug gegeben.

7.4.3. Serienaddierwerk II mit vier „Befehlen" je Addition einer Dualstelle

Das Addierwerk II soll als Übung dienen, wie man durch ein Befehlswerk verschiedene „Befehle" hintereinander ablaufen lassen kann. Technisch ist das Addierwerk II uninteressant, da es zu langsam ist. Da es zum Verständnis des weiteren Textes nicht erforderlich ist, kann der Leser diesen Abschnitt (7.4.3.) übergehen.

In dem Addierwerk sollen die einzelnen Phasen, die bei der schriftlichen Addition ablaufen, nachvollzogen werden. Wir machen daher zunächst eine

Analyse des Ablaufs einer Addition mehrstelliger Dualzahlen.

Welches sind die einzelnen Schritte, die wir bei der Addition durchführen?

(0) Es werden die zwei zu addierenden Ziffern a_0 und b_0 der Stelle 2^0 gelesen und die Summe s_0 und der Übertrag u_0 gebildet.

(1) Die Summe s_0 wird als Ergebnis der Stelle 2^0 aufgeschrieben.

(2) Der Übertrag u_0 wird als c_1 für die Stelle 2^1 gemerkt (evtl. schriftlich).

(3) Es wird zur nächsten Dualstelle 2^1 übergegangen.

(0′) Aus den Ziffern a_1 und b_1 der Stelle 2^1 der Summanden und dem Übertrag c_1 wird die Summe s_1 und der Übertrag u_1 gebildet.

(1′) Wie (1), Erhöhung der Indizes von s . . . um Eins. Es wiederholen sich die Schritte bis (3) mit um Eins erhöhten Indizes.

Wir stellen ein *Flußdiagramm* [1]) auf, welches die einzelnen Schritte schematisch darstellt. Dabei gehen wir davon aus, daß wir vierstellige Dualzahlen addieren wollen, also Zahlen bis zur Zweierpotenz 2^n mit $n_{max} = 3$.

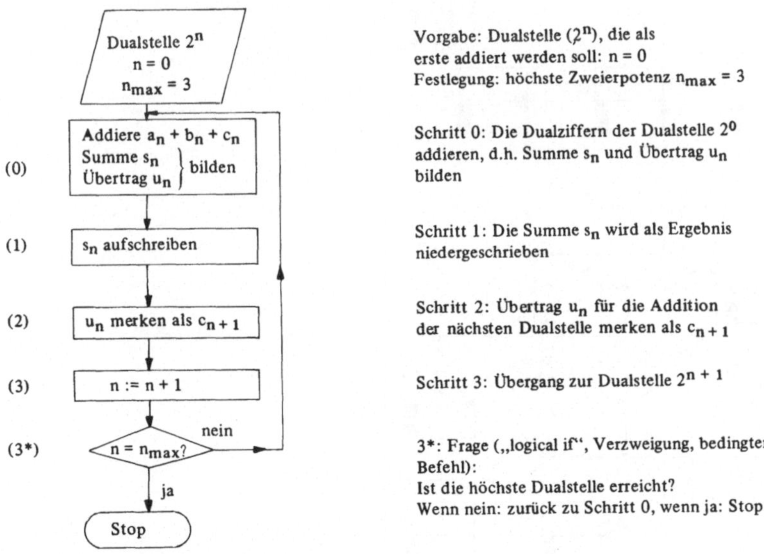

Bild 7-6. Programmablaufplan: Addition von Dualzahlen

[1]) Nach DIN 66001 genauer: *Programmablaufplan.* Nach der gleichen DIN-Norm sind die wichtigsten Symbole wie folgt genormt:

Ein- und Ausgabe (input/output) *Verzweigung* (decision) *Operation* (process) *Grenzstelle* (terminal, interrupt)

Wir können mit einfachen Mitteln einen Automaten konstruieren, der die gewünschten Schritte sequentiell durchführt.

Wir übertragen das (Mini-) Programm in die „hardware“.

Konstruktion des Addierwerkes II

Wir übernehmen zunächst die wesentlichen Merkmale des Addierwerkes I von Bild 7-4 mit den drei Schieberegistern A, B, E für die Summanden und das Ergebnis.

Das *Befehlswerk* (Bild 7-8) hat einen Befehlszähler BZ, dessen Signale 01, 10, 11 durch entsprechende UND-Glieder decodiert werden.

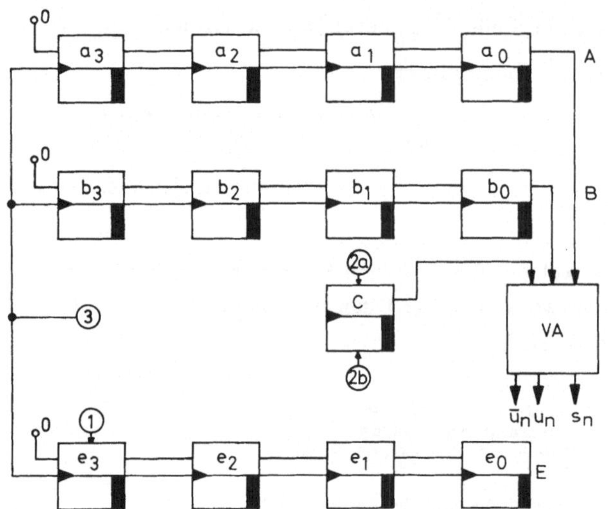

Bild 7-7
Serienaddierwerk II

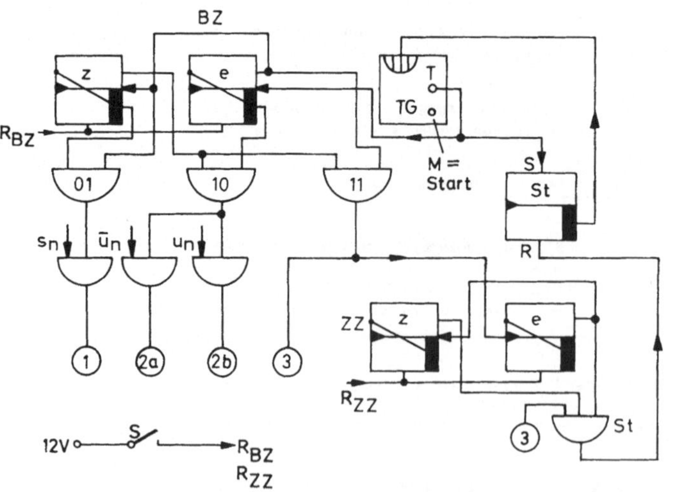

Bild 7-8
Befehlswerk zu Addierwerk II

Schritt 1: Der Speicher e_3 von E übernimmt die Summe s_n bei dem Signal 01.

Schritt 2: Der Speicher C wird eingelesen, wenn das Signal 10 erscheint.

Schritt 3: Beim Signal 11 bekommen die drei Register A, B, E den Schiebeimpuls und der Zyklenzähler ZZ einen Zählimpuls.

Diese drei Schritte wiederholen sich, bis die Addition beendet ist. Der Stop wird durch den Zyklenzähler ZZ ausgelöst, der über das UND-Glied St den Speicher St zurücksetzt und damit den Taktgeber stoppt.

Wir haben hier ein Beispiel für die Realisierung eines *"logical if"*, d.h. einer Entscheidungsstelle, bei der sich ein Befehlsablauf verzweigt. Das Signal für den Stop ist an die Bedingung („bedingter Befehl") geknüpft, daß ZZ auf 11 steht.

Der Start des Addierwerkes geschieht über den Schalter S, der die Zähler BZ und ZZ auf 0 setzt und damit den Stop über den Speicher St aufhebt.

7.5. Subtrahierwerke

Allgemeines

Für die maschinelle Subtraktion können verschiedene Algorithmen der Subtraktion angewendet werden. Einige davon sind im Anhang III beschrieben. Von besonderer Bedeutung für Rechenautomaten sind die Verfahren, bei denen die Subtraktion auf eine Addition zurückgeführt wird. Das Addierwerk kann dann auch für die Subtraktion dienen.

Parallelsubtrahierwerke

In völliger Analogie zu einem Paralleladdierwerk (Bild 7-2) kann ein Parallelsubtrahierwerk gebaut werden. Es sind lediglich die Addierer durch *Subtrahierer* nach Bild 5-18a oder Bild 5-18b zu ersetzen.

Seriensubtrahierwerk I mit Vollsubtrahierer

Wenn wir im Serienaddierwerk nach Bild 7-4 den Volladdierer durch einen Vollsubtrahierer (Bild 5-18) ersetzen, erhalten wir ein Seriensubtrahierwerk. Der Speicher C von Bild 7-4 wird dann der Speicher für die Entlehnung e.

Seriensubtrahierwerk II. Das (B-1)-Komplement des Subtrahenden wird addiert

Die im Anhang III erläuterte Methode sei kurz an einem Rechenbeispiel wiederholt (in Dezimalzahlen: 22 – 9 = 13):

```
a      L 0 L L 0        a         L 0 L L 0
b  -   0 L 0 0 L        b*    +   L 0 L L 0
----------------                  ---------
                        c       L 0 L L 0 L*
                                -----------
                        d     (L) 0 L L 0 L
```

b* ist das (B-1)-Komplement von b. Im Anhang III ist erklärt, warum L* benötigt wird.

Das (B-1)-Komplement erhält man, indem von jeder einzelnen Ziffer das Komplement gebildet wird. Technisch bedeutet es, daß wir den $\overline{Q}$-Ausgang des Speichers b_0 (Register B) in den Volladdierer VA führen (Bild 7-9).

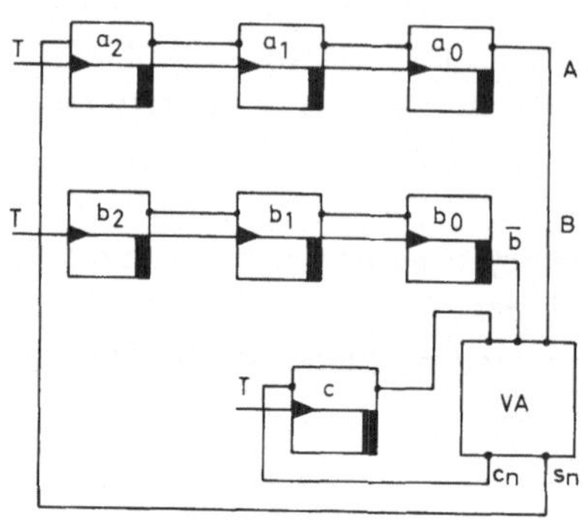

Bild 7-9
Seriensubtrahierwerk II. Addition des Komplementes

Eine bequeme Methode, die Ziffer L* (in der dritten Zeile des Rechenbeispiels) zu addieren, besteht darin, diese vor Beginn der Addition in den Speicher C (für den Übertrag) einzulesen. Dieses Einlesen kann in einem Rechenwerk durch den Subtrahierbefehl veranlaßt werden (vgl. Bild 7-10b). Nach jeder Subtraktion bleibt die Ziffer L im Übertragsspeicher stehen, wie man an dem Rechenbeispiel erkennt, und sie steht für die nächste Subtraktion zur Verfügung.

Weitere Prinzipien für Subtrahierwerke

Ein anderes angewendetes Verfahren ist die Subtraktion durch Addition des *B-Komplementes* des Subtrahenden (vgl. Anhang III). Ein nach dieser Methode arbeitendes Rechenwerk ist in Band II beschrieben.

Durch die Berücksichtigung der *Vorzeichen* von den zu addierenden bzw. zu subtrahierenden Zahlen ergeben sich neue Gesichtspunkte. Eines dieser Verfahren, das Rechnen mit „konegativen Zahlen" wird in Band II erläutert und entsprechende Rechenwerke dazu angegeben.

7.6. Kombinierte Addier-Subtrahierwerke

Parallel-Addier-Subtrahierwerk

Hier bietet sich das Subtrahierverfahren durch Addition des Komplementes des Subtrahenden an.

Je nachdem, ob addiert oder subtrahiert werden soll, müssen die Q-Ausgänge der Speicher des B-Registers oder deren $\overline{Q}$-Ausgänge mit den Volladdierern verbunden werden (vgl. hierzu Bild 7-2a und 7-9).

Der Anschluß an Q bzw. $\overline{Q}$ geschieht über „Kombiglieder" (2 UND-Glieder vor einem ODER-Glied) und wird durch das Signal A (Addiere) bzw. S (Subtrahiere) veranlaßt, wie es in Bild 7-10a für zwei Dualstellen gezeigt ist.

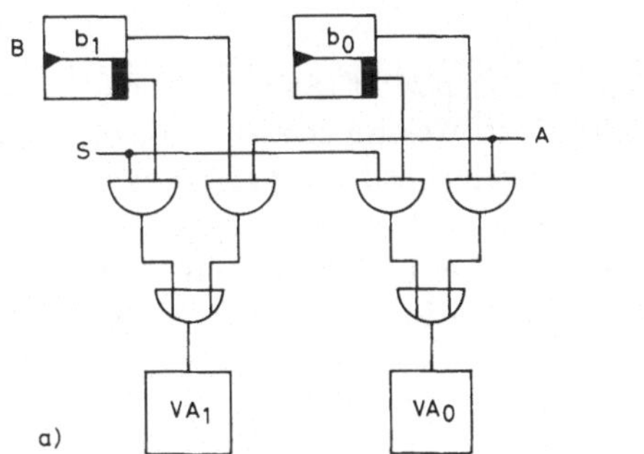

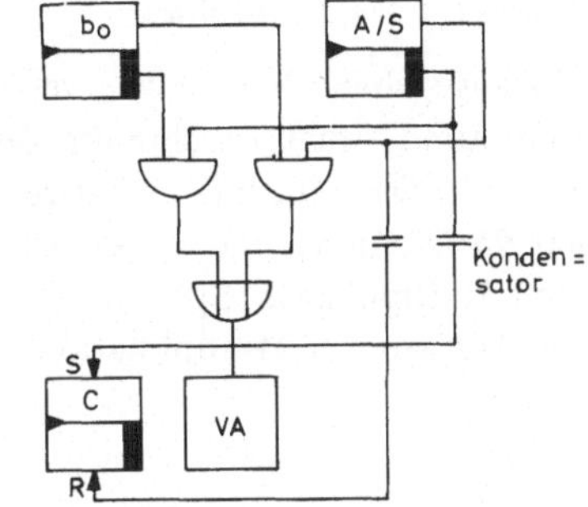

Bild 7-10. Kombinierte Addier-Subtrahierwerke
a) Parallelrechenwerk
b) Ergänzungen zu Bild 7-4 für wahlweise Addition oder Subtraktion

Serien-Addier-Subtrahierwerk mit Volladdierer

Die am wenigsten aufwendige Methode, ein Addier- und ein Subtrahierwerk zu kombinieren, ist in Bild 7-10b gezeichnet. Dieses Detail ist in Bild 7-4 einzubauen. Der Speicher A/S soll den Befehl Addiere/Subtrahiere repräsentieren. Ist der Inhalt von A/S Eins, so findet eine Addition statt, Ist der Inhalt Null, so werden die Komplemente des B-Registers ($\overline{Q}$-Ausgang) an den Volladdierer gelegt. Der C-Speicher wird Eins gesetzt, wenn der „Subtraktionsbefehl" erscheint, d.h. wenn der Speicher A/S auf 0 gesetzt wird. Damit wird die Subtraktion vollzogen.

7.7. Multiplizierwerk für Dualzahlen

Allgemeines

Das Multiplizieren kann auf eine wiederholte Addition zurückgeführt werden, wobei der Multiplikator so oft addiert wird, wie der Multiplikand angibt. Ein entsprechendes maschinelles Verfahren würde zuviel Zeit kosten. Beim schriftlichen Rechnen ist es üblich, die einzelnen Teilprodukte der Multiplikatorstellen p_i „stellenrichtig", wie es untenstehendes Zahlenbeispiel zeigt, zu addieren. Eine genaue Beschreibung der Multiplikation von Dualzahlen findet man im Anhang III. Mit einer einfachen mechanischen Tischrechenmaschine rechnet man auf diese Weise. Dieses Verfahren läßt sich mit unseren elektronischen Verknüpfungs- und Speichergliedern, aufbauend auf ein Serienaddierwerk, mit geringem Aufwand automatisieren. Natürlich kann auch das Paralleladdierwerk zugrundegelegt werden, auf welches im folgenden jedoch nicht eingegangen wird.

L	L	0	·	L	0	L
p_1		L	L	0		
p_2			0	0	0	
p_3				L	L	0
p		L	L	L	L	0

Zahlenbeispiel für die Multiplikation im Dualsystem (Dezimal: 6 x 5)

Serien-Multiplizierwerk für Dualzahlen

Das in Bild 7-11 angegebene Multiplizierwerk ist in seiner Kapazität (Stellenzahl der Faktoren) auf ein Mindestmaß beschränkt, ohne daß jedoch Wesentliches der prinzipiellen Funktionsweise fehlt. Der Multiplikand wird in ein rechtsschiebendes Ringregister A, bestehend aus den Speichern a_1 und a_0, eingelesen. In das linksschiebende Register B schreibt man den Multiplikator (Speicher b_1. b_0). Der Speicher b* hat eine organisatorische Funktion: Die vor der Multiplikation eingeschriebene 1 löst später den Stop aus.

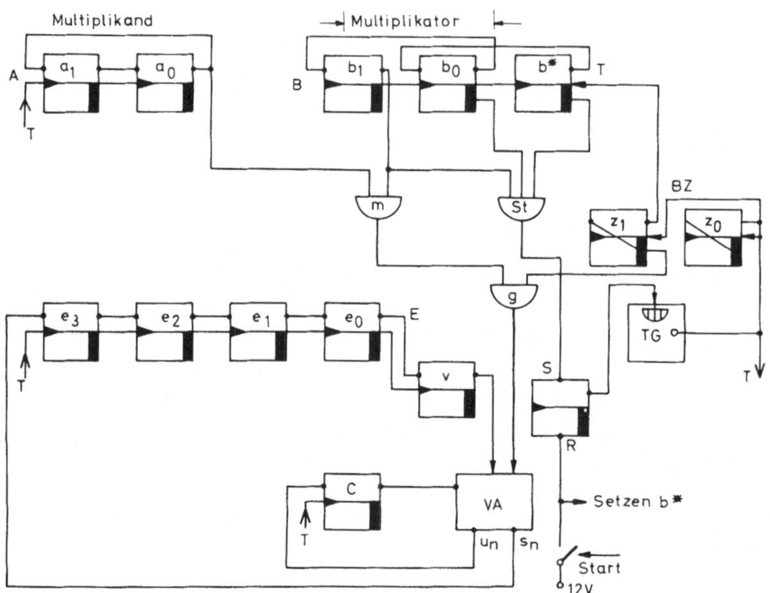

Bild 7-11. Multiplizierwerk für zweistellige Faktoren

Der Ablauf der einzelnen Rechenschritte ist aus der Datenflußtafel Bild 7-12 für das Beispiel L0 · LL zu ersehen. In den vier Takten 00 bis (1)00 wird das Teilprodukt p_1 gebildet. Es steht im Ergebnis-Register E. Die Multiplikation erfolgt in dem UND-Glied m (an dem über alle vier Takte die Multiplikatorstelle b_1 liegt) während der Takte 00 und 01. Während der nächsten zwei Takte 10 und 11 wird der Ausgang von m durch das UND-Glied g gesperrt, denn die Multiplikation darf nur über 2 Takte (Stellenzahl von Register A) laufen. Da aber das Register E vier Stellen hat (wegen der evtl. doppelten Stellenzahl des Produktes), sind insgesamt vier Schiebetakte nötig.

Das Zwischenprodukt p_2 wird in den Takten (1)01 bis (10)00 gebildet. Dabei wird p_1 hinzuaddiert, und die Stellenverschiebung von p_1 um eine Stelle nach links bewirkt der Verlängerungsspeicher v des Registers E. Beim Takt (10)00 steht das Produkt p stellenrichtig in E.

Der Endstop wird vom Register B aus veranlaßt. Nach zwei Stellenverschiebungen ist $\langle B \rangle = 100$, dies wird von UND-Glied St „erkannt" und der Taktgeber angehalten. Der

Takt BZ	Reg. A a_1	a_0	Reg. B b_1	b_0	b^*	UND-Glieder VA m	g	s_n	Register E e_3	e_2	e_1	e_0	v	Stop St
0 0	L	0	L	L	1	0	0	0	(0)	(0)	(0)	(0)	0	0
0 1	0	L	L	L	1	L	L	L	0	(0)	(0)	(0)	(0)	0
1 0	L	0	L	L	1	0	0	0	L	0	(0)	(0)	(0)	0
1 1	0	L	L	L	1	L	0	0	0	L	0	(0)	(0)	0
(1) 0 0	L	0	L	1	0	0	0	0	0	0	L	0	(0)	0
(1) 0 1	0	L	L	1	0	L	L	L	0	0	0	L	0	0
(1) 1 0	L	0	L	1	0	0	0	L	L	0	0	0	L	0
(1) 1 1	0	L	L	1	0	L	0	0	L	L	0	0	0	0
(10) 0 0	L	0	1	0	(0)	(0)	(0)	(0)	0	L	L	0	0	1

Bild 7-12. Datenflußtafel Multiplikation (Beispiele: $L0 \cdot LL$)
Register A: Ringschieberegister, Register B linksschiebend, nur bei den Takten 11 → 00. Register E mit Speicherglied v rechtsschiebend. Organisationszeichen: 0, 1. Dualziffern 0, L

Schiebetakt an das Register B wird nur zweimal während der acht Takte gegeben, und zwar immer, wenn BZ von 11 nach 00 springt (Verschwinden der 1 in z_1). Der *Befehlszähler* BZ ist ein Zähler mod 4; die Stelle 2^2 und 2^3 wird nicht benötigt, da alle Befehle, die von ihm ausgehen, periodisch sind.

Das Vorzeichen des Produktes aus den Vorzeichen der beiden Faktoren kann mit einem Kombiglied ermittelt werden, wie schon in 4.7.4. beschrieben wurde. Die Vorzeichen der Faktoren stecken in dem „Vorzeichen-Bit" der Zahl, meist wird Minus als 1 codiert.

7.8. Zusammenfassung

Wir haben den Aufbau von Rechenwerken für Dualzahlen in Computern in zwei Stufen besprochen (Beispiel Addition):

1. Bau von *Halb-* bzw. *Volladdierern,* welche zwei bzw. drei Dualziffern addieren können. Es sind *Zuordner, statische Logikmaschinen* (Kapitel 5).
2. Addition *mehr*stelliger Dualzahlen mit *sequentiellen* Rechenwerken (Kapitel 7).

Zur automatischen Ausführung von „Befehlen" haben wir *Befehlswerke* verschiedener Art konstruiert. Wichtiger Bestandteil der Befehlswerke ist der *Taktgeber,* der eine Folge von Zeitmarken festlegt. Damit jede Zeitmarke eine „Nummer" bekommt, verwendeten wir einen *„Befehlszähler"* BZ. Bestimmte Zeitmarken des BZ werden „erkannt" durch UND-Glieder. Sie geben im gewünschten Zeitmoment ein Signal ab, welches einen Befehl auslöst. Dieser Befehl kann z.B. ein Signal freigeben oder den Stop des Taktgebers verursachen. Programme mit *bedingten Befehlen* führen zu besonders interessanten Befehlswerken. Beispiele waren die des Multiplizierwerkes und des Addierwerkes II.

Viele derartige Rechenwerke sind im Computer fest als „Miniprogramme" verdrahtet. Sie sind auch der Hauptbestandteil – neben der Zeicheneingabe und -ausgabe – der elektronischen Tischrechenmaschinen, welche heute schon für rund 300,– DM erhältlich sind. Diese werden die mechanischen und elektromechanischen Rechenmaschinen bald verdrängt haben. Nun wollen wir in Kapitel 8 „echte" Programme, die der Programmierer eines Computers aufstellen und mit Lochkarten in den Computer eingeben muß, in der „hardware" realisieren.

8. Mathematische Programme

8.1. Einführung

Wir wollen jetzt den Komplexitätsgrad der Rechenwerke von Kapitel 7 um eine weitere Stufe erhöhen. Die erste Stufe war der (statische) *Volladdierer* – ein *Zuordner,* der die Summe von drei Dual*ziffern* ermittelt, – die zweite: das automatische *Rechenwerk* für einfache Rechenoperationen mit *mehrstelligen* Dualzahlen. Bei der Behandlung von Rechenwerken (7.4. . . . 7.7.) wurde auch schon von *„Programmen"* gesprochen. In der Tat bezeichnet man bei Rechenautomaten derartige fest verdrahtete Rechenwerke als *„Miniprogramme"*. Davon braucht jedoch der Programmierer nichts zu wissen: Durch die Eingabe z.B. des Symbols * läuft die Multiplikation ab, ohne daß er sich darum kümmern muß.

Auf dieser Stufe steht auch eine elektromechanische Tischrechenmaschine, bei der die vier Grundrechenarten nach Druck auf Tasten mit entsprechenden Symbolen ablaufen.

Ein Elektronenrechner, den man als *„Automaten"* bezeichnen will, muß aber einen weiteren Grad der Komplexität erreichen, er muß *programmierbar* sein, d.h. er muß eine gewünschte Folge von Operationen selbsttätig durchführen. Der Programmierer schreibt hierfür ein Programm. Die Operationsschritte werden auf Lochkarten binär verschlüsselt und der Automat „liest" sie, speichert sie und führt sie auf Abruf aus.

In diesem Kapitel sollen Befehlsfolgen von Programmen in der *„hardware"* erstellt werden, so wie auch die „Miniprogramme" von Kapitel 7 eine bestimmte Folge von Befehlen fest verdrahtet enthalten.

Es werden zwei einfache Beispiele von Programmen behandelt, zu deren Realisierung wir zusätzlich zu dem bekannten Serienaddierwerk nur wenige Verknüpfungs- und Speicherglieder benötigen.

8.2. Berechnung arithmetischer Folgen

8.2.1. Allgemeines

Die Bestimmung der Glieder einer arithmetischen Folge ist eine häufig vorkommende Aufgabe im Rechenautomaten, so die Herstellung der Folge der natürlichen Zahlen (Anfangsglied $a_1 = 1$, Differenz $d = 1$) oder der geraden ganzen Zahlen ($a_1 = 0$, $d = 2$). Für die Bestimmung der einzelnen Glieder einer gewünschten Folge mit dem Automaten muß der Programmierer ein Programm schreiben. Wir wollen ein solches Programm in der hardware *realisieren.*

Als Beispiel seien folgende Aufgaben gestellt:
Es soll gebaut werden:

1. ein Automat, der die einzelnen Glieder der Folge bestimmt,
2. ein Automat, der das n-te Glied einer Folge ermittelt.

8.2.2. Ermittlung der Glieder einer arithmetischen Folge

a) *Aufgabe*

Gegeben: Anfangsglied a_1 und Differenz d,

gesucht: die Folgenglieder $a_2, a_3 \ldots$

b) *Konstruktion des Automaten*

In Bild 8-1 ist eine Schaltung dargestellt, welche die einzelnen Folgenglieder ermittelt. Das Schieberegister AC nimmt zunächst das Anfangsglied a_1 auf und nach jedem Rechengang das jeweils nächste Folgenglied a_n, es ist also als „Akkumulator" geschaltet. Der Inhalt von AC läuft mit dem Inhalt des Registers D, welches die Differenz d enthält, über den Volladdierer VA. Da die Differenz d nicht verlorengehen darf, ist das Register D als Ringregister gebaut. Wenn das Register D kürzer als das Register AC ist, muß man dafür sorgen, daß die Addition nur für soviele Takte läuft, wie das Register D Stellen hat. In Bild 8-1 ist daher ein UND-Glied B zwischen D und VA geschaltet, welches von dem Befehlszähler BZ ein Freigabesignal F erhält. Bei dem zweistelligen Register D darf F das Gatter B nur für zwei Takte öffnen. Man kann das F-Signal vom Ausgang $\overline{z}$ des Befehlszählers BZ entnehmen.

Der Taktgeber TG wird über das UND-Glied St1 bei der Stellung 00 des BZ gestoppt. Die Aufhebung des Stops ist gleichbedeutend mit „Start" und erfolgt bei Betätigung der M-Taste des Taktgebers. Nach 4 Takten stoppt der Automat und zeigt das nächste Folgenglied im Register AC an.

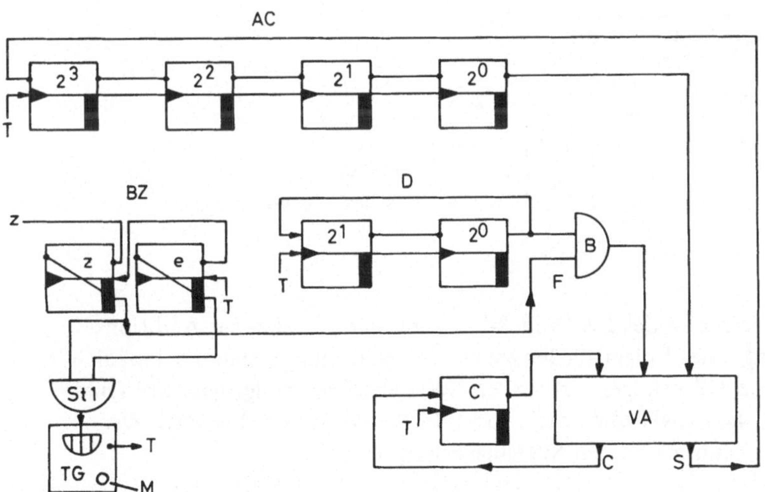

Bild 8-1. Automat zur Bestimmung der Glieder einer Folge

c) Ein Rechenautomat kann leicht so programmiert werden, daß er die Glieder der Folge, die wir bei dem Automaten nach Bild 8-1 einzeln abrufen müssen, ausdruckt oder für einen bestimmten Befehlsablauf, z.B. in einem „Indexregister", zur Verfügung stellt.

8.2.3. Ermittlung des n-ten Gliedes einer arithmetischen Folge

a) *Aufgabe*

Gegeben: Anfangsglied a_1,
Differenz d,
Nummer n des Folgengliedes

gesucht: n-tes Folgenglied a_n

b) *Konstruktion des Automaten*

Den Automaten von Bild 8-1 erweitern wir mit einem „*Gliederzähler*" GZ, welcher bis zur Nummer n läuft und dann erst den Stop des Programms veranlaßt. Man kann den Zähler als Aufwärtszähler bauen und durch ein UND-Glied feststellen lassen, wann n erreicht ist. Dann muß man für jedes n das UND-Glied neu schalten. Besser ist es, wenn wir den Zähler GZ so konstruieren, daß die Zahl n eingelesen werden kann und der Zähler bis Null *zurück*läuft. Bei Null wird der Stop ausgelöst. Bild 8-2 gibt die Schaltung für einen so konstruierten Gliederzähler GZ. Er erhält seinen

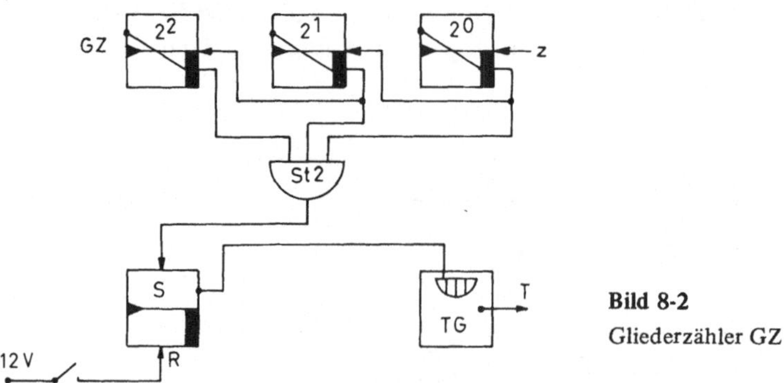

Bild 8-2
Gliederzähler GZ

Zähltakt von dem Speicher z des BZ (Bild 8-1). Wenn nämlich die vier Additionstakte zur Bestimmung eines Folgengliedes abgelaufen sind, muß genau der Befehl zum Zurückzählen von GZ erfolgen. Ist GZ bis 000 gelaufen, erfolgt über St2 (Bild 8-2) der Stop-Befehl. Das UND-Glied St1 von Bild 8-1 wird nicht benötigt. Der Start des Automaten kann über einen Speicher S ausgelöst werden.

8.2.4. Aufstellung eines Flußdiagrammes (Befehlsablaufplan)

In Kapitel 7 wurde bereits ein „Flußdiagramm" (genauer: ein *Programmablaufplan)* eingeführt. Hier soll ein Flußdiagramm für eine *Befehlsfolge* entwickelt werden, welche ein Automat (in der hardware) realisieren soll. Wir wollen dieses spezielle Flußdiagramm einen „*Befehlsablaufplan*" nennen.

Die Aufgabe von 8.2.3.a erfordert den Ablauf von Schleifen. Die einzelnen Schritte (Befehle) sind:

0) Dateneingabe: In das Parallelogramm werden die Werte, welche vorgegeben werden sollen (Aufgabe!), eingetragen.
1) Die erste Operation ist die Bestimmung des Folgengliedes a_2 durch Addition der Differenz d zum Anfangsglied a_1.

   Wir lesen den Text des Kästchens 1 wie folgt:

   „Zum Inhalt des Akkumulators AC ist der Inhalt des Registers D zu addieren und die Summe im Akkumulator zu speichern."
2) Der Gliederzähler GZ soll um Eins zurückzählen: „Der um Eins verminderte Inhalt des GZ ist im GZ abzuspeichern."
3) Abfrage: „Ist der Inhalt des GZ = 0? "

   Wenn nein: Zurück zu Befehl 1!

   Wenn ja: Stop!

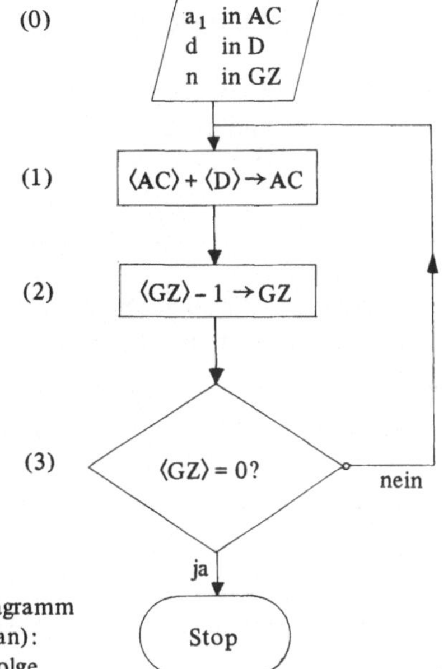

Bild 8-3. Flußdiagramm (Befehlsablaufplan): Arithmetische Folge

Diese Operationsschritte sind in dem Automaten nach Bild 8-1 und 8-2 wie folgt realisiert worden:

0) Die Daten a_1, d und n werden in den Automaten (d.h. in die Register AC und D sowie in den Zähler GZ) eingelesen.
1) Der Volladdierer VA bestimmt Dualstelle für Dualstelle die Summenziffern und das Ergebnis läuft in den Akkumulator.
2) GZ ist als Dualzähler ausgebildet und bekommt nach jeder vollendeten Addition, d.h. nach vier Takten des BZ, einen Zählimpuls, der die „Subtraktion" ausführt.
3) Die Wiederholung des Programmes, d.h. der Rücksprung zu Befehl (1) erfolgt automatisch, da der Befehlszähler BZ ein Zähler mod 4 ist und nach vier Takten wieder in die Ausgangsstellung zurückkehrt. Allerdings ist dieses Zurückkehren an eine Bedingung geknüpft *(Bedingter Befehl, logical if):* Wenn der GZ bis 0 zurückgezählt hat, so wird dies von dem UND-Glied St „erkannt" und der Stop des Programmes ausgelöst.

Wir können an diesem Beispiel erkennen, wie einfach in der elektronischen Technik ein *bedingter Befehl* verwirklicht werden kann. Der Pionier des Rechenautomatengedankens, Babbage, hatte auch schon die Bedeutung des bedingten Befehls erkannt, konnte jedoch sein Projekt nicht realisieren, da ihm nur mechanische Konstruktionselemente zur Verfügung standen und mit diesen der Aufwand zu hoch ist [Zu].

8.3. Bestimmung der Periodenlänge einer Ziffernfolge. Problem 302 („P 302")

8.3.1. Problemstellung

a) Die *Aufgabe „P 302"* [1]) lautet:

„Gegeben sind 10 Ziffern $z_1, z_2, \ldots z_{10}$ (Anzahl der Ziffern des Anfangsabschnittes k = 10). Diese Folge wird nach dem Gesetz

$$z_n = z_{n-10} + z_{n-9} \pmod{10} \text{ für } n > 10 \quad (n \in \mathbb{N})$$

fortgesetzt. Die so definierte Folge ist sofortperiodisch; gesucht wird eine möglichst genaue Abschätzung der maximalen Periodenlänge p_{10}; letztere ist sicher $\leqslant 10^{10}$".

b) Wir wollen einerseits die *Aufgabe erweitern* und die Periodenlänge nicht nur abschätzen, sondern genau bestimmen, und zwar für verschiedene Längen k des Anfangsabschnittes. Andererseits soll das Problem *vereinfacht* werden, indem wir nicht die Ziffern mod 10, sondern nur mod 2 oder 3 wählen.

c) An einem *Beispiel* soll das Problem erläutert werden:

Aufgabe: Der Anfangsabschnitt AA hat 3 Glieder und zwar 0, 0, 1. Die Glieder der Folge sind mod 3 zu berechnen. Das Gesetz lautet also:

$$z_n = z_{n-3} + z_{n-2} \pmod{3} \text{ für } n > 3.$$

Die Folge lautet:

```
0 0 1 0 1 1 1 2 2 0 1 2 1 0 0 1
|-----|                   |-----|
  AA                        AA'
|<----------- p₃³ -------->|
```

Die Periodenlänge p_3^3 (oberer Index: Länge des Anfangsabschnittes k = 3, unterer Index: modul m = 3) ist 13, da sich die Folge nach 13 Gliedern wiederholt.

Dies ist aber nicht die einzige Folge, welche sich nach diesem Gesetz bilden läßt. Wenn man beispielsweise den Anfangsabschnitt 2, 2, 2 wählt, ergibt sich die Folge:

```
2 2 2 1 1 0 2 1 2 0 0 2 0 2 2 2
|-----|                   |-----|
  AA                        AA'
|<----------- p₃³* ------->|
```

---

[1]) Aus „Praxis der Mathematik" 9, 1967, Heft 6 und Heft 10 (S. 281).

d) *Abschätzung der maximalen Periodenlänge*

In der Problemstellung (8.3.1.a) ist angegeben, daß die Periodenlänge sicher $\leqslant 10^{10}$ ist. Wie kommt diese Abschätzung zustande? In dem obigen Beispiel mit k = 3 und m = 3 sind aus der aufgeschriebenen Folge 14 Abschnitte mit 3 Ziffern zu entnehmen: der erste Abschnitt ist 2,2,2, der zweite 2,2,1, und der 14. ist wieder 2,2,2. Die einzelnen Abschnitte sind *Variationen* mit Wiederholung von den drei Elementen 0, 1 und 2 (wegen modulo 3) zur 3. Klasse (Länge des Abschnittes k). Nach der Kombinatorik ist die Anzahl v der Variationen m.W. von m Elementen zur k. Klasse $v = m^k$ (vgl. z.B. [Wz]).Die Periodenlänge kann also höchstens m^k sein, in unserem Beispiel $3^3 = 27$. In den beiden oben aufgeschriebenen Folgen sind 26 dieser Variationen enthalten, die 27. ist 0,0,0.

e) Die folgende Tabelle (Bild 8-4) gibt die mit dem SIMULOG bestimmten Periodenlängen p_m^k für m = 2 . . . 6. Die letzte Spalte p_{10}^k wurde *errechnet,* und zwar nach dem Gesetz [Rö]:

$$p_{10}^k = \mathrm{kgV}(p_5, p_2)$$

Die maximale Periodenlänge p_{10}^k ist also das kleinste gemeinschaftliche Vielfache der p_5^k und p_2^k.

k	p_2^k	p_3^k	p_5^k	p_6^k	p_{10}^k
2	3	7	20	24	60
3	7	13	24	91	168
4	15	80	312	240	1560
5	21	121	781	2541	16401
6	63	728	3124	6552	196812
7	127	968	5208	122936	661416
8	63	3146	2232	198198	15624
9	73	728	121836	53144	8894028
10	889	1640	1953124	1457960	1736327236

Bild 8-4. Maximale Periodenlängen p_m^k (mod m, Anfangsabschnitt aus k Ziffern)

Die Periodenlängen für mod 4 sind: $p_4^k = 2 \cdot p_2^k$ und für mod 9: $p_9^k = 2 \cdot p_3^k$.

8.3.2. Flußdiagramm (Befehlsablaufplan)

Bevor wir an die Planung des Automaten gehen, der P 302 lösen soll, wollen wir uns in die Lage eines Programmierers versetzen und ein Flußdiagramm erstellen. Hierzu müssen wir zunächst die einzelnen Schritte verbal beschreiben, dann formalisieren und in einem Flußdiagramm ordnen. Die einzelnen Schritte zur Lösung der Aufgabe sind folgende (dabei verwenden wir das Zahlenbeispiel von 8.3.1.c):

(0) Aufschreiben des Anfangsabschnittes AA (z_1, z_2, z_3): 0, 0, 1

(1) Berechnung des 4. Folgengliedes $(z_4 = z_1 + z_2)$: 0 + 0 = 0

(2) Umrechnung des Ergebnisses mod 2: 0 (mod 2) = 0

(3) Das wievielte Folgenglied ist bestimmt worden? : das Vierte.

(4) Aufschreiben des neu entstandenen Folgenabschnittes unter Vernachlässigung des ersten Folgengliedes: 0, 1, 0

(5) Wir vergleichen, ob der neu entstandene Folgenabschnitt gleich AA ist: 0, 1, 0 = 0, 0, 1? Nein! Wegen „nein" wird weitergerechnet

(1')Berechnung des 5. Folgengliedes (z_5)

Nun werden die gleichen Schritte wie oben durchlaufen. Bei (3) wird zu der Nummer des vorhergehenden Folgengliedes eine 1 addiert. Beim 5. Schritt ist eine „Entscheidung" zu fällen, welche zur Weiterführung oder Beendigung der Berechnung führt. Wir haben wie in 8.2.4. ein Programm mit einer *Schleife.* Die Periodenlänge p findet man, wenn von der Nummer n des letzten Folgengliedes (im Beispiel ist n = 16) die Länge des Anfangsabschnittes (hier 3) subtrahiert wird (16 – 3 = 13).

Der Befehlsablaufplan ist in Bild 8-5 konsequent so geschrieben, daß nur Inhalte von Speicherzellen (Register) oder Speichergliedern erscheinen und keine Zahlen. Lediglich bei Schritt (0), der Dateneingabe, stehen Zahlen, mit denen Speicher zu belegen sind. Auch die Eins, die zum Inhalt des „Nummern-Zählers" NZ (Bild 8-6) nach jeder Berechnung eines Folgengliedes addiert werden muß, wird in einem Speicher (X) gespeichert (vgl. Bild 8-5).

(0) Einlesen des Anfangsabschnittes 0, 0, 1 in die Speicher A_1, A_2, A_3.
Einlesen der Ziffern 0 und 1 in die Speicher Y und X. In den Speicher M wird der gewünschte Modul 3 eingelesen und in den Speicher NZ, in dem die Nummer des berechneten Folgengliedes stehen soll, wird 0 eingelesen.

(1) Die Summe S der Speicherinhalte von A_1 und A_2 wird berechnet.

(2*) Prüfung, ob $S \geqslant 3$.
Wenn ja, muß von S der Inhalt des Speichers M (Modul m) abgezogen werden. Das Ergebnis in A_4 abspeichern. Wenn nein: S in Speicher A_4 abspeichern.

(3) Zum Inhalt des Nummernzählers NZ wird der Inhalt des Speichers X (also 1) addiert.

(4) Es werden die Inhalte der Speicher A_4, A_3, A_2 in die Speicher A_3, A_2, A_1 verschoben. (In Bild 8-6 ist A_4 der „Vorspeicher" von A_3, nämlich die Kondensatoren in dem Flipflop A_3(vgl. 6.4.1.)).

(5) Abfrage, ob der Inhalt von A_1, A_2, A_3 gleich dem Anfangsabschnitt 0, 0, 1 ist. (Diese Werte sind in den Speichern Y und X abgespeichert).

Bei dem Automaten nach Bild 8-6 sind die Speicher Y, X und M nicht vorhanden. Sie werden nicht benötigt, weil der Vergleich (2*) und (5) durch einen Zuordner bewerkstelligt wird und weil NZ ein Zähler ist, der automatisch bei einem Zählsignal um Eins hochzählt.

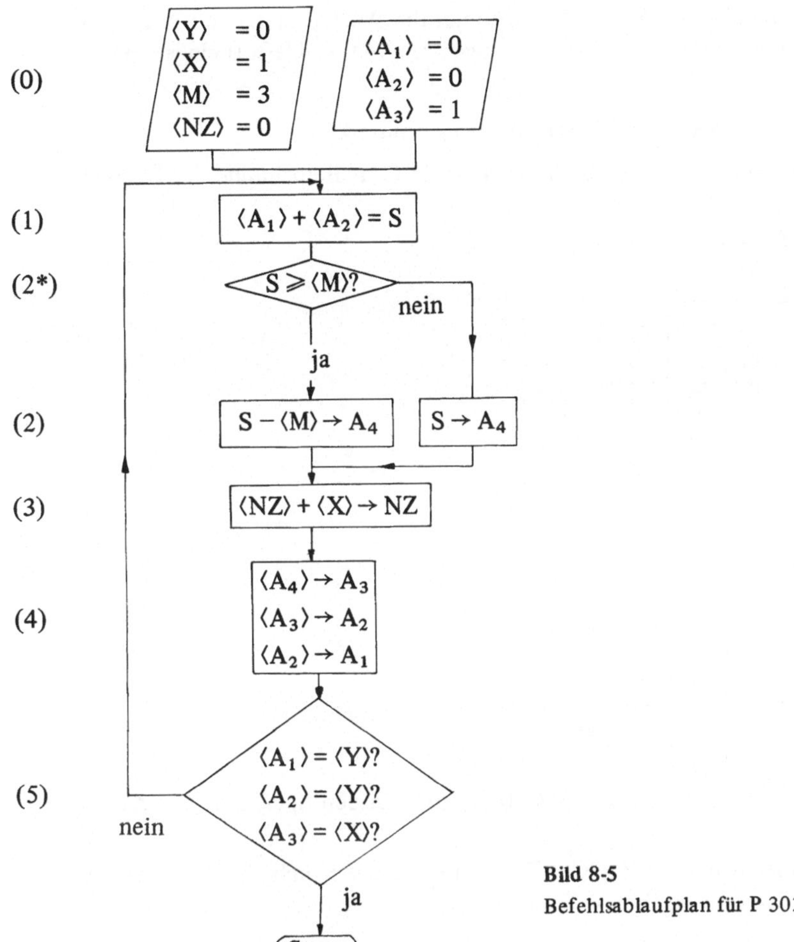

Bild 8-5
Befehlsablaufplan für P 302

Für die Bestimmung der Periodenlängen mit dem nun zu konstruierenden Automaten läßt man den Nummernzähler NZ besser wie folgt zählen: NZ beginnt die Zählung mit dem ersten zu bestimmenden Folgenglied und beendet sie mit dem letzten Glied des wiederholten Anfangsabschnittes AA'. Er bestimmt also gemäß folgendem Beispiel nicht p_2^3, sondern $p_2^{3'}$:

```
|—AA—|          |—AA'—|
|0 0 1| 0 1 1 1 |0 0 1
|—— p₂³ ————————|
     |———————— p₂³' ——|
```

Denn erst *nach* Ablauf von AA' hat der Automat die Wiederholung von AA erkannt. Daher wird zu Beginn in NZ nicht 3 (die Länge von AA), sondern 0 eingelesen.

8.3.3. Automat zur Berechnung der Periodenlängen mod 2 [1])

a) *Aufgabe:* Gegeben der Anfangsabschnitt AA = 0, 0, 1. Berechnung der Periodenlänge p^3 mod 2.

b) *Konstruktion des Automaten (Bild 8-6):*

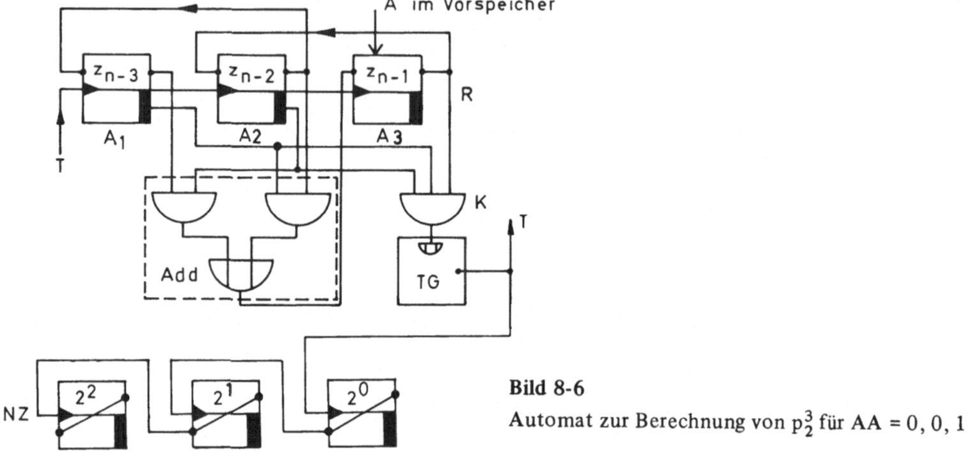

Bild 8-6
Automat zur Berechnung von p_2^3 für AA = 0, 0, 1

Der Anfangsabschnitt AA (z_1, z_2, z_3 = 0, 0, 1) steht in den Speichern A_1, A_2, A_3 also $\langle A_1 \rangle = z_1$ usw.

Diese sind als linksschiebendes Register R verbunden. Das Kombiglied Add addiert z_{n-3} und z_{n-2}. Die sich ergebende Summe

$$s = (z_{n-3} \wedge \overline{z_{n-2}}) \vee (\overline{z_{n-3}} \wedge z_{n-2})$$

ist mod 2 reduziert, indem der „Übertrag" vernachlässigt wird. (Dieser hätte mit einem weiteren UND-Glied ermittelt werden müssen). Am Vorbereitungseingang von A_3 liegt der Ausgang des Addierers Add. Beim ersten Taktsignal übernimmt:

Speicher A_1 den Inhalt von A_2,
A_2 den von A_3,
A_3 die Summe mod 2 von Add.

Der Inhalt von A_1 (also z_1) geht verloren.

Nach dem ersten Takt stehen also das 2., 3. und 4. Glied der Folge (0, 1, 0) im Register R. Das erste Glied z_1 benötigen wir nicht mehr. Für die Kontrolle, ob

---

1) Anregung zum Bau dieser Automaten gab OStR Schorn, Kaufbeuren (persönl. Mitteilung).

der neu entstandene Folgenabschnitt gleich AA ist, genügt das Kontrollglied K (UND-Glied), welches bei dem Speicherinhalt 0, 0, 1 ein Eins-Signal gibt und damit den Stop auslöst. Das Taktsignal dient außerdem als Zählsignal für den Nummern-Zähler NZ (ein Dualzähler).

Wir haben in unserem Automaten von Bild 8-6 alle *Programmschritte von Bild 8-5 realisiert:*

0) In die Speicher A_n wird der Anfangsabschnitt AA eingelesen (0, 0, 1). Der Nummernzähler NZ wird 0 gesetzt.
1) Die Berechnung des neuen Folgegliedes durch Kombi-Glied Add.
2) Die Umrechnung mod 2 ist hier einfach als Vernachlässigung der Ziffer der Dualstelle von 2^1 in der Summe realisiert (vgl. aber 8.3.4., dort werden Umsetzer benötigt).
3) Bestimmung der Nummern n des Folgengliedes durch Nummernzähler NZ. Wie oben beim Flußdiagramm erläutert, lassen wir jedoch den NZ immer n minus Länge des Anfangsabschnittes (hier: 3) anzeigen, d.h. unmittelbar die Periodenlänge, die bis dahin errechnet ist.
4) Den neu errechneten Folgenabschnitt in die Speicher einschreiben (Schieberegister).
5) Folgenabschnitte vergleichen: Neuer Folgenabschnitt gleich dem Anfangsabschnitt AA? Prüfung durch UND-Glied K. Wenn ja: Stopsignal an Taktgeber.

Man wird überrascht sein, wie wenig technischen Aufwand das relativ umfangreiche Flußdiagramm (Bild 8-5) erfordert! Natürlich wird es mit größerem k und größerem Modul m komplizierter. Dennoch ließ sich die Tabelle bis mod 7 und k = 10 noch mit dem SIMULOG bestimmen (Aufwand bis zu etwa 50 Speicher- und Verknüpfungsglieder) [1]).

8.3.4. Automat zur Berechnung der Periodenlängen mod 3

a) *Aufgabe:* Gegeben AA = 0, 0, 1. Gesucht: p_3^3.

b) *Konstruktion des Automaten*

Die Speicher für die Folgenglieder z_n:

Die Dezimalzahlen 0, 1 und 2 müssen dual codiert werden: 00, 0L, L0. Für jede Zahl sind daher zwei Speicher nötig: A_n und A'_n.

---

1) Die Zahlenwerte in der Tabelle von Bild 8-4 sind von dem „Jugend-forscht"-Team 1971 Gerckardt-Jacob-Pawlik aus Worms mit einem Automaten nach dem Prinzip von Bild 8-7 ermittelt worden und damit wurden die z.T. vorher nur errechneten Werte (insbesondere mod 10) bestätigt.

Der Computer lief zur Bestimmung der 10-stelligen Dezimalzahl für p_{10}^{10} (1,7 · 10^9) etwa 28 Minuten, und zwar mit 1 MHz. In einer Mikrosekunde lief dabei die Addition der beiden Ziffern, die Umrechnung mod 10, das Schieben in den Registern und die Abfrage („Ist die Anfangsfolge erreicht? ") ab.

Das *Addierwerk* besteht aus einem Halb- und einem Volladdierer als Parallelrechenwerk (vgl. 7.3). Die Summe s kann als Dualzahl dreistellig sein bis L00:

$$s = (s_v, s_z, s_e)$$

Die Reduktion mod 3 besorgt ein Zuordner, für den wir etwa sieben Verknüpfungsglieder brauchen (vgl. 5.8.).

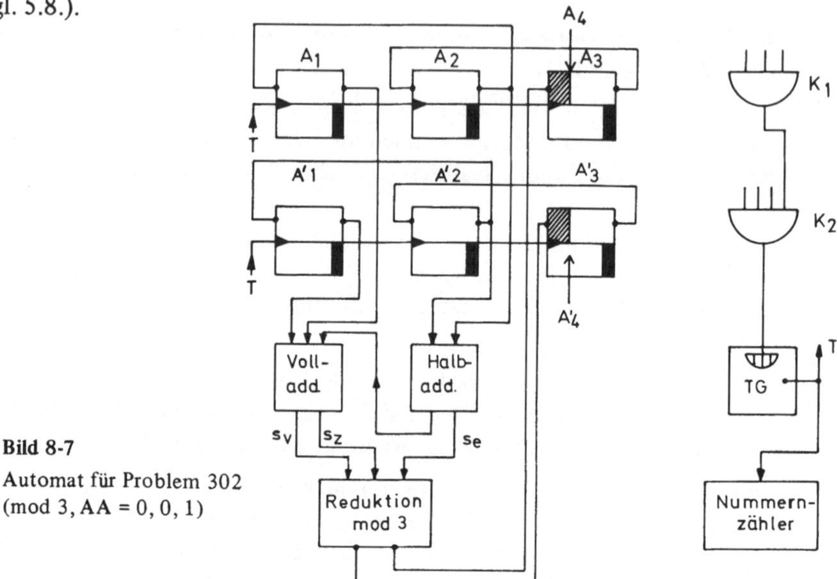

Bild 8-7
Automat für Problem 302
(mod 3, AA = 0, 0, 1)

8.4. Zusammenfassung und Ausblick

Mit dem Kapitel 8 sollen die Anwendungsbeispiele des Computers für die *numerische Datenverarbeitung* abgeschlossen werden. Wir waren von den *statischen* Booleschen Maschinen für arithmetische Operationen (z.B. Volladdierer) in Kapitel 5 über die *sequentiellen* Rechenwerke (z.B. Serienaddierwerk) in Kapitel 7 schließlich zu der Realisierung kleiner mathematischer *Programme* gekommen.

Wir haben in diesem Kapitel Computer für derartige Programme in der „*hardware*" aufgebaut. Solange in einem großen Computer ein solches Programm abläuft, ist er nicht mehr wert als unsere kleinen „Computer", die für ein Programm fixiert sind.

Wenn der Programmierer mit Lochkarten ein Programm in den Computer gibt, so wird dieses zunächst in Form von verschlüsselten Signalen in einem Speicher abgelegt. Die einzelnen Programmschritte werden dann zur Ausführung in das Leitwerk abgerufen. In Band II soll erläutert werden, wie man durch Erweiterungen unserer Speicher- und Verknüpfungsglieder von 4.3.9 einen *speicherprogrammierten Computer* aufbauen kann.

In den folgenden Kapiteln wollen wir uns mit der *nichtnumerischen* Datenverarbeitung befassen. Als Beispiele behandeln wir Logikautomaten, spielende und musizierende Automaten sowie die „lernenden" kybernetischen Modelle.

9. Logikautomaten (Sequentielle Logikmaschinen)

9.1. Einführung. Die nichtnumerische Datenverarbeitung durch Computer

In den bisherigen Kapiteln haben wir uns – abgesehen von einigen spielerischen Anwendungen in Kapitel 4 – nur mit der *numerischen Datenverarbeitung* befaßt, d.h. es wurden lediglich die arithmetischen Operationen angewendet. Dabei konnten wir bereits erkennen, welchen großen Fortschritt die Rechen*automaten* gegenüber den Rechen*maschinen* gebracht haben: Der Automat kann ganze Folgen von Operationen einschließlich Schleifen für Iterationen usw. durchführen. Damit haben wir aber erst *einen* Bereich von Möglichkeiten des Rechenautomaten erfaßt. Ein weiteres Anwendungsfeld scheint dem ersten nicht nachzustehen: die *„Nichtnumerische Informationsverarbeitung"*. In einem Buch mit diesem Titel (509 Seiten), herausgegeben von R. Gunzenhäuser [Gu], sind Beiträge von 27 Fachreferenten zusammengestellt, welche eine erste Einführung mit vielen Literaturangaben über die nichtnumerische Datenverarbeitung geben. Einige davon sollen genannt werden:

Umformung von algebraischen Ausdrücken, auch von Booleschen Termen.

Sprachübersetzung, Dokumentation, Wiederauffinden von Literaturstellen bestimmten Inhalts.

Planung und Überwachung von Projekten, Erstellung von Stundenplänen.

Simulationsmodelle der soziologischen Forschung, von Nachrichtenvermittlungssystemen, des Straßenverkehrs.

Verkehrssteuerung, Werkmaschinensteuerung, Fertigungssteuerung.

Analyse von Sprachen, Stilanalyse.

Automatische Briefsortierung.

Erkennung und Erzeugung von Zeichenmustern.

Erzeugung „ästhetischer Objekte" (Bild, Komposition, Gedicht).

Lehrautomaten, Darbietung von Lehrprogrammen.

Der Automat als Spielpartner bis zum Schachspiel.

Biologisch-kybernetische Modelle.

Mit einfachen Mitteln lassen sich grundlegende Prinzipien der nichtnumerischen Datenverarbeitung zeigen. Mit den in 4.3.9. genannten Verknüpfungs- und Speichergliedern sollen Beispiele aus vier Bereichen gegeben werden: Aussagenlogische Aufgaben (Kapitel 9), der Automat als Spielpartner und als musizierender Automat (Kapitel 10), Biologisch-kybernetische Modelle (Kapitel 11) und Anwendungen in der Technik (Kapitel 12).

9.2. Abgrenzung Logikmaschine-Logikautomat

In Kapitel 4 wurden Logik-*Maschinen* behandelt. Sie genügen der Definition der Booleschen *„Maschine"* („Zuordner"): Die Maschine realisiert die Wahrheitsfunktion. Wenn die Eingangsvariablen mit Werten belegt werden, so bestimmt die Maschine die zugehörigen Funktionswerte.

Der *Automat* als sequentielle Maschine muß selbsttätig die Folge 2^n Wertebelegungen (Wertetupel) für n Variable herstellen und kann damit die Wertetafel einer Logikfunktion durchlaufen. Weiterhin muß er die Wertetupel, die zur Lösungsmenge gehören, d.h. denen der Wert *w* der Wertemenge zugeordnet ist, anzeigen.

Wir werden in diesem Kapitel zunächst versuchen, die Logikaufgaben, welche in der Literatur zu finden sind, in eine Ordnung zu bringen (9.3.). Es lassen sich im wesentlichen drei Typen von Logikaufgaben unterscheiden, deren Lösungswege verschieden sind. Entsprechend sind auch die Konstruktionsprinzipien der zugehörigen Automaten verschieden.

Dann behandeln wir in 9.4. die verschiedenen Lösungswege für den „Typ I" der Logikaufgaben. Der für die Maschine brauchbare Weg wird zur Konstruktion des Logikautomaten verwendet.

Ebenso gehen wir bei den anderen Typen der Logikaufgaben in 9.5. und 9.6. vor.

9.3. Klassifizierung von Logikaufgaben

9.3.1. Allgemeines

In der Literatur (z.B. [A2], [Wh], [Ca], [Zw], [Ph]) findet man eine große Anzahl von Logikaufgaben, die sich nach ihrem Lösungsweg in verschiedene Typen einteilen lassen:

I. „Bedingungen erfüllen"
II. Tautologien prüfen und Kettenschlußaufgaben
III. Zuordnungsaufgaben

9.3.2. Logikaufgaben Typ I. „Bedingungen erfüllen"

Es sind verschiedene Bedingungen (Prämissen) gegeben. Die Formalisierung der Prämisse ergibt einen komplizierten Term, der Wahrheitsvariable und die Verknüpfungszeichen der Aussagenlogik enthält. Diesem Term kann man i.a. nicht sofort ablesen, bei welcher Wahrheitswertbelegung seiner Eingangsvariablen er den Wert „wahr" annimmt. Er muß daher in einen einfachen, äquivalenten Term umgeformt werden.

Beispiel: Fernsehproblem [*Zi*]

Prämissen (hier allerdings in einer Abwandlung, die der FORTRAN-Programmierung im Abschnitt 9.7. entspricht):

1) Wenn Bruno fernsieht, dann will auch Carl fernsehen.
2) Wenn Emil nicht fernsieht, will Fritz fernsehen.
3) Wenn Carl fernsieht, will Dora nicht fernsehen.
4) Emil und Dora wollen beide zusammen oder beide nicht fernsehen.
5) Wenn Fritz fernsieht, wollen Bruno und Emil fernsehen.

Frage: Wer darf fernsehen, ohne eine der Prämissen zu verletzen?

In [Wh] stehen viele derartige Aufgaben. Manche „Denksportaufgaben" gehören zu diesem Typ von Logikaufgaben. In der Schule braucht man um Aufgaben nicht verlegen zu sein, denn sie werden von Schülern am liebsten selbst erfunden.

9.3.3. Logikaufgaben Typ II: Tautologien prüfen, Kettenschlußaufgaben:

Die Gesetze der Aussagenlogik (vgl. Anhang I.1.) sind Tautologien. Sie sind in die Klasse der formal wahren Aussageformen einzuordnen. Ihre Wahrheitsterme gehören zur Funktion f_r^n mit $r = 2^{2^n} - 1$ (vgl. 2.6.). Zu den Schlußregeln gehört insbesondere der *„modus barbara"*[1])

$$(P \rightarrow Q) \wedge (Q \rightarrow R) \Rightarrow P \rightarrow R,$$

ein einfacher „Kettenschluß"; es ist eine Aussage über Aussagen. Es gibt nun eine Fülle von Aufgaben, bei denen der Vorterm der Implikation als eine Kette von Subjunktionen gegeben ist und der Nachterm[2]) gesucht wird *(Kettenschlußaufgaben).*

Beispiel aus [Wh]: „Hechtaufgabe"

Prämissen:

1) Ein Hecht ist ein Fisch.
2) Wenn ein Tier ein Fisch ist, schwimmt es gut.
3) Ein Tier ist plump, wenn es nicht gut schwimmt.
4) Alle Tiere sind plump oder wendig.

Frage: Welchen Schluß kann man aus diesen Prämissen ziehen?

Man erkennt, daß eine Subjunktion (Wenn-dann-Verknüpfung) in verschiedener Weise sprachlich formuliert werden kann; so läßt sich die Subjunktion auch durch „oder" ausdrücken (Prämisse 4).

In [Ca] finden wir etwa 60 dieser Aufgaben mit lustigem Text, weitere Aufgaben in [Wh].

9.3.4. Logikaufgaben Typ III: Zuordnungsaufgaben

Bei diesem Aufgabentyp müssen Elemente aus verschiedenen Mengen einander zugeordnet werden. Über die Beziehungen zwischen den Elementen werden einige Aussagen (Prämissen) gemacht.

---

1) Andere Schreibweise:
$$\begin{array}{l} P \rightarrow Q \\ \underline{Q \rightarrow R} \\ P \rightarrow R \end{array}$$

2) Vor- bzw. Nachterm heißen die Terme vor bzw. hinter dem Implikationspfeil $\Rightarrow$. Andere Bezeichnungen in der Literatur sind: Prämisse-Konklusion [Wh], Implikans – Implikat [Lo].

Beispiel 1: Das „*Krawattenproblem*" ist eine sehr einfache Aufgabe dieser Art, bei der je drei Elemente aus zwei Mengen einander zugeordnet werden müssen: Die Herren Braun, Grün und Schwarz stehen beieinander. Da stellt Herr Braun fest, daß alle Herren Krawatten von der Farbe der Namen der drei Herren tragen, aber niemand die Farbe seines eigenen Namens trägt. „Tatsächlich" antwortet der Herr mit der grünen Krawatte.

Beispiel 2 (aus [Hi]), Text verkürzt:

Drei Personen: A, B, C; drei Autotypen: M, N, O; drei Städte: E, F, G.

Prämissen:

1) A kauft seinen Wagen in E
2) C kauft einen M
3) Der O wird in G gekauft

Frage: Wird der N in F gekauft? Welchen Autotyp kauft Herr B?

Die Aussagen über die Beziehungen zwischen den Elementen brauchen nicht nur „*Ausschließungen*" und „*Zuordnungen*" zu sein, sondern können auch z.B. Subjunktionen sein, wie in vielen Zuordnungsaufgaben aus [Wy], z.B. kann eine Prämisse lauten:

„Wenn A nicht den Beruf x hat, dann hat C den Beruf y" . . .

Eine der schwierigsten Aufgaben vom Zuordnungstyp ist wohl:

„*Wem gehört das Zebra*"[1]), welche auch noch in Abwandlungen
„Wer hat die Seeschlange an Bord" und
„Wie alt ist der Kapitän" veröffentlicht wurde.

In diesen Aufgaben müssen die Zuordnungen von je fünf Elementen aus sechs Mengen gefunden werden.

9.4. Logikaufgaben Typ I „Bedingungen erfüllen"

9.4.1. Allgemeines

An zwei Aufgabenbeispielen sollen die Lösungswege und die Konstruktion der Logikautomaten diskutiert werden. Wir wählen einfache Problemstellungen, welche vielleicht etwas trivial erscheinen, weil nur drei Eingangsvariablen darin vorkommen. Auf diese Weise können wir aber ohne viel Aufwand die vollständige Wertetafel diskutieren. Es kommt hier nur darauf an, an den Beispielen den aussagenalgebraischen Hintergrund und die Konstruktion des Automaten streng zu entwickeln.

---

1) Aus „Das Beste aus Readers Digest" Nr. 8, 1963, S. 62.

Problem 1. (Eine Verkürzung des *„Fernsehproblems“* [Zi] auf 3 Variable). Die drei Familienmitglieder **A**ndreas, **B**erti und **C**äcilie sehen gerne fern, aber nur unter folgenden Bedingungen:

1. Wenn A fernsieht, dann will auch B fernsehen.
2. B und C wollen nicht gemeinsam fernsehen, aber mindestens einer von ihnen. (Andere Formulierung: Entweder B oder C will fernsehen).
3. Wenn B fernsieht, dann will es auch A und C gemeinsam.

Problem 2. *„Vorschrift für einen Speiseplan“* (aus [Wh], Text verkürzt). Der junge Ehemann gab seiner Frau folgende verwirrende Vorschrift:

1. Wenn es kein **B**rot gibt, dann möchte er **E**is als Nachtisch.
2. Wenn es **B**rot und **E**is gibt, dann dürfen keine **s**auren Gurken auf den Tisch.
3. Wenn es saure Gurken oder nicht **B**rot gibt, dann möchte er kein **E**is.

Die zu den beiden Problemen gehörigen Wahrheitsterme sind:

1′) $(a \to b) \wedge ((b \wedge \bar{c}) \vee (\bar{b} \wedge c)) \wedge (b \to (a \wedge c))$

2′) $(\bar{b} \to e) \wedge ((b \wedge e) \to \bar{s}) \wedge ((s \vee \bar{b}) \to \bar{e})$

Mit $x \to y = \bar{x} \vee y$ ergibt sich

1) $(\bar{a} \vee b) \wedge ((b \wedge \bar{c}) \vee (\bar{b} \wedge c)) \wedge (\bar{b} \vee (a \wedge c))$

2) $(b \vee e) \wedge (\overline{b \wedge e} \vee \bar{s}) \wedge (\overline{s \vee \bar{b}} \vee \bar{e})$

9.4.2. Lösungswege für Logikaufgaben Typ I („Bedingungen erfüllen“)

Die Aufgabenstellung besteht darin, den komplizierten Text der „Probleme“ so zu vereinfachen, daß sofort zu erkennen ist, wer denn nun eigentlich fernsehen darf (Problem 1) oder was die Frau auf den Tisch bringen darf (Problem 2).

Mathematisch gesehen, läuft die Aufgabe darauf hinaus, die Wahrheitsterme (1) bzw. (2) zu vereinfachen und nach Möglichkeit eine Minimalform (vgl. 2.) zu finden.

Wir besprechen verschiedene Methoden der Termumformung und suchen dann eine für den Logikautomaten geeignete heraus.

a) *Algebraische Methode* (vgl. auch Anhang I.4.)

Durch geschickte Anwendung der Gesetze der Aussagenalgebra können wir die Terme (1) und (2) in einfachere umformen. Um die Terme durch Klammerneinsparung übersichtlicher zu machen, haben wir das $\wedge$-Zeichen während des Rechenganges weggelassen. Hinter jedem Term steht das Gesetz (vgl. Anhang I.1.), nach dessen Anwendung er entstanden ist.

Zu Problem 1:

(1)	$(\bar{a} \vee b)(b\bar{c} \vee \bar{b}c)(\bar{b} \vee ac)$	
	$= (\bar{a}\,b\,\bar{c} \vee bb\bar{c} \vee \bar{a}\bar{b}c \vee b\bar{b}c)(\bar{b} \vee ac)$	$(D_\wedge)$
	$= (\bar{a}b\bar{c} \vee b\bar{c} \vee \bar{a}\bar{b}c \vee f)(\bar{b} \vee ac)$	$(J_\wedge), (C_\wedge)$
	$= \bar{a}b\bar{b}\bar{c} \vee b\bar{b}\bar{c} \vee \bar{a}\bar{b}\bar{b}c \vee a\bar{a}bc\bar{c} \vee abc\bar{c} \vee a\bar{a}\bar{b}cc$	$(D_\wedge), (K_\wedge)$
	$= \underline{\underline{\bar{a} \wedge \bar{b} \wedge c}}$	$(C_\wedge), (N^*_\wedge), (N_\wedge), (J_\wedge)$

Zu Problem 2:

(2)	$(b \vee e)(\overline{be} \vee \bar{s})(\overline{s \vee \bar{b} \vee \bar{e}})$	
	$= (b \vee e)(\bar{b} \vee \bar{e} \vee \bar{s})(b\bar{s} \vee \bar{e})$	$(M_\wedge), (M_\vee)$
	$= (b\bar{e} \vee b\bar{s} \vee \bar{b}e \vee e\bar{s})(b\bar{s} \vee \bar{e})$	$(D_\wedge), (C_\wedge), (N_\vee)$
	$= b\bar{e}\bar{s} \vee b\bar{e} \vee b\bar{s} \vee be\bar{s}$	$(D_\wedge), (K_\wedge), (J_\wedge), (C_\wedge), (N^*_\wedge), (N^*_\vee)$
(2a)	$= b\bar{e}\bar{s} \vee be\bar{s} \vee b\bar{e}s$ (disj. Normalform)	Zum Expandieren: $(N^*_\wedge), (C_\vee)$
(2b)	$= b \wedge \overline{e \wedge s}$	$(D_\wedge)$ und andere
(2c)	$= b \wedge (\bar{e} \vee \bar{s})$	$(M_\wedge)$

Die Terme (2a), (2b) und (2c) sind einfachere Terme als (2), von denen die Vorschrift für den Speiseplan sofort abgelesen werden kann. Der Term (2a) zeigt vielleicht am deutlichsten, welche Kombinationen erlaubt sind.

b) *Vereinfachung der Terme mit (Wahrheits-)Wertetafeln*

In den Wertetafeln ordnen wir jedem Tripel (a, b, c) den zugehörigen Funktionswert f(a, b, c) zu. Den Wert des Gesamtterms erhalten wir, indem wir zunächst die Werte der Einzelterme (Glieder des Konjunkts) bestimmen.

Für die Einzelterme von (1) und (2) werden folgende Abkürzungen benützt:

Zu (1): $t_1 = \bar{a} \vee b$

$t_2 = (b \wedge \bar{c}) \vee (\bar{b} \wedge c)$

$t_3 = \bar{b} \vee (a \wedge c)$

Zu (2): $t_4 = b \vee e$

$t_5 = \overline{b \wedge e} \vee \bar{s}$

$t_6 = \overline{s \vee \bar{b} \vee \bar{e}}$

	(a, b, c)	t_1	t_2	t_3	f(a, b, c)
m_0	*f f f*	*w*	*f*	*w*	*f*
m_1	*f f w*	*w*	*w*	*w*	*w*
m_2	*f w f*	*w*	*w*	*f*	*f*
m_3	*f w w*	*w*	*f*	*f*	*f*
m_4	*w f f*	*f*	*f*	*w*	*f*
m_5	*w f w*	*f*	*w*	*w*	*f*
m_6	*w w f*	*w*	*w*	*f*	*f*
m_7	*w w w*	*w*	*f*	*w*	*f*

Bild 9-1. Wertetafel für Problem 1

(b, e, s)	t_4	t_5	t_6	f(b, e, s)
f f f	*f*	*w*	*w*	*f*
f f w	*f*	*w*	*w*	*f*
f w f	*w*	*w*	*f*	*f*
f w w	*w*	*w*	*f*	*f*
w f f	*w*	*w*	*w*	*w*
w f w	*w*	*w*	*w*	*w*
w w f	*w*	*w*	*w*	*w*
w w w	*w*	*f*	*f*	*f*

Bild 9-2. Wertetafel für Problem 2

Wir erkennen aus der Wertetafel Bild 9-1, daß nur das Tripel (*f, f, w*) den Term (1) erfüllt, d.h. die disjunktive Normalform von (1) besteht nur aus dem Minterm $m_1 = \overline{a} \wedge \overline{b} \wedge c$. Sie ist zugleich eine Minimalform und erfüllt die Forderung der Aufgabenstellung, nämlich einen Term zu finden, dessen Erfüllungsmenge sofort anzugeben ist.

Die Wertetafel von Bild 9-2 zeigt, daß die disjunktive Normalform aus drei Mintermen (m_4, m_5, m_6) besteht. Die noch einfacheren Terme (2b) und (2c) können wir erst nach algebraischer Termumformung erhalten (siehe oben).

c) *Weitere Methoden* der Vereinfachung der Terme (1) und (2) sind im Anhang I.4. nachzulesen: Termumformung mit *Wertefolgen* und die *graphische* Methode.

„Lösung“ der Logikaufgaben Typ I.

Wie wir an den beiden Beispielen gesehen haben, versteht man unter der „Lösung“ der Aufgaben des Typs I einen Term, aus dem sofort abgelesen werden kann, bei welchen Wahrheitswertbelegungen der Term den Wert *w* annimmt.

Stellen wir den Term in der disjunktiven Normalform dar, so kann diese enthalten:

a) einen Minterm (Beispiel 1),

b) mehrere Minterme (Beispiel 2),

c) keinen Minterm

d) alle Minterme.

Im Falle c) nennt man die zugehörige Aussageform eine *Kontradiktion* (formal falsche Aussageform),
im Falle d) eine *Tautologie* (formal wahre Aussageform).

Die nun zu besprechenden *Logikautomaten* bestimmen die disjunktive Normalform des gegebenen Terms und können daher zwischen den Fällen (a) . . . (d) unterscheiden. Sie können jedoch *nicht* die *Minimalform* finden, es sei denn, daß die disjunktive Normalform eine Minimalform ist. Automaten, welche die Minimalform bestimmen können, sind aufwendiger und werden erst in Band II besprochen, wenn uns eine „automatisierbare“ Minimiermethode (nach Quine) zur Verfügung steht.

9.4.3. Konstruktion des Logikautomaten

a) Allgemeine Überlegungen

Im Kapitel 4.6.3. haben wir bereits eine Logikaufgabe von dem Typ „Bedingungen erfüllen“ behandelt. Der Wahrheitsterm wurde in einer Logik*maschine* „simuliert“. Für eingegebene Tripel (a, b, c) zeigte die Maschine an, ob der Wahrheitsterm den Wert *w* oder *f* annimmt.

Die Aufgabe der Maschine soll nun erweitert werden: Sie soll automatisch alle n-Tupel anzeigen, bei denen der Wahrheitsterm den Wert *w* annimmt. Wir müssen zu diesem Zweck die Logik-*Maschine* von 4.6.3. ausbauen zu einer *sequentiellen* Maschine, d.h. zu einem Logik-*Automaten.*

Die *Forderungen an den Automaten* sind folgende:

1. Automatisches „Einlesen" der 2^n n-Tupel für die n Eingangsvariablen
2. Anzeige oder Aufschreiben derjenigen n-Tupel, für welche der Term den Wert *w* annimmt
3. Sind alle 2^n n-Tupel durchlaufen, so muß die Maschine stoppen.

Die *erste Forderung* ist leicht zu realisieren, wenn wir berücksichtigen, daß die 2^n n-Tupel den n-stelligen Dualzahlen entsprechen. Wir müssen also die n Variablenglieder (Speicherglieder), welche die Eingangsvariablen simulieren, als *Dualzähler* (vgl. 6.6.) schalten. Wenn dieser Zähler an einen Taktgeber angeschlossen wird, so erhalten wir automatisch die 2^n Wertebelegungen für die Eingangsvariablen.

Die *zweite Forderung* läßt sich am leichtesten verwirklichen, wenn wir die Methode von Kalin und Burkhart [Ga 2] anwenden: Nimmt der Term den Wert *w* an, so liegt dieser bei der Maschine als ein *1*-Signal (12 V) vor. Dieses Signal benutzt man zum Stoppen des Taktgebers. Die zugehörige Wertekombination kann von den Speichergliedern abgelesen werden. Dann gibt man der Maschine den Befehl, den nächsten Wert einzulesen (Kalin und Burkhart nannten den Druckschalter, der diesen Befehl auslöste: „Think").

Soll die Maschine die n-Tupel, zu denen der Funktionswert *w* gehört, in einen Speicher abspeichern, so sind Ergebnisregister nötig, oder die n-Tupel müssen ausgedruckt werden.

Die *dritte Forderung* (Endstop) kann erfüllt werden, indem man die Maschine stoppen läßt, wenn das Anfangstupel (*f, f, . . . f*) wieder erreicht ist. Da die n Speicherglieder als Dualzähler geschaltet sind (oder genauer: als Zähler mod 2^n), wird diese Anfangskombination wieder erreicht, nachdem alle 2^n Dualzahlen durchlaufen sind.

b) *Logikautomat*

Wir können einen Logik*automaten* nicht mit einem Schaltnetz mit handbetätigten Schaltern bauen. Mit Relaisschaltern (vgl. 6.8.), mit denen ein Taktgeber und Dualzähler aufgebaut werden können, ist dies jedoch möglich. Hier wollen wir uns nur mit *elektronischen* Logikautomaten befassen, da sie leichter durchschaubar sind und weniger Aufwand erfordern. Wir gehen von den *Logikplänen* aus, welche Bild 9-3 und Bild 9-4 für die beiden Aufgaben von 9.4.1. (die Terme (1) und (2)) zeigen:

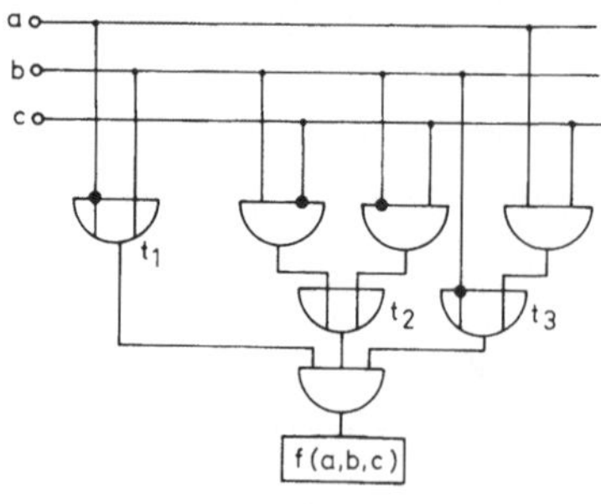

Bild 9-3. Logikplan für (1) von 9.4.1.

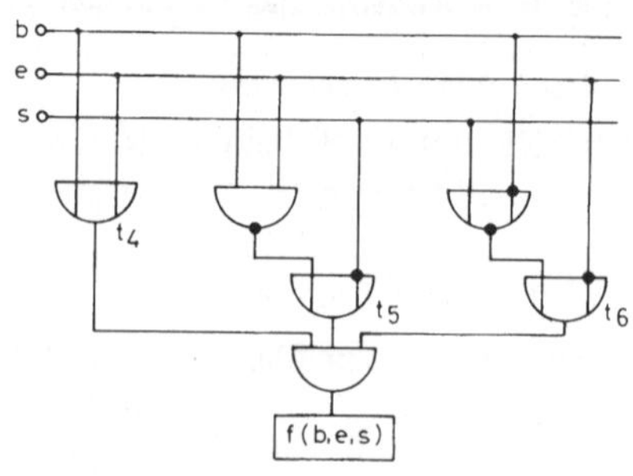

Bild 9-4. Logikplan für (2) von 9.4.1.

Aus diesen ist sofort die statische Logik-*Maschine* zu entnehmen. Der Ausbau zu einem *Automaten* bereitet keine Schwierigkeiten, wenn wir die in Kapitel 6.6. beschriebenen Schaltungen anwenden.

(1) Schaltung der Speicherglieder als Dualzähler: Wie Bild 9-5a zeigt, werden die $\overline{Q}$-Ausgänge mit den D-Eingängen und die Takteingänge mit den Q-Ausgängen verbunden. Den Takteingang von Speicherglied c schließen wir an den Taktgeber. Es wird die gleiche Folge von Wertebelegungen durchlaufen, wie wir sie in der Wertetafel von Bild 9-1 verwendet haben.

(2a) Das Stopsignal für f(a, b, c) = *w* entnehmen wir dem bejahten Ausgang des Verknüpfungsgliedes f(a, b, c) und führen es in einen Stop-Eingang des Taktgebers TG. Soll der Taktgeber nach Ablesen des n-Tupels weiterlaufen, so wird die M-Taste des Taktgebers betätigt, welche den Stop für mindestens einen Takt unterbricht.

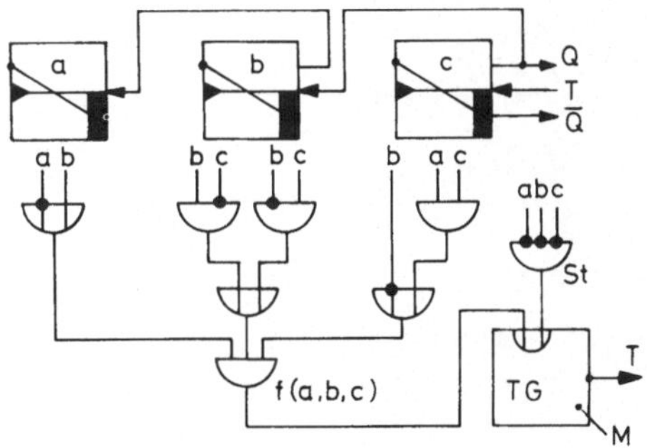

Bild 9-5a.
Logikautomat für „Fernsehproblem“

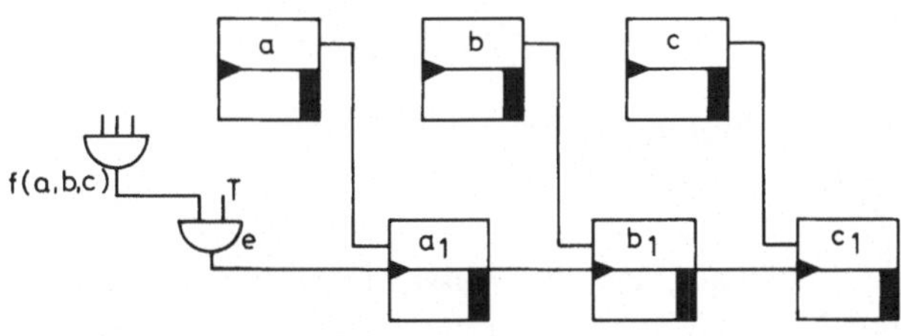

Bild 9-5b.
Ergebnisregister

(2b) Für das Einschreiben der Tripel (a, b, c) mit f(a, b, c) = *w* brauchen wir ein Ergebnisregister. Nur wenn f(a, b, c) = *w* ist, wird der Inhalt der Speicherglieder a, b, c in a_1, b_1, c_1 eingelesen. Das UND-Glied e läßt nämlich das Taktsignal T nur durch, wenn die Bedingungen f(a, b, c) = *w* erfüllt ist (Bild 9-5b).

(3) Der *End-Stop* des Taktgebers TG wird über ein UND-Glied St ausgelöst, welches mit den $\overline{Q}$-Ausgängen der Variablenglieder verbunden ist, also bei *(f, f, f)* das Stop-Signal liefert.

Der Automat startet bei Betätigung der M-Taste des Taktgebers, da hierbei das Stop-Signal aufgehoben wird.

Bild 9-6 zeigt einen Logikautomaten für das „Fernsehproblem" mit Ergebnisregister (vgl. 9.3.2.).

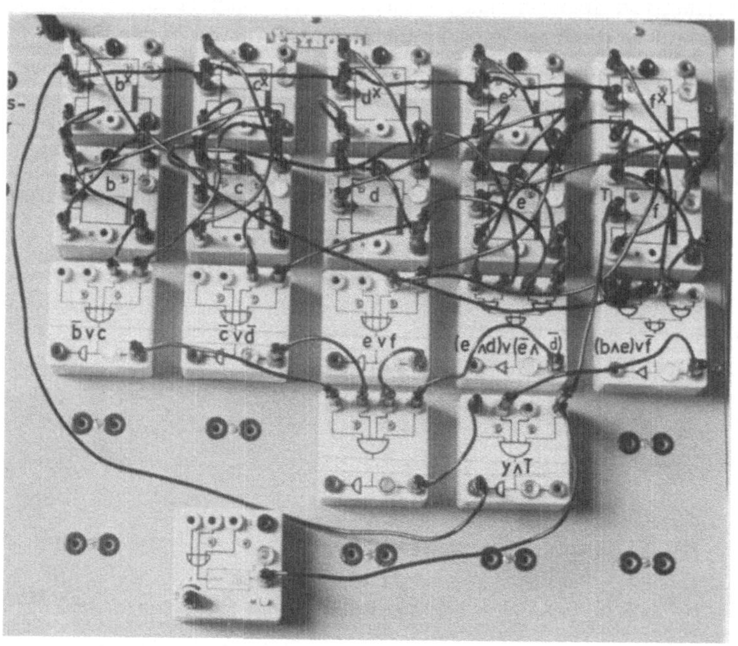

Bild 9-6. Logikautomat für „Fernsehproblem" mit SIMULOG

9.5. Logikaufgaben Typ IIa: Tautologien prüfen

9.5.1. Allgemeines

Die Logikaufgaben Typ II haben alle gemeinsam, daß eine Aussageform daraufhin untersucht wird, ob sie eine „formal wahre Aussageform"[1]) ist. Der einfachste Lösungsweg besteht darin, festzustellen, ob sich der zugehörige Wahrheitsterm auf die Konstante *w* (bzw. *1*) minimieren läßt bzw. ob eine *vollständige disjunktive Normalform*[2]) vorliegt. Dies geschieht durch den Automaten am einfachsten mit der „Probiermethode" (wie bei den behandelten Logikaufgaben Typ I), d.h. in den Term mit n Variablen werden die 2^n Wertebelegungen eingesetzt und geprüft, ob *alle* n-Tupel dem Funktionswert *w* zugeordnet sind.

---

1) Auch: „Immer wahre Aussageform" oder „Tautologie".

2) Sie enthält bei n Eingangsvariablen 2^n Minterme (vgl. 2.6. und 2.7.).

Außer dieser Probiermethode, welche dem Aufstellen einer Wertetafel oder eines Diagrammes gleichwertig ist, soll hier auch die algebraische Methode besprochen werden. Sie ist jedoch für den Automaten nicht ohne weiteres zugänglich, jedenfalls erfordern die bisher bekannten Methoden einen hohen Aufwand.

Aus Zweckmäßigkeitsgründen sollen die Logikaufgaben Typ II in zwei Gruppen IIa und IIb unterteilt werden. In IIa besprechen wir den Entwurf und die Konstruktion von Logikautomaten für die Überprüfung, ob eine Aussageform eine formal wahre Aussageform ist und von Schlußregeln der Aussagenlogik (vgl. Anhang I.8.).

In IIb werden Kettenschlußaufgaben behandelt. Als einfachster Kettenschluß kann der Syllogismus „modus barbara" betrachtet werden. Er liefert das gemeinsame Konzept für den Entwurf von Logikautomaten zur „Lösung" von Kettenschlußaufgaben.

9.5.2. Erstes Beispiel: Automatische Überprüfung des Gesetzes von De Morgan

In Kapitel 4.5.10 haben wir geprüft, ob die Booleschen Maschinen den Axiomen der Booleschen Algebra (B_2) genügen. Wir kehren die Aufgabenstellung jetzt um und prüfen mit der Maschine, ob eine vorgelegte Identität ein Gesetz der B_2 ist.

Als Beispiel wählen wir das *Gesetz von De Morgan,* und zwar für einen Ausdruck mit vier Variablen:

1) $a \vee \bar{b} \vee c \vee \bar{d} = \overline{\bar{a} \wedge b \wedge \bar{c} \wedge d}$

1a) $u = v$

mit $u = a \vee \bar{b} \vee c \vee \bar{d}$ und $v = \overline{\bar{a} \wedge b \wedge \bar{c} \wedge d}$

In der Logik-*Maschine* von Abschnitt 4.5.10. haben wir mit der Hand die 2^n Belegung der Eingangsvariablen durchgeführt und von der Maschine die Äquivalenz für jedes n-Tupel anzeigen lassen. Vom *Automaten* verlangen wir das *automatische* Einlesen der 2^n n-Tupel und weiterhin eine Äquivalenzanzeige, nachdem der Automat die Wertetafel durchlaufen hat, evtl. mit der Anzeige derjenigen n-Tupel, die *nicht* auf *w* abgebildet sind.

Erläuterung des Automaten

a) *Automatisches Einlesen der 2^n n-Tupel:*
Die vier Variablenglieder (Speicher) a. . .d sind als Dualzähler geschaltet (vgl. 6.6.). Daher werden durch die Taktsignale T des Taktgebers TG die 2^4 4-Tupel für die vier Variablen automatisch eingelesen.
Die beiden Terme u und v von (1a) werden durch die Logikglieder u und v dargestellt (v wird am *Negat*-Ausgang vom UND-Glied v, also von der roten Buchse entnommen und $\bar{v}$ von der grünen Buchse!).

b) *Äquivalenzprüfung und Anzeige der n-Tupel mit dem Funktionswert f:*
Die drei Logikglieder e (z.B. ein Kombiglied nach 4.3.9.) stellen die Äquivalenz von u und v für jede Wertebelegung fest:

$e = (u \wedge v) \vee (\bar{u} \wedge \bar{v})$.

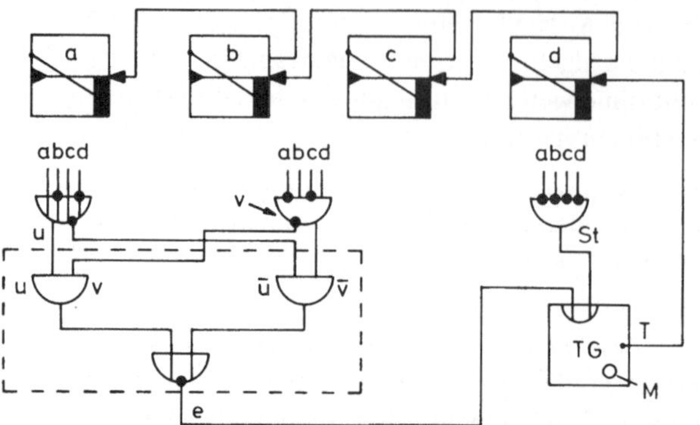

Bild 9-7
Automatische Überprüfung des Gesetzes von De Morgan mit 4 Variablen

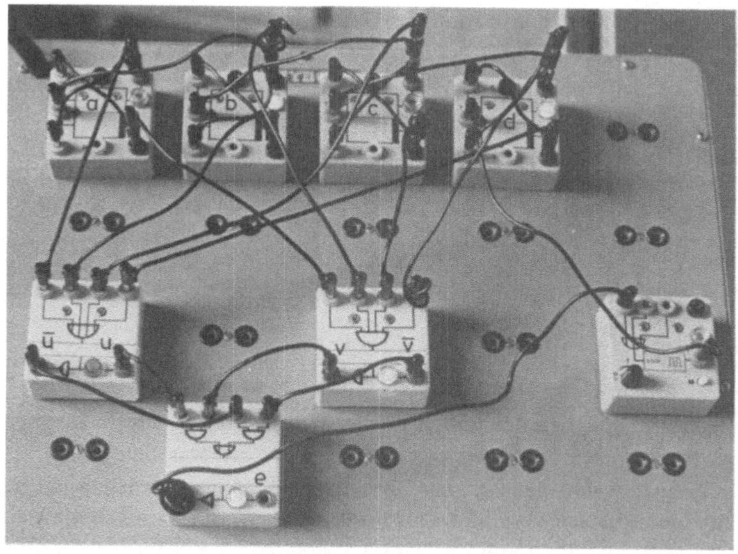

Ist die Äquivalenz *nicht* gegeben, so stoppt das von dem Negatausgang von e in den Taktgeber geführte Signal den Taktgeber. Zugleich können wir das n-Tupel von den Speichern a. . .d ablesen, welches *nicht* dem Funktionswert *w* zugeordnet ist. Diese n-Tupel können auch in Ergebnisregister, wie sie in 9.4. beschrieben wurden, automatisch eingelesen werden.

c) *Endstop:* Durch das UND-Glied St wird der Taktgeber TG in der Anfangsstellung *(f, f, f, f)* wieder gestoppt. Zu Beginn der Abfrage wurde durch Betätigung der M-Taste des Taktgebers dieser Stop unterbrochen und damit der Automat gestartet.

9.5.3. Zweites Beispiel: „modus tollens"

In der Syllogistik wird die Schlußregel (2) der „*modus tollens*" genannt:

(2) $(P \rightarrow Q) \wedge \overline{Q} \Rightarrow \overline{P}$

Die Gültigkeit der Schlußregel (2) kann festgestellt werden, indem wir prüfen, ob

(3) $(P \rightarrow Q) \wedge \overline{Q} \rightarrow \overline{P}$

eine formal wahre Aussageform ist.

Wir führen also die Implikation, eine Aussage über Aussagen, in eine Aussageform (Subjunktion) über. Der Unterschied zwischen der Implikation (Zeichen $\Rightarrow$) und der Subjunktion (Zeichen $\rightarrow$) ist im Anhang I.7. näher erläutert.

Wollen wir auf algebraischem Wege oder mit der Maschine nachweisen, daß (3) eine Tautologie ist, so gehen wir von dem Wahrheitsterm der Aussageform (3) aus:

(3′) $(p \rightarrow q) \wedge \overline{q} \rightarrow \overline{p}$ bzw.

und wegen $x \rightarrow y = \overline{x} \vee y$ erhalten wir:

(4) $\overline{(\overline{p} \vee q) \wedge \overline{q}} \vee \overline{p}$

Wir müssen nun zeigen, daß (4) ein Funktionsterm der Funktion f^2_{15} ist, bzw. identisch der Konstanten w (bzw. *1*).

a) *Algebraischer Nachweis:*

Erster Weg:

$$\begin{aligned}
\overline{(\overline{p} \vee q) \wedge \overline{q}} \vee \overline{p} &= \overline{\overline{p} \vee q} \vee q \vee \overline{p} && (M_\vee)\\
&= (p \wedge \overline{q}) \vee q \vee \overline{p} && (M_\vee)\\
&= ((p \vee q) \wedge (\overline{q} \vee q)) \vee \overline{p} && (D_\vee)\\
&= p \vee q \vee \overline{p} && (C_\vee), (N_\wedge)\\
&= w && (C_\vee), (N^*_\vee)
\end{aligned}$$

Zweiter Weg: Umformung in die disjunktive Normalform durch Expandieren:

$$\begin{aligned}
\overline{\overline{p} \vee q} \vee q \vee \overline{p} &= (p \wedge \overline{q}) \vee q \vee \overline{p} && (M_\vee)\\
&= (p \wedge \overline{q}) \vee ((q \wedge (p \vee \overline{p})) \vee (\overline{p} \wedge (q \vee \overline{q})) && (N_\wedge), (C_\vee)\\
&= (p \wedge \overline{q}) \vee (p \wedge q) \vee (\overline{p} \wedge q) \vee (\overline{p} \wedge q) \vee (\overline{p} \wedge \overline{q}) && (D_\wedge)\\
&= (\overline{p} \wedge \overline{q}) \vee (\overline{p} \wedge q) \vee (p \wedge \overline{q}) \vee (p \wedge q) && (J_\vee), (K_\vee)
\end{aligned}$$

Wir haben die „vollständige disjunktive Normalform“ erhalten, welche identisch mit der Konstanten w ist.

b) *Nachweis mit Wertetafel*

Bei dem Nachweis mit Hilfe der Wertetafel setzen wir alle 2^2 Paare (p, q) in den Term (4) ein:

	(p, q)	$\overline{p} \vee q$	$(\overline{p} \vee q) \wedge \overline{q}$	$\overline{(\overline{p} \vee q) \wedge \overline{q}}$	$\overline{p}$	(4)
m_0	*f f*	*w*	*w*	*f*	*w*	*w*
m_1	*f w*	*w*	*f*	*w*	*w*	*w*
m_2	*w f*	*f*	*f*	*w*	*f*	*w*
m_3	*w w*	*w*	*f*	*w*	*f*	*w*

Bild 9-8. Wertetafel für „modus tollens"

Wir haben in der Wertetafel von „innen" heraus die Terme bestimmt und erhalten in der letzten Spalte für (4) die Wertefolge von f_{15}^2. In dieser Weise verläuft auch die Überprüfung mit dem Automaten.

Die *Diagramm-Methode* kann im Anhang I.5. nachgelesen werden.

Überprüfung des „modus tollens" mit einem Logikautomaten

Zunächst zeichnen wir den *Logikplan* für den Term (4) nach Bild 9.9. Dabei sind folgende Abkürzungen eingeführt worden:

$u : \overline{p} \vee q$

$v . (\overline{p} \vee q) \wedge \overline{q}$

Das Verknüpfungsglied u ist die „Subjunktionsmaschine" für $p \rightarrow q$. Mit dem UND-Glied $\overline{v}$ werden die Funktionswerte des Terms

$$\overline{v} = \overline{(\overline{p} \vee q) \wedge \overline{q}}$$

erhalten. Das ODER-Glied s_1 liefert die Werte der Subjunktion (3') bzw. (4). In dem Logikplan ist noch das ODER-Glied s_2 mit aufgenommen, welches für die Subjunktion

(5) $(p \rightarrow q) \wedge \overline{q} \rightarrow p$

steht. Wir können mit dem ODER-Glied s_2 gleichzeitig prüfen, ob die Implikation $(P \rightarrow Q) \wedge \overline{Q} \Rightarrow P$ ein gültiger Schluß ist.

Die Logik*maschine* von Bild 9-10 entspricht genau dem nebenstehenden Logikplan. Werden Wertetupel (p, q) eingelesen, so zeigt die Maschine die zugehörigen Funktionswerte an. Soll die Maschine zum Logik*automaten* ausgebaut werden, so geht man nach dem Muster von Bild 9-7 vor: Die Variablenglieder p und q werden als Dualzähler geschaltet. Die $\overline{Q}$ -Ausgänge der ODER-Glieder s_1 und s_2 werden auf die Stop-Eingänge des Taktgebers geführt, um anzuzeigen, wenn ein Funktionswert *f* ist. Ein UND-Glied muß den Endstop bei der Wertebelegung (*f, f*) veranlassen.

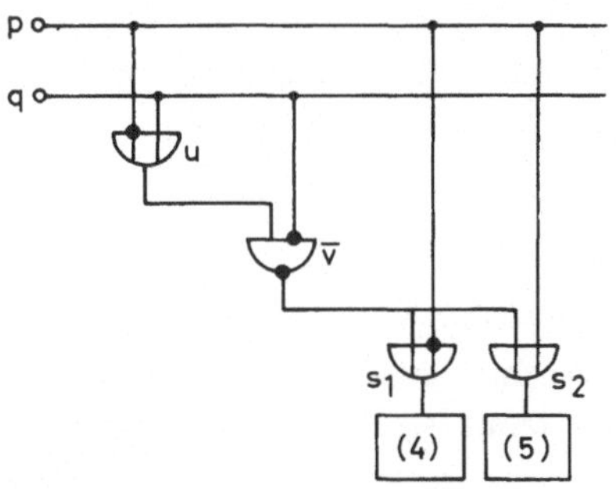

Bild 9-9

Logikplan zur Überprüfung von (4) und (5)

Bild 9-10

Logikmaschine zur Überprüfung von (4) und (5) mit SIMULOG

9.5.4. Weitere Beispiele

Im Anhang I.8. sind einige tautologische Aussageformen zusammengestellt, ferner Schlußregeln, von denen einige auch als Syllogismen bezeichnet werden. Wir können deren Gültigkeit mit der gleichen Methode nachweisen, wie es für das Gesetz von De Morgan und für den *„modus tollens"* als Beispiel geschah. Derartige Untersuchungen sind in der Tat mit Rechenautomaten gemacht worden [Vę].

Im nächsten Abschnitt soll von den Beispielen des Anhangs I noch der *„modus barbara"* untersucht werden, da der zugehörige Logikautomat zugleich die Grundlage bietet, Kettenschlüsse zu behandeln.

9.6. Logikaufgaben Typ IIb: Kettenschlußaufgaben

9.6.1. Überprüfung der Gültigkeit des „modus barbara"

a) Unter dem *„modus barbara"* wird der Kettenschluß (1) verstanden

(1) $(P \to Q) \wedge (Q \to R) \Rightarrow (P \to R)$

Die Implikation (1) ist genau dann allgemeingültig, wenn die Subjunktion

$$(P \to Q) \wedge (Q \to R) \to (P \to R)$$

eine formal wahre Aussageform ist.

Für die algebraische bzw. maschinelle Überprüfung gehen wir von dem Wahrheitsterm aus:

(2a) $(p \to q) \wedge (q \to r) \to (p \to r)$

und wegen $x \rightarrow y = \bar{x} \vee y$ erhalten wir

$$(3) \quad \overline{(\bar{p} \vee q) \wedge (\bar{q} \vee r)} \vee (\bar{p} \vee r)$$

b) *Algebraischer Lösungsweg*

Wir formen wie in den Beispielen des letzten Abschnittes in die disjunktive Normalform um. Wenn wir die *vollständige* disjunktive Normalform erhalten, ist der Beweis erbracht, daß (3) ein Funktionsterm von f^3_{255} ist, und damit ist (2) der Wahrheitsterm einer formal wahren Aussageform.

Aus (3) erhalten wir nach Anwendung des Gesetzes von De Morgan ($M_\wedge$):

$$(3a) \quad \overline{\bar{p} \vee q} \vee \overline{\bar{q} \vee r} \vee (\bar{p} \vee r)$$

Die Anwendung von ($M_\vee$) ergibt:

$$(3b) \quad (p \wedge \bar{q}) \vee (q \wedge \bar{r}) \vee \bar{p} \vee r$$

Bei dem nun folgenden *Expandieren* wenden wir nacheinander die Gesetze ($N_\wedge$) und ($C_\vee$) an. Will man um *zwei* Variable expandieren, so ergeben sich die *vier* in den eckigen Klammern stehenden Terme (Wir lassen zur besseren Lesbarkeit das $\wedge$-Zeichen weg):

$$(3c) \quad p\bar{q}(r \vee \bar{r}) \vee q\bar{r}(p \vee \bar{p}) \vee \bar{p}\,[\bar{q}\bar{r} \vee \bar{q}r \vee q\bar{r} \vee qr] \vee r\,[\bar{p}\bar{q} \vee \bar{p}q \vee p\bar{q} \vee pq]$$

Die Anwendung des Distributivgesetzes (zum „Ausmultiplizieren“) führt schließlich zu den Mintermen der disjunktiven Normalform. Die Ziffern unter den Mintermen sind die Mintermindizes (vgl. die erste Spalte der Wertetafel von Bild 9-11):

$$(3d) \quad \begin{array}{ccccccccccccccc} p\bar{q}r & \vee & p\bar{q}\bar{r} & \vee & pq\bar{r} & \vee & \bar{p}q\bar{r} & \vee & \bar{p}\bar{q}\bar{r} & \vee & \bar{p}\bar{q}r & \vee & \bar{p}qr & \vee & pqr \\ 5 & & 4 & & 6 & & 2 & & 0 & & 1 & & 3 & & 7 \end{array}$$

Der Term (3d) ist die vollständige disjunktive Normalform. Also ist der Kettenschluß (1) eine *gültige Implikation.*

c) *Lösungsweg durch Aufstellen der Wertetafel*

Da unser Logikautomat im Prinzip eine Wertetafel aufstellt, gehen wir auf diese umständliche Methode ein. In der Wertetafel sind folgende Abkürzungen verwendet:

Term	Abkürzung
$\bar{p} \vee q$	s
$\bar{q} \vee r$	t
$\bar{p} \vee r$	u_a

	(p, q, r)	s	t	$\overline{s \wedge t}$	u_a	Term (2a)	u_b	u_c	u_d	Term (2b)	Term (2c)	Term (2d)
m_0	*f f f*	*w*	*w*	*f*	*w*	*w*	*f*	*w*	*w*	*f*	*w*	*w*
m_1	*f f w*	*w*	*w*	*f*	*w*	*w*	*w*	*w*	*f*	*w*	*w*	*f*
m_2	*f w f*	*w*	*f*	*w*	*w*	*w*	*f*	*w*	*w*	*w*	*w*	*w*
m_3	*f w w*	*w*	*w*	*f*	*w*	*w*	*w*	*w*	*f*	*w*	*w*	*f*
m_4	*w f f*	*f*	*w*	*w*	*f*	*w*	*w*	*w*	*w*	*w*	*w*	*w*
m_5	*w f w*	*f*	*w*	*w*	*w*	*w*	*w*	*f*	*w*	*w*	*w*	*w*
m_6	*w w f*	*w*	*f*	*w*	*f*	*w*	*w*	*w*	*w*	*w*	*w*	*w*
m_7	*w w w*	*w*	*w*	*f*	*w*	*w*	*w*	*f*	*w*	*w*	*f*	*w*

Bild 9-11. Wertetafel für *„modus barbara"*

Zugleich wollen wir nicht nur prüfen, ob (1) eine gültige Implikation ist, sondern auch diejenigen Schlüsse, bei denen folgende Nachterme (d.h. der Term hinter dem Zeichen ⇒) auftreten:

$\overline{P} \rightarrow R, P \rightarrow \overline{R}$ und $\overline{P} \rightarrow \overline{R}$

Daher sollen zusätzlich folgende Wahrheitsterme untersucht werden:

(2b) $(p \rightarrow q) \wedge (q \rightarrow r) \rightarrow (\overline{p} \rightarrow r)$ bzw. (2b′) $(\overline{p} \vee q) \wedge (\overline{q} \vee r) \vee (p \vee r)$

(2c) $(p \rightarrow q) \wedge (q \rightarrow r) \rightarrow (p \rightarrow \overline{r})$ usw.

(2d) $(p \rightarrow q) \wedge (q \rightarrow r) \rightarrow (\overline{p} \rightarrow \overline{r})$

Die Wertetafel (Bild 9-11) ist daher auch für diese Terme erweitert worden, wobei folgende Abkürzungen verwendet sind:

Term	Abkürzung
$p \vee r$	u_b
$\overline{p} \vee \overline{r}$	u_c
$p \vee \overline{r}$	u_d

Wir erkennen aus der Wertetafel 9-11, daß in der Tat nur der Term (2a) zu einer formal wahren Aussageform gehört, da er der Funktionsterm von f^3_{255} ist. Alle anderen Terme: (2b), (2c) und (2d) enthalten mindestens ein n-Tupel (m_0, m_1, m_3, m_7), bei welchem sie den Wert *f* annehmen.

d) *Konstruktion des Logikautomaten für den „modus barbara"*

Bild 9-12 zeigt den Logikplan für die Terme (2a). . .(2d) und damit zugleich den Konstruktionsplan für den statischen Teil des Logikautomaten. Für jede der vier Subjunktionen (2a). . .(2d) ist ein ODER-Glied vorgesehen. Auf diese Weise können sämtliche Werte einer Zeile der Wertetafel (Bild 9-11) von der Maschine parallel abgelesen werden. Für die Konstruktion des Automaten können natürlich auch jeweils zwei ODER-Glieder (z.B. u_a und (2a)) in eines zusammengefaßt werden (Assoziativ-Gesetz).

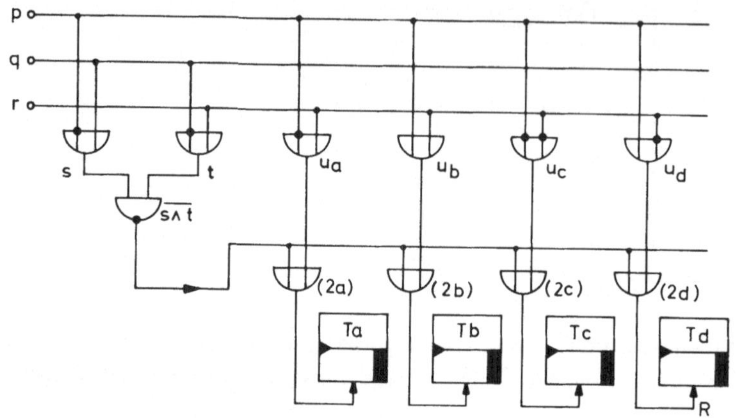

Bild 9-12
Logikplan für (2a), (2b), (2c), (2d)

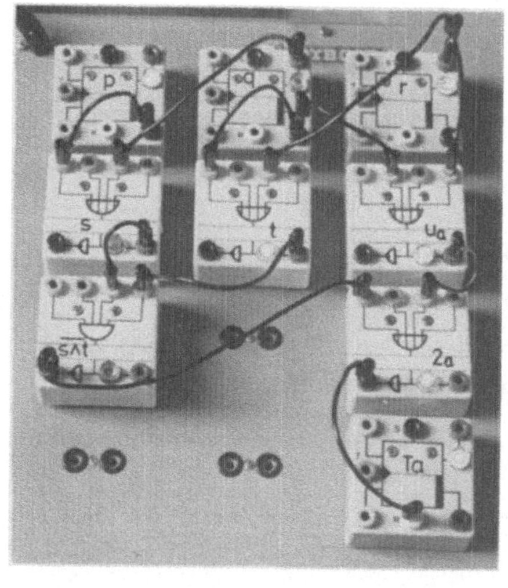

Bild 9-13
Logikautomat für „modus barbara" mit SIMULOG

Bei dem Ausbau der Maschine von Bild 9-12 zum *Automaten* verfahren wir wie bei Bild 9-5. Da vier Terme parallel abgefragt werden, empfiehlt es sich, jedes der vier ODER-Glieder (2a). . .(2d) an je ein Speicherglied Ta. . .Td anzuschließen, welches zunächst auf *1* (≙ *w*) gesetzt ist und im Falle eines Wertes *f* für (2a). . .(2d) von dem Automaten auf *0* (≙ *f*) zurückgesetzt wird. Nach Abfrage der 2^n n-Tupel wird nur dasjenige Speicherglied den Inhalt *1* behalten – und damit Tautologie anzeigen –, dessen ODER-Glied bei keiner der acht Wertebelegungen den Wert *f* angenommen hatte.

Man kann auch ein n-Tupel, dessen Funktionswert *f* ist, in ein Ergebnisregister schreiben oder den Automaten zum Ablesen desselben stoppen lassen.

9.6.2. Das „Lösen" von Kettenschlüssen

Bei vielen Logikaufgaben muß ein Kettenschluß „gelöst" werden. Ein Vorterm, der aus mindestens zwei Subjunktionen besteht, ist gegeben und der Nachterm muß gefunden werden.

Beim *„modus barbara“* ist der Vorterm der Ausdruck $(P \rightarrow Q) \wedge (Q \rightarrow R)$ und der Nachterm ist $P \rightarrow R$.

Eine Fundgrube für derartige Kettenschlußaufgaben ist [Ca], der Vorterm enthält bis zu zehn Subjunktionen.

Der schwierigste Teil bei dem Lösungsweg ist die richtige Formulierung der einzelnen Subjunktionen des Vorterms in der Sprache der Aussagenalgebra. Es soll hier nur ein einfaches Aufgabenbeispiel mit drei Variablen behandelt und es sollen dabei die prinzipiellen Lösungswege gezeigt werden.

9.6.3. Einfaches Aufgabenbeispiel: „Hechtaufgabe"

a) Wir wählen die in 9.3.3. zitierte Aufgabe, lassen jedoch eine der Subjunktionen weg.

Prämissen: „Wenn ein Tier plump ist, schwimmt es nicht gut“ und „Alle Tiere sind plump oder wendig.“

Frage: Kann aus dieser Aussage auf die Wendigkeit der schlechten Schwimmer geschlossen werden?

b) Wir *formalisieren*

die *Prämissen:* (1) $(P \rightarrow \overline{S}) \wedge (\overline{P} \rightarrow W)$

und die *Frage:*

Folgt aus (1): $\overline{S} \rightarrow W$ oder $\overline{S} \rightarrow \overline{W}$?

Dabei sind folgende *Namen für die Aussagen* verwendet worden:

P: „Dieses Tier ist plump“

S: „Dieses Tier ist ein guter Schwimmer“

W: „Dieses Tier ist wendig“

Um die Frage zu beantworten, müssen wir den Nachterm bestimmen.

c) *Algebraische Methode*

Hier sind wir auf Probieren angewiesen, wenn wir den Weg über die disjunktive Normalform gehen wollen. Wir müssen prüfen, welcher der vier möglichen Nachterme zu einer Tautologie führt. Nun gibt es noch einen zweiten Lösungsweg, wenn man den *modus barbara* als bekannt voraussetzt.

Wir müssen zunächst den Ausdruck (1) so umformen, daß der Nachterm der ersten Subjunktion gleich dem Vorterm der zweiten wird und erreichen dies durch Anwendung des Gesetzes der Kontraposition (vgl. Anhang I.8.):

(2) $(S \rightarrow \overline{P}) \wedge (\overline{P} \rightarrow W)$

Nun gehen wir zu dem entsprechenden Wahrheitsterm über:

(3) $(s \rightarrow \overline{p}) \wedge (\overline{p} \rightarrow w)$

Der Mittelterm von (3) ist gleich und die Subjunktionen können „zusammengeschlossen" werden zu: $s \rightarrow w$.

Wir erhalten: (4a) $(s \rightarrow \overline{p}) \wedge (\overline{p} \rightarrow w) \rightarrow (s \rightarrow w)$

(4b) $(s \rightarrow \overline{p}) \wedge (\overline{p} \rightarrow w) \rightarrow (\overline{w} \rightarrow \overline{s})$

Die beiden Nachterme von (4a) und (4b) sind gleich (Gesetz der Kontraposition. Wir können dies auch erkennen, wenn wir die Subjunktionen als Disjunktionen $(\overline{s} \vee w)$, $(w \vee \overline{s})$ schreiben).

Die ursprüngliche Frage, ob aus (1) etwas über die Wendigkeit der *schlechten* Schwimmer ausgesagt werden kann, muß verneint werden, denn aus keinem der Nachterme von (4a) und (4b) kann hierüber etwas gefolgert werden.

d) Die *Aufstellung* einer *Wertetafel* zum Auffinden des Nachterms geschieht wie bei 9.6.1.c und sei dem Leser überlassen. Bemerkenswert ist, daß in den Spalten für zwei falsche Nachterme wiederum nur bei genau einem n-Tupel ein *f* erscheint (wie in Bild 9-11, Spalte (2b) und (2c) und bei genau einem der Nachterme zwei n-Tupel, denen der Wert *f* zugeordnet ist (wie in Bild 9-11, Spalte (2d)). Über die zugrundeliegende Regel wird in Band II berichtet.

e) *Der Entwurf und die Konstruktion des Logikautomaten* erfolgt analog der in Bild 9-4 angegebenen Weise. Es werden die gleichen Speicher- und Verknüpfungsglieder benötigt, nur ist die Schaltung durch die in (1) auftretenden Negate anders. Zu bemerken ist, daß wir für den Automaten natürlich nicht die Umformung von (1) nach (2) benötigen, denn er fragt die acht Tripel ab, d.h. geht nicht von dem *modus barbara* aus.

9.7. Programmierung von Logikaufgaben auf Rechenautomaten

Es besteht heute keinerlei Notwendigkeit, spezielle Maschinen zur Bearbeitung von Aufgaben der Aussagenlogik zu bauen, da diese Aufgabe von jedem modernen Rechenautomaten übernommen werden kann. Eine Logikaufgabe ist z.B. in der Programmiersprache FORTRAN leicht zu programmieren. Ein Auszug aus dem Programm einer Aufgabe (ähnlich dem „Fernsehproblem" von 9.3.) ist in Bild 9-14 abgedruckt.

```
     LOGICAL B, C, D, E, F, ERGB
     WRITE (6,1000)
     DOIOI = 1,32
     J = I-1
     CALL LBT (J, B, C, D, E, F)
     ERGB = .FALSE.
     IF ((.NOT. B .OR. C)
     .AND. (E .OR. F)
     .AND. (.NOT. C .OR. .NOT. D)
     .AND. ((E .AND. D) .OR. (.NOT. E .AND. .NOT. D))
     .AND. (.NOT. F .OR. (B .AND. E))) ERGB = .TRUE.
  10 WRITE (6,2000) B, C, D, E, F, ERGB
2000 FORMAT (6L8)
     STOP
1000 FORMAT (-1 TELEVISION PROBLEM-/1X/)
```

Bild 9-14. Ausschnitt aus der FORTRAN-Programmierung: „Fernsehproblem". Dieses Programm bezieht sich auf den Wahrheitsterm:

$$(b \rightarrow c) \wedge (\overline{e} \rightarrow f) \wedge (c \rightarrow \overline{d}) \wedge ((e \wedge d) \vee (\overline{e} \wedge \overline{d})) \wedge (f \rightarrow (b \wedge e))$$

$$= (\overline{b} \vee c) \wedge (e \vee f) \wedge (\overline{c} \vee \overline{d}) \wedge ((e \wedge d) \vee (\overline{e} \wedge \overline{d})) \wedge (\overline{f} \vee (b \wedge e))$$

Das Durchlaufen der n-Tupel muß gesondert programmiert werden. Als Lösung wird die vollständige Wertetafel ausgedruckt.

9.8. Schlußbemerkungen

Es wurde schon erwähnt, daß die algebraische und maschinelle Behandlung von Logikaufgaben erst möglich ist, wenn das verbal gegebene Problem formalisiert worden ist, d.h. wenn ein Term gefunden wird, in dem nur noch Wahrheitsvariable und die Verknüpfungszeichen der Aussagenalgebra vorhanden sind. Das weitere läuft nach einem Algorithmus ab und kann daher mechanisiert werden. Nun stellt aber gerade die Formalisierung des Problems oft die größte Schwierigkeit dar, und diese kann bisher von der Maschine nicht abgenommen werden (vgl. das Lösen von Textaufgaben in der Mathematik):

- Bei dem *„Krawattenproblem"* (9.3.4.) ist die Aufgabe bereits fast gelöst, wenn man erkannt hat, daß im zweiten und dritten Satz des Aufgabentextes folgende Prämisse steckt: Herr Braun kann keine grüne Krawatte tragen.
- Bei dem *„Fährproblem"* (4.6.4.) ist der Trick, ohne den die Lösung nicht zu finden ist, daß der Bauer auch einen zu transportierenden Gegenstand wieder mit an das alte Ufer *zurück*nehmen kann.

Es gibt aber auch Aufgaben, bei denen die Formalisierung der Aufgabe bereits die Lösung darstellt. Als Beispiel sei Aufgabe Nr. 47 aus [Wy] in stark verkürzter Form wiedergegeben:

„Orakelproblem"

Es gab einmal ein Orakel, in dem drei Götter saßen: der Gott der Wahrheit, der immer die Wahrheit sprach; der Gott der Lüge, der immer log; der Gott der Diplomatie, der entweder log oder die Wahrheit sagte.

Da niemand wußte, wer welcher Gott war, wußte niemand mit dem Orakelspruch etwas anzufangen.
Da kam ein heiliger Narr auf den Gedanken, an die Götter folgende Fragen zu richten:
Den links sitzenden Gott fragte er: „Wer sitzt neben Dir? " Antwort: „Der Gott der Wahrheit"
Den Gott in der Mitte fragte er: „Welcher Gott bist Du? " Antwort: „Der Gott der Diplomatie"
Den rechts sitzenden Gott fragte er: „Wer sitzt neben Dir? " Antwort: „Der Gott der Lüge".

Der Leser versuche die Formalisierung dieser Zuordnungsaufgabe. (Die beiden Mengen sind die Plätze und die Götter. Sie haben je drei Elemente). Wir finden viele Aufgaben von diesem Typ – in [Wy]. Nun gibt es aber auch Aufgaben, die anscheinend kaum zu formalisieren sind und dennoch eine logische Lösung haben. Hierfür sei als Beispiel das *„Gefängnisproblem"* aus [Wh], Seite 81, genannt (Aufgabe 6).

Die in diesem Kapitel behandelten Logikaufgaben waren absichtlich als exemplarische Aufgaben leichter Natur. In Band II sollen schwierigere Aufgaben einschließlich dem maschinellen Lösungsweg beschrieben werden. Dabei wird auch auf eigenartige Regeln eingegangen, welche bei der maschinellen Behandlung der Kettenschlußaufgaben gefunden worden sind. Weiterhin werden in Band II die *Zuordnungsaufgaben* (Typ III) bearbeitet und Lösungswege und Maschinen- bzw. Automatenkonstruktionen angegeben. Ferner soll dort ein kurzer Abriß über die Geschichte der Logikautomaten gegeben werden.

10. Spielende und musizierende Automaten

10.1. Einführung: Weitere Beispiele nichtnumerischer Datenverarbeitung

In Kapitel 9 haben wir gesehen, daß Computer nicht nur für die numerische Datenverarbeitung brauchbar sind. Wir wollen jetzt weitere Beispiele für nichtnumerische Datenverarbeitung behandeln: Automaten, welche als Spielpartner programmiert sind und nach einer Spielstrategie Züge machen können; ferner musizierende Automaten. Wir können mit unseren Speicher- und Logikgliedern von 4.3.9. derartige Automaten realisieren. Natürlich wird man den Automaten nicht irgendwelche Manipulationen, also z.B. die Bewegung von Spielsteinen, vornehmen lassen, sondern die Spielstellungen werden durch Zeichen simuliert. Wir könnten ja auch spielen, indem wir ein Spielbrett aufzeichnen und die Steine durch Zeichen darstellen, bei einem Zug das Zeichen ausradieren und an einer anderen Stelle wieder aufmalen usw. Ebenso wird ein Computer, der als Spielpartner programmiert ist, seine Züge mit dem Drucker auf Papier drucken oder durch eine Bildröhre anzeigen. Im Zusammenhang mit den spielenden Maschinen können wir drei *Stufen der Komplexität* unterscheiden:

1. Die *„entscheidende“* Maschine (Maschine als „Schiedsrichter“, vgl. 1.5. und 4.6.)
2. Der Automat mit *einprogrammierter Gewinnstrategie* (vgl. 10.2. bis 10.4.)
3. Der Automat, welcher eine *Gewinnstrategie erlernt* (Band II).

10.2. NIM-Spiel mit einem Streichholzhaufen

Spielregel:

Auf einem Streichholzhaufen liegen z Steichhölzer. Zwei Spielpartner machen abwechselnd ihre Züge, d.h. sie nehmen Streichhölzer von dem Haufen. Die Vorschrift lautet, daß ein Spieler bei einem Zug entweder eines oder zwei Streichhölzer wegnimmt. Wer den letzten Zug macht, hat gewonnen.

Gewinnstrategie:

Man muß versuchen, dem Gegner immer eine durch drei teilbare Anzahl von Streichhölzern zu übergeben. Dann findet er zum Schluß drei Streichhölzer vor, und er kann entweder ein oder zwei Streichhölzer wegnehmen: In jedem Fall kann man den letzten Zug machen.

Die Spielregel kann vielfältig abgewandelt werden, z.B.:

a) Derjenige, der den letzten Zug macht, *verliert.*
b) Es darf eine maximale Anzahl m von Streichhölzern weggenommen werden.
c) Man kann auch einen Haufen mit z Streichhölzern *aufbauen,* d.h. abwechselnd maximal m Streichhölzer *hinlegen,* bis die Anzahl z erreicht wird. Der letzte gewinnt (oder verliert).

Spielbaum. Das Spiel kann in einem Graphen (nach Bild 10-1a) dargestellt werden. Jede mögliche Spielstellung (Anzahl der Streichhölzer im Haufen) ist durch eine Zahl in einem Kreis symbolisiert, diese sind die „Knoten" des Graphen. An den „Kanten" steht 1 oder 2, d.h. die Anzahl der weggenommenen Streichhölzer. Eines der möglichen Spiele aus Bild 10-1a ist in 10-1b wiedergegeben. Spieler A spielt dabei nach der Gewinnstrategie.

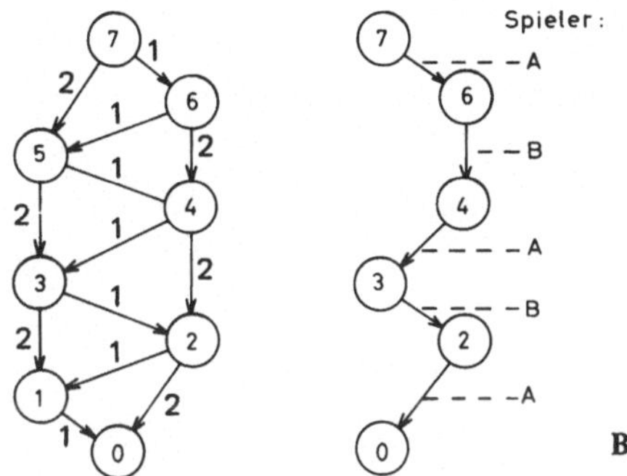

Bild 10-1
Spielbaum für das NIM-Spiel mit einem Haufen

Überlegungen zur Konstruktion der Maschine

a) Folgende Vereinbarungen sollen den Bau des Automaten vereinfachen:

1. Es wird von der Maschine die jeweilige Anzahl der Streichhölzer als *Zahl angezeigt.* Wir sehen also von jeglicher Manipulation von Gegenständen ab, wie wir ja auch das Spiel spielen könnten, indem die Spielpartner eine *Folge von Zahlen aufschreiben.*
2, Die Zahlen werden als *Dualzahlen* dargestellt. Dadurch entfällt die Umsetzung ins Dezimalsystem. (Allerdings müssen, wie wir sehen werden, einige Zahlen ohnehin decodiert werden).

b) Wir werden als Hauptteil des Automaten einen *Rückwärtszähler* bauen, der auf ein Taktsignal jeweils um Eins zurückzählt. Damit simulieren wir das *Wegnehmen* der Streichhölzer.

c) Soll der Automat spielen, so wollen wir lediglich einen Signalknopf (Druck-Umschalter) drücken, und der Automat soll aufgrund der Gewinnstrategie entscheiden, ob er um Eins oder Zwei zurückzählen muß.

Der NIM-spielende Automat

Simulation der Streichhölzer und *Erkennung der Gewinnstellungen* (Bild 10-2)

Die Speicherkette a, v, z, e (Achter, Vierer, . . .) zeigt die Anzahl der „Streichhölzer" an und ist zugleich als Rückwärtszähler geschaltet (vgl. 6.6.). Der Automat muß gemäß der Gewinnstrategie immer bis zur nächsten durch drei teilbaren Zahl zurückzählen, er muß also diese „erkennen". Dazu dient der Decodierer D, dessen UND-Glieder die Zahlen 15, 12, 9, 6, 3 oder 0 anzeigen, die als Dualzahlen in Z gespeichert sind. Die

UND-Glieder sind mit den entsprechenden Ausgängen der Speicher a, v, z, e verbunden (vgl. auch die Decodierer in 5.1.). Am Ausgang des ODER-Gliedes g liegt ein Eins-Signal, wenn eine der Stellungen g erreicht ist, von denen ein gewinnbringender Zug möglich ist:

(1) $g = avze \vee av\bar{z}\bar{e} \vee a\bar{v}\bar{z}e \vee \bar{a}vz\bar{e} \vee \bar{a}\bar{v}ze \vee \bar{a}\bar{v}\bar{z}\bar{e}$

(Die $\wedge$-Zeichen zwischen den Variablen der Konjunkte sind weggelassen).

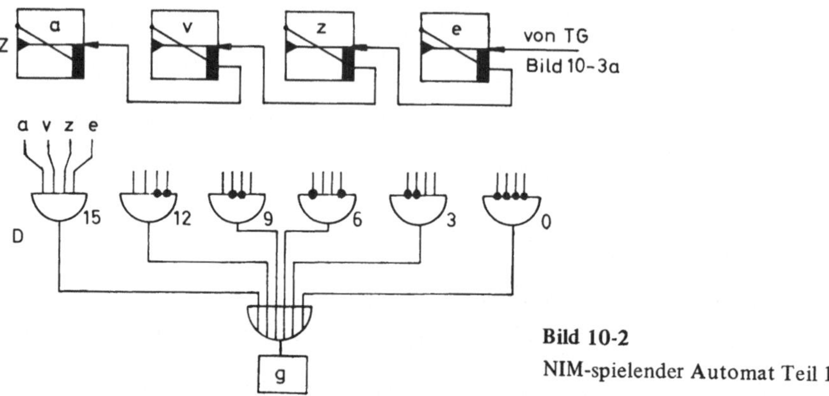

Bild 10-2
NIM-spielender Automat Teil 1

Von einer Vereinfachung des Terms (1) durch algebraische Umformung sehen wir ab, da der Decodierer D nach (1) den Vorteil hat, jede durch drei teilbare Zahl anzuzeigen.

Das *Kommandowerk* muß folgende Forderungen erfüllen:

1. Es muß bei Betätigung eines Druckschalters M („Zug des Menschen") den Streichholzspeicher um Eins zurücksetzen. Dieses beliebig oft hintereinander.
2. Bei Betätigung eines Druckschalters A („Automatenzug") soll der Automat so weit zurückzählen, bis er auf eine durch drei teilbare Zahl kommt. Allerdings darf er nur maximal *zwei* Streichhölzer „wegnehmen".
3. Wenn der Automat aus einer durch drei teilbaren Zahl ziehen muß („Verlierstellung"), so soll er nur *ein* Streichholz wegnehmen, d.h. um Eins zurückzählen. Dadurch ist die größere Chance gegeben, daß er auf eine Gewinnstellung kommt.

Die im folgenden beschriebene Anordnung erfüllt die drei Anforderungen mit geringem Aufwand (Bild 10-3):

Der Taktgeber TG (vgl. 6.3.) ist mit dem Drehknopf *f* auf eine geringe Taktfrequenz (z.B. 1 Hz) eingestellt. *Zug des Menschen:* Beim Druck auf den Knopf M des Taktgebers gibt dieser ein Taktsignal ab und läßt damit den Streichholzspeicher um Eins zurückzählen.

Für den *Zug des Automaten* muß der Knopf A betätigt werden. Der Automat muß entweder eines oder zwei Streichhölzer nehmen, um eine Streichholzanzahl zu erreichen, die durch 3 dividierbar ist (vgl. Gewinnstrategie). Meldet das ODER-Glied g

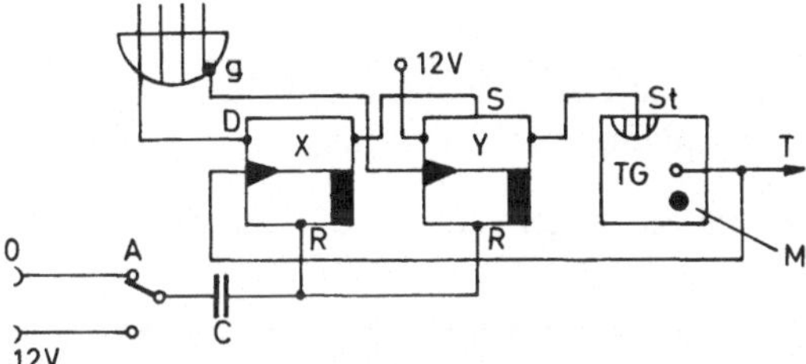

Bild 10-3a
Kommandowerk NIM-spielender Automat

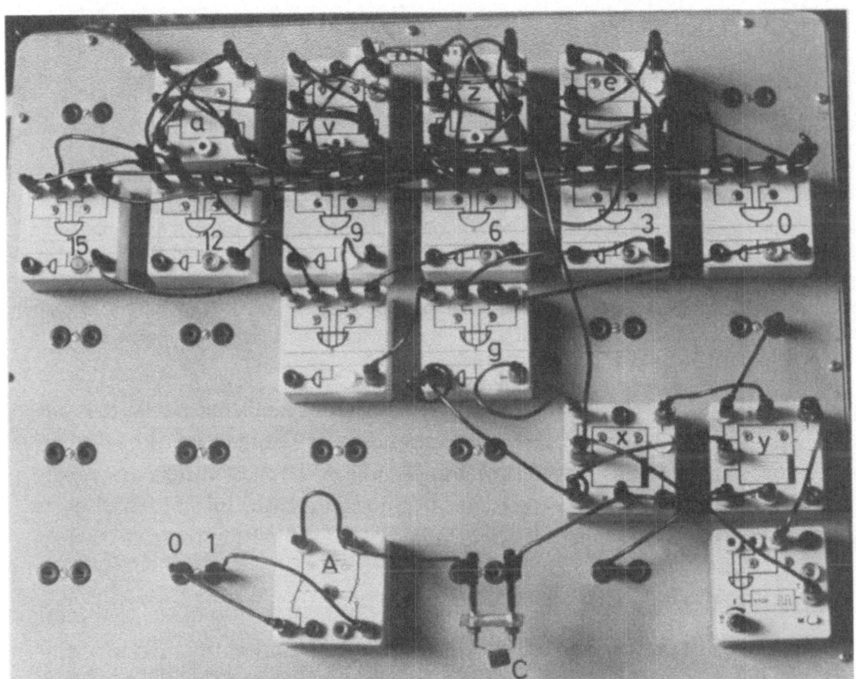

Bild 10-3b. NIM-spielender Automat mit SIMULOG

(Bild 10-2) eine solche Zahl, so wird der Speicher x (Bild 10-3) dynamisch gesetzt, und dieser liefert über y ein Stopsignal an den Taktgeber. Durch den Umschalter A sind vorher die beiden Speicher x und y auf 0 zurückgesetzt worden, um den Stop des Taktgebers aufzuheben. Das Signal „Automat soll spielen" (≙ Druck auf Knopf A) liegt nur kurzzeitig an den Rücksetzeingängen von x und y an, da es über den Kondensator C geführt wird. Jedenfalls muß dieses Signal bei Erscheinen des ersten Taktsignals bereits verschwunden sein, so daß der Speicher x gesetzt werden kann, falls am Ausgang von g ein 1-Signal liegt (d.h. g = *w*).

Weitere „Fähigkeiten" des Automaten

Von einem spielenden Automaten verlangt man noch einiges mehr, als nur die Gewinnstrategie zu befolgen. Man könnte ihm folgende „Fähigkeiten" beibringen:

1. Der Automat „merkt", wenn sein Gegner eine Spielregel verletzt, d.h. zuviele oder kein Streichholz wegnimmt.
2. Er kann melden, ob er gerne mit dem Spiel beginnen möchte, also wenn die Anfangsposition günstig ist, d.h. wenn er durch den ersten Zug in eine Gewinnstellung kommen kann.
3. Er kann melden („sich freuen"), wenn er ein Spiel gewonnen hat.
4. Er kann während des Spiels „anzeigen", ob die Lage für ihn günstig ist.
5. Er kann feststellen, ob der Gegner einen ungünstigen Zug gemacht hat, d.h. die Möglichkeit, in eine Gewinnstellung zu kommen, nicht ausgenutzt hat.

Bei unserem Lehrmodell würden wir uns damit begnügen, daß der Automat die Feststellungen 1. . .5 durch ein Lämpchen anzeigt, welches entsprechend beschriftet ist. Will man den uneingeweihten Betrachter eines spielenden Automaten in Erstaunen versetzen, so muß der Automat seine „Gedanken" mit einem Drucker ausdrucken oder noch besser: er „sagt" es über ein Tonbandgerät. Auf dem Tonband müssen vorher an bestimmten Stellen die Passagen aufgesprochen worden sein und die zutreffende Stelle wird vom Automaten abgerufen. Das gleiche Signal des Automaten, welches im einfachsten Falle ein Lämpchen mit der Bedeutung X zum Leuchten bringt, kann also auch die gewünschten Sätze von einem Tonband sprechen lassen.

Die Forderungen 2. . .4 sind sehr leicht zu erfüllen. Für 2 ist zunächst nötig, daß ein Signal „Spiel beginnt" – angezeigt durch einen Speicher – vorhanden ist, d.h. durch den Menschen gesetzt wird. Dieses Signal, kombiniert mit g = 0, läßt durch das verknüpfende UND-Glied melden, daß der Automat beginnen möchte. Es werden also zur Realisierung der Forderung 2 nur ein Speicher und ein UND-Glied benötigt.

Spielender Automat in Relaistechnik

Da eine spielende Maschine sequentieller Natur ist, kann sie natürlich nicht durch ein Schaltnetz mit handbetätigten Schaltern realisiert werden. Dagegen ist dies mit elektromechanischen Relaisschaltern möglich, da die Schaltkontakte durch Stromsignale betätigt werden.

10.3. NIM-Spiel mit drei Streichholzhaufen

Es läuft nach folgender *Spielregel:*

Zwei Spieler nehmen abwechselnd Streichhölzer von drei Streichholzhaufen weg. Es darf eine beliebige Anzahl weggenommen werden, aber nur von *einem* Haufen; maximal also ein ganzer Haufen. Wer den letzten Zug macht, gewinnt.

Die Gewinnstrategie ist relativ kompliziert und es ist bemerkenswert, daß sie erst um 1900 gefunden wurde (von E. L. Bouton nach [Ga]), obwohl das Spiel schon seit dem Altertum bekannt sein soll.

Näheres über einen NIM-spielenden Automaten mit den Logik- und Speichergliedern nach 4.3.9. wird in Band II berichtet (vgl. auch [Me 2]).

10.4. Einfaches Brettspiel: „Minischach“ [1])

Verschiedene *Brettspiele* nach Art des Schachspieles, der Dame, der Mühle usw. lassen sich durch Automaten behandeln. Wenn wir mit unserem Lehrmodell arbeiten wollen, können wir nur ein kleines Spielbrett mit wenigen Feldern und mit wenigen Figuren nehmen. Am Beispiel des *„Minischach“* soll gezeigt werden, daß der Aufwand bereits bei einem sehr kleinen Spielbrett relativ hoch ist.

Spielregel

Auf einem Spielbrett mit 3 X 3 Feldern stehen zwei weiße und zwei schwarze Steine. Die Spieler ziehen abwechselnd mit den Steinen. In ein leeres Feld darf nur geradeaus gezogen werden und beim Schlagen eines gegnerischen Steines nur diagonal (wie die Bauern beim Schach). Derjenige Spieler hat gewonnen, der zuerst mit einem Stein den gegenüberliegenden Rand des Spielfeldes erreicht hat.

Gewinnstrategie und Spielbaum

Die Gewinnstrategie soll anhand eines Spielbaumes erläutert werden.

Für den anziehenden Spieler (weiße Steine) besteht eine Gewinnstrategie, wie Bild 10-4 zeigt. Bild 10-4 ist nur ein Ausschnitt aus dem vollständigen Spielbaum, und zwar für: Weiß hat den ersten Zug und spielt nach der Gewinnstrategie.

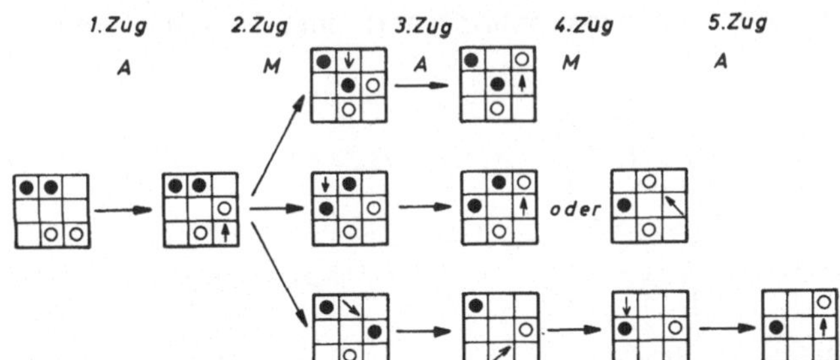

Bild 10-4
Gewinnstrategie Minischach.
Automat: weiß, Mensch: schwarz

Konstruktion des spielenden Automaten

Simulation der Felder und ihrer Belegungen. Ein Feld kann entweder leer oder von einem schwarzen oder von einem weißen Stein belegt sein. Die drei Zustände wollen wir mit 00, 01 und 10 codieren. Für jedes Feld brauchen wir also zwei Speicher, welche die Belegung simulieren. Eine nähere Betrachtung des Spielbaumes (Bild 10-4) zeigt, daß einige Belegungen nicht vorkommen, sondern nur diejenigen von Bild 10-5a. Wir kommen also mit den Speichern 1 . . . 9 von Bild 10-5b aus.

---

[1]) Auch KASCHA genannt, vgl. [P].

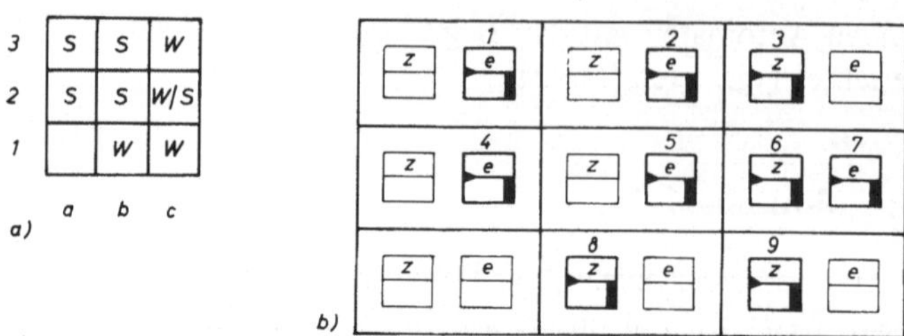

Bild 10-5. Simulation der Steine auf den Feldern des Spielbrettes
a) Mögliche Belegung der neun Felder
b) Speicherglieder simulieren die Steine. Nur die numerierten Speicherglieder sind nötig.

Ausführung der Züge des Automaten

Zur Realisierung eines Zuges müssen entsprechende Signale an die Speicher, welche den Inhalt eines Feldes simulieren, geführt werden. Für z.B. den Zug von c1 nach c2 (vgl. Bild 10-5a) muß Speicher 9 gelöscht (≙ Feld c1 ist leer) und Speicher 6 gesetzt werden (≙ Feld c2 mit Weiß belegt). Das Schlagen des schwarzen Steines von Feld c2 wird durch Löschen von Speicher 7 dargestellt. Das Setzen und Löschen der Speicher wird besorgt, indem ein Taktsignal (des Taktgebers TG) an den entsprechend vorbereiteten Speicher gebracht wird. Die UND-Glieder A. . .E von Bild 10-6 stellen einen Decodierer dar, welcher bestimmte Spielstellungen „erkennt". UND-Glied A z.B. erkennt die Anfangsstellung, bei der die Felder b1 und c1 noch mit Weiß belegt sind. Zu jeder der fünf Spielstellungen, aus denen der Automat ziehen muß, gehört eines der UND-Glieder

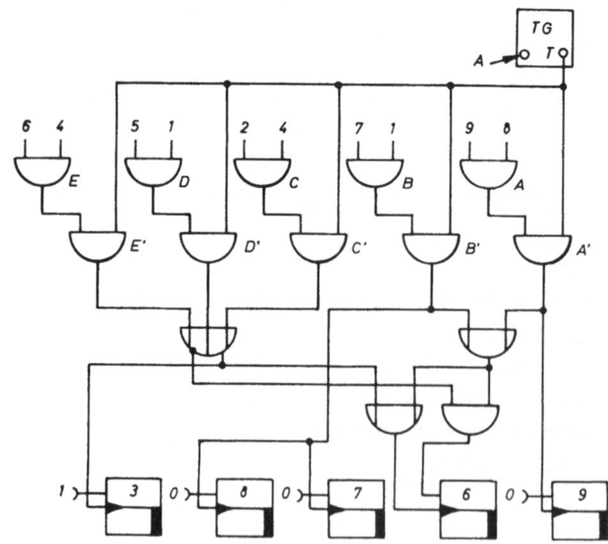

Bild 10-6
Befehlswerk des Minischach-spielenden Automaten. Die Speicher sind von Bild 10-5 herausgezeichnet.

A. . .E. Durch sie werden die Züge des Automaten ausgelöst. So ist bei der Anfangsstellung Speicher 6 mit einem 1-Signal vorbereitet und bei fallender Flanke des Taktsignals (d.h. nach Druck auf Taste M von TG) wird der Speicher 6 gesetzt. Zugleich wird der konstant mit 0-Signal vorbereitete Speicher 9 gelöscht. Entsprechend erfolgt bei den weiteren Automatenzügen das Setzen bzw. Rücksetzen der Speicher 3, 7 und 8. Für den Zug des Automaten ist die M-Taste des Taktgebers zu betätigen. Der Mensch simuliert seinen Zug, indem er 1-Signale an die S- bzw. R-Buchsen der betreffenden Speicher führt.

Die UND-Glieder A. . .E können natürlich mit den UND-Gliedern A′ . . . E′ in je eines mit drei Eingängen zusammengelegt werden (Assoziativgesetz), wie es in Bild 10-7 geschehen ist. Sie sind in Bild 10-6 getrennt gezeichnet, um die Decodierfunktion von A . . . E zu zeigen.

Bild 10-7 zeigt einen mit Teilen des SIMULOG aufgebauten Minischach-spielenden Automaten.

Bild 10-7. Minischach spielender Automat mit SIMULOG

Aufwand für Brettspiele-spielende Automaten

Bereits bei dem „Minischach" erkennen wir, daß spielende Automaten recht aufwendig werden und große Speicherkapazitäten benötigen. Daher ist es erst mit modernen Computern möglich geworden, z.B. Dame oder Mühle spielen zu können. Man programmiert sogar „lernende" Automaten, welche diejenigen Züge, die nicht zum Erfolg führen, ausmerzen und auf diese Weise eine Gewinnstrategie durch Versuch und Irrtum erlernen. Wir können mit unseren Mitteln gerade noch einen Minischach-lernenden Automaten realisieren (Band II).

10.5. Musizierende Automaten

Es gibt liederspielende Automaten in mancherlei Ausführung. Hierzu seien einige Beispiele angegeben.

- Das *Glockenspiel:* Eine rotierende Walze mit Stiften löst den Anschlag der Glocken aus.
- *Das elektrische Klavier:* Ein sich bewegendes gelochtes Papierband läßt durch seine Löcher elektrische Kontakte schließen, welche das Anschlagen der Tasten besorgen.
- Die *Drehorgel:* Rotierende Platten mit Höckern verursachen das Anblasen von Pfeifen.

Bei allen diesen Automaten gibt es bewegliche Teile, bei welchen die zeitliche Abfolge von Operationen (Tongebung) durch Signale (Stifte, Löcher) verursacht wird. Ein „Programmierer" hatte die gewünschte Abfolge (das Programm) programmiert (z.B. durch Lochen der Lochstreifen). Auch bei kleineren Typen moderner Rechenautomaten wird die Eingabe eines Programmes und von Daten teilweise noch mit Lochstreifen – wie beim elektrischen Klavier – besorgt. Wir wollen nun einen musikspielenden Automaten bauen, der ganz ohne bewegliche Teile ist und das Programm durch einen Taktgeber mit einem Kommandowerk steuern läßt, ähnlich wie auch im Kapitel 8 bei den mathematischen Programmen.

Der Tongenerator. Im Prinzip können wir einen „musizierenden" Automaten bauen mit den Teilen, die bisher beschrieben wurden (Speicher- und Verknüpfungsglieder nach 4.3.9.), indem wir die Töne durch Glühlämpchen simulieren, die wir zur Veranschaulichung auf ein Brett mit Notenlinien montieren gemäß Bild 10-8. Am eindrucksvollsten ist natürlich ein Automat, welcher die Töne *erzeugt.* Ein Tongenerator, wie wir ihn für die Reparatur eines Radios benötigen oder wie er in der Physik-Sammlung einer Schule steht, hat den Nachteil, daß die Tonhöhe nicht durch elektrische Signale verändert werden kann. Nun kann man sich mit geringen Mitteln einen solchen bauen.

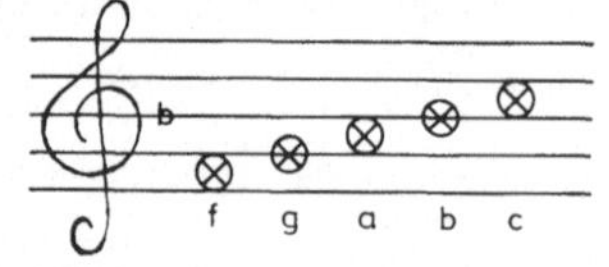

Bild 10-8. Darstellung der Töne

Er wird mit den 12 Volt unserer Grundplatte betrieben. Sein wichtigstes Element ist ein Unijunktion-Transistor UT, der eine ähnliche Funktionsweise wie eine Glimmröhre hat. Er „zündet" (Widerstand wird gering) nur ab einer gewissen Spannung. Das Schaltbild 10-9a zeigt einen Aufbau, der Ähnlichkeit mit der Kippschwingungserzeugung durch eine Glimmlampe hat. Wird an den Punkt U eine Spannung (12 V) gelegt, so lädt sich der Kondensator C auf, und zwar um so langsamer, je größer der Widerstand von R und die Kapazität von C sind. Wird eine bestimmte Spannung am Eingang des Unijunktion-Transistors UT erreicht, so schaltet dieser durch (zündet), und der Kondensator entlädt sich rasch über UT. Dadurch fällt aber die Spannung an Y und UT sperrt wieder. Das Spiel beginnt von neuem. Wichtig ist nun, daß durch die Bemessung von R und C die Anzahl der Impulse pro Sekunde (Zündungen von UT) in weiten Grenzen variiert werden kann, also verschiedene Frequenzen eingestellt werden können. Mit einem Oszillator nach Bild 10-9b kann nun ein Tongenerator für fünf verschiedene Töne hergestellt werden, an welchen man direkt einen Lautsprecher (etwa 5 Ω) anschließen kann.

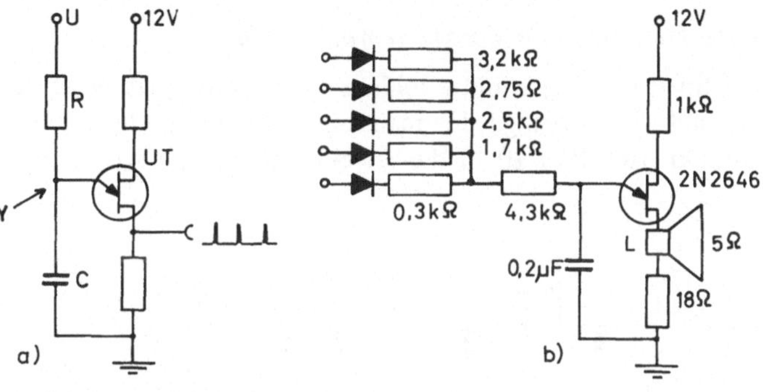

Bild 10-9
Tongenerator mit elektrisch gesteuerter Frequenzänderung
a) Unijunktion zur Erzeugung periodischer Signale
b) Tongenerator für die Töne f . . . c

Musizierender Automat. 1. Beispiel: „Hänschen klein"

Logisches Konzept

Wir wählen vier Takte des einfachen Liedchens „Hänschen klein", weil wir dabei nur fünf Tonstufen (f, g, a, b, c) benötigen (Bild 10-10).

Zur Vereinfachung haben wir nur Viertelnoten gewählt.

Bild 10-10 Vier Takte aus „Hänschen Klein"

Taktzeiten						
dez.	dual (a, v, z, e)	F	G	A	B	C
0	0 0 0 0					1
1	0 0 0 1			1		
2	0 0 1 0			1		
3	0 0 1 1			1		
4	0 1 0 0				1	
5	0 1 0 1		1			
6	0 1 1 0		1			
7	0 1 1 1		1			
8	1 0 0 0	1				
9	1 0 0 1		1			
10	1 0 1 0			1		
11	1 0 1 1				1	
12	1 1 0 0					1
13	1 1 0 1					1
14	1 1 1 0	1				
15	1 1 1 1	1				

(1) $F = a\bar{v}\bar{z}\bar{e} \vee avz$

(2) $G = \bar{a}v(z \vee e) \vee a\bar{v}\bar{z}e$

(3) $A = \bar{a}\bar{v}(z \vee e) \vee a\bar{v}z\bar{e}$

(4) $B = \bar{a}v\bar{z}\bar{e} \vee a\bar{v}ze$

(5) $C = \bar{a}\bar{v}\bar{z}\bar{e} \vee av\bar{z}$

Die UND-Zeichen sind weggelassen.
Ausführlicher müßten wir schreiben:

$f(a, v, z, e) = (a \wedge \bar{v} \wedge \bar{z} \wedge \bar{e}) \vee (a \wedge v \wedge z)$

Bild 10-11. „Wertetafeln" für die Funktionsterme F . . . C

In der Wertetafel sind die Eingangsvariablen a, v, z und e (Achter, Vierer, Zweier, Einer) die Taktzeiten des Taktgebers, welche jeweils einer Viertelnote entsprechen. Die Funktionsterme F, G, A, B, C sind die Notenstufen. An einem Beispiel sei ihre Bedeutung erklärt: Der Ton F erscheint bei den Wertetupeln (1, 0, 0, 0), (1, 1, 1, 0) und (1, 1, 1, 1), also bei den Taktzeiten 8, 14 und 15. Die Minimierung führt zu (1). Dreht man die Wertetafel um 90° nach links, so kann man in der Abfolge der 1-Werte der Funktionsterme die Darstellung von Bild 10-10 wiedererkennen.

Konstruktion des musizierenden Automaten

Die 4 Speicher a, v, z und e bilden einen Zähler (vgl. 6.6.), welcher die 16 Viertelnoten durchzählt. Die Logikglieder realisieren die Terme (1). . .(5) und geben zum richtigen Zeitpunkt nach Bild 10-11 das jeweilige Signal zur Auslösung eines Tones. Diese Signale

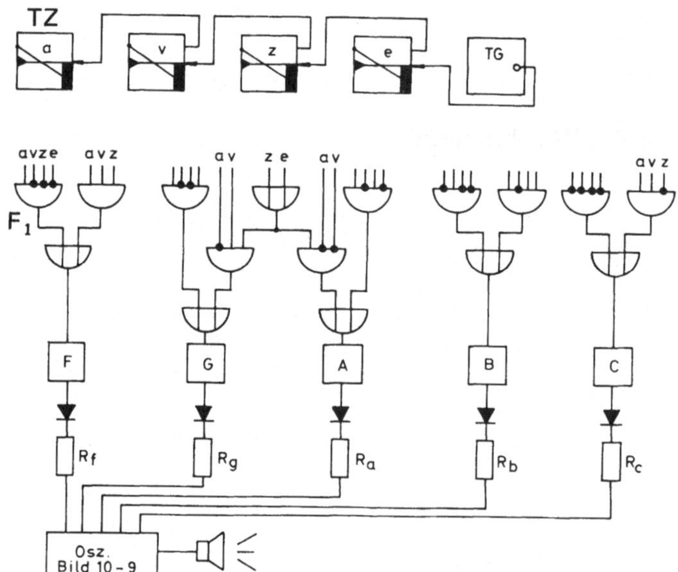

Bild 10-12
Musizierender Automat: „Hänschen klein"

steuern den Oszillator Osz (Bild 10-9), der den Lautsprecher betätigt, an. Ist beispielsweise ⟨TZ⟩ = 1, 0, 0, 0 so liefert das UND-Glied F_1 ein 1-Signal und der Ton F wird für den Oszillator freigegeben. In Bild 10-12 sind die Eingänge der Logikglieder nur teilweise an ihren Eingängen mit den Speichernamen versehen, an denen sie anzuschließen sind. Ein Punkt am Eingang bedeutet, daß der Eingang an den $\overline{Q}$-Ausgang des betreffenden Speichergliedes anzuschließen ist. Der Leser möge die Anschlüsse gemäß der Terme (1) . . . (5) vervollständigen.

Musizierender Automat. 2. Beispiel: Die Brücke am Quai

Wir wählen die ersten 32 Taktzeiten, in denen das Motiv schon deutlich hervortritt. Eine Drehung der Wertetafel um 90° nach links läßt uns wieder die Noten wie in Notenlinien erkennen. Durch algebraische Vereinfachung sind die Terme (1) bis (5) erhalten worden. Ihre Logikpläne sind in Bild 10-13 wiedergegeben. Der Automat kann direkt nach Bild 10-13 gebaut werden.

(1) $E = \bar{s}\bar{a}(\bar{z}\,e) \vee s\bar{a}(\bar{z}e \vee vze)$

(2) $F = \bar{a}vz\bar{e} \vee sav\bar{z}$

(3) $G = \bar{s}\bar{a}(\bar{v}\bar{z}\bar{e} \vee vze) \vee s\bar{a}\bar{v}\bar{z}\bar{e} \vee sa\bar{v}$

(4) $C' = \bar{s}av\bar{z}$

(5) $E' = \bar{s}a\bar{v}$

(s, a, v, z, e)	E	F	G	C′	E′
0 0 0 0 0			1		
0 0 0 0 1	1				
0 0 0 1 0					
0 0 0 1 1					
0 0 1 0 0					
0 0 1 0 1	1				
0 0 1 1 0		1			
0 0 1 1 1			1		
0 1 0 0 0					1
0 1 0 0 1					1
0 1 0 1 0					1
0 1 0 1 1					1
0 1 1 0 0				1	
0 1 1 0 1				1	
0 1 1 1 0					
0 1 1 1 1					
1 0 0 0 0			1		
1 0 0 0 1	1				
1 0 0 1 0					
1 0 0 1 1					
1 0 1 0 0					
1 0 1 0 1	1				
1 0 1 1 0		1			
1 0 1 1 1	1				
1 1 0 0 0			1		
1 1 0 0 1			1		
1 1 0 1 0			1		
1 1 0 1 1			1		
1 1 1 0 0		1			
1 1 1 0 1		1			
1 1 1 1 0					
1 1 1 1 1					

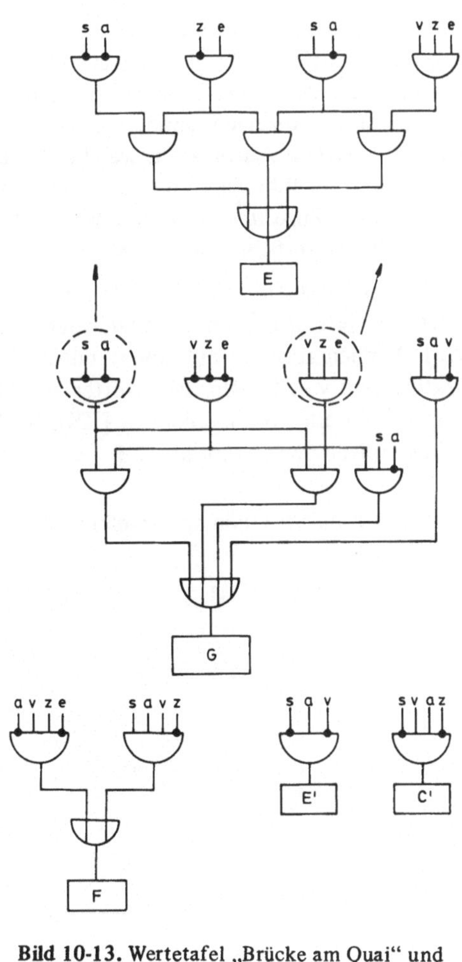

Bild 10-13. Wertetafel „Brücke am Quai" und Logikpläne

10.6. Zusammenfassung und Ausblick auf lernende und komponierende Automaten

Wir haben in diesem Kapitel Automaten in der hardware realisiert, Automaten, welche einfache Spiele spielen oder musizieren können. Die Spielstellungen werden durch Binärzeichen simuliert (die Streichholzanzahlen durch Zeichen der Dualzahlen). Die Züge beim NIM-Spiel, d.h. das Wegnehmen von Streichhölzern, wird durch Rückwärtszählen nachgeahmt. Auch ein Brettspiel kann in dieser Weise durch Automaten simuliert werden: Die Belegung der Felder wird durch Zeichen dargestellt. Die Ausführung der Züge nach einer Gewinnstrategie ist einprogrammiert, d.h. der Automat kennt die zu jeder beliebigen Spielstellung gehörigen Züge. In entsprechender Weise „spielt" ein Computer. Seine Züge druckt er aus. Solange das Spielprogramm läuft, ist er nicht mehr wert als unsere kleinen Automaten mit dem fixierten Programm.

Entsprechend arbeiten unsere musizierenden Automaten, bei denen jeder „Taktzeit" des Taktgebers durch ein Logiknetzwerk ein Ton zugeordnet ist. Mit einfachen Mitteln können wir sogar einen Tongenerator bauen, so daß der Automat die gewünschte Tonfolge nicht nur anzeigen, sondern auch erzeugen kann. Eine höhere Stufe der Komplexität erreichen Automaten, welche Spielstrategien *erlernen.* Sie „kennen" nur die Spielregeln,und ihre Züge sind zunächst zufällig. Nach einem verlorenen Spiel korrigieren sie die Züge in bestimmter Weise. Wir werden im Band II einen solchen Automaten für das einfache NIM-Spiel (vgl. 10.2.) kennenlernen (vgl. auch [Me 2]).

Vom musizierenden Automaten kommen wir zum *komponierenden,* wenn bestimmte Tonfolgen fest programmiert sind, aber von einem Zufallsgenerator abgerufen werden [Ku]. Ähnlich arbeiten die „dichtenden" Automaten. Sie besitzen ein Repertoire von Wörtern und von Regeln, wie Wörter zu Sätzen zusammenzubauen sind. Das übrige besorgt wieder ein Zufallsgenerator [KS]. In Band II werden die Konstruktionspläne für weitere spielende Automaten, z.B. für das NIM-Spiel mit drei Streichholzhaufen, angegeben.

Auch mit Relais können wir spielende Maschinen bauen.

11. Biologisch-kybernetische Modelle

11.1. Einführung

Die Biologie hat eine neue Teildisziplin bekommen, die *„Biologische Kybernetik“*, in der das Lebewesen als nachrichtenverarbeitendes System betrachtet wird. Von der Umwelt kommende Reize werden als Nachrichten oder Signale aufgefaßt. Vor der Auslösung einer Reaktion erfolgt im Lebewesen eine „Nachrichtenverarbeitung“. Eine erste Übersicht gewinnt der Leser aus den vielen diesbezüglichen Aufsätzen von Fachreferenten in „Kybernetik, Brücke zwischen den Wissenschaften“ [Fr]. Wir wollen mit unseren Logik- und Speichergliedern (vgl. 4.3.9.) einige einfache biokybernetische Modelle bauen, und zwar Neuronenmodelle, Modelle zur Darstellung des bedingten Reflexes und einen Decodierer für den genetischen Code. Es sind noch weitere Modelle zur Simulierung von Lernvorgängen bekannt geworden; hierüber wird in 11.8. berichtet.

Ein weiteres Feld der biologischen Kybernetik sind Regelvorgänge, die eine der Voraussetzungen für die Lebensfunktionen sind, und zwar schon beim einzelligen Lebewesen. Auch ein Regelvorgang kann als nachrichtenverarbeitendes System aufgefaßt werden [Fr].

11.2. Neuronenmodelle

Die Nervenzellen (Neuronen) dienen der Aufnahme, Übertragung, Speicherung und Verarbeitung von Informationen. Sie sind auch „Schaltstellen“ in dem Netzwerk der Nervenbahnen. Man kann einige ihrer Funktionen mit logischen Schaltungen bzw. Schaltnetzen vergleichen. Die Synapsen S (vgl. Bild 11-1) werden durch die Eingänge eines Verknüpfungsgliedes simuliert. Während in der Natur mehrere hundert Synapsen an einem Neuron

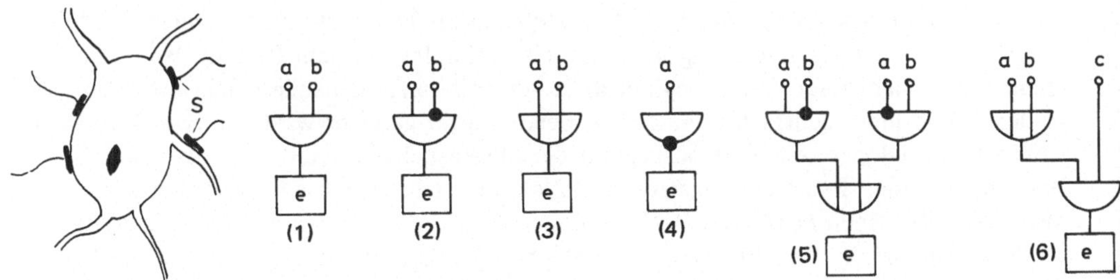

Bild 11-1. Schema Neuron

Bild 11-2. Einfache Modelle für die Schaltfunktion der Neuronen

1) Der ISOMAT ist ein Gerät für Demonstrations- und Schülerübungsversuche nach *G. Schaefer* (Kiel), mit dem neutrale Netzwerke simuliert werden können. 12 verschiedene Schaltkombinationen lassen sich mit Hilfe von Abdeckplatten realisieren. Neben der biologischen Interpretation des Netzwerkes können durch Austausch der Abdeckplatten die Schaltungen auch physikalisch interpretiert werden (Strukturisomorphie). Vertrieb: Phywe, Göttingen.

angreifen können, wollen wir hier nur stark vereinfachte Modelle erwähnen. Ferner können wir hier auch nicht eingehen

a) auf die Tatsache, daß in der Natur ein Reiz in eine zeitliche Folge von diskreten Signalen umgewandelt wird und
b) darauf, daß auch die Stärke der Eingangssignale und deren Anzahl entscheidend sein kann, ob ein Erfolgssignal e ausgelöst wird.

Die Schaltungen (1) . . . (6) sind uns aus dem Kapitel 4 bekannt. Eine Schaltung nach (1), auf das Neuron übertragen, bedeutet, daß das Erfolgssignal e genau dann eintritt, wenn die Signale a *und* b vorhanden sind. In der Schaltung (2) verhindert das b-Signal ein e-Signal. Diese Schaltung simuliert eine *inhibierende* Synapse. Man formuliere entsprechend die Schaltungen (3). . .(6). Wenn man sich klarmacht, daß ein Neuron viele hundert Synapsen (Schaltstellen) haben kann, so muß ein einziges Neuron komplizierten Netzwerken entsprechen. Daher muß ein Vergleich der Anzahl der Neuronen des Gehirns mit der Anzahl der Verknüpfungsglieder und Speicher (für je 1 bit) eines Rechenautomaten auch diese Tatsache berücksichtigen. Zur Zeit gibt es über die Rolle eines Neurons als *Speicher* nur Spekulationen.

11.3. Der bedingte Reflex nach Pawlow

Unter einem *Reflex* bei einem Lebewesen versteht man die Auslösung einer Reaktion R durch einen Reiz S, ohne daß es dem Lebewesen bewußt wird. Die S-R-Kette wird gewissermaßen automatisch geschlossen. Beispiele sind der Lid-Reflex, die Verengung der Pupille bei stärkerem Lichteinfall, der Patellar-Reflex. Nun kann ein Reflex auch durch einen *Lernvorgang* „eingerichtet" werden, z.B. das Muskelspiel beim Stehen, Gehen, Radfahren. Auch das Betätigen der verschiedenen Handgriffe beim Autofahren, das Steuern des Lenkrades können ins Unterbewußtsein absinken, d.h. die Tätigkeiten werden „automatisch" ausgeführt.

Man kann die *Einrichtung eines bedingten Reflexes* an Tieren studieren. *Pawlow* untersuchte die Absonderung von Magenspeichel eines Hundes vor dem Füttern. Wenn der Hund Futter sieht oder riecht, beginnt diese Absonderung; es handelt sich um einen Reflex. Wenn man mehrfach unmittelbar, bevor Futter gereicht wird, ein Signal ertönen läßt (z.B. ein Glockenzeichen), so beginnt der Magenspeichel bereits beim Glockenzeichen zu laufen. Es ist ein angelernter Reflex, der sich auch wieder verlieren kann. Man nennt ihn einen *bedingten Reflex*. Diesen Vorgang kann man mit *kybernetischen Modellen* simulieren. Es gibt dazu sehr einfache technische Modelle, auch rein mechanische. Wir wollen den Reflex mit elektronischen Verknüpfungsgliedern und Speichern beschreiben.

Bei der Entwicklung eines kybernetischen Modelles macht man häufig die Feststellung, daß es nicht allen Zusammenhängen der Natur gerecht wird. Die Ursache kann darin bestehen, daß die Angaben über den Vorgang zunächst lückenhaft sind. Es entstehen dann neue Fragen an den Physiologen oder Biologen, der zu einer präziseren Beobachtung und Beschreibung der Sachverhalte in der Natur gezwungen wird. Das nächste Modell wird wohl besser sein als das alte, aber wiederum einige Vorgänge nicht sachgerecht wiedergeben. Darin liegt der Wert von derartigen technischen kybernetischen Modellen. Durch fortwährende „Rückkopplung" von Beobachtungen am Modell auf die Beschreibung des biologischen Vorganges wird das Modell verbessert und die Beschreibung präzisiert. Wir wollen an Modellen in vereinfachender Form dieses Wechselspiel nachvollziehen.

11.4. Erstes Modell des bedingten Reflexes

Beschreibung:

„Die Reaktion (Magenspeichel fließt) tritt ein, wenn ein spezifischer Reiz (Futter sehen) vorhanden ist *oder* ein neutraler Reiz (Glockenton) auftritt *und* der bedingte Reflex eingerichtet ist (Zustand: „Gelernt")[1]). Der Zustand „Gelernt" ist vorhanden, wenn der neutrale Reiz sechsmal mit dem spezifischen Reiz koinzidiert hat (zeitlich zusammengefallen ist)".

Logische Formulierung:

Wir können Aussageformen aufstellen, in denen die Zeitangabe t die Grundmenge darstellt:

S: „Der spezifische Reiz ist zur Zeit t vorhanden"
N: „Der neutrale Reiz ist zur Zeit t vorhanden"
R: „Die Reaktion tritt zur Zeit t ein"
G: „Der bedingte Reflex ist zur Zeit t eingerichtet" (Das bedeutet: „Gelernt")

Es ergibt sich folgender Wahrheitsterm:

(1) $r = s \vee (g \wedge n).$

Das Auftreten einer Koinzidenz K können wir durch folgenden Term beschreiben:

(2) $k = s \wedge n.$

Bei $k = w$ wird an einen Zähler ein Zähltakt geführt. Die sechsmalige Koinzidenz wird durch den dreistelligen Dualzähler Z bestimmt. Z besteht aus drei Speichern (v, z, e). Der Zustand „Gelernt" G soll bei der Zählerstellung $\langle Z \rangle$ = LL0 eintreten[2]):

(3) $g = v \wedge z \wedge \bar{e}.$

---

[1]) Dieser Satz ist in seiner logischen Struktur erst in der Formulierung durch den untenstehenden Term (1) mit Hilfe der Klammern eindeutig.

[2]) Wir haben die spitzen Klammern als Zeichen für den *Inhalt* eines Speicherelementes oder eines Registers (Schieberegister oder Zähler) gewählt (vgl. Kapitel 4).

Modell 1 des bedingten Reflexes

Wir können nun gemäß der Terme (1), (2) und (3) die Konstruktion des kybernetischen Modelles vornehmen:

Die Maschinenelemente von Bild 11-3, welche die Aussageformen S, N, R und G simulieren, haben einen entsprechenden Namen erhalten. Durch zwei Speicherglieder s und n werden der spezifische und der neutrale Reiz simuliert. ⟨s⟩ = 1 (Lämpchen von s leuchtet) bedeutet, daß der spezifische Reiz vorhanden ist. Dann leuchtet das Lämpchen von ODER-Glied r, womit das Eintreten der Reaktion simuliert ist. Ist gleichzeitig ⟨s⟩ = 1 und ⟨n⟩ = 1, liegt am Ausgang des UND-Gliedes k ein 1-Signal, welches beim Verschwinden als Zähltakt für den Zähler Z wirkt. Ist der Zählerinhalt ⟨Z⟩ = LL0, wird über das UND-Glied g der Speicher G gesetzt. ⟨G⟩ = 1 simuliert den Zustand

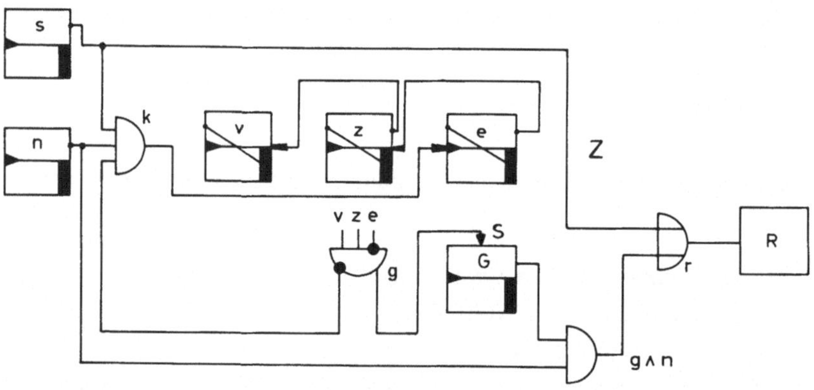

Bild 11-3. Modell 1 des bedingten Reflexes (mit Zähler für das Lernen)

„Gelernt". In diesem Zustand wird die Reaktion (r = 1) bereits durch den neutralen Reiz allein (⟨n⟩ = 1) ausgelöst. Damit der Zähler Z bei weiteren Koinzidenzen nicht weiterzählt, wird das Signal $\bar{g}$ an das UND-Glied k zurückgeführt („negative Rückkopplung"). Die vollständige Beschreibung für das UND-Glied k lautet also:

(2′) $k = s \wedge n \wedge \bar{g}$.

Das Setzen und Rücksetzen der Speicherglieder s und n besorgt man am besten durch zwei Umschalter gemäß Bild 11-4. Die Betätigung des Umschalters (Knopf drücken) bedeutet: Reiz vorhanden.

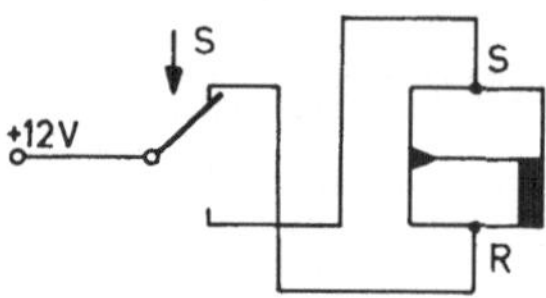

Bild 11-4
Setzen und Rücksetzen der Speicher s und n von Bild 11-3 über Umschalter

Modell 1a. Zählen durch Schieberegister

Wir wollen noch eine *Variante des Modelles 1* besprechen. Der Zähler Z kann durch ein Schieberegister U ersetzt werden. Hat dieses 6 Speicherglieder, so erreicht das 1-Signal nach 6 Takten das Speicherglied G. Weiteres Schieben kann durch Rückführung des $\bar{Q}$-Ausganges von G an das UND-Glied k verhindert werden (Bild 11-5). Im übrigen gilt die Schaltung von Bild 11-3 und 11-4.

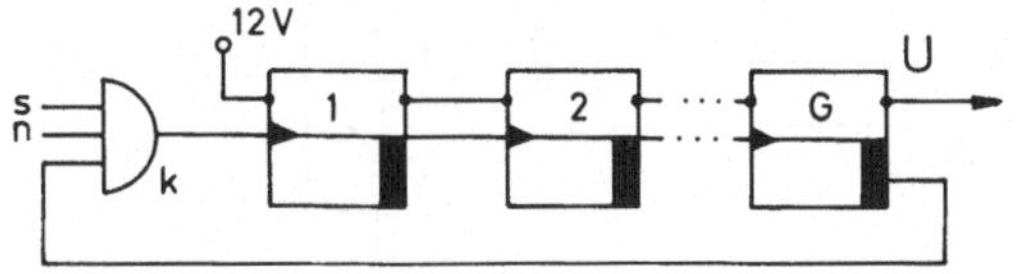

Bild 11-5
Modell 1a des bedingten Reflexes (mit Schieberegister)

Weitere Konkretisierung der Modelle.

Bei diesem und den weiteren Modellen wird nur mit *Signalen* gearbeitet, welche bestimmte Ereignisse simulieren: Ein Knopfdruck (vgl. Bild 11-4) simuliert die Reize, und die Reaktion wird durch ein leuchtendes Glühlämpchen dargestellt. Von dieser relativ abstrakten Simulation kann man zu konkreteren Modellen kommen.

So läßt sich der Knopfdruck für die Darstellung des neutralen Reizes durch ein Mikrophon ersetzen, welches einen Glockenton in ein elektrisches Signal umformt und dieses wirkt – nach Verstärkung – unmittelbar auf unsere Logikschaltung. Ebenso kann die Auslösung der Reaktion veranschaulicht werden: Ein Magnetventil wird durch das 1-Signal des ODER-Gliedes r (Bild 11-3) betätigt und der Abfluß einer Flüssigkeit ausgelöst. In der Tat hat man sich in der Forschung ernsthaft mit derartigen Modellen abgegeben und nicht nur mit dem abstrakten logischen Konzept, wie wir es hier tun, begnügt.

11.5. Zweites Modell des bedingten Reflexes

Die Anforderungen an das Modell sollen erweitert werden. In der Natur beobachtet man, daß der bedingte Reflex nicht nur eingerichtet werden kann, sondern er kann auch wieder verschwinden („vergessen"). Wird der bedingte Reflex nicht „bekräftigt", d.h. war mehrfach der neutrale Reiz N nicht mehr begleitet von dem spezifischen Reiz S, so verliert sich der bedingte Reflex.

Wir erweitern unser Modell derart, daß der Inhalt von Speicher G gelöscht wird, wenn N dreimal *ohne* gleichzeitig S auftritt.

Für die Simulation von S und N sind zwei Speicher vorgesehen, welche über einen Umschalter (vgl. Bild 11-4) oder direkt durch 12 V-Signale an die Setz- und Rücksetzeingänge mit Eins bzw. Null belegt werden.

Eine Koinzidenz wird durch UND-Glied k „erkannt" und dabei das Speicherglied z_1 zur Aufnahme einer 1 vorbereitet. Wird $\langle n \rangle = 0$ („Ende des neutralen Reizes"), so wirkt das Verschwinden des 1-Signals am Ausgang von n als Takt und $\langle z_1 \rangle$ wird 1.

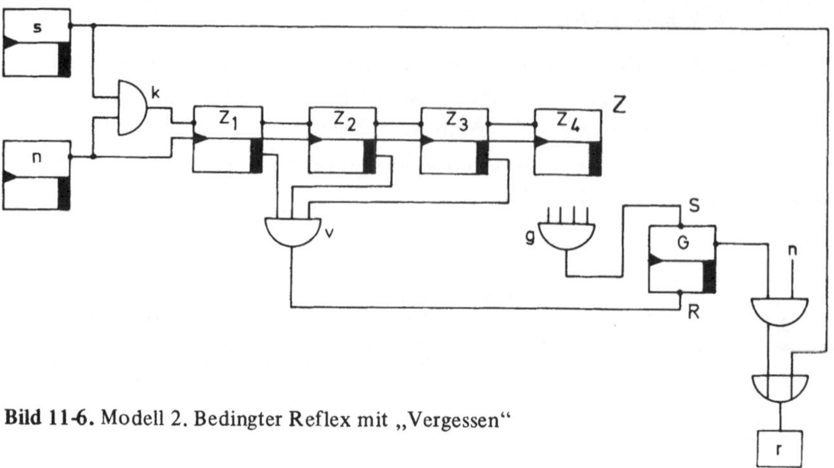

Bild 11-6. Modell 2. Bedingter Reflex mit „Vergessen"

Wiederholt sich dieser Vorgang noch dreimal, so sind alle Speicher $z_1 \ldots z_4$ mit Eins belegt und über das UND-Glied g wird der Speicher G gesetzt. Der Zustand „Gelernt" ist simuliert und nun wird das alleinige Auftreten von N zu einer Reaktion, angezeigt durch das ODER-Glied r, führen. Ist die Koinzidenz dreimal nicht wiederholt worden, so ist der Inhalt der Speicher z_1, z_2 und z_3 Null geworden und das UND-Glied v setzt den Speicher G wieder Null. Dadurch wird der Vorgang des Vergessens simuliert. Der neutrale Reiz reicht nicht mehr aus, um die Reaktion R auszulösen.

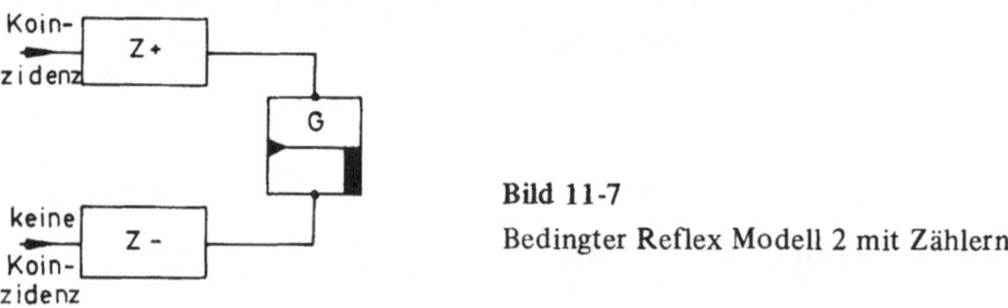

Bild 11-7
Bedingter Reflex Modell 2 mit Zählern

Der gleiche Effekt kann auch mit dem Zählerprinzip erreicht werden. Die einfachste Realisierung ist mit zwei Zählern möglich. Der Zähler Z+ zählt Koinzidenzen, der Zähler Z– die Fälle, bei denen keine Koinzidenz vorliegt. Der Zähler Z+ setzt bei vorgegebenem Inhalt das Speicherglied G ($\langle G \rangle = 1$ heißt „gelernt"), der Zähler Z löscht es ($\langle G \rangle = 0$ bedeutet: „vergessen"). Natürlich kann das Modell auch mit einem Vorwärts-Rückwärts-Zähler (vgl. 6.6.) gebaut werden.

11.6. Verfeinerung der Modelle des bedingten Reflexes

Bei der Beschäftigung mit diesen Modellen wird der Physiologe entdecken, daß er bei seiner Beschreibung des bedingten Reflexes zu oberflächlich war. Er muß nun die

Beschreibung verfeinern, denn die bisherigen Modelle erfüllen nur diejenigen Forderungen, die er in seiner ersten Beschreibung formuliert hatte. Zu den Verfeinerungen kann u.a. folgendes gehören:

a) Die oben gezeigten Modelle erfüllen noch nicht die Forderung, daß N zeitlich *vor* S eintreten soll, um als Koinzidenz gewertet zu werden.

b) Es muß eine obere (und untere) zeitliche Differenz zwischen dem Auftreten von N und S gegeben sein. Diese kann im Modell durch monostabile Kippschaltungen simuliert werden.

c) Eine *einzelne* Koinzidenz darf ebensowenig für den Lernvorgang registriert werden, wie deren einzelnes Nichtauftreten im Zustand „Gelernt" für den Vorgang des Vergessens. Diese Forderung muß weiter quantifiziert werden.

Im Band II werden derartige Modelle beschrieben.

11.7. Decodierer für den „Genetischen Code"

Proteine haben als Eiweißkörper wichtige Funktionen in der lebenden Zelle zu erfüllen (z.B. Hämoglobin, Insulin). Sie bestehen aus einer Kette von Aminosäuren. Etwa 20 verschiedene Aminosäuren sind am Aufbau der Proteine beteiligt. Die Biosynthese der Proteine erfolgt an den Ribosomen der Zellen. Eine m-RNS liefert den „Bauplan" des Proteins. Die m-RNS ist die „Kopie" eines Stückes der DNS, d.h. der Chromosomenfäden [1]). In der m-RNS sind an einem Faden aus Phosphorsäure und einem Zucker vier verschiedene komplizierte Moleküle, die „Buchstaben" des genetischen Codes, in einer bestimmten Reihenfolge aufgereiht. Wir verwenden für sie nur die Anfangsbuchstaben ihrer Namen: A, U, C, G [2]). Jeweils ein „Triplett" von ihnen (z.B. ACC, AUG, UGG) ist einer Aminosäure zugeordnet. An den Ribosomen wird ein Protein synthetisiert, indem gemäß der „Information" in den Tripletts der m-RNS eine Aminosäure nach der anderen zusammengefügt wird.

Man kann sagen, daß die 20 Aminosäuren durch die Tripletts *codiert* sind. Das eine Alphabet besteht aus den 20 Aminosäuren, das andere aus Tripletts von A, U, C, G. Es können aus vier Buchstaben $4^3 = 64$ Wörter zu je drei Buchstaben (das sind die Tripletts) gebildet werden (Variationen v von e Elementen zur k. Klasse: $v = e^k$). Da es aber nur 20 Aminosäuren gibt, ist der Code „redundant", d.h. es gehören mehrere Tripletts zu einer Aminosäure.

Nach dem *„Code-Lexikon"* [WJ] gehören
zu zwei Aminosäuren je ein Triplett,
zu neun Aminosäuren je zwei Tripletts,
zu einer Aminosäure drei Tripletts (bei Cys ist es unsicher),
zu fünf Aminosäuren je vier Tripletts,
zu drei Aminosäuren je sechs Tripletts.

---

1) m-RNS: messenger-Ribonucleinsäure (oder Boten-RNS)
DNS: Desoxy-Ribonucleinsäure.

2) A, U, C, G: Adenin, Uracil, Cytosin, Guanin.

Hierzu kommt das Zeichen für „Kettenende“ (= Term) mit zwei Tripletts. Das Triplett AUG ist nicht eindeutig, es kann auch Kettenanfang bedeuten. Bild 11-8 zeigt den Code, zitiert in [WJ].

b_2 : 2. Position (w, x)

b_1 : 1. Position (u, v)	U	C	A	G	b_3 : 3. Position (y, z)
	Phe	Ser	Tyr	Cys	U
	Phe	Ser	Tyr	Cys	C
U	Leu	Ser	– (Term)	Cys	A
	Leu	Ser	– (Term)	Try	G
	Leu	Pro	His	Arg	U
	Leu	Pro	His	Arg	C
C	Leu	Pro	$GluNH_2$	Arg	A
	Leu	Pro	$GluNH_2$	Arg	G
	Ileu	Thr	$AspNH_2$	Ser	U
	Ileu	Thr	$AspNH_2$	Ser	C
A	Ileu	Thr	Lys	Arg	A
	Met(Anf.)	Thr	Lys	Arg	G
	Val	Ala	Asp	Gly	U
	Val	Ala	Asp	Gly	C
G	Val	Ala	Glu	Gly	A
	Val	Ala	Glu	Gly	G

Bild 11-8. Code-Lexikon: Zuordnung der Aminosäuren zu Basentripletts [1])

Decodierer Tripletts → Aminosäuren [2])

In den drei Positionen des Tripletts kann je eine der vier Basen auftreten. Wir simulieren sie durch je vier Speicherglieder für jede Position (Bild 11-9).

Zunächst müssen wir eine binäre *Codierung* der vier Basen vornehmen und wählen dazu für

U: 00, A: 10,

C: 01, G: 11.

Die Eingangsvariablen für den Decodierer, die Basen, b_1, b_2 und b_3 müssen also durch ein Variablen*paar* ersetzt werden:

$$b_1 \rightarrow (u,v) \qquad b_2 \rightarrow (w,x) \qquad b_3 \rightarrow (y,z).$$

Wird in Bild 11-9 z.B. die Base C bei b_1 angewählt, so zeigt der Codierer: (u,v) = (0,1).

---

[1]) Die Abkürzungen der Aminosäuren bedeuten: *Phe*nylalanin, *Leu*cin, *Ser*in, *Tyr*osin, *Cys*tein, *Try*ptophan, *Leu*cin, *Pro*lin, *His*tidin, *Glu*tamin (*N*H_2), *Arg*inin, *Isoleu*cin, *Met*hionin, *Thr*eonin, *Asp*aragin (*N*H_2), *Lys*in, *Val*in, *Ala*nin, *Asp*araginsäure, *Glu*taminsäure, *Gly*cin, *Term* bedeutet Kettenende, *Anf* bedeutet Kettenanfang.

[2]) Die Anregung zu diesem Abschnitt gab eine „Jugend-forscht“-Arbeit 1971 von M. Raußen, Max-Planck-Gymnasium Trier. Der Decodierer wurde mit dem SIMULOG gebaut (vgl. Bild 11-11).

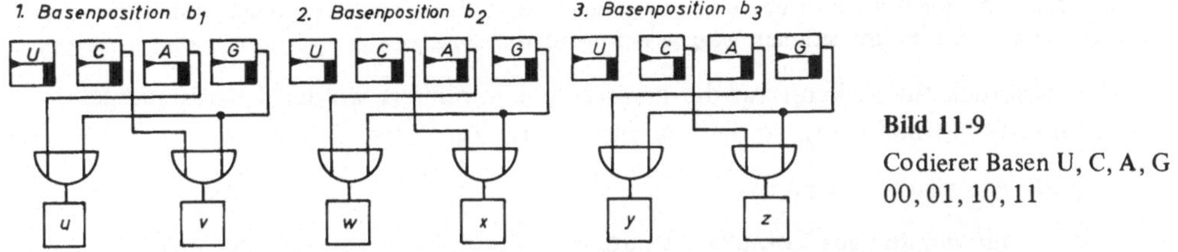

Bild 11-9
Codierer Basen U, C, A, G
00, 01, 10, 11

Der *Decodierer* muß je einem Triplett (b_1, b_2, b_3) eine Aminosäure zuordnen. Wie wir oben gesehen haben, ist der Code „redundant", d.h. es besteht keine eineindeutige Zuordnung, außer bei dem Met [1]) und dem Try. Einer Aminosäure können zwei, drei, vier oder sechs Tripletts zugeordnet sein.

Wir wählen uns je eine dieser Typen für die Erläuterung des Decodierers aus, für die anderen liegen die Verhältnisse analog.

a) *Zuordnung einer Aminosäure zu genau einem Triplett*

Aus der „Zuordnungstafel" (Bild 11-8) lesen wir folgende disjunktive Normalform ab:

$$\mathrm{Try} = \underbrace{(\bar{u} \wedge \bar{v})}_{b_1} \wedge \underbrace{(w \wedge x)}_{b_2} \wedge \underbrace{(y \wedge z)}_{b_3}$$

Erklärung: Die erste Base von Try ist U, welche als 00 codiert ist. Das Wertepaar für die erste Base (u, v) muß daher genau bei (0, 0) den Wert 1 annehmen. Also muß es heißen: $b_1 = \bar{u} \wedge \bar{v}$. Die zweite Base ist G, codiert als 11. Das Wertepaar für die zweite Base (w, x) muß genau bei 11 den Wert 1 annehmen, also ist zu schalten: $b_2 = w \wedge x$. Ebenso ist es für die dritte Base.

Die disjunktive Normalform für Try besteht aus einem Minterm und kann nicht weiter vereinfacht werden. Das gleiche gilt für Met.

b) *Zuordnung einer Aminosäure zu zwei Tripletts:*

Beispiel Tyr:

$$(2) \quad \mathrm{Tyr} = \underbrace{(\bar{u} \wedge \bar{v})}_{b_1} \wedge \underbrace{(w \wedge \bar{x})}_{b_2} \wedge \underbrace{[(\bar{y} \wedge \bar{z}) \vee (\bar{y} \wedge z)]}_{b_3}$$

$$(2a) \quad \mathrm{Tyr} = \bar{u} \wedge \bar{v} \wedge w \wedge \bar{x} \wedge \bar{y}$$

Wir erhalten ein Konjunkt mit nur fünf Variablen.

c) *Zuordnung einer Aminosäure zu vier Tripletts*

Beispiel Ala:

$$(3) \quad \mathrm{Ala} = \underbrace{uv}_{b_1} \wedge \underbrace{\bar{w}x}_{b_2} \wedge \underbrace{(\bar{y}\bar{z} \vee \bar{y}z \vee y\bar{z} \vee yz)}_{b_3}$$

---

[1]) Welches allerdings auch „Kettenanfang" bedeuten kann.

Um den Term für Ala besser übersehen zu können, sind die $\wedge$-Zeichen in den zweistelligen Variablen für die Basispositionen weggelassen worden.

Der Ausdruck für b_3 kann auf die Konstante 1 minimiert werden („vollständige" disjunktive Normalform), so daß wir für (3) erhalten:

$$\text{(3a)} \quad \text{Ala} = (u \wedge v) \wedge (\overline{w} \wedge x),$$

also ein nur vierstelliges Konjunkt. Es drückt sich darin die Tatsache aus, daß die Aminosäure von der dritten Basenposition unabhängig ist.

d) *Zuordnung einer Aminosäure zu sechs Tripletts*

Dies trifft für drei Aminosäuren zu: Leu, Ser, Arg.
Beispiel Arg:

$$\text{(4)} \quad \text{Arg} = (\overset{b_1}{\overline{u}v} \wedge \overset{b_2}{wx} \wedge \overset{b_3}{(\overline{y}\,\overline{z} \vee \overline{y}z \vee y\overline{z} \vee yz)}) \vee (\overset{b'_1}{u\overline{v}} \wedge \overset{b'_2}{wx} \wedge \overset{b'_3}{(y\overline{z} \vee yz)})$$

Der erste Teilterm ist von b_3 unabhängig. Der zweite Teilterm drückt aus, daß zwei Basen (A und G) in der dritten Position auftreten können – wie oben bei Tyr. Wir erhalten:

$$\text{(4a)} \quad \text{Arg} = ((\overline{u} \wedge v) \wedge (w \wedge x)) \vee ((u \wedge \overline{v}) \wedge (w \wedge x) \wedge y)$$

Die z.T. unnötigen Klammern sind gesetzt, um die Herkunft der Terme erkennen zu lassen. Der Term läßt sich noch vereinfachen:

$$\text{(4b)} \quad \text{Arg} = ((\overline{u} \wedge v) \vee (u \wedge \overline{v} \wedge y)) \wedge (w \wedge x)$$

e) *Zuordnung einer Aminosäure zu drei Tripletts*

Ileu (evtl. Cys).

$$\text{(5)} \quad \text{Ileu} = (\overset{b_1}{(u \wedge \overline{v})} \wedge \overset{b_2}{(\overline{w} \wedge \overline{x})} \wedge \overset{b_3}{((\overline{y} \wedge \overline{z}) \vee (\overline{y} \wedge z) \vee (y \wedge \overline{z}))})$$

$$\text{(5a)} \quad \text{Ileu} = (u \wedge \overline{v} \wedge \overline{w} \wedge \overline{x}) \wedge (\overline{y} \vee \overline{z})$$

Für die behandelten Beispiele gibt Bild 11-10 die Decodiermaschine.
Die ODER-Glieder u . . . z sind von Bild 11-9 übernommen.

Wenn man bei dem Decodierer nach Bild 11-10 eine Kombination von drei Basen auswählt, indem je einer der drei mal vier Speicher gesetzt wird, so zeigt ein Logikglied die zugehörige Aminosäure an.

Man kann den Decodierer leicht auf die restlichen Aminosäuren erweitern. Bild 11-11 zeigt den vollständigen Decodierer mit dem SIMULOG. Einige Logikglieder sind auf fünf bzw. sechs Eingänge (durch zusätzliche Dioden) erweitert worden. (Aufnahme der „Jugend-forscht"-Arbeit 1971 von M. Raussen).

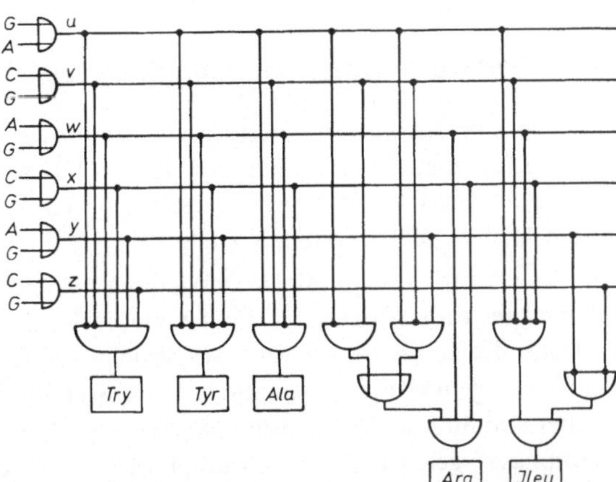

Bild 11-10

Decodierer Basentripletts → Aminosäuren. Beispiele

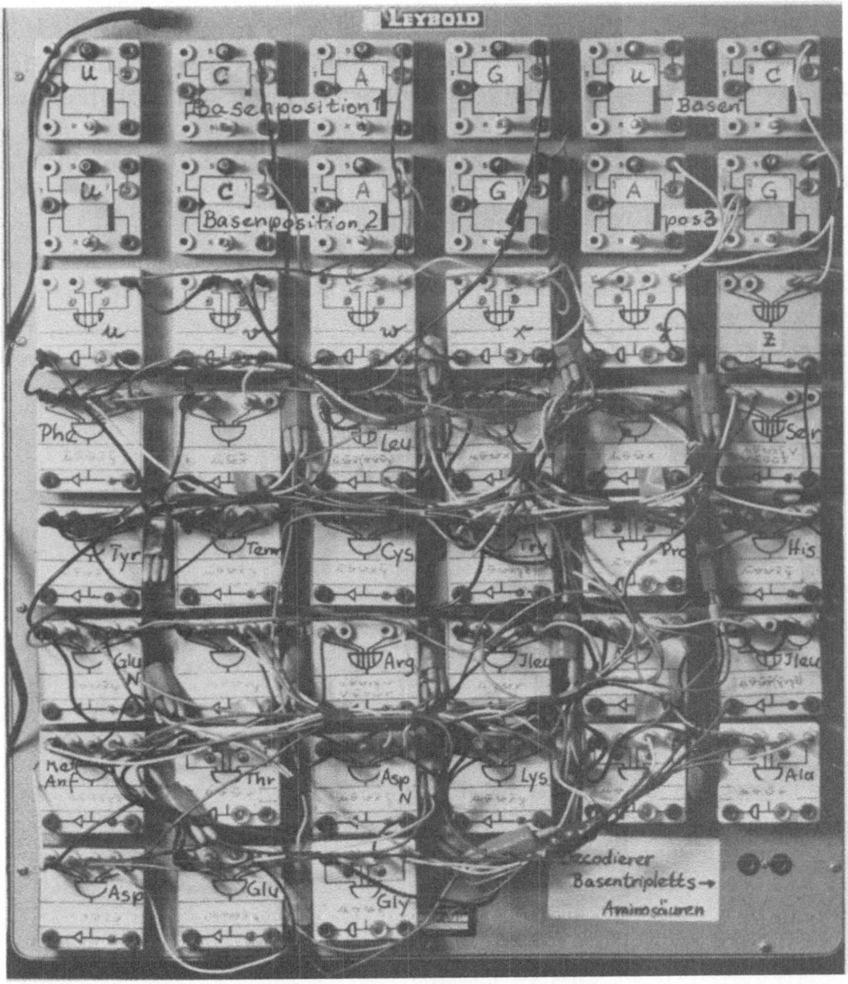

Bild 11-11. Vollständiger Decodierer Basentripletts → Aminosäuren

11.8. Weitere Beispiele biologisch-kybernetischer Modelle

Über die *Simulation* der Funktionsweise von *Nervenzellen* sind eine ganze Reihe von Veröffentlichungen erschienen [Bi]. In Band II soll ein Modell beschrieben werden, welches die Umsetzung eines Reizes in ein digitales Signal simuliert. Es kann mit einfachen Mitteln selbst erstellt werden.

Ein Modell zur „vollständigen Darstellung des bedingten Reflexes" ist als „Schildkröte" bekannt geworden [Bi], [Fr]. Es hat mehrere „Zustände" und kann auf verschiedene neutrale „Reize" bedingte Reflexe einrichten. Zu den Modellen, die den Lernvorgang simulieren, gehört die *„Lernmatrix"* von Steinbuch [Fr], [Bi]. Die Zuordnung von Zeichenkombinationen zu ihrer „Bedeutung" bekommt das Modell während der „Lernphase" gelehrt. In der „Kannphase" ist die Lernmatrix zu einem Decodierer geworden. Mit einer einfachen Nachbildung werden wir uns in Band II befassen.

Ein weiteres Beispiel für die Simulation eines Lernvorganges ist das *„Labyrinthmodell"*, welches zum ersten Male von Shannon [Sh] 1951 realisiert wurde. Eine „Maus" muß nach einigen oder einem Versuch den kürzesten Weg durch ein Labyrinth finden. Auch in Rechenautomatenprogrammen kann man diesen Vorgang simulieren [Bi]. Mit unseren elektronischen Speichern und Logikgliedern können wir einfache Modelle realisieren (Band II).

Zu den Lernprozessen, die mit Automaten nachgebildet werden können, gehört auch das *Erlernen einer Spielstrategie,* hierfür wird in Band II ein einfaches Beispiel gebracht. Für das Dame-Spiel sind entsprechende Rechenautomatenprogramme geschrieben worden [Bi]. Die Versuche zur Nachbildung von Lernprozessen haben einen realen Hintergrund: Man möchte später lernende Automaten in technischen Bereichen einsetzen (z.B. in der Verkehrsregelung).

12. Anwendungen in der Technik: „Digitaltechnik"

12.1. Einführung: Zähler, Gewinnung des Zählsignals

Allgemeines:

Ein sehr bedeutsames Gebiet der Elektronik ist die *„Digitaltechnik"* geworden, eine Technik, welche als Grundelemente die in den Kapiteln 4 und 6 beschriebenen Verknüpfungs- und Speicherglieder (Flipflop) verwendet. Diese Bausteine ermöglichen nämlich nicht nur – wie wir gesehen haben –, Computer und Logikmaschinen aufzubauen, sondern mit ihnen können auch beliebige technische Vorgänge *automatisiert* werden. Es sollen hierzu in diesem Kapitel Beispiele gegeben werden, bei denen zusätzlich zu den Verknüpfungs- und Speichergliedern nur einige einfache Schaltungen erforderlich sind. Mit den angegebenen Selbstbauanweisungen können wir uns diese Schaltungen (Lichtschranken usw.) leicht selbst herstellen. Zunächst wird über die vielfältigen Anwendungen des Digitalzählers berichtet. Mit ihnen können Zählvorgänge beliebiger Art (12.2.), Messungen der Zeit (12. 4.) und physikalischer Größen, die von der Zeit abgeleitet sind (12.5.), durchgeführt sowie elektronische Uhren (12.3.) aufgebaut werden. Die Gewinnung der erforderlichen Zählsignale stößt i.a. auf keine Schwierigkeiten. Das Prinzip der automatischen Prüfung von Produkten können wir an einfachen Beispielen erfahren (12.6.). Für die Automation in der Technik gewinnen digitale Schaltungen immer mehr an Bedeutung (12.7).

Der *Zähler* kann im einfachsten Fall ein *Dualzähler* [1]) (vgl. 6.6.) sein. Für eine bequeme Ablesung wird man ihn als *dezimal* anzeigenden Zähler bauen. Dieser besteht aus Zähler mod 10, etwa nach Bild 12-1. Soll der Zähler bis tausend zählen können, so braucht man für die Einer, die Zehner und die Hunderter je einen Zähler mod 10. Das UND-Glied 1001 bereitet bei der Zahl Neun (dual L00L) den Speicher A auf Eins vor. Beim nächsten Taktsignal wird in den Speicher A eine 1 eingelesen und zugleich von seinem Q-Ausgang alle Speicher (a, v, z, e) auf Null zurückgesetzt. Es erscheint also die Zehn (L0L0) nicht. Gleichzeitig wird durch das verschwindende 1-Signal von

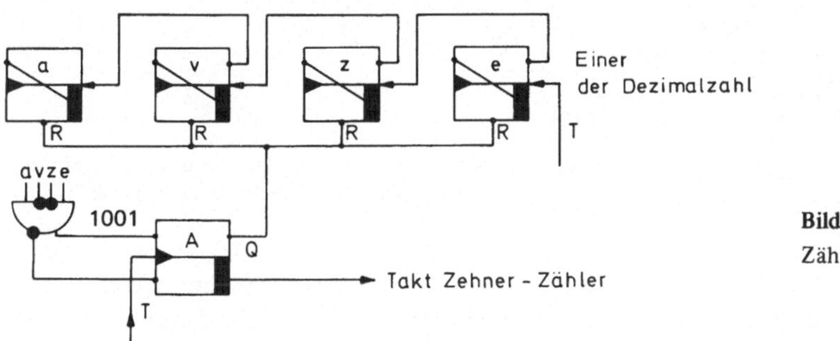

Bild 12-1
Zähler mod 10

[1]) Weitere Bezeichnungen: Binärzähler, Digitalzähler.

$\overline{Q}$ der Zehner-Zähler um Eins weitergezählt. Jede mod 10-Zählstufe kann einen Decodierer (vgl. 5.1.) betreiben, an dem z.B. eine Ziffernanzeigeröhre angeschlossen ist, welche die entsprechende Dezimalziffer zur Anzeige bringt.

Gewinnung des Zählsignals

In Kapitel 6.6 wurde beschrieben, wie der Zähler durch die Impulse eines Taktgebers gesteuert wird. Die „fallende Flanke" des Rechteckimpulses (der Spannungssprung 12 V → 0 V) wirkt als Zählsignal, d.h. läßt den Zähler um Eins weiterzählen. Das Verschwinden des 1-Signals an einem Ausgang eines Speicher- oder Verknüpfungsgliedes kann ebenfalls als Zählsignal dienen (Bild 12-2). Sollen nun irgendwelche periodischen oder nichtperiodischen Ereignisse gezählt werden, so müssen wir das Ereignis in ein elektrisches Signal umwandeln, welches als Zählsignal wirkt. Die Signalumwandlung kann in vielen Fällen eine Lichtschranke besorgen. Eine Lichtschranke besteht aus einer Lichtquelle G (Glühlampe) und einem Lichtwandler (z.B. Photowiderstand Rp, Photodiode, vgl. Bild 12-3). Tritt ein Gegenstand A in den Lichtweg, so ändert sich die Beleuchtungsstärke und damit das elektrische Signal (Widerstand, Spannung) des lichtelektrischen Bauelementes. Dieses Signal muß den Zähler zum Weiterzählen veranlassen.

Die Impulsformung, d.h. die Erzeugung einer ausreichend steil fallenden Flanke, wird durch ein UND-Glied k (oder durch ein ODER-Glied) erzielt.

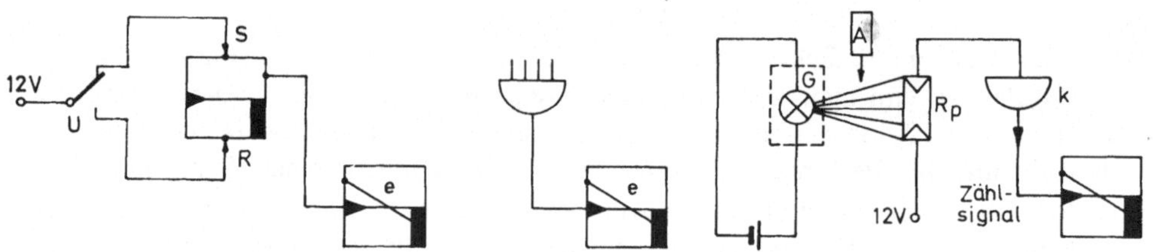

Bild 12-2. Zählsignal von einem Speicher- oder Logikglied

Bild 12-3. Lichtschranke[1])

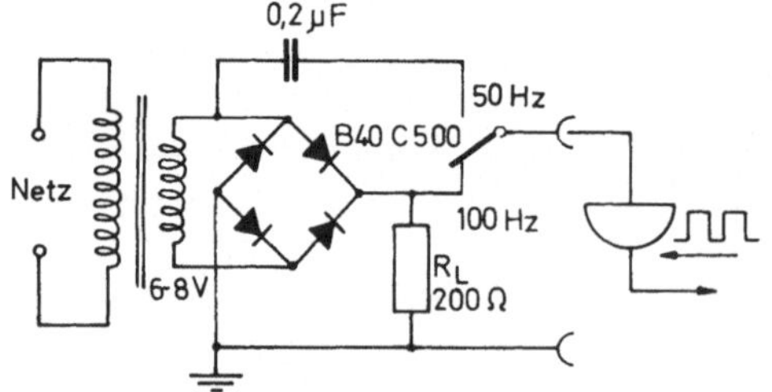

Bild 12-4. 50 Hz-Signal von der Netzspannung. Achtung! Keinen Spartrafo verwenden[2])

Wenn das Ereignis als sich ändernde Spannung vorliegt (z.B. Wechselspannung eines Trafos), so muß diese zu einer Rechteckspannung umgeformt werden, damit sie als

[1]) Photowiderstand DRP 61.

[2]) d.h. die Sekundärwindung muß getrennt von der Primärwindung sein.

Zählsignal dienen kann. Die Höhe der Spitzenspannung soll unter 12 V liegen und die Impulsformung geschieht am einfachsten dadurch, daß man das Signal durch ein Verknüpfungsglied (UND, ODER) laufen läßt (Bild 12-4).

12.2. Zählvorgänge mit einem Digitalzähler

Stückzählung an einem Transportband (Bild 12-5)

Die Gegenstände A auf einem Transportband T durchlaufen eine Lichtschranke LS, welche dem Zähler Z (nach Bild 12-1) die Zählsignale liefert. Der Zähler kann so eingerichtet werden, daß er bei Erreichen einer vorgegebenen Zahl irgend etwas veranlaßt, z.B. ein Signal abgibt, mit dem er das Transportband stoppt. Entsprechende Schaltungen dienen dazu, Personen zu zählen, die durch ein Tor laufen. Um die Lichtschranke unauffällig zu machen, wird man mit Ultrarotlicht arbeiten. Wenn wir keine Lichtschranke zur Verfügung haben, können wir den Zählvorgang durch einen Schalter U oder D gemäß Bild 12-6 auslösen. Der Schalter kann z.B. durch eine Drehtür, durch welche die Personen laufen, betätigt werden. Die R-C-Kombination dient dazu, ein sicheres Zählsignal zu gewinnen. Leichter ist dies mit einem Speicher zu bewerkstelligen, der bei einem Zählvorgang sowohl gesetzt als auch wieder rückgesetzt werden muß, z.B. durch einen Umschalter (Bild 12-2).

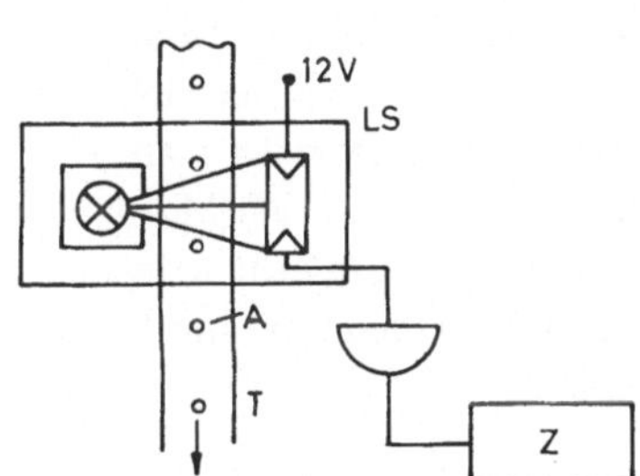

Bild 12-5. Transportband

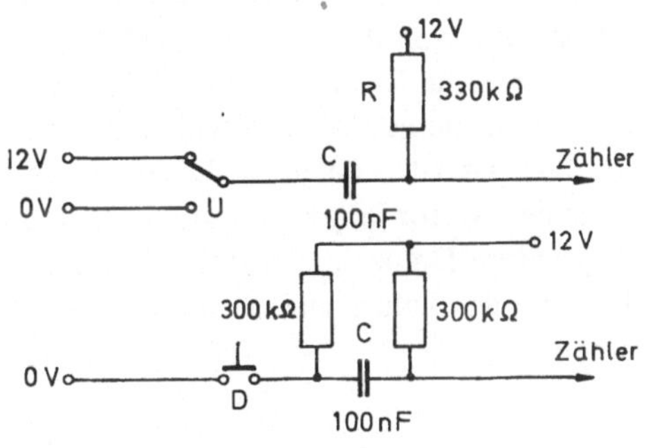

Bild 12-6. Zählsignal durch Schalter

Automatische Messung der Oberflächenspannung mit dem Stalagmometer

Das Stalagmometer-Verfahren zur Messung der Oberflächenspannung σ beruht darauf, daß ein Tropfen, der an einer ebenen Fläche hängt, erst abfällt, wenn er eine bestimmte Größe erreicht hat. Je größer σ, umso größer sind die Tropfen. Ein bestimmtes Volumen V einer Flüssigkeit wird also eine umso größere Tropfenanzahl bilden, je geringer σ ist. Wir können nun die Anzahl der Tropfen automatisch zählen (Bild 12-7a). Um den durch die Lichtschranke fallenden Tropfen sicher erfassen zu können, hat sich die in Bild 12-7b angegebene Schaltung mit Photodiode bewährt. Diese Schaltung ergibt ein „prellfreies" Signal, unabhängig von Reflexionen am Tropfen. Soll im übrigen auch der Start und der Stop des Zählers automatisch erfolgen, so können dazu zwei zusätzliche Lichtschranken LS1 und LS2 dienen, welche das Passieren der (gefärbten) Flüssigkeit (bei A und B) nach Bild 12-7c durch ein elektrisches Signal anzeigen.

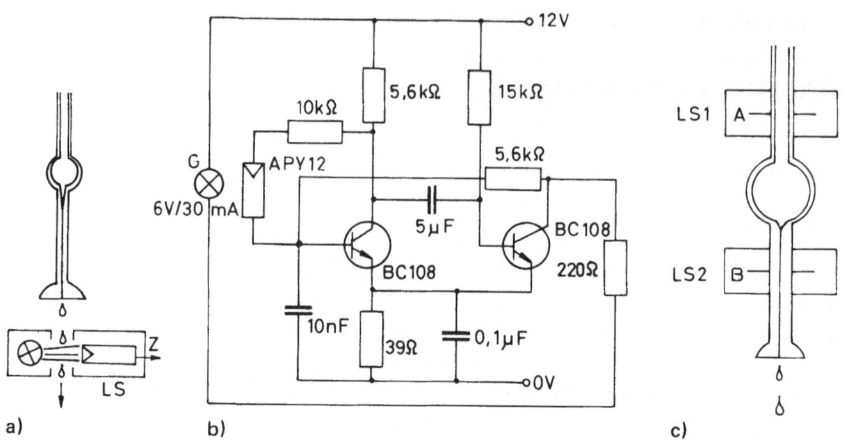

Bild 12-7. a) Bestimmung der Tropfenzahl; b) Lichtschranke zu Bild 12-7a; c) Start und Stop des Tropfenzählers

Automatisches Wickeln eines Trafos mit bestimmter Windungszahl

Die Anzahl der Umdrehungen der Welle, auf welcher der zu wickelnde Trafo T montiert ist, wird von dem Zähler gezählt. Die Zählsignale werden von einer Halbscheibe S, die durch die Lichtschranke LS läuft, ausgelöst. Der Zähler ist als Rückwärtszähler gebaut, und die gewünschte Windungszahl wird ihm vorgegeben. Hat er Null erreicht, wird über das UND-Glied St der Motor abgeschaltet. Zweckmäßigerweise wird man vorher den Motor langsamer laufen lassen, indem ein weiteres UND-Glied den Motor auf geringere Drehzahl schaltet, wenn nur noch z.B. 20 Windungen erforderlich sind, d.h. wenn der Zähler auf 20 steht. Diese Zahl muß von dem UND-Glied „erkannt“ werden.

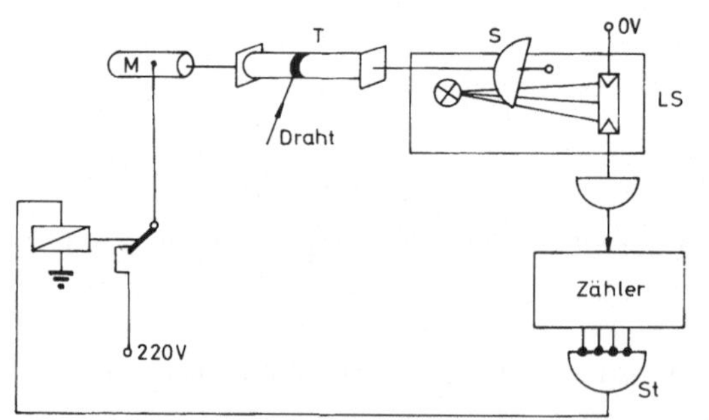

Bild 12-8
Automatisches Wickeln eines Trafos mit vorgegebener Windungszahl

Zählung radioaktiver Teilchen und Intensitätsmessung von Röntgenstrahlen

Ein radioaktives Teilchen oder ein γ-Quant kann durch ein Geiger-Müller-Zählrohr nachgewiesen werden, d.h. dieses erzeugt ein elektrisches Signal von jedem durch das Zählrohr fliegende Teilchen. Nach entsprechender Verstärkung dieses Signals übernimmt die Zählung der Teilchen ein Digitalzähler. Überschreitet die Zahl der Teilchen pro Sekunde eine bestimmte Grenze, so kann ein Signal („Gefahr") ausgelöst werden. Die Laufzeit des Zählers von z.B. einer Sekunde wird durch die Methode von 12.5.1. eingestellt. Bei der *Röntgenfluoreszenzanalyse* müssen u.U. sehr schwache Strahlungsintensitäten gemessen werden. Dies geschieht dann über γ-Quanten-*Zählung* mit Digitalzählern.

Abruf einer bestimmten Stelle auf einem Tonband (Bandspeicher)

Wenn man auf einem Magnettonband eine Anzahl von Informationen gespeichert hat, so besteht oft die Aufgabe, eine bestimmte Information automatisch abzurufen. Ein Weg hierzu ist folgender: Auf dem Tonband ist auf einer besonderen Spur (Steuerspur) eine Folge von Kontrollsignalen angebracht, die nach Verstärkung einen Digitalzähler (Rückwärtszähler) anstoßen. Soll eine gewünschte Information X, die bei dem n-ten Signal liegt, gefunden werden, so schreibt man die Zahl n in den Rückwärtszähler ein, der bei Erreichen der Null (d.h. der Information X) das Tonbandgerät stoppt. Auch hier wird eine vorherige Geschwindigkeitsverminderung des Tonbandmotors zweckmäßig sein.

12.3. Elektronische Uhr, Digitaluhr

Wir können mit unseren in den Kapiteln 4 und 6 beschriebenen Bauelementen eine Uhr ohne ein einziges sich bewegendes mechanisches Teilchen bauen. Die Zeit (Sekunden, Minuten . . .) wird entweder dual (durch Glühlampen) oder dezimal (durch Ziffernanzeigeröhren) angezeigt. Dabei wird als Zeitnormal eine bekannte Frequenz (z.B. Netzwechselspannung) verwendet. Ein Zähler zählt die positiven Halbwellen, die durch ein Verknüpfungsglied in ein Rechtecksignal umgewandelt worden sind. Ist – bei Verwendung der Netzfrequenz – die Zahl 50 erreicht, so wird der Zähler auf Null gestellt und gleichzeitig der Sekundenzähler angestoßen usf. Bei genaueren Uhren wird man als Zeitnormal eine durch einen Quarz stabilisierte Frequenz oder gar eine „Atomfrequenz" (Cs: 9192, 631770 MHz) nehmen.

Zähler mod n (Sprungzähler) für n = 50 und n = 60

In Bild 12-1 wurde schon ein Zähler mod 10 beschrieben. Entsprechend kann ein Zähler mod 50 gebaut werden.

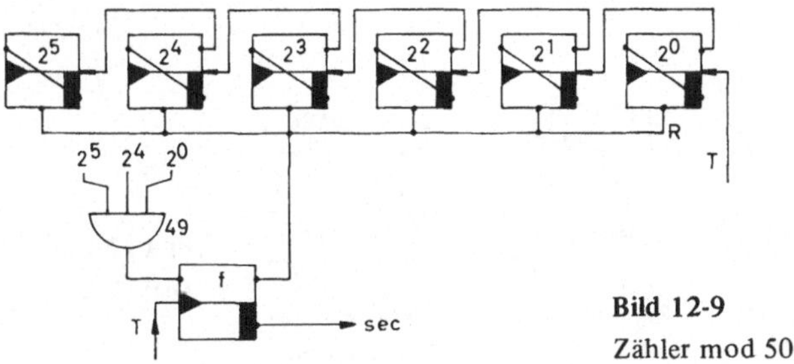

Bild 12-9
Zähler mod 50

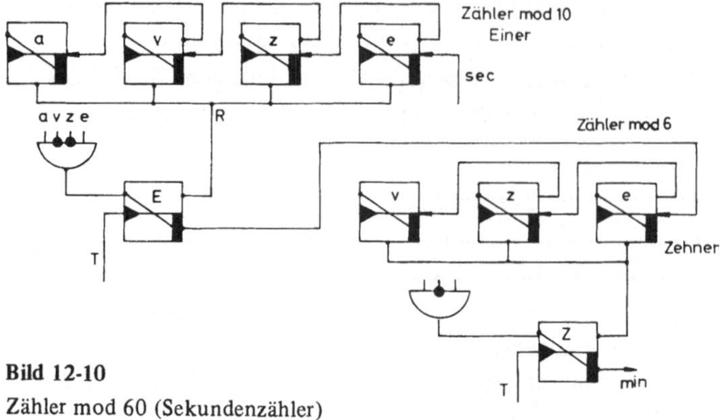

Bild 12-10
Zähler mod 60 (Sekundenzähler)

Das UND-Glied 49 „erkennt“ die Zählerstellung 49 (dual LLOOOL) und beim nächsten Taktsignal T wird der Speicher f auf Eins gesetzt. Dieser wiederum liefert das 1-Signal zum Nullstellen aller Speicher des Zählers und das Zählsignal „sec“ an den Sekundenzähler von Bild 12-10.

Die Sekunden bis zum Ablauf einer Minute bzw. die Minuten bis zum Ablauf einer Stunde werden von Zählern mod 60 gezählt. Will man die Sekunden und Minuten dezimal anzeigen, so wird man die Zähler mod 60 aus einem Zähler mod 10 und einem Zähler mod 6 kombinieren, wie es Bild 12-10 zeigt. Der Zähler mod 10 zeigt die Einer, der Zähler mod 6 die Zehner an.

Man kann die Speicher f, E und Z von Bild 12-9 und 12-10 einsparen, wenn man das Rücksetzen über Kondensatoren besorgt. Sprungzähler mit Kondensatoren werden in Band II beschrieben.

Der Aufbau einer vollständigen *Digitaluhr* ist aus Bild 12-11 zu ersehen. Sie wird von der Netzspannung über den Trafo (Sekundärwicklung vom Netz getrennt! Spitzenspannung sekundär $\leqslant$ 12 V) betrieben. Die sinusförmige Wechselspannung wird über UND-Glied F zu Rechtecksignalen geformt und stößt den Zähler mod 50 an, dieser den Sekundenzähler usw. Will man nicht die Dualzahl ablesen, sondern die entsprechende Dezimalzahl, so benötigt man Decodierer und Ziffernanzeigeröhren. Als Zähler mod 24 für die Stundenanzeige dient die Schaltung nach Bild 12-11 b. Die Decodierer sind in Kapitel 5 beschrieben.

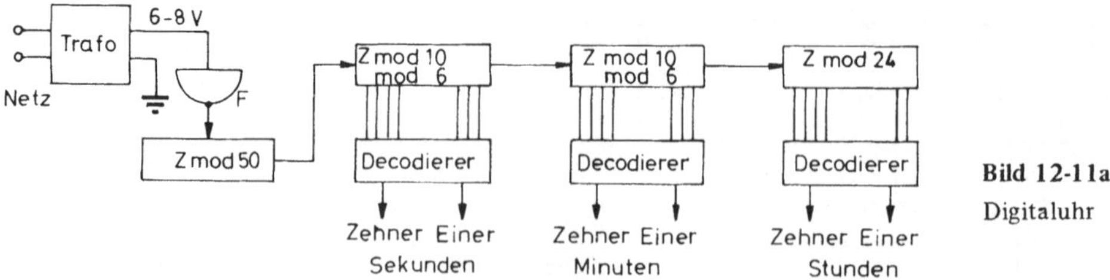

Bild 12-11a
Digitaluhr

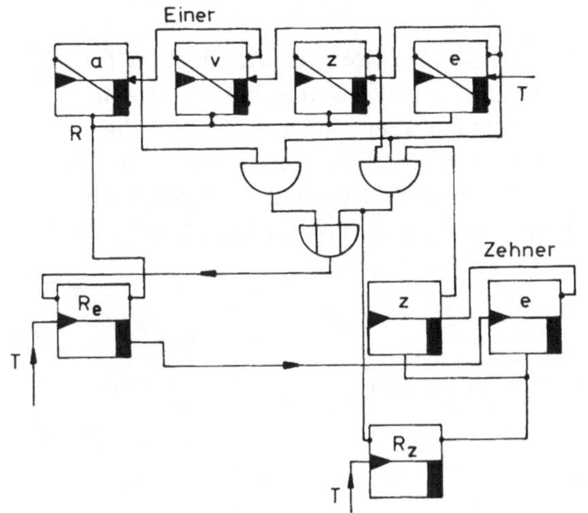

Bild 12-11b
Zähler mod 24

12.4. Zeitmessungen mit der Digitaluhr

Die beschriebene Digitaluhr kann sehr bequem zur Zeitmessung verwendet werden, da der Start und der Stop dieser Uhr elektronisch, z.B. durch Lichtschranken, ausgelöst werden kann. Will man Kurzzeitmessungen vornehmen, so werden die 50 Hz bzw. 100 Hz der Netzspannung (vgl. Bild 12-4) nicht ausreichen. Für Zeitmessungen unter 10^{-2} s verwenden wir höhere Frequenzen, z.B. von einem Frequenzgenerator (1000 Hz, 10 000 Hz), welcher die gewünschte Genauigkeit hat.

„Reaktionszeit"-Messung

Bei der Bremsstrecke eines Autos wird von der „Reaktionszeit" eines Autofahrers gesprochen. Man meint die Zeitdifferenz zwischen der Aufnahme eines optischen Signals bis zur Reaktion des Fahrers, also z.B. Tritt auf die Bremse. Hier soll ein „Prüfer" die Reaktionszeit einer „Versuchsperson" testen.

Der Prüfer setzt mit der Drucktaste D_p einen Speicher A, der mit seinem 1-Signal ein Zeitsignal ZS (z.B. 100 Hz) freigibt. Dieses liefert den Zähltakt für einen Zähler. Wenn die Versuchsperson den Start des Zählers wahrnimmt, drückt sie die Drucktaste D_v, wodurch der Speicher A auf 0 zurückgesetzt wird. Der Zähler bleibt dann stehen. Die vom Zähler angegebene Zeit bezeichnen wir als die „Reaktionszeit" der Versuchsperson. Sie liegt bei 0,2 s bzw. 200 Millisekunden.

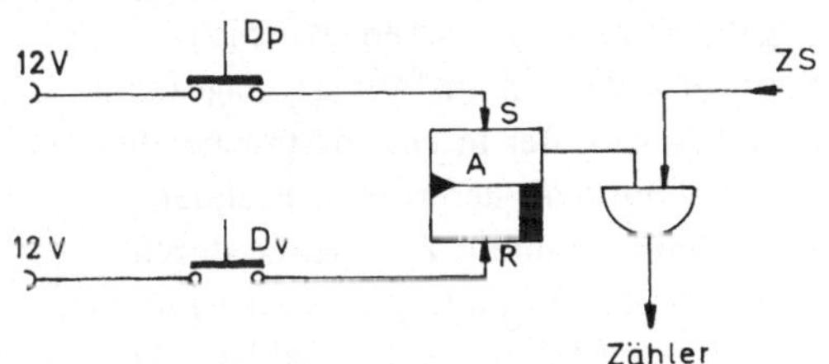

Bild 12-12
Reaktionszeitmessung

Fallzeitmessung

Die Fallzeit eines Gegenstandes G, den man zweckmäßigerweise durch ein Rohr R fallen läßt, kann nach der Anordnung von Bild 12-13 sehr genau gemessen werden. Die Lichtschranken LS1 und LS2 werden im Abstand d an dem Rohr angebracht. LS1 startet den Zähler, LS2 stoppt ihn. Blenden vor den Photodioden der Lichtschranken sorgen dafür, daß die Fallstrecke genau bestimmt werden kann. Die Lichtschranke von Bild 12-7b ist auch hier geeignet, ein prellfreies Signal für den Start und den Stop des Zählers abzugeben.

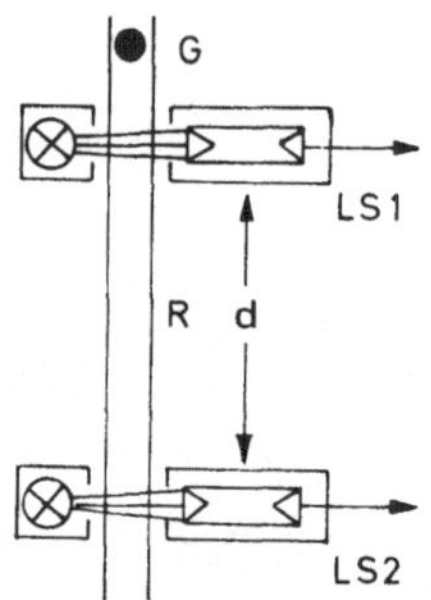

Bild 12-13. Fallzeitmessung

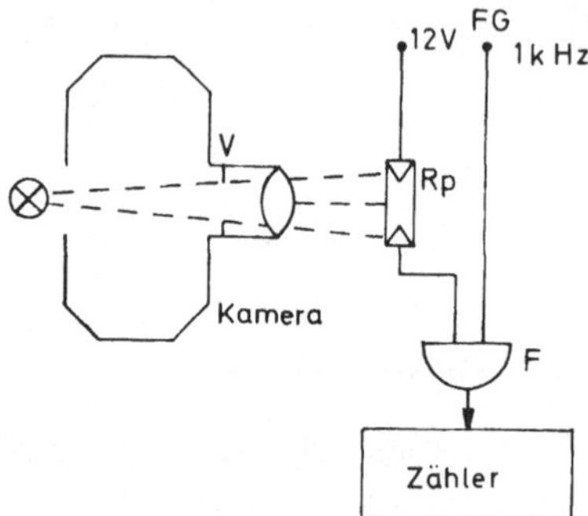

Bild 12-14. Verschlußzeitmessung

Messung der Verschlußzeit einer Kamera

Die Schaltung von Bild 12-14 dient zur Messung der Verschlußzeit einer Kamera. Der Photowiderstand R_p verringert seinen Widerstand bei Belichtung, so daß das UND-Glied F „geöffnet" wird und der Zählvorgang einsetzt. Er endet, wenn die Belichtung von Rp wieder aufhört, d.h. bei Schließen des Verschlusses V. Bei sehr kurzen Verschlußzeiten ist die Trägheit des Photowiderstandes zu berücksichtigen und besser eine Photodiode zu verwenden.

12.5. Messung von Frequenzen, der Drehzahl und der Geschwindigkeit

Allgemeines:

Frequenzen, Drehzahlen, Geschwindigkeiten lassen sich mit der Digitaluhr von Abschnitt 12.3. messen, ferner andere physikalische Größen, wenn sie auf Zählvorgänge innerhalb eines bestimmten Zeitintervalls zurückgeführt werden können. Beispiele sind die Frequenz einer periodisch sich ändernden Spannung (Sinusförmige, Sägezahn-, Rechteckspannung . . .) oder eines periodischen Vorganges, der in ein entsprechendes Spannungssignal umgewandelt werden kann. Ein *„Zeitnormal"* liefert eine Frequenz gewünschter Genauigkeit. Diese Frequenz muß für eine bestimmte Zeitspanne durch ein „Zeittor" freigegeben werden. Nehmen wir im einfachsten Falle die *Netzfrequenz* als Zeitnormal und als Zeitintervall eine Sekunde, so verwenden wir den Zähler mod

50 von Bild 12-9. Der Speicher S erhält von f ein Taktsignal und schaltet sich jeweils nach einer Sekunde um (Bild 12-15). Der Ausgang Q ist also eine Sekunde lang Eins, dann eine Sekunde lang Null usf. Dieses Signal „öffnet" für eine Sekunde das UND-Glied k, über welches auch die zu messende Frequenz f_x läuft.

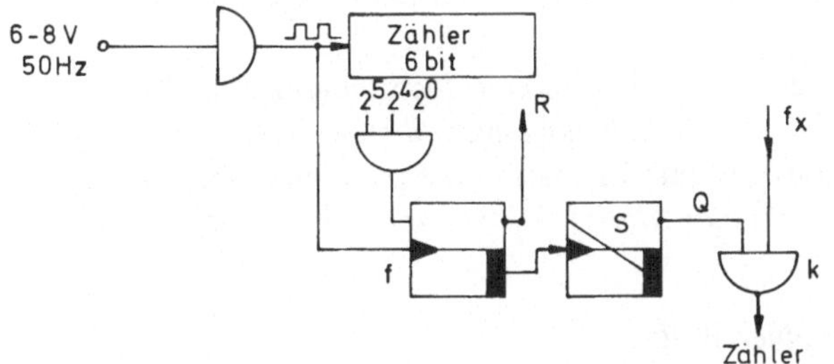

Bild 12-15
Messung der Frequenz f_x mit Zeittor und Netzfrequenz als Zeitnormal

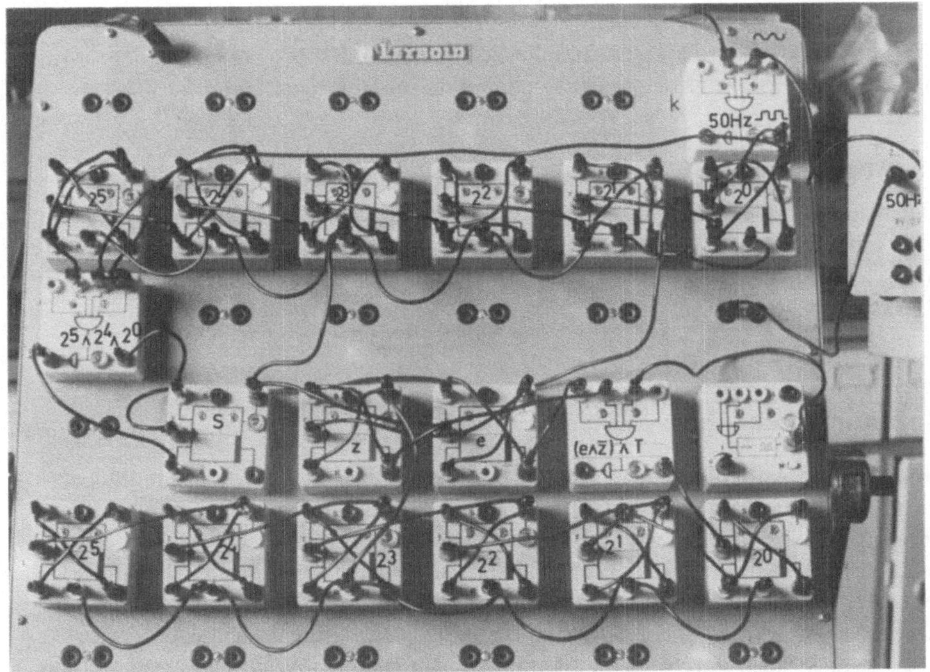

Bild 12-16. Messung der Frequenz eines Taktgebers (mit SIMULOG)

Frequenzmessungen

Als Beispiel ist in Bild 12-16 die Frequenz eines Taktgebers (vgl. 6.3.) demonstriert. Auch die Frequenz eines Frequenzgenerators kann mit dem gleichen Aufbau gemessen werden. Der Takt läuft über das UND-Glied k, welches von dem Signal Q des Speichers S für eine Sekunde geöffnet wird. Die vom Zähler angegebene Zahl ist die

Frequenz. Sie wird jede zweite Sekunde neu angezeigt. Vor der neuen Messung muß der Zähler auf Null gesetzt werden.

Mit der gleichen Anordnung können wir die *Netzfrequenz* messen, wenn das „Zeittor" von Bild 12-15 durch ein anderes Zeitnormal betätigt wird.

Eine *Schallfrequenz* ist auf ähnliche Weise meßbar. Ein Mikrophon wandelt das akustische Signal in ein elektrisches um.

Erzeugt man den Ton durch eine Lochsirene, so kann eine Lichtschranke zur Gewinnung des elektrischen Signales dienen. Die *Schwingungszahl* eines schwingenden Körpers läßt sich bestimmen, indem dieser eine Lichtschranke periodisch abdunkelt. Auch für die Messung der *Bildfrequenz eines Kinoprojektors* kann eine entsprechende Anordnung dienen.

Drehzahlmessung eines Motors oder einer Welle

Die Anordnung von Bild 12-15 und 12-16 kann auch zur Messung der Drehzahl eines Motors verwendet werden. Auf der Welle des Motors wird nach Bild 12-8 eine Halbscheibe S montiert und eine Lichtschranke liefert das Zählsignal. Bei einem Benzinmotor wird man das Signal besser der Zündeinrichtung, d.h. dem Unterbrecher entnehmen.

Geschwindigkeitsmessung

Mit der Anordnung, die für die Fallzeitmessung beschrieben wurde, kann die Geschwindigkeit eines mit konstanter Geschwindigkeit sich bewegenden Gegenstandes bestimmt werden (Geschwindigkeitskontrolle von Kraftfahrzeugen!). Hier wird man Lichtschranken mit Ultrarotlicht bevorzugen.

12.6. Automatische Dauerprüfungen und Auswahlvorgänge

Durch geschickte Anwendung der bisher gezeigten Techniken können automatische Prüf- und Auswahlanordnungen getroffen werden, die bei den industriellen Herstellverfahren Rationalisierungen ermöglichen. Zwei einfache Beispiele sollen besprochen werden: Wir wollen die Zuverlässigkeit oder Störanfälligkeit von Speichergliedern (in Zählern oder Schieberegister) untersuchen. Dazu prüfen wir, ob im Dauerbetrieb Signale verändert werden, also z.B. aus einem 0-Signal ein 1-Signal wird oder umgekehrt. Es können auch durch Spannungsimpulse, die über das Netz eingestreut werden, unerwünschte Signale entstehen. Derartige Fehlsignale sollen automatisch gezählt werden. Ferner wollen wir Logikglieder prüfen, ob sie bei allen Kombinationen von Signalen im Eingang richtig arbeiten.

Prüfung von Speichergliedern (D-Flipflops)

Nach Bild 12-17 können acht Speicher (oder mehr) gleichzeitig geprüft werden. Die Hälfte ist als Zähler (die Einer links), die Hälfte jeweils als Schieberegister geschaltet. Die ersten drei Takte bringen die Speicher e und z auf 11 und beim 3. Takt wird eine

1 in das Schieberegister übergeben. Nach dem 4. Takt liegen die 1-Signale von Speicher S und T am Eingang der „Äquivalenz"-Schaltung E. Sind die beiden Signale nicht gleichzeitig angekommen, so werden sie als Fehler registriert. Zugleich werden, um den Fehler wieder zu beseitigen, alle Speicher auf Null gesetzt, indem ein 1-Signal an alle R-Eingänge gegeben wird. Der Prüfvorgang beginnt von Neuem, oder es wird ein akustisches Signal ausgelöst und die Prüfapparatur gestoppt, damit der entstandene Fehler untersucht werden kann.

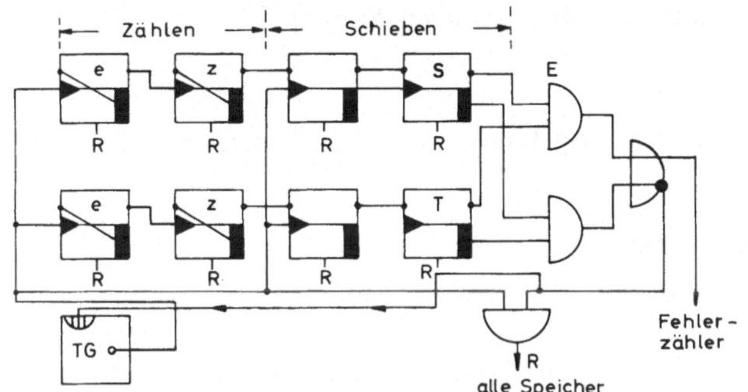

Bild 12-17
Dauerprüfung von Speichergliedern. Das Verschwinden des 1-Signals am Kombiglied E wirkt als Fehlerzählsignal

Prüfung von Verknüpfungsgliedern

Zwei Logikglieder mit je vier Eingängen (vgl. 4.3.9.) werden an die Q-Ausgänge eines vierstufigen Dualzählers angeschlossen. Sie müssen bei jeder der 2^4 Wertebelegungen das gleiche Ausgangssignal haben. Dies wird durch ein Kombiglied geprüft. Im Gegensatz zu Bild 12-17 ist dieses in Bild 12-18 als „Antivalenzglied" geschaltet. Sind die Ausgänge nicht gleich, so verursacht das am Ausgang des Kombigliedes entstandene 1-Signal den Stop des Taktgebers TG. Die Wertekombination, die zu einem Fehler führte, kann von dem Dualzähler abgelesen werden. Auf diese Weise können beliebige Verknüpfungsglieder geprüft werden. Bei entsprechend vorbereiteten Steckerleisten für die Eingangsbuchsen der Prüflinge kann die Prüfung sehr schnell erfolgen und erfordert keine Fachkraft.

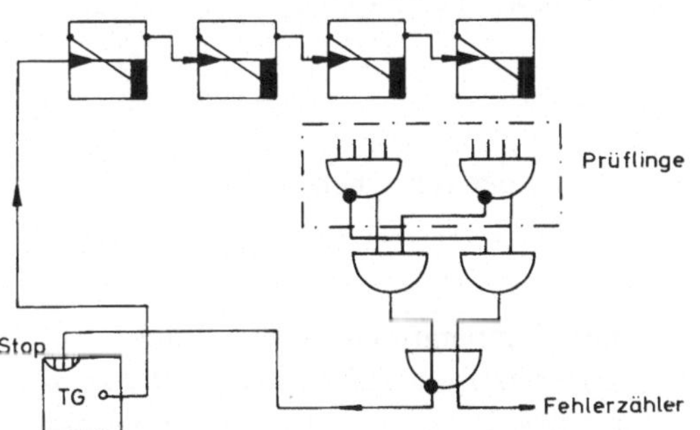

Bild 12-18
Prüfung von Verknüpfungsgliedern

12.7. Automation in der Technik

Es gibt viele Vorgänge in der Technik, die mit logischen Schaltungen automatisiert werden können. Bedingung ist, daß der Vorgang nach streng festzulegenden Vorschriften erfolgt. Hierzu gehören auch die automatische Regelung von Temperatur, Druck, Füllhöhe, Durchfluß, Drehzahl, Spannung usw. Wenn der Meßwert der zu regelnden physikalischen Größen als digitaler Wert vorliegt (dieser kann über Analog-Digital-Wandler gewonnen werden, vgl. 12.8), können wir Regelungen mit logischen Schaltungen durchführen. Hier wollen wir nur einige einfache Beispiele besprechen, bei denen Einschaltvorgänge an bestimmte Bedingungen geknüpft sind.

Aufzugsteuerung

Bevor die Kabine eines Lifts auf- oder abwärtsgefahren werden darf, müssen mehrere Bedingungen erfüllt sein, z.B.:

1. Die Türen müssen geschlossen sein.
2. Die gewünschte Fahrtrichtung (nach oben oder unten) muß vom Fahrgast angewählt sein.
3. Die Belastung darf *nicht* über 300 kg sein (Meßfühler unter dem Fahrkorb).
4. Die Temperatur des Motors darf *nicht* über 80° sein.

Da alle Bedingungen gleichzeitig erfüllt sein müssen, brauchen wir eine UND-Schaltung mit vier Eingängen. Das Ausgangsignal des UND-Gliedes gibt den Liftmotor frei. Wenn das Schließen der Tür automatisch erfolgen soll, so kann ein digitaler Zeitgeber verwendet werden, der nach einer bestimmten Vorgabezeit das Schließen der Tür bewirkt.

Schutzeinrichtung für einen beheizten Kessel

Ein beheizter Kessel kann beschädigt werden, wenn bestimmte Bedingungen nicht erfüllt sind. Um das Bedienungspersonal in ihrer Aufsichtspflicht zu entlasten, soll die Kesselheizung automatisch ausgeschaltet werden, wenn mindestens eine der Voraussetzungen für den gefahrlosen Betrieb des Kessels nicht erfüllt ist.

Beispiel für Bedingungen:

1. Die Füllhöhe des Kessels muß über einem bestimmten Mindeststand sein.
2. Der Druck im Kessel darf 5 Atmosphären *nicht* übersteigen.
3. Der Rührer muß eingeschaltet sein.
4. Die Ventile müssen geschlossen sein.

Eine einfache UND-Schaltung genügt für die Freigabe der Kesselheizung.

Verriegelung von Verbraucheranschlüssen

Vier Heizstellen werden elektrisch geheizt und ihre Temperaturen werden durch Thermostaten kontrolliert. Der Generator, der den Heizstrom liefert, darf aber gleichzeitig nur zwei der Heizstellen betreiben, da sonst die Gefahr der Überlastung besteht.

Wenn also schon zwei Heizstellen eingeschaltet sind, so muß die dritte warten, bis eine der beiden nach Erreichen ihrer Temperatur wieder den Heizstrom abschaltet. Die Bedingung t für das Warten auf Heizstrom wird durch (1) gegeben, wobei a . . .d die Einschaltzustände der Kessel A . . . D sind (die $\wedge$ -Zeichen sind weggelassen):

(1) $t = \bar{a}\bar{b}cd \vee \bar{a}b\bar{c}d \vee \bar{a}bc\bar{d} \vee a\bar{b}\bar{c}d \vee a\bar{b}c\bar{d} \vee ab\bar{c}\bar{d}$

Die Bedingung t ist gleichbedeutend mit der Aussage: Die Anzahl der beheizten Kessel ist zwei.

Der Term (1) kann vereinfacht werden zu (1a):

(1a) $t = \bar{a}d(\bar{b}c \vee b\bar{c}) \vee b\bar{d}(\bar{a}c \vee a\bar{c}) \vee a\bar{b}(\bar{c}d \vee c\bar{d})$

Durch das Signal t wird bewirkt, daß eine weitere Heizstelle nicht einschaltbar ist. Sollte dies doch durch Versagen der Automatik geschehen, so kann ein weiteres Signal g (Gefahr) ein Alarmsignal auslösen. Die hierzu nötige Schaltung muß erkennen, daß die Anzahl der eingeschalteten Heizungen $\geqslant 3$ ist:

(2) $g = \bar{a}bcd \vee a\bar{b}cd \vee ab\bar{c}d \vee abc\bar{d} \vee abcd$

Eine Vereinfachung führt zu:

(2a) $g = ab(c \vee d) \vee cd(a \vee b)$.

12.8. Zusammenfassung

Wir haben gesehen, wie in vielfältiger Weise die elektronischen Speicher und Logikglieder für Automatisierungsschaltungen einsetzbar sind. Viele Routinearbeiten, wie die Kontrolle einer Fertigung, kann ein Automat dem Menschen abnehmen. Digitalzähler werden für verschiedenartige Messungen eingesetzt. Bedingung bei unseren Beispielen war, daß die Meßgröße durch einen Zählvorgang zu erfassen ist. Dies geht besonders einfach für Zeitmessungen und auch eine Zeituhr kann aus Binärzählern konstruiert werden. Weitere physikalische Größen sind der digitalen Messung zugänglich, wenn der Meßwert durch einen *Analog-Digital-Wandler* in ein digitales Signal umgewandelt werden kann. Wir werden in Band II diesen Wandler in einer einfachen Form (Selbstbauanweisung) behandeln und damit werden uns weitere Messungen möglich, z.B. die Messung der elektrischen Spannung (Digital-Voltmeter).

Es läßt sich auch mit einfachen Mitteln zeigen, welche Möglichkeiten in der *Nachrichtenübertragung* durch die Digitaltechnik eröffnet worden sind. So können wir das *Zeitmultiplex*-Verfahren zur Übertragung von mehreren Telefongesprächen auf *einem* Kanal demonstrieren, ferner die Möglichkeiten elektronischer Schaltungen in der Vermittlung für den Selbstwähldienst und die automatische Ermittlung der Telefongebühren.

Anhang I. Tabellen und Erläuterungen zur Schaltalgebra, Aussagenalgebra und Booleschen Algebra B_2.

I.1. Die wichtigsten Gesetze der Schaltalgebra, Aussagenalgebra, Booleschen Algebra B_2

(Reihenfolge nach [Wh], Seite 9)

Gesetze für die Konjunktion		**Gesetze für die Disjunktion**	
Kommutativ-Gesetze:			
$(K_\wedge)$	$a \wedge b = b \wedge a$	$(K_\vee)$	$a \vee b = b \vee a$
Assoziativ-Gesetze:			
$(A_\wedge)$	$a \wedge (b \wedge c) = (a \wedge b) \wedge c$	$(A_\vee)$	$a \vee (b \vee c) = (a \vee b) \vee c$
Distributiv-Gesetze:			
$(D_\wedge)$	$a \wedge (b \vee c) = (a \wedge b) \vee (a \wedge c)$	$(D_\vee)$	$a \vee (b \wedge c) = (a \vee b) \wedge (a \vee c)$
Idempotenz-Gesetze:			
$(J_\wedge)$	$a \wedge a = a$	$(J_\vee)$	$a \vee a = a$
Absorptions-Gesetze:			
$(Ab_\wedge)$	$a \wedge (a \vee b) = a$	$(Ab_\vee)$	$a \vee (a \wedge b) = a$
Gesetze des Komplementes:			
$(C_\wedge)$	$a \wedge \bar{a} = 0$	$(C_\vee)$	$a \vee \bar{a} = \mathit{1}$
Gesetz des doppelten Komplementes:			
(CC)	$\bar{\bar{a}} = a$		
Gesetz von De Morgan:			
$(M_\wedge)$	$\overline{a \wedge b} = \bar{a} \vee \bar{b}$	$(M_\vee)$	$\overline{a \vee b} = \bar{a} \wedge \bar{b}$
Das neutrale Element der Konjunktion bzw. der Disjunktion:			
$(N_\wedge)$	$a \wedge \mathit{1} = a$	$(N_\vee)$	$a \vee \mathit{0} = a$
Weitere Gesetze mit der *0* und der *1* (*f* und *w*):			
$(N_\wedge^*)$	$a \wedge \mathit{0} = \mathit{0}$	$(N_\vee^*)$	$a \vee \mathit{1} = \mathit{1}$
Die Komplemente von *0* und *1* (*f* und *w*):			
(CO)	$\bar{\mathit{0}} = \mathit{1}$	(C1)	$\bar{\mathit{1}} = \mathit{0}$

In der zweielementigen Booleschen Algebra (B_2) und in der Aussagenalgebra sind die Verknüpfungszeichen gemäß folgender Tabelle zu ersetzen

Schaltalgebra	$\wedge$	$\vee$	*0, 1*
Aussagenalgebra	$\wedge$	$\vee$	*f, w*
Boolesche Algebra	$\sqcap$	$\sqcup$	*0, 1*

I.2. Die 16 zweistelligen Funktionen der Schaltalgebra, Aussagenalgebra, Booleschen Algebra B_2

1	2	3	4	5
Symbol der Funktion	Wertetafel a *0 0 1 1* b *0 1 0 1*	Disjunktive Normalform (DNF)	Konjunktive Normalform (KNF)	Minimal-form
f_0^2	*0 0 0 0*	0	$(a \vee b) \wedge (a \vee \bar{b}) \wedge (\bar{a} \vee b) \wedge (\bar{a} \vee \bar{b})$	DNF
f_1^2	*0 0 0 1*	$a \wedge b$	$(a \vee b) \wedge (a \vee \bar{b}) \wedge (\bar{a} \vee b)$	DNF
f_2^2	*0 0 1 0*	$a \wedge \bar{b}$	$(a \vee b) \wedge (a \vee \bar{b}) \wedge (\bar{a} \vee \bar{b})$	DNF
f_3^2	*0 0 1 1*	$(a \wedge \bar{b}) \vee (a \wedge b)$	$(a \vee b) \wedge (a \vee \bar{b})$	$a = f_1^1\ (a)$
f_4^2	*0 1 0 0*	$\bar{a} \wedge b$	$(a \vee b) \wedge (\bar{a} \vee b) \wedge (\bar{a} \vee \bar{b})$	DNF
f_5^2	*0 1 0 1*	$(\bar{a} \wedge b) \vee (a \wedge b)$	$(a \vee b) \wedge (\bar{a} \vee b)$	$b = f_1^1(b)$
f_6^2	*0 1 1 0*	$(\bar{a} \wedge b) \vee (a \wedge \bar{b})$	$(a \vee b) \wedge (\bar{a} \vee \bar{b})$	DNF, KNF
f_7^2	*0 1 1 1*	$(\bar{a} \wedge b) \vee (a \wedge \bar{b}) \vee (a \wedge b)$	$a \vee b$	KNF
f_8^2	*1 0 0 0*	$\bar{a} \wedge \bar{b}$	$(a \vee \bar{b}) \wedge (\bar{a} \vee b) \wedge (\bar{a} \vee \bar{b})$	DNF
f_9^2	*1 0 0 1*	$(\bar{a} \wedge \bar{b}) \vee (a \wedge b)$	$(a \vee \bar{b}) \wedge (\bar{a} \vee b)$	KNF, DNF
f_{10}^2	*1 0 1 0*	$(\bar{a} \wedge \bar{b}) \vee (a \wedge \bar{b})$	$(a \vee \bar{b}) \wedge (\bar{a} \vee \bar{b})$	$\bar{b} = f_2^1\ (b)$
f_{11}^2	*1 0 1 1*	$(\bar{a} \wedge \bar{b}) \vee (a \wedge \bar{b}) \vee (a \wedge b)$	$(a \vee \bar{b})$	KNF
f_{12}^2	*1 1 0 0*	$(\bar{a} \wedge \bar{b}) \vee (\bar{a} \wedge b)$	$(\bar{a} \vee b) \wedge (\bar{a} \vee \bar{b})$	$\bar{a} = f_2^1\ (a)$
f_{13}^2	*1 1 0 1*	$(\bar{a} \wedge \bar{b}) \vee (\bar{a} \wedge b) \vee (a \wedge b)$	$(\bar{a} \vee b)$	KNF
f_{14}^2	*1 1 1 0*	$(\bar{a} \wedge \bar{b}) \vee (\bar{a} \wedge b) \vee (a \wedge \bar{b})$	$(\bar{a} \vee \bar{b})$	KNF
f_{15}^2	*1 1 1 1*	$(\bar{a} \wedge \bar{b}) \vee (\bar{a} \wedge b) \vee (a \wedge \bar{b}) \wedge (a \vee b)$	1	KNF

Negate der Funktionen (↕ zwischen f_7^2 und f_8^2)

Für die Aussagenalgebra sind die Zeichen *0* bzw. *1* durch *f* bzw. *w* zu ersetzen.

1) Die Bezeichnung in Klammern sind aus DIN 44300 („Zweistellige boolesche Verknüpfungen").

2) Auch Subjunktion $\bar{a} \rightarrow b$. 3) Auch Subjunktion $a \rightarrow \bar{b}$.

6	7	8	9	10	
Aussagenalgebra Bezeichnung der Verknüpfung[1])	gelesen	Diagramme Venn	Karnaugh	Boolesche Maschine der Minimalform Symbol	Schaltnetz[4])
Kontradiktion, Formal falsche Aussageform	–	A B	00 10 / 01 11 (a,b)		
Konjunktion a ∧ b (UND-Verknüpfung)	a und b (a et b) (a and b)		1	a b	A B
Konjunktion a ∧ $\bar{b}$	a und nicht b		1		
–	a		1 / 1		
Konjunktion $\bar{a}$ ∧ b (Inhibition)	(nicht a) und b[5])		1		
–	b		1 1		
Exklusives Oder (Antivalenz)	entweder a oder b		1 / 1	a b	
Disjunktion a ∨ b[2]) (ODER-Verknüpfung)	a oder b (a vel b), (a or b)		1 / 1 1		
Konj. $\bar{a} \wedge \bar{b} = \overline{a \vee b}$ (NOR-Verknüpfung)	(nicht a) und (nicht b)[5]) (a nor b)		1	=	
Bijunktion (Äquivalenz)	a genau dann, wenn b		1 / 1	a b	
–	nicht b		1 1	b	
Disjunktion a ∨ $\bar{b}$ Subjunktion $\bar{a} \to \bar{b}$	a oder (nicht b)[5])		1 1 / 1		
–	nicht a		1 / 1	a	
Subjunktion a → b (Implikation)	(nicht a) oder b; wenn a, dann b		1 / 1 1		
Disj. $\bar{a} \vee \bar{b} = \overline{a \wedge b}$[3]) (NAND-Verknüpfung)	(nicht a) oder (nicht b)[5])		1 1 / 1	=	
Tautologie, Formal wahre Aussageform	–		1 1 / 1 1		

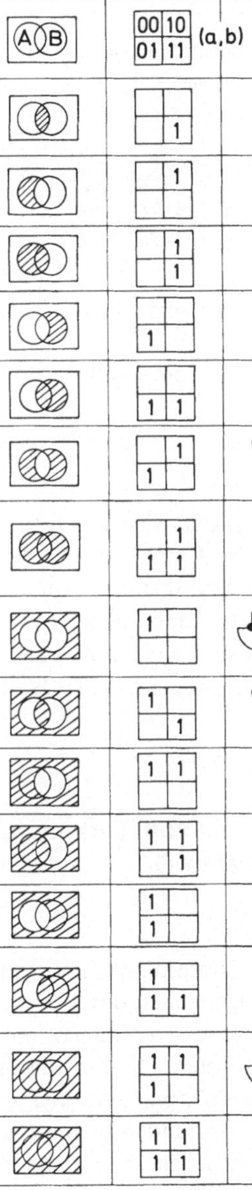

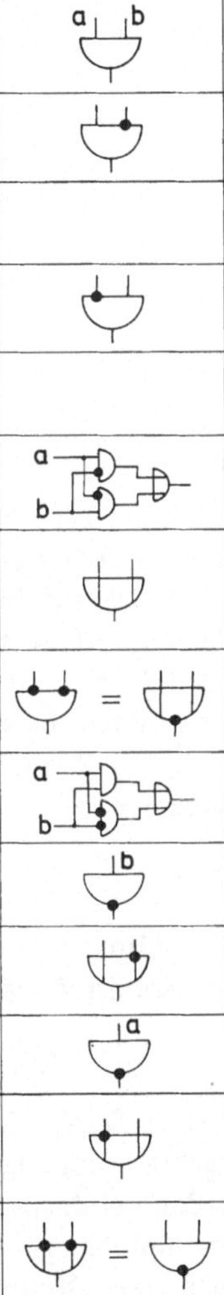

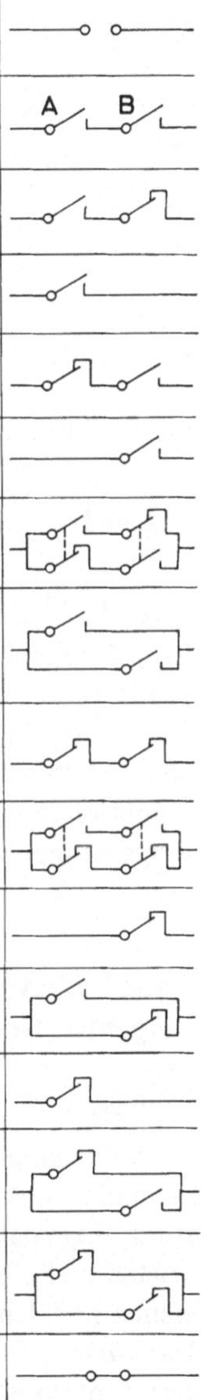

[4]) Aus räumlichen Gründen sind die Schaltnetze liegend gezeichnet. ⌐ ist ein Ruhekontakt. Schalter in Stellung *0*. Bewegung der Kontaktfeder nach unten = *1*.

[5]) Die Klammern bedeuten, daß sich das NICHT nur auf die Variable in der Klammer bezieht.

I.3. Die Anzahl der n-stelligen Funktionen der Schaltalgebra, Aussagenalgebra, Booleschen Algebra B_2

Es gibt 2^{2^n} n-stellige Funktionen. In der folgenden Tabelle ist zusammengestellt, wieviele n-stellige Funktionen für n = 1 bis n = 6 es gibt.

„Stelligkeit" der Funktion	Anzahl der möglichen Funktionen
1	4
2	16
3	256
4	65 536
5	4 294 967 296
6	18 446 744 073 709 551 616

Für n = 7 ist die Anzahl bereits 36-stellig ($3,4 \ldots \cdot 10^{35}$).

Jeweils zwei Funktionen von den 2^{2^n} sind konstante Funktionen:

$$f_0^n \text{ und } f_r^n \text{ mit } r = 2^{2^n} - 1$$

Die Anzahl 2^{2^n} der Funktionen erklärt sich wie folgt: Eine n-stellige Funktion hat 2^n Wertetupel. Dies ergibt sich aus der Kombinatorik: Es gibt 2^n Variationen (mit Wiederholung) für zwei Elemente (diese sind 0 und 1) zur n-ten Klasse (n ist die Stelligkeit der Funktion). Zu den $2^n = p$ Wertetupeln einer n-stelligen Funktion lassen sich 2^p verschiedene Wertefolgen bilden. Es sind wiederum Variationen m.W. für zwei Elemente (die Funktionswerte 0 und 1) zur p-ten Klasse (p Wertetupel, denen die Funktionswerte zugeordnet werden).

I.4. Methoden der Umformung von Termen der Schaltalgebra, Aussagenalgebra, Booleschen Algebra B_2

Allgemeines:

a) Die Umformung eines Terms (Zuordnungsterm, Funktionsterm) dient – wie in der gewöhnlichen Algebra – im allgemeinen der *Vereinfachung* des Terms. Ein Term ist definitionsgemäß dann einfacher als ein anderer, wenn er aus weniger Zeichen (für Variable und Verknüpfungen) besteht. Eine Form mit der geringsten Anzahl von Zeichen nennt man eine *„Minimalform"* und den Vorgang, eine solche zu finden, *„Minimierung"*. Es gibt unter Umständen mehr als eine Minimalform. Die Minimierung eines Funktionsterms hat den gleichen Zweck wie in der „gewöhnlichen" Algebra: Aus der Minimalform kann die *Erfüllungsmenge*, d.h. die Menge der n-Tupel, denen der Wert *1* (in der Aussagenalgebra: der Wert *w*) zugeordnet ist, leichter gefunden werden.

Beispiel:

$$f(a, b, c) = \bar{a} \wedge ((a \wedge b) \vee c) \wedge ((a \wedge \bar{b}) \vee (\bar{a} \wedge b)) \quad \text{wird minimiert zu:} \tag{1}$$

$$f(a, b, c) = a \wedge b \wedge c \tag{2}$$

Aus dem minimierten Funktionsterm (2) erkennt man sofort die Erfüllungsmenge: Sie besteht aus dem Wertetripel (*0, 1, 1*) bzw. (*f, w, w*).

b) Eine andere Aufgabe der Umformung besteht darin, die *disjunktive Normalform* eines Funktionsterms zu bestimmen. Diese Umformung kann auch eine Minimierung sein, nämlich wenn die disjunktive Normalform nur aus einem oder wenigen Mintermen besteht.

c) Schließlich kann eine *spezielle* Form gesucht sein, welche für irgendeinen Zweck günstig ist. Dieser Fall tritt insbesondere bei dem Bau von Booleschen Maschinen (Rechenautomaten . . .) auf; hierbei kann das Kriterium für einen vorteilhaften Term darin bestehen, daß eine oder mehrere Elementarmaschinen (z.B. NOR, exklusives Oder . . .) billig sind und daher vorzugsweise verwendet werden sollen. Beispiele sind u.a. in Kapitel 5 zu finden. Spezielle Terme werden auch benötigt, wenn ein *Funktionenbündel* (eine Menge von Funktionen mit gleichen Eingangsvariablen) vorliegt. Dann muß versucht werden, für den Bau der Booleschen Maschinen gleiche Teilterme in den verschiedenen Funktionen des Bündels zu finden.

Wege für die Umformung von Termen

a) *Algebraischer Weg*

Unter Anwendung der Axiome und Gesetze (Anhang I.1.) kann ein Term in eine gewünschte Form (Minimalform, Normalformen, spezielle Formen) gebracht werden.

b) *Termumformung mit Hilfe von Wertetafeln*

Aus der Wertetafel einer Funktion kann die disjunktive Normalform abgelesen werden. Da für jedes Wertetupel eine Zeile aufzustellen ist, beschränkt sich die Anwendung auf maximal etwa fünf Eingangsvariable.

c) *Termumformung mit Wertefolgen*

Sind die Wertefolgen von Funktionen bekannt, so kann man ihre Disjunkte und Konjunkte nach einfachen Algorithmen ermitteln.

d) *Graphische Methode (mit Diagrammen, z.B. nach Karnaugh)*

In einem Diagramm ist für jedes n-Tupel der Definitionsmenge ein Feld vorgesehen, entsprechend der Zeile in der Wertetafel. Es gilt daher die gleiche Einschränkung wie bei den Wertetafeln. Aus dem Diagramm kann – wie bei der Wertetafel – eine Normalform abgelesen werden.

Bei günstiger Anordnung der Felder kann ein Diagramm auch zur Vereinfachung von Termen verwendet werden.

e) *Methode nach Quine*

Es gibt einen Algorithmus zur Minimierung von Termen, der auch für Rechenautomaten programmiert werden kann. Wir gehen an dieser Stelle nicht weiter auf diese Methode ein.

f) *„Intuitive" Methode*

Die bisher genannten Methoden versagen, wenn Maschinen für *Funktionenbündel* entworfen werden sollen und optimale Terme dadurch charakterisiert sind, daß sie gemeinsam Teilterme enthalten. Dann muß man intuitiv vorgehen. Die Schaltungen von 5.2. und 5.8. sind auf diese Weise optimiert worden.

Es soll nun an einigen einfachen Beispielen die Handhabung der verschiedenen Wege der Termumformung demonstriert werden. Die Aufgabe besteht darin, einen vorgegebenen Term in eine bestimmte Form (Minimalform, disjunktive Normalform . . .) umzuwandeln.

Die Verknüpfungszeichen der Aussagenalgebra bzw. Schaltalgebra können ohne weiteres durch diejenigen der B_2 ersetzt werden.

Algebraische Termumformung

a) *Bestimmung einer Minimalform*

Wichtige Gesetze für die Minimierung (vgl. Anhang I.1.):

1. Die *Distributivgesetze*, insbesondere ($D_\wedge$). Der Term auf der linken Seite hat weniger Zeichen. Die Anwendung des Gesetzes entspricht in der gewöhnlichen Algebra dem „Ausklammern" gemeinsamer Faktoren.
2. Die *Idempotenzgesetze* (J). Der Term rechts vom Gleichheitszeichen hat weniger Zeichen.
3. *Die Gesetze des Komplementes* (C). Die Verknüpfung einer Variablen mit ihrem Komplement ergibt die Konstante *0* bzw. *1* (*f* bzw. *w*).
4. Die Verknüpfungen mit *0* und *1* (*f* und *w*): (N), (N*). Jeweils der Term auf der rechten Seite ist der einfachere.

Beispiel 1: Es ist die Minimalform von

$$(a \wedge \bar{b}) \vee (a \wedge b) \qquad (1)$$

zu bestimmen (vgl. f_3^2 in Anhang I.2.).

Anwendung von Gesetz:

$(a \wedge \bar{b}) \vee (a \wedge b) = a \wedge (\bar{b} \vee b)$	$(D_\wedge)$
$= a \wedge 1$	$(C_\vee)$
$= a$	$(N_\wedge)$

Ergebnis: $(a \wedge \bar{b}) \vee (a \wedge b) = a$

Beispiel 2: Es ist die Minimalform von

$$(a \wedge \bar{b}) \vee (\bar{a} \wedge b) \vee (a \wedge b) \qquad (2)$$

zu bestimmen (vgl. f_7^2 in Anhang I.2.).

Anwendung von Gesetz:

$$(a \wedge \bar{b}) \vee (\bar{a} \wedge b) \vee (a \wedge b) = (a \wedge \bar{b}) \vee (\bar{a} \wedge b) \vee (a \wedge b) \vee (a \wedge b) \qquad (J_\vee)$$

$$= (a \wedge \bar{b}) \vee (a \wedge b) \vee (\bar{a} \wedge b) \vee (a \wedge b) \qquad (K_\vee)$$

$$= (a \wedge (\bar{b} \vee b)) \vee (b \wedge (\bar{a} \vee a)) \qquad (D_\wedge) \text{ und } (K_\wedge)$$

$$= (a \wedge 1) \vee (b \wedge 1) \qquad (C_\vee)$$

$$= a \vee b \qquad (N_\wedge)$$

Ergebnis: $(a \wedge \bar{b}) \vee (\bar{a} \wedge b) \vee (a \wedge b) = a \vee b$

Beispiel 3: Es ist die Minimalform von

$$a \vee (a \wedge b) \qquad (3)$$

zu bestimmen.

Anwendung von Gesetz:

$$a \vee (a \wedge b) = (a \wedge 1) \vee (a \wedge b) \qquad (N_\wedge)$$

$$= (a \wedge (b \vee \bar{b})) \vee (a \wedge b) \qquad (C_\vee)$$

($N_\wedge$) und ($C_\vee$): „Expandieren“

$$= (a \wedge b) \vee (a \wedge \bar{b}) \vee (a \wedge b) \qquad (D_\wedge)$$

$$= (a \wedge b) \vee (a \wedge \bar{b}) \qquad (J_\vee), \text{ weiter nach Beispiel 1}$$

$$= a$$

Ergebnis: $a \vee (a \wedge b) = a$

Bei diesem Beispiel erkennen wir, daß die Gesetze im Anhang I.1. nicht unabhängig voneinander sind. Denn wir konnten das *Absorptionsgesetz* aus anderen *Gesetzen* herleiten.

Es wurde der Term (3) zunächst in die disjunktive Normalform „expandiert“, bevor die Schritte der eigentlichen Minimierung angewendet werden konnten.

Viele weitere Beispiele für Minimierungen sind im Text des Buches enthalten. Sie dienen hauptsächlich dazu, Boolesche Maschinen (Logikmaschinen) mit möglichst wenig Aufwand zu bauen.

b) *Bestimmung der disjunktiven Normalform*

Die disjunktive Normalform *kann* eine Minimalform sein, in diesem Falle würde zugleich die Minimalform bestimmt werden (Beispiele: Abschnitt 9.4.).

Beispiel 4: Es ist die disjunktive Normalform des Terms

$\overline{a} \vee b$

(Subjunktion vgl. Anhang I.2.: f^2_{13}) zu bestimmen. (4)

Anwendung von Gesetz:

$$
\begin{aligned}
\overline{a} \vee b &= (\overline{a} \wedge 1) \vee (b \wedge 1) && (N_\wedge) \\
&= (\overline{a} \wedge (b \vee \overline{b})) \vee (b \wedge (a \vee \overline{a})) && (C_\vee) \quad \text{„Expandieren"} \\
&= (\overline{a} \wedge b) \vee (\overline{a} \wedge \overline{b}) \vee (a \wedge b) \vee (\overline{a} \wedge b) && (D_\wedge) \text{ und } (K_\wedge) \\
&= (\overline{a} \wedge \overline{b}) \vee (\overline{a} \wedge b) \vee (a \wedge b) && (K_\vee) \text{ und } (J_\vee)
\end{aligned}
$$

Ergebnis: $\overline{a} \vee b = (\overline{a} \wedge \overline{b}) \vee (\overline{a} \wedge b) \vee (a \wedge b)$

Beispiel 5: Es ist die disjunktive Normalform von

$\overline{(\overline{p} \vee q) \wedge \overline{q}} \vee \overline{p}$ (5)

zu bestimmen (vgl. *„modus tollens"*, Anhang I.8.)

Anwendung von Gesetz:

$$
\begin{aligned}
\overline{(\overline{p} \vee q) \wedge \overline{q}} \vee \overline{p} &= \overline{\overline{p} \vee q} \vee q \vee \overline{p} && (M_\wedge) \\
&= (p \wedge \overline{q}) \vee q \vee \overline{p} && (M_\vee) \\
&= (p \wedge \overline{q}) \vee (q \wedge (p \vee \overline{p})) \vee (\overline{p} \wedge (q \vee \overline{q})) && (N_\wedge), (C_\vee) \text{ Expandieren} \\
&= (p \wedge \overline{q}) \vee (q \wedge p) \vee (q \wedge \overline{p}) \vee (\overline{p} \wedge q) \vee (\overline{p} \wedge \overline{q}) && (D_\wedge)
\end{aligned}
$$

Ergebnis:

$$
= \underset{m_0}{(\overline{p} \wedge \overline{q})} \vee \underset{m_1}{(\overline{p} \wedge q)} \vee \underset{m_2}{(p \wedge \overline{q})} \vee \underset{m_3}{(p \wedge q)} \qquad (J_\vee), (K_\vee)
$$

Wie die Bezeichnungen $m_0 \ldots m_3$ zeigen, enthält das Ergebnis alle Minterme. Die disjunktive Normalform von (5) ist also die *vollständige disjunktive Normalform.*

Wenn man diese minimiert, so erhält man:

$$(\overline{p} \wedge \overline{q}) \vee (\overline{p} \wedge q) \vee (p \wedge \overline{q}) \vee (p \wedge q) = 1$$

Die Konstante 1 ist die Minimalform, die dem Term $\overline{(\overline{p} \vee q) \wedge \overline{q}} \vee \overline{p}$ äquivalent ist.

Die Minimierung von (5) geht auf folgendem Wege:

$$
\begin{aligned}
\overline{(\overline{p} \vee q) \wedge \overline{q}} \vee \overline{p} &= \overline{(\overline{p} \vee q)} \vee (q \vee \overline{p}) && (M_\wedge), (A_\vee), (CC) \\
&= 1 && (C_\vee), (K_\vee)
\end{aligned}
$$

(5) ist der Wahrheitsterm einer formal wahren Aussageform (Tautologie).

Beispiel 6: Es ist die disjunktive Normalform von

$$(\bar{a} \vee b) \wedge (a \wedge \bar{b}) \tag{6}$$

zu bestimmen.

		Anwendung von Gesetz:
$(\bar{a} \vee b) \wedge (a \wedge \bar{b})$	$= (\bar{a} \wedge a \wedge \bar{b}) \vee (a \wedge b \wedge \bar{b})$	$(D_\wedge), (K_\wedge)$
	$= (0 \wedge \bar{b}) \vee (a \wedge 0)$	$(C_\wedge)$
	$= 0 \vee 0$	$(N^*_\wedge)$
Ergebnis:	$= 0$	$(J_\vee)$

Das Ergebnis ist die Konstante 0.

c) *Bestimmung der konjunktiven Normalform*

Die dem Term (6) entsprechende Aussageform $(\bar{A} \vee B) \wedge (A \wedge \bar{B})$ ist eine *Kontradiktion* oder formal falsche Aussageform.

Beispiel 7:

$$(p \wedge \bar{p}) \vee (q \wedge \bar{q}) \tag{7}$$

ist in die konjunktive Normalform umzuwandeln.

		Anwendung von Gesetz:
$(p \wedge \bar{p}) \vee (q \wedge \bar{q})$	$= ((p \wedge \bar{p}) \vee q) \wedge ((p \wedge \bar{p}) \vee \bar{q})$	$(D_\vee)$
	$= (p \vee q) \wedge (\bar{p} \vee q) \wedge (p \vee \bar{q}) \wedge (\bar{p} \vee \bar{q})$	$(D_\vee)$

Wir haben die *vollständige konjunktive Normalform* erhalten. Bei der Minimierung ergibt sie die Konstante 0 (vgl. Gesetz des Widerspruches, Anhang I.8.).

Bei der direkten Minimierung von (7) erhalten wir die Konstante 0 unmittelbar durch Anwendung von $(C_\wedge)$ und $(J_\vee)$.

Eine andere Methode zur Bestimmung der konjunktiven Normalform ist in 3.7. beschrieben.

Termumformung mit Wertetafel

Durch Aufstellung der Wertetafel können die disjunktive und die konjunktive Normalform gefunden werden. Bei einem Term mit n Variablen werden die 2^n Wertebelegungen zeilenweise ausgeführt. Die Anwendung beschränkt sich auf maximal etwa fünf Variable, denn sonst wird das Aufschreiben der Wertetafel zu aufwendig (2^n Zeilen für n Variable).

Für den Logikautomaten ist jedoch eine hohe Anzahl der Variablen kein Hinderungsgrund, da eine Zeile in Mikrosekunden berechnet werden kann.

Daß es aber auch hier eine Grenze gibt, zeigt folgende Überschlagsrechnung: Ein Term mit 75 Variablen hat etwa 10^{23} Minterme. Benötigt der Automat für die Berechnung einer Zeile der Wertetafel 10^{-6} s, so braucht er 10^{17} s für die Durchrechnung aller Minterme, das ist das geschätzte Alter der Erde.

Eine Minimalform kann mit der Wertetafel i.a. nicht gefunden werden.

Beispiel 8: Der Term

$$f(a, b, c) = (\bar{a} \vee c) \wedge ((b \wedge c) \vee (\bar{b} \wedge \bar{c})) \wedge ((a \wedge \bar{b}) \vee c) \quad (8)$$

ist mit Hilfe einer Wertetafel in die *disjunktive Normalform* umzuformen. Wir schreiben für jeden der drei Teilterme t_1, t_2, t_3 eine Spalte in der *Wertetafel:*

a, b, c	t_1	t_2	t_3	f(a, b, c)
000	*1*	*1*	*0*	*0*
001	*1*	*0*	*1*	*0*
010	*1*	*0*	*0*	*0*
011	*1*	*1*	*1*	*1*
100	*0*	*1*	*1*	*0*
101	*1*	*0*	*1*	*0*
110	*0*	*0*	*0*	*0*
111	*1*	*1*	*1*	*1*

$t_1 = \bar{a} \vee c$

$t_2 = (b \wedge c) \vee (\bar{b} \wedge \bar{c})$

$t_3 = (a \wedge \bar{b}) \vee c$

f(a, b, c) erhält wegen der konjunktiven Verknüpfung von t_1, t_2, t_3 genau dann den Wert *1*, wenn t_1 und t_2 und t_3 den Wert *1* haben.

Zu den Wertetripeln, denen f(a, b, c) = *1* zugeordnet ist, gehören die Minterme $(\bar{a} \wedge b \wedge c)$ sowie $(a \wedge b \wedge c)$. Ihr Disjunkt ist die gesuchte disjunktive Normalform.

Ergebnis: $(\bar{a} \vee c) \wedge ((b \wedge c) \vee (\bar{b} \wedge \bar{c})) \wedge ((a \wedge \bar{b}) \vee c) = (\bar{a} \wedge b \wedge c) \vee (a \wedge b \wedge c)$

Durch Minimieren erhalten wir den Term $b \wedge c$.

Termumformungen mit Wertefolgen

Es kann von Funktionen, deren Wertefolgen bekannt sind, das Konjunkt oder Disjunkt der Funktionen auf folgende Weise bestimmt werden:

Wir übernehmen das Beispiel 8.

$t_1 = 1\,1\,1\,1\,0\,1\,0\,1$	f^3_{245} (a, b, c) entspricht f^2_{13} (a, c)
$t_2 = 1\,0\,0\,1\,1\,0\,0\,1$	f^3_{153} (a, b, c) entspricht f^2_9 (b, c)
$t_3 = 0\,1\,0\,1\,1\,1\,0\,1$	f^3_{93} (a, b, c)
f(a, b, c) $= 0\,0\,0\,1\,0\,0\,0\,1$	f^3_{17} (a, b, c) entspricht f^2_1 (b, c)

Weitere Beispiele sind in 3.7. beschrieben.

Graphische Termumformung mit dem Karnaugh-Diagramm

Die Karnaugh-Diagramme sind im Anhang I.5. näher erläutert.

a) *Bestimmung der disjunktiven Normalform*

Beispiel 9: Der Term

$$(\bar{a} \vee b) \vee (a \wedge \bar{b}) \qquad (9)$$

ist in die disjunktive Normalform umzuwandeln.

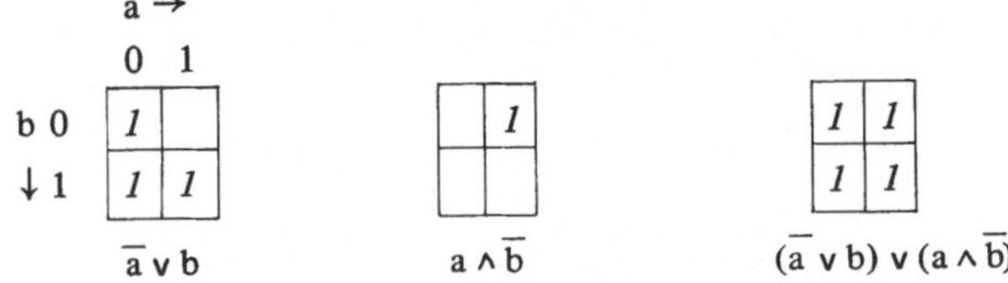

Man markiert die Felder derjenigen Wertepaare (a, b), welche dem Funktionswert *1* zugeordnet sind, zunächst für die Teilterme $\bar{a} \vee b$ sowie $a \wedge \bar{b}$.

Da sie disjunktiv verknüpft sind, enthält der Term $(\bar{a} \vee b) \vee (a \wedge \bar{b})$ *alle* bedeckten Felder. Ergebnis: der Term ist gleich der *vollständigen* disjunktiven Normalform: $(\bar{a} \wedge \bar{b}) \vee (\bar{a} \wedge b) \vee (a \wedge \bar{b}) \vee (a \wedge b)$.

Beispiel 10: Der Term

$$(\bar{a} \vee b) \wedge ((a \wedge \bar{b}) \vee (\bar{a} \wedge b)) \qquad (10)$$

ist in die disjunktive Normalform umzuwandeln.

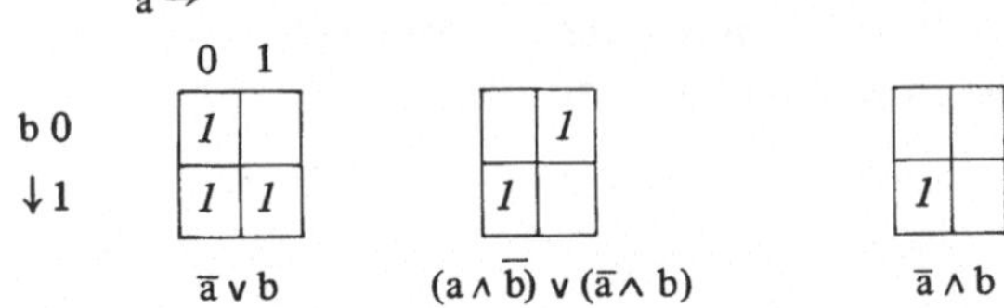

Wegen der konjunktiven Verknüpfung der beiden Teilterme enthält der Gesamtterm nur die Felder, die von *beiden* Teiltermen bedeckt sind.

Ergebnis: $(\bar{a} \vee b) \wedge ((a \wedge \bar{b}) \vee (\bar{a} \wedge b)) = \bar{a} \wedge b$.

Die disjunktive Normalform besteht aus einem Minterm. Sie ist zugleich die Minimalform.

b) *Bestimmung der konjunktiven Normalform*

Die Maxterme gehören zu den n-Tupeln, die den *Nullen* der Wertefolge zugeordnet sind. Man kann sie entsprechend wie bei den Mintermen aus der Belegung der Felder entnehmen. Das Konjunkt der Maxterme stellt dann die konjunktive Normalform dar.

c) *Bestimmung der Minimalform*

Beispiel: Von dem Term

$$y = \underset{m_6}{(a \wedge b \wedge \bar{c})} \vee \underset{m_5}{(a \wedge \bar{b} \wedge c)} \vee \underset{m_3}{(\bar{a} \wedge b \wedge c)} \vee \underset{m_7}{(a \wedge b \wedge c)}$$

ist die Minimalform zu bestimmen (vgl. Volladdierer 6.3.)

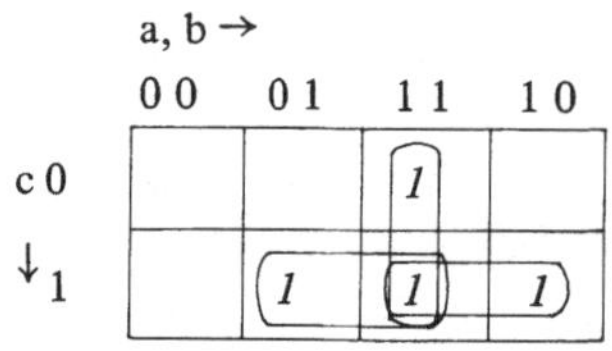

c ↓ \ a, b →	0 0	0 1	1 1	1 0
0			*1*	
1		*1*	*1*	*1*

Die Minimierung mit dem Karnaugh-Diagramm erfordert einige Übung. Man muß wissen, daß *zwei* belegte benachbarte Felder (aber auch die Randfelder rechts und links) einem Term, welcher nur *zwei* Variable enthält, entsprechen. Denn es gilt beispielsweise:

$$(a \wedge \bar{b} \wedge c) \vee (a \wedge b \wedge c) = a \wedge c.$$

Aus dem Diagramm entnimmt man den gegenüber der disjunktiven Normalform einfacheren Term:

$$(a \wedge b) \vee (a \wedge c) \vee (b \wedge c).$$

Es ist noch nicht eine Minimalform. Man erhält diese durch „Ausklammern" gemeinsamer Variablen. Dies ist auf dreierlei Weise möglich. Die drei Minimalformen möge der Leser bestimmen; das Ergebnis ist in Kapitel 3.6.5. zu finden.

I.5. Das Karnaugh-Diagramm

Im Abschnitt 3.4. wurde gezeigt, daß man Boolesche Terme (Terme der Aussagen- und Schaltalgebra) durch Graphen veranschaulichen kann. Jedem der 2^n n-Tupel einer n-stelligen Funktion wird ein Feld (oder „Punkt") des Graphen zugeordnet. Wenn der Aufwand angemessen bleiben soll, können nur Diagramme für Terme mit maximal sechs Eingangsvariablen aufgestellt werden; es gilt also die gleiche Einschränkung wie für Wertetafeln. Bereits Marquand führte 1881 ein Diagramm zur Darstellung aussagenlogischer Terme ein (vgl. [Ga]). In Bild I-1 sind Zahlen in die Felder dieses Diagrammes eingetragen, welche den Indizes der zugehörigen Minterme entsprechen (z.B. $A \wedge \bar{B} \wedge C \wedge \bar{D} = m^4_{10}$). Felder mit $m_n = 1$ wurden angekreuzt, so daß aus dem Diagramm sofort die disjunktive Normalform abzulesen war. Eine lineare Anordnung dieser Felder (Bild I-2) ist das „Logische Spektrum" von McFarlane (1885).

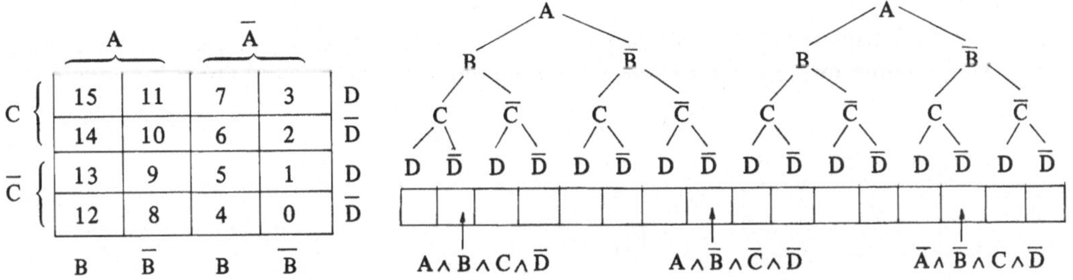

Bild I-1. Marquand-Diagramm (1881) **Bild I-2.** Logisches Spektrum von McFarlane (1885)

Für die Zwecke der Schaltalgebra wird das Marquand-Diagramm meist Karnaugh-Diagramm [Ka] oder auch Veitch-Diagramm [Vt] genannt. Jedem Feld ist ein n-Tupel der Eingangsvariablen (a, b, c, . . .) zugeordnet, wie es Bild I-3a und I-4a für drei- und vierstellige Funktionen zeigt. Will man nun eine Funktion in dem Diagramm darstellen, so wird in die Felder derjenigen n-Tupel, die dem Funktionswert *1* zugeordnet sind, eine *1* geschrieben (oder eine andere Markierung). Das Diagramm ist also nichts anderes als eine Wertetafel in einer besonderen Darstellung. Damit wird verständlich, daß die disjunktive Normalform unmittelbar aus dem Diagramm abgelesen werden kann, indem man die Minterme aufschreibt, die zu den Wertetupeln gehören, die der *1* zugeordnet sind (z.B. in Bild I-4b: 0001 zu $\overline{a} \wedge \overline{b} \wedge \overline{c} \wedge d$; 0110 zu $\overline{a} \wedge b \wedge c \wedge \overline{d}$).

a, b →	00	01	11	10
c 0	000	010	110	100
↓ 1	001	011	111	101

a) Zuordnung der Felder zu den Tripeln

a, b →	00	01	11	10
c 0		*1*		
↓ 1			*1*	

b) $t_1 = (\overline{a} \wedge b \wedge \overline{c}) \vee (a \wedge b \wedge c)$

Bild I-3
Karnaugh-Diagramm für dreistellige Funktionen

c, d \ a, b →	00	01	11	10
↓ 00	0000	0100	1100	1000
01	0001	0101	1101	1001
11	0011	0111	1111	1011
10	0010	0110	1110	1010

a) Zuordnung der Felder zu den 4-Tupeln

c, d \ a, b →	00	01	11	10
↓ 00				
01	*1*			
11				
10		*1*		

b) $t_2 = (\overline{a} \wedge \overline{b} \wedge \overline{c} \wedge d) \vee (\overline{a} \wedge b \wedge c \wedge \overline{d})$

Bild I-4. Karnaugh-Diagramm für vierstellige Funktionen

Andererseits kann auch das Diagramm sofort erstellt werden, wenn die disjunktive Normalform bekannt ist. Die Bilder I-3b und I-4b zeigen je ein Beispiel für einen drei- und einen vierstelligen Term.

Natürlich können auch die konjunktiven Normalformen aus den Diagrammen abgelesen werden, wenn man jedem unbelegten (d.h. mit Null belegten) Feld einen Maxterm zuordnet.

Wie nun die Beispiele von Bild I-5 zeigen, ist bei besonderen Anordnungen der 1-Werte eine Minimierung mit Hilfe des Karnaugh-Diagrammes möglich.

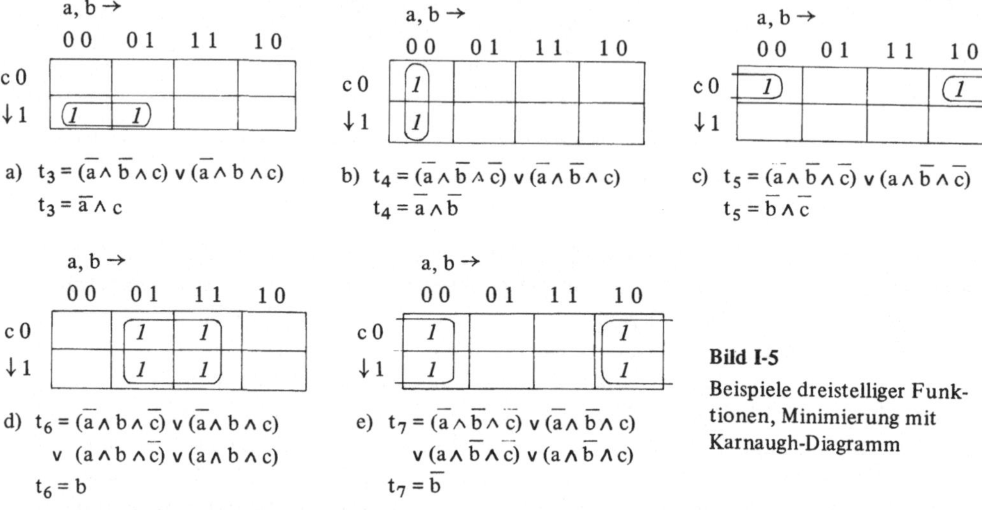

Bild I-5
Beispiele dreistelliger Funktionen, Minimierung mit Karnaugh-Diagramm

Aus Bild I-5 können wir folgendes entnehmen:

Wenn der Funktionsterm

ein Konjunkt mit drei Variablen ist, so ist ein Feld belegt,
ein Konjunkt mit zwei Variablen ist, so sind zwei benachbarte Felder belegt,
eine Variable ist, so sind vier benachbarte Felder belegt.

Verknüpfungen von Termen

Die Karnaugh-Diagramme können auch benützt werden, um konjunktive oder disjunktive Verknüpfungen von Termen auszuführen. Bei der konjunktiven Verknüpfung von Termen enthält das Ergebnis nur diejenigen *1*-Werte, die allen verknüpften Termen gemeinsam sind. Bild I-6 gibt ein Beispiel hierfür.

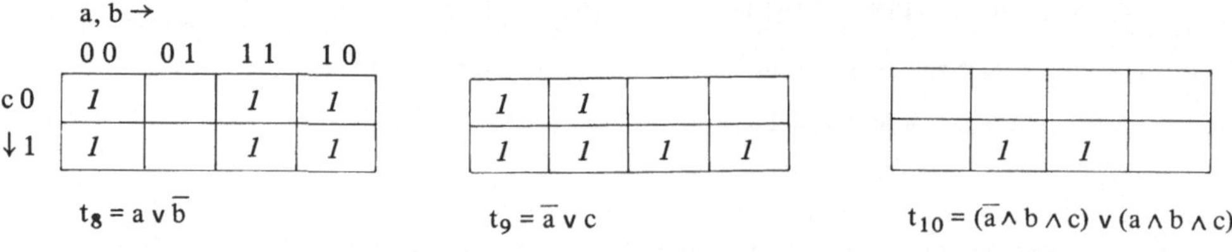

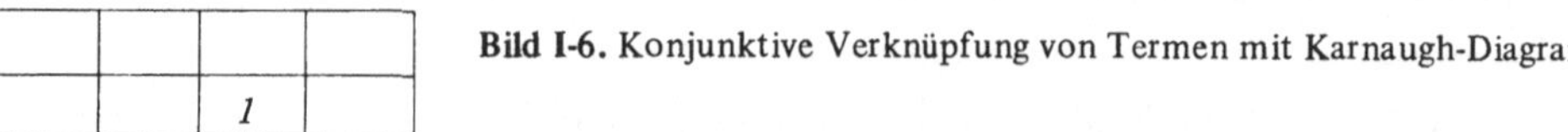

Bild I-6. Konjunktive Verknüpfung von Termen mit Karnaugh-Diagramm

$t_{11} = t_8 \wedge t_9 \wedge t_{10}$
$t_{11} = a \wedge b \wedge \bar{c}$

Entsprechend erhält man das Disjunkt von Termen.

I.6. Isomorphiebeziehungen: Boolesche Algebra B_2, Aussagenalgebra, Schaltalgebra

Boolesche Algebra B_2	Schaltalgebra	Aussagenalgebra
–	(Elementare) Schaltnetze: Schalter mit dem Namen A, B, ...	(Elementare) Aussageformen mit dem Namen A, B, ...
Elemente *0, 1.*	Schaltwerte *0, 1*	Wahrheitswerte *f, w*
Variable a, b, ... Sie können mit *0* oder *1* belegt werden.	Schaltvariable a eines Arbeitskontaktes von Schalter A. Sie kann die Werte *0* oder *1* annehmen.	Wahrheitsvariable a einer (elementaren) Aussageform A. Sie kann die Werte *f* oder *w* annehmen.
Einstellige Verknüpfung: Negation, Komplement		
$\bar{a}$: Komplement von a	$\bar{a}$: Schaltterm eines Ruhekontaktes von Schalter A	$\bar{a}$: Wahrheitsterm des Negates der Aussageform A
Zweistellige Verknüpfungen: Konjunktion, Disjunktion		
	Sereinschaltung der Schalter A und B  (A, B)	Aussageform „A und B"
$a \sqcap b$: Konjunkt von a und b	$a \wedge b$: Schaltterm der Serienschaltung der Schalter A und B	$a \wedge b$: Wahrheitsterm der Aussageform „A und B"
	Parallelschaltung der Schalter A und B (A, B) 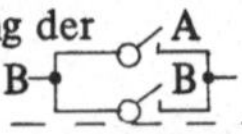	Aussageform „A oder B"
$a \sqcap b$: Disjunkt von a und b	$a \vee b$: Schaltterm der Parallelschaltung der Schalter A und B	$a \vee b$: Wahrheitsterm der Aussageform „A oder B"
Funktionen f_k^n (Wertetafel, Wertefolge)	Schaltfunktionen f_k^n (Wertetafel, Wertefolge)	Wahrheitsfunktionen f_k^n (Wahrheitstafel, Wertefolge)
	Klassen äquivalenter Schaltnetze	Klassen äquivalenter Aussageformen
	Zwischen den Schalttermen äquivalenter Schaltnetze besteht die Gleichheitsbeziehung z.B. $\bar{a} \wedge \bar{b} = \overline{a \vee b}$	Zwischen den Wahrheitstermen äquivalenter Aussageformen besteht die Gleichheitsbeziehung z.B. $a \vee b = \overline{\bar{a} \wedge \bar{b}}$
Boolesche Terme sind gleich, wenn sie Funktionsterme von genau einer Funktion f_k^n sind	Schaltterme sind gleich, wenn sie Funktionsterme von genau einer Schaltfunktion f_k^n sind	Wahrheitsterme sind gleich, wenn sie Funktionsterme von genau einer Wahrheitsfunktion f_k^n sind
Die Gesetze (Axiome): (K), (A), (D), (J), ... (vgl. Anhang I.1.) gelten in allen drei Bereichen.		
Terme mit n Variablen, die für alle 2^n Belegungen den Wert *1* (bzw. *0*) annehmen, sind Funktionsterme der Funktion f_0^n (bzw. f_r^n mit $r = 2^{2^n} - 1$)	Schaltterme mit n Schaltvariablen, die für alle 2^n Belegungen den Schaltwert *1* (bzw. *0*) annehmen, sind Funktionsterme der Funktion f_0^n (bzw. f_r^n mit $r = 2^{2^n} - 1$)	Wahrheitsterme mit n Wahrheitsvariablen, die für alle 2^n Belegungen den Wahrheitswert *1* (bzw. *0*) annehmen, sind Funktionsterme der Funktion f_0^n (bzw. f_r^n mit $r = 2^{2^n} - 1$)

I.7. Implikation. Äquivalenz, Antivalenz

In der Aussagenlogik bedeuten

Subjunktion und Implikation,
Bijunktion und Äquivalenz,
Exklusives Oder und Antivalenz

nicht dasselbe (im Gegensatz zu manchen Darstellungen in der Literatur). Die links stehenden Begriffe sind *Verknüpfungen,* die rechts stehenden sind *Relationen.*

Subjunktion und Implikation

Implikation $R \Rightarrow S$

Definition: Ist das Subjunkt $R \rightarrow S$ (R und/oder S sind Verknüpfungen der elementaren Aussageformen A, B, C, . . .) formal wahr, d.h. bei allen möglichen Wahrheitswertbelegungen für A, B, C, . . . wahr, dann sagt man:

R impliziert S (in Zeichen: $R \Rightarrow S$)

Die so entstandene Relation zwischen R und S heißt Implikation. Dies soll an einem Beispiel gezeigt werden:

Behauptung: $A \wedge (A \rightarrow B) \Rightarrow B$ (1)

Beweis: Wir stellen das zu (1) gehörige Subjunkt auf:

$A \wedge (A \rightarrow B) \rightarrow B$ (1a)

und untersuchen die Wahrheitstafel des Wahrheitsterms von (1a):

$a \wedge (a \rightarrow b) \rightarrow b$ (1b)

$= \overline{a \wedge (\bar{a} \vee b)} \vee b$

	1	2	3	4	5
	(a, b)	$\bar{a} \vee b$	$a \wedge (\bar{a} \vee b) = r$	$\bar{r}$	$r \rightarrow b$ $\bar{r} \vee b$
0	*(f,f)*	*w*	*f*	*w*	*w*
1	*(f,w)*	*w*	*f*	*w*	*w*
2	*(w,f)*	*f*	*f*	*w*	*w*
3	*(w,w)*	*w*	*w*	*f*	*w*

Die Spalte 5 enthält nur den Wahrheitswert *w*, d.h. $r \rightarrow b$ ist der Wahrheitsterm der formal wahren Aussageform $R \rightarrow B$. Damit ist der Beweis erbracht, daß (1) eine Implikation ist. Daß der Term $r \rightarrow b$ bei allen Wertebelegungen (von a und b!) nur den

Wert w annimmt (im Gegensatz zur Subjunktion $a \to b$, Spalte 2), liegt an der besonderen Struktur der Aussageform (1a). Für die Wertepaare (r, b) (Spalte 3 und 1) tritt nämlich das Paar (w, f) nicht auf, dafür jedoch das Paar (f, f) zweimal: Zeile 0 und 2. Man erkennt, daß $R \Rightarrow S$ nur dann eine Implikation sein kann, wenn mindestens eine der Aussageformen R oder S keine *elementare* Aussageform ist. Viele weitere Beispiele von Implikationen sind im Anhang I.8. aufgeführt.

Bijunktion und Äquivalenz

Äquivalenz $R \Leftrightarrow S$

Definition: Ist das Bijunkt $R \leftrightarrow S$ (R und/oder S sind Verknüpfungen der elementaren Aussageformen A, B, . . .) formal wahr, d.h. bei allen möglichen Wertebelegungen von A, B, . . . wahr, dann sagt man:

R ist äquivalent S (in Zeichen $R \Leftrightarrow S$).

Beispiel. Behauptung:

$$\overline{A \to B} \Leftrightarrow A \wedge \overline{B} \quad (2)$$

Beweis: Zunächst wird die Relation (2) in das Bijunkt (2a) (eine Verknüpfung) überführt:

$$\overline{A \to B} \leftrightarrow A \wedge \overline{B} \quad (2a)$$

Dann untersuchen wir die Wahrheitstafel für den Wahrheitsterm von (2a)

$$\overline{a \to b} \leftrightarrow a \wedge \overline{b} \quad (2b)$$

$$r \leftrightarrow s, \quad \text{wobei } \overline{a \to b} = r \text{ und } a \wedge \overline{b} = s \text{ gesetzt sind.} \quad (2b')$$

Das Bijunkt (2b') schreiben wir in der Form (2c), um die Wahrheitstafel aufstellen zu können:

$$(\overline{r} \wedge \overline{s}) \vee (r \wedge s) \quad (2c)$$

	1	2	3	4
	(a, b)	$\overline{a \to b} = r$	$a \wedge \overline{b} = s$	$(\overline{r} \wedge \overline{s}) \vee (r \wedge s)$
0	(f, f)	f	f	w
1	(f, w)	f	f	w
2	(w, f)	w	w	w
3	(w, w)	f	f	w

Es ist also $R \leftrightarrow S$ eine formal wahre Aussageform und daher $R \Leftrightarrow S$ eine „Äquivalenz". Der Term (2c) erhält bei allen Wahrheitswertbelegungen von a und b den Wert w, weil bei den Paaren (r, s) nicht die Wertepaare (f, w) und (w, f) auftreten. Dies ist nur möglich, wenn R und/oder S keine *elementaren* Aussageformen sind.

Exklusives Oder und Antivalenz

Sind zwei Aussageformen R und S (welche Verknüpfungen der elementaren Aussageformen A, B, . . . sind) so beschaffen, daß die Aussageform

$$(R \wedge \bar{S}) \vee (\bar{R} \wedge S)$$

formal wahr ist, so heißen R und S *antivalent* (in Zeichen $R \succ\!\!=\!\!\prec Q$)

Beispiel:

Behauptung:

$$(A \to B) \succ\!\!=\!\!\prec (A \wedge \bar{B}) \qquad (3)$$

Beweis:

Wir untersuchen die Aussageform

$$(A \to B) \succ\!\!-\!\!\prec (A \wedge \bar{B}) \qquad (3a)$$

mit dem Wahrheitsterm

$$(a \to b) \succ\!\!-\!\!\prec (a \wedge \bar{b}) \qquad (3b)$$

$$r \succ\!\!-\!\!\prec s \qquad (3b')$$

mit $r = a \to b$ und $s = a \wedge \bar{b}$

	1	2	3	4
	(a, b)	$a \to b = r$	$a \wedge \bar{b} = s$	$(r \wedge \bar{s}) \vee (\bar{r} \wedge s)$
0	*f, f*	*w*	*f*	*w*
1	*f, w*	*w*	*f*	*w*
2	*w, f*	*f*	*w*	*w*
3	*w, w*	*w*	*f*	*w*

Wie Spalte 4 ausweist, ist $(R \wedge \bar{S}) \vee (\bar{R} \wedge S)$ eine formal wahre Aussageform, d.h. R und S sind *antivalent.*

Auch hier erkennt man, daß mindestens eine der Aussageformen R oder S keine elementare Aussageform sein darf.

I.8. Eine Auswahl von Schlußregeln und formal wahren Aussageformen

Die folgende Zusammenstellung ist nicht vollständig. Sie kann Aufgabenbeispiele zu dem Abschnitt 9.5. liefern. Alle diese Schlußregeln und Aussageformen lassen sich nämlich in den „Typ II" der Logikaufgaben einordnen und die Tautologie ist mit dem dort beschriebenen Logikmaschinentyp nachweisbar. Man beachte, daß die Schlußregeln und Aussageformen nur dann exakt geschrieben werden können, wenn die Subjunktion (Zeichen $\rightarrow$) von der Implikation (Zeichen $\Rightarrow$) unterschieden wird, das gleiche gilt für die Bijunktion ($\leftrightarrow$) und die Äquivalenz ($\Leftrightarrow$) (vgl. Anhang I.7.).

Einige Schlußregeln und formal wahre Aussageformen

(T 1)	$P \vee \overline{P} \Leftrightarrow W$[1]	Satz vom ausgeschlossenen Dritten, vgl. ($C_\vee$).
(T 2)	$\overline{P \wedge \overline{P}} \Leftrightarrow W$	Satz vom Widerspruch, vgl. ($C_\wedge$) von Anhang I.1.
(T 3)	$\overline{P \rightarrow Q} \Leftrightarrow P \wedge \overline{Q}$	(T 3) . . . (T 13): Gesetze der Subjunktion und Implikation
(T 4)	$P \rightarrow Q \Leftrightarrow \overline{Q} \rightarrow \overline{P}$	Kontrapositionsgesetz
(T 5)	$P \rightarrow Q \Leftrightarrow (P \wedge \overline{Q}) \rightarrow \overline{P}$	
(T 6)	$P \rightarrow Q \Leftrightarrow (P \wedge \overline{Q}) \rightarrow Q$	
(T 7)	$P \rightarrow Q \Leftrightarrow (P \wedge \overline{Q}) \rightarrow (R \wedge \overline{R})$	
(T 8)	$P \wedge (P \rightarrow Q) \Leftrightarrow Q$	„modus ponens"
(T 9)	$(P \rightarrow Q) \wedge \overline{Q} \Rightarrow \overline{P}$	„modus tollens"
(T 10)	$(P \rightarrow Q) \wedge (Q \rightarrow R) \Rightarrow (P \rightarrow R)$	„modus barbara" (Transitivität der Subjunktion)
(T 11)	$P \Rightarrow P \vee Q$	Gesetze zum Adjunktionsschluß
(T 12)	$Q \Rightarrow P \vee Q$	
(T 13)	$(P \leftrightarrow Q) \Leftrightarrow (P \rightarrow Q) \wedge (Q \rightarrow P)$	
(T 14)	$\overline{P \leftrightarrow Q} \Leftrightarrow \overline{Q} \leftrightarrow \overline{P}$	
(T 15)	$(P \wedge Q) \vee (P \wedge \overline{Q}) \leftrightarrow P$	Expansionsgesetz (zum Expandieren eines Termes in die disjunktive Normalform)
(T 16)	$P \Rightarrow (Q \rightarrow P)$	Paradoxa der Subjunktion
(T 17)	$\overline{P} \Rightarrow (P \rightarrow Q)$	
(T 18)	$P \rightarrow Q \Leftrightarrow \overline{P} \vee Q$	Subjunktion und Disjunktion
(T 19)	$\overline{P} \rightarrow Q \Leftrightarrow P \vee Q$	
(T 20)	$P \rightarrow \overline{Q} \Leftrightarrow \overline{P} \vee \overline{Q}$	
(T 21)	$\overline{P} \rightarrow \overline{Q} \Leftrightarrow P \vee \overline{Q}$	

[1]) W heißt: Formal wahre Aussageform

Anhang II. Erläuterungen zu den Booleschen Maschinen

II.1. Die Arbeitsweise mechanischer Tischrechenmaschinen

In der Literatur wird i.a. der Tatsache, daß „logische Schaltungen" *mathematische Maschinen* (speziell: Boolesche Maschinen) sind, nicht genügend Beachtung geschenkt. Um dies besser einzusehen, ist der Vergleich einer bekannten mathematischen Maschine mit den Booleschen Maschinen angebracht. Wir wählen eine *mechanische Tischrechenmaschine,* speziell eine „Sprossenradmaschine", und beschränken uns auf einen kleinen Wertevorrat und auf die *Addition* als Operation.

+	a: 0	1	2	3	4 ...
b 0	0	1	2	3	4
1	1	2	3	4	5
2	2	3	4	5	6
3	3	4	5	6	7
4	4	5	6	7	8
⋮					

Bild II-1a
Verknüpfungstafel für Addition

∧	a: *0*	*1*
b *0*	*0*	*1*
1	*1*	*1*

Bild II-1b. Verknüpfungstafel der Disjunktion

Die Verknüpfungstafel von Bild II-1a soll aussagen, daß den Wertepaaren (a, b) ein Funktionswert a + b zuzuordnen ist. Genauer: Die Wertetafel ordnet einen Wert aus 0, 1, 2, . . . 8 einem geordneten Paar aus (0, 0), (0, 1), . . . (4, 4) zu. Entsprechend werden bei Booleschen Funktionen die Funktionswerte *0* oder *1* den 2^n n-Tupeln, die sich aus *0* und *1* bilden lassen, zugeordnet. Als Beispiel zeigt Bild II-1b die Disjunktion (f_7^2). Den vier Paaren: *(0, 0), (0, 1), (1, 0), (1, 1)* werden die Funktionswerte *0* bzw. *1* zugeordnet. Diese Zuordnung übernehmen Maschinen, d.h. man stellt die Paare bzw. n-Tupel ein und der zuzuordnende Funktionswert wird von der Maschine angezeigt.

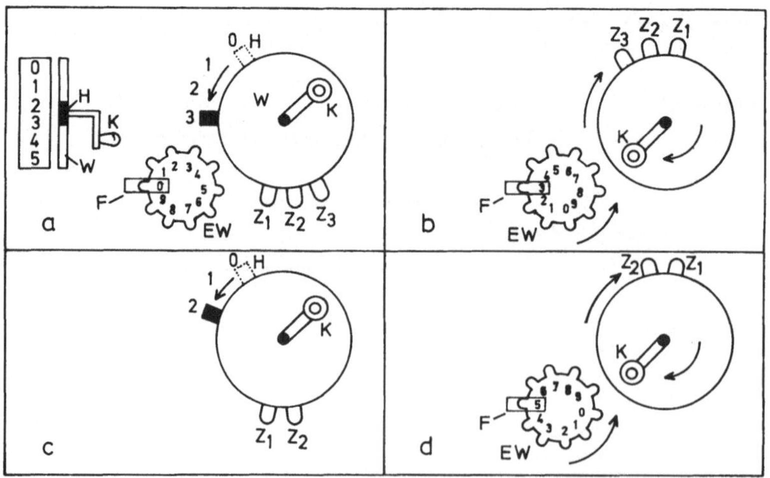

Bild II-2
Sprossenradmaschine, Vorgänge bei der Addition

Arbeitsweise der „Sprossenrad"-Maschine

Bild II-2a zeigt die wesentlichen Teile der Sprossenradmaschine. Die Walze W kann durch eine Kurbel K gedreht werden. Der Hebel H wird auf das Zeichen der zu verknüpfenden Zahl gestellt. Dabei treten Zähne Z_i aus der Walze W. Die Ergebniswalze EW trägt Zähne, in welche die Zähne Z_i eingreifen können. Zahlzeichen auf EW bezeichnen das Ergebnis.

Folgende wesentlichen vier Phasen laufen bei einer Addition ab.

Beispiel: 3 + 2:

a) Wir bewegen den Hebel H, der sich an der Walze W befindet, bis er neben dem Zahlensymbol „3" (erster Summand) steht. Gleichzeitig mit der Betätigung von H treten aus der Walze W (Sprossenrad) drei Zähne (Z1, Z2, Z3) heraus.

b) Durch eine Kurbel K wird die Walze W um 360° nach rechts (= Addition) gedreht. Die Zähne Z1 . . . Z3 greifen dabei in die Zähne der Ergebniswalze EW und drehen diese um drei Zähne weiter. Dabei erscheint das Zahlensymbol „3" in dem Fenster der EW.

c) Nun wird der Hebel H so eingestellt, daß er neben dem Zahlensymbol des zweiten Summanden, also „2", steht. Dabei sind aus der Walze W zwei Zähne herausgetreten.

d) Der eigentliche Additionsvorgang besteht in einer weiteren Kurbeldrehung nach rechts, wobei die zwei Zähne Z1 und Z2 von W die Ergebniswalze EW um zwei Einheiten weiterdrehen. Dabei erscheint eine „5" als Ergebnis.

Man kann die Phase b auch schon als eine Addition auffassen, und zwar wird zu der Null in der EW der erste Summand (hier eine 3) addiert.

Bei der *Subtraktion* wird in der Phase d lediglich die Kurbel K nach links gedreht, dabei dreht sich die Ergebniswalze zurück und zeigt die Differenz an.

Kinderrechenmaschine, Abakus und Soroban

Wenn wir an das *Fingerrechnen* denken oder an die *Kinderrechenmaschine,* so liegen dort schon die gleichen Grundelemente vor: Die Finger oder die Kugeln sind die Modelle der Ziffern wie die Zähne Z_i des Sprossenrades. Das Zusammenlegen der Finger oder das Schieben der Kugeln stellen den Additionsvorgang dar wie das Drehen der Kurbel. Der im Altertum verwendete *Abakus* und der japanische *Soroban* arbeiten ähnlich wie die Kinderrechenmaschine nach Bild II-3. Die oben beschriebene Tischrechenmaschine ist nur eine technisch perfektere Realisierung des gleichen Prinzips.

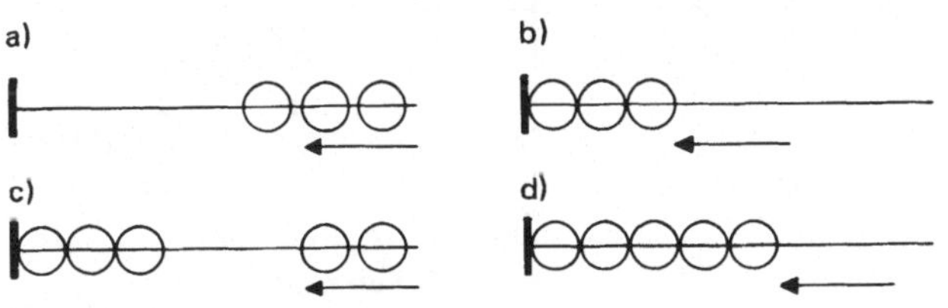

Bild II-3
Kinderrechenmaschine

Aus den Betrachtungen an den einfachsten arithmetischen Maschinen können wir einige Erkenntnisse gewinnen, die dann – mutatis mutandis – auf die Booleschen Maschinen übertragbar sind. Zu diesem Zweck seien die wesentlichen Elemente der beschriebenen Maschinen und die Vorgänge beim Ablauf einer Operation zusammengefaßt:

1. Bei der Eingabe eines Summanden in die Maschine (Phasen a und c) wird ein *reales Modell* der Ziffer erzeugt – im Beispiel von Bild II-2a drei Zähne, die der Zahl 3 entsprechen –. Dieses Modell ist in der Lage, die gewünschte arithmetische Operation nach (2) auszulösen (im Beispiel: Weiterdrehen der Ergebniswalze).
2. Der *Rechenvorgang* (Phasen b und d) wird durch eine *„mechanische" Tätigkeit* – hier Kurbeldrehung rechts oder links – ausgeführt. Bei weiterer Automatisierung des Vorganges läßt man die Kurbeldrehung durch einen Motor ausführen, der bei Druck auf den Knopf ⊞ sich einmal nach rechts dreht, bei Druck auf ⊟ einmal nach links.
3. Es ist zweckmäßig, neben dem Summandenhebel H und den Zähnen der Ergebniswalze noch die üblichen *Schriftsymbole* der Ziffern anzubringen, damit die verknüpften Werte und das Ergebnis bequem abgelesen werden können.

4a. Die primitiven arithmetischen Maschinen (wie die Kinderrechenmaschine) sind ein *Hilfsmittel für den Lernenden,* denn sie veranschaulichen die Grundrechenarten, die an sich abstrakter Natur sind, in konkreten Modellen. (Wahrscheinlich benutzen die meisten Menschen, wenn sie „im Kopf" rechnen, unbewußt ein solches Bild.)

b. Bei technischer Vervollkommnung (Tischrechenmaschine) werden diese Maschinen zu *Werkzeugen,* die uns *Zeit sparen* und von Routinearbeit befreien.

II.2. Logikmaschinen mit „bivariablen" Relais

In Kapitel 4.2 ist ausführlich beschrieben, daß *Schaltnetze* (d.h. Anordnungen mechanischer Schalter) als Boolesche Maschinen dienen können. Die dort angegebenen Schaltungen können teilweise erheblich vereinfacht werden, d.h. es können Schaltelemente eingespart werden, wenn man die „bivariable" Schaltung verwendet. Auf die Technik mit *mechanischen* Schaltern ist dieses Verfahren nicht anwendbar. Anhand der *zweistelligen Funktionen* sei die Arbeitsweise mit bivariablem Relais vorgestellt. Bild II-4 zeigt eine Anordnung für $f_6^2(a, b) = (\bar{a} \wedge b) \vee (a \wedge \bar{b})$.

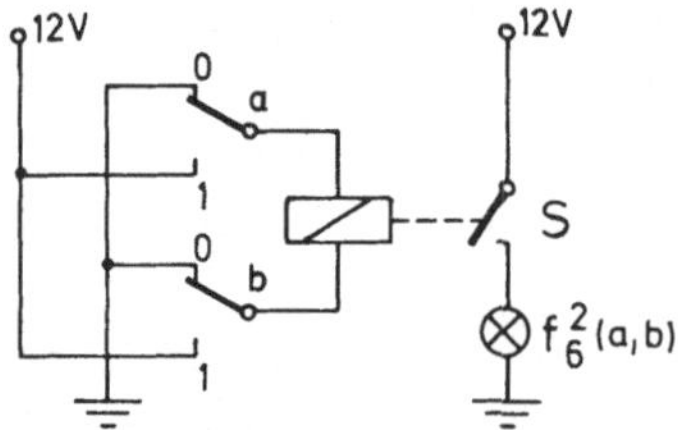

Bild II-4. Maschine für f_6^2 mit bivariablem Relais

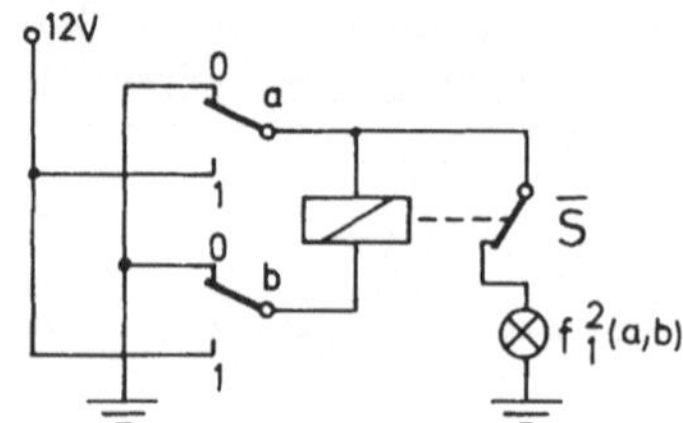

Bild II-5. Maschine für die UND-Verknüpfung

Man beachte: Wenn das Relais erregt ist, wird die Schaltfeder nach *rechts* gedrückt.

Sie zeichnet sich dadurch aus, daß die Signale für *beide* Werte, mit denen die beiden Variablen belegt werden sollen, an *eine* Relaisspule geführt werden. In dem Falle von Bild II-4 ist das Relais nur dann erregt, wenn die Werte für a und b verschieden sind. Die im Schaltstromkreis liegende Lampe zeigt an: $(\bar{a} \wedge b) \vee (a \wedge \bar{b})$. Wird der Schalter S als Ruhekontakt $(\bar{S})$ gewählt, zeigt die Lampe die Funktionswerte für $(\bar{a} \wedge \bar{b}) \vee (a \wedge b)$ an.

Auch die anderen zweistelligen Funktionen können mit *einem* Relais realisiert werden. So zeigt Bild II-5 die Maschine für $f_1^2(a, b) = a \wedge b$. Man erkennt, daß die Lampe nur bei a = 1 und b = 1 leuchtet und damit $a \wedge b = 1$ anzeigt [Zk].

Eine Realisierung der ODER-Verknüpfung zeigt Bild II-6. Mit den gezeigten Grundschaltungen sind auch alle anderen zweistelligen Funktionen realisierbar.

Die Technik mit bivariablen Relais hat für Computer, die mit elektromechanischen Relais arbeiten, Bedeutung gehabt. Sie ist auf die Transistortechnik nicht ohne weiteres übertragbar.

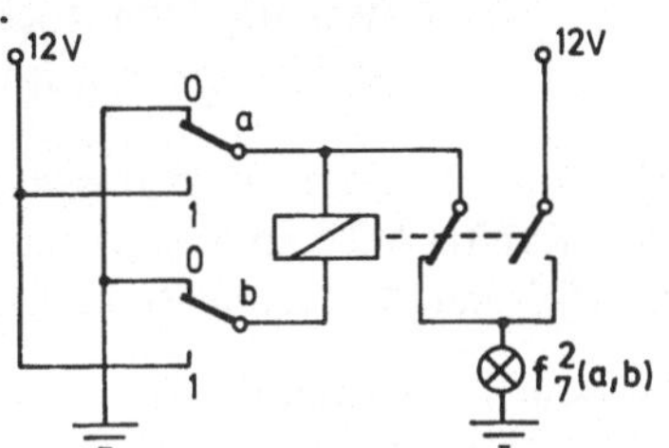

Bild II-6. Maschine für f_7^2 (Disjunktion)

II.3. Vergleichstafel: Relais, Röhre, Transistor als Schalter

	a) Relais	b) Röhre	c) Transistor (z.B. BC 108)
gesteuert durch	Strom	Spannung	Strom oder Spannung
erforderlich im Steuerkreis	50 mA	1 V	<0,5 mA
zulässiger Schaltstrom	1 A	50 mA	50 mA
Steuerleistung (Watt)	0,5 W	1 μW	0,1 mW
Restspannung (Spannungsabfall über Schaltstrecke)	0 V		0,2 V
Widerstand der Schaltstrecke (in Ω) a) offener Schalter b) geschlossener Schalter	 ∞ 10^{-3}	 $>10^9$ 100	 $>10^9$ 10
Schaltstrecken in einem Bauelement	bis etwa 10	bis 2	1

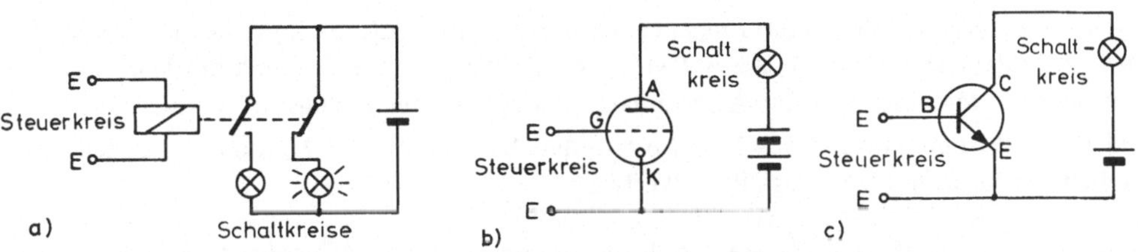

Bild II-7. Daten für a) Relais, b) Röhre und c) Transistor bei Verwendung als Schalter. Das Symbol ⊗ steht für einen Verbraucher.

In der Tabelle sind Daten aufgenommen, wie sie zu Typen gehören, die wir zum Selbstbau von Modellen verwenden können. Für die in diesem Buch angegebenen Schaltungen können wir z.B. den Typ BC 108 verwenden. Der npn-Transistor hat den Vorteil, daß als 1-Signal (Wahrheitswert *w*) eine positive Spannung dient (z.B. + 12 V).

II.4. Maschinen für Disjunktion und Konjunktion nach dem Ventilprinzip mit Luft als strömendem Medium

Man kann sich die Funktionsweise der elektronischen Maschinen für die Logikfunktionen (vgl. Kapitel 4.3.) an einem mechanischen Modell veranschaulichen. Dabei entsprechen sich folgende Bauelemente und Größen:

Luftstrom	–	Elektronenstrom	Manometer	–	Voltmeter
Luftdruck	–	elektrische Spannung	Zweiwegehahn	–	Umschalter
Ventil	–	Diode	Kapillare	–	Widerstand

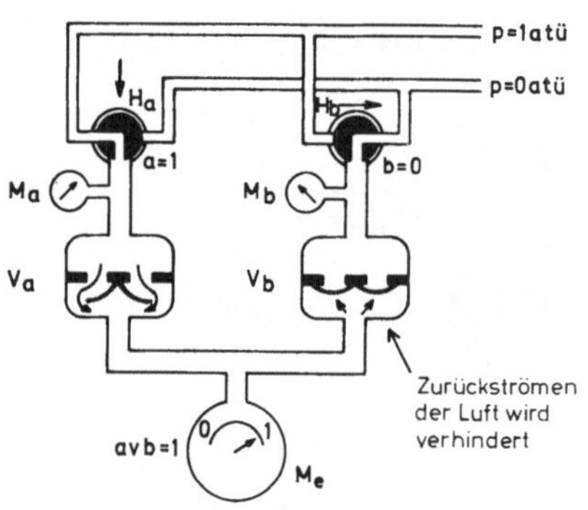

Bild II-8. Maschine für ODER

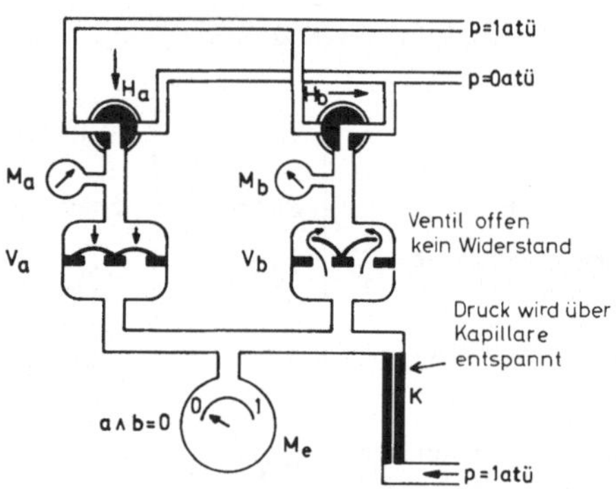

Bild II-9. Maschine für UND

Bild II-8 zeigt eine Maschine für die Disjunktion (mit zwei Eingangsvariablen), welche mit Luft als strömendem Medium arbeitet. Die Werte der Eingangsvariablen a und b werden mit den Hähnen H_a und H_b eingestellt.

Jeweils ein Hahn simuliert eine Eingangsvariable x. Senkrechte Stellung des Hahnes läßt Luft unter dem Druck von 1 atü eintreten: x = 1. Waagerechte Stellung des Hahnes verbindet die Maschine mit der Atmosphäre (0 atü), mit der Bedeutung x = 0.

Bild II-8 stellt den Zustand a = 1 und b = 0 dar. Die Manometer M_a und M_b zeigen zusätzlich die für a und b eingestellten Werte an.

Durch die Ventile V_a und V_b stellt sich im unteren Teil der „Maschine" ein Druck ein, angezeigt durch das Manometer M_e, der dem Verknüpfungsergebnis a v b entspricht. In gezeichnetem Falle ist $a \vee b = 1$. Die Anordnung nach Bild II-8 ist das mechanische Analogon der Parallelschaltung (Bild 4-6 von Kapitel 4). Die Ventile sind erforderlich für die Fälle $a = 1, b = 0$ und $a = 0, b = 1$.

In dem Zustand von Bild II-8 ($a = 1, b = 0$) würde sich ohne das Ventil V_b im unteren Teil der Maschine kein Luftdruck $p = 1$ atü ausbilden können, da die Luft über H_b entweichen kann (im elektrischen Stromkreis: ein Kurzschluß).

Man erkennt, daß die Wahrheitstafel für die ODER-Verknüpfung erfüllt ist.

Entsprechend arbeitet die Maschine für die UND-Verknüpfung nach Bild II-9. An dem unteren Ende der Kapillare K liegt ein konstanter Luftdruck von 1 atü. Nur in dem *einen* Falle der vier möglichen Wertebelegungen: $a = 1$ und $b = 1$ kann sich im unteren Teil der Maschine ein Druck von 1 atü ausbilden: $a \wedge b = 1$.

Ist einer der Hähne offen (d.h. $a = 0$ oder $b = 0$), so entweicht die Luft über eines der Ventile und es wird angezeigt: $a \wedge b = 0$. Über die Kapillare kann der Luftdruck von 1 atü abfallen.

Man beachte die umgekehrte Stellung der Ventile bei den beiden Maschinen entsprechend den Dioden der elektronischen Maschinen (vgl. Bild 4-8).

II.5. Terminologie Boolesche Maschine – Boolescher Automat

Die in der Literatur anzutreffenden verschiedenen Bezeichnungen für (statische) Boolesche Maschinen und Boolesche Automaten sind im folgenden zusammengestellt:

Boolesche Maschinen:

Schalt*netz* (combinatorial circuit) (DIN 44 300)
Verknüpfungsglied (logic element) (DIN 44 300)
Schaltkreis [Wa]
Statische Schaltkreise [We]
Statische logische Schaltungen [We]
Logische Schaltungen [We]
Logische Maschinen (logic machines) [Ga]
Zuordner (translater, interpreter) [Wa], [AG]
Kombinatorisches Netzwerk [Su]
Kontaktnetzwerk [AG]
(Technische) Realisierungen logischer Funktionen [AG]

Boolesche Automaten:

Schalt*werk* (sequential circuit) (DIN 44 300), [Wa]
(spezielle Schaltwerke: Rechen*werk*, Leit*werk*)
Sequentielle Netzwerke [Su]
Sequentielle Maschinen [AG]
Automaten [Sn], [AG]
Dynamische logische Schaltungen [We]

Die Kapitel 1, 4 und 5 dieses Buches beschreiben (statische) *Boolesche Maschinen.* Ihr Charakteristikum ist, daß sie zu jedem n-Tupel, eingesetzt für die Eingangsvariablen, den zugehörigen Funktionswert anzeigen (daher auch „Zuordner"). Die Maschinen können auch „Funktionenbündel", d.h. zwei oder mehr Funktionen, die von den gleichen Eingangsvariablen abhängen, gleichzeitig verarbeiten.

Boolesche Automaten werden ab Kapitel 6 in diesem Buch behandelt. Typisch für einen Booleschen Automaten ist, daß der Automat eine Folge von Zeittakten (mit dem Taktgeber) herstellt und bei jedem Zeittakt ist ein Zuordner in Funktion. Zwischenergebnisse werden gespeichert, um zu einem späteren Zeittakt für eine Verarbeitung zur Verfügung zu stehen.

II.6. RS-Flipflop in Relaistechnik

Man kann Speicher mit einem einzigen Relais nach Bild II-14 oder II-15 bauen. Hier sei eine aufwendige Schaltung mit zwei Relais erläutert, um das Verständnis der Wirkungsweise des elektronischen Flipflops zu erleichtern.

Arbeitsweise: Wenn an die Buchse B eine Spannung angelegt wird, so erhält jede Relaisspule über den Ruhekontakt des anderen Relais Strom. Eines der Relais spricht etwas rascher an und unterbricht seinen Ruhekontakt zuerst. Wenn dies das Relais R1 ist, dann schneidet es dem Relais R2 die Stromversorgung ab. Der „Inhalt" des Speichers ist 0: Glühlampe G leuchtet nicht, vgl. Bild II-10a.

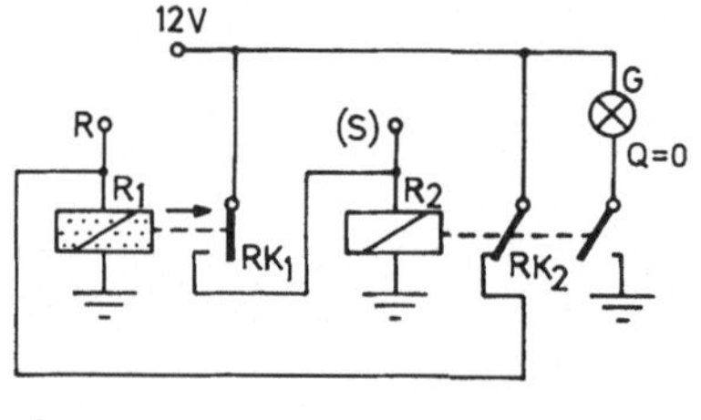

a)

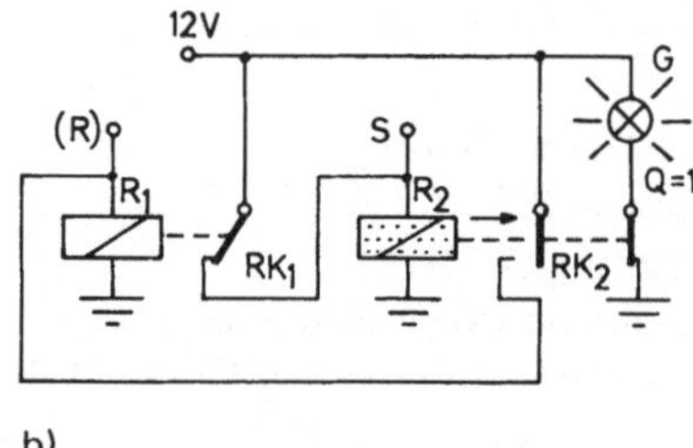

b)

Bild II-10. RS-Flipflop mit zwei Relais
a) Löschen (Rücksetzen). Ausgangslage (Speicherinhalt = 0)
b) Schreiben (Setzen) (Speicherinhalt = 1)
Stromdurchfluß durch eine Relaisspule ist durch die Punktierung angedeutet.

Wenn über Buchse S ein kurzzeitiges elektrisches Signal (12 Volt) kommt, so wird die Relaisspule R2 mit Strom versorgt, der Ruhekontakt RK_2 unterbricht die Stromversorgung von R1, so daß sich RK_1 von R1 schließt. Über RK_1 wird nun R2 mit Strom versorgt, und von diesem Moment an darf das S-Signal beendet werden. Der Zustand des Speichers ist Q = 1, angezeigt durch Leuchten des Glühlämpchens G (Bild II-10b).

Soll der Speicherinhalt wieder 0 werden, so muß ein kurzzeitiges 12 V-Signal bei R erscheinen. Die Versorgung des R2 über den Ruhekontakt RK_1 wird unterbrochen und es stellt sich jetzt der andere stabile Zustand der Schaltung ein: Der Speicherinhalt wird „gelöscht" (Bild II-10a).

(Für die Demonstration der Arbeitsweise des RS-Flipflops ist es zweckmäßig, auch den Zustand des Relais R1 und damit das Komplement des Speicherinhaltes durch ein Glühlämpchen anzuzeigen).

II.7. Master-Slave-Flipflop

In Kapitel 6.4. wurde das JK-Flipflop und das D-Flipflop beschrieben. Diese Flipflops sind Speicherglieder für 1 bit, welche eine „Information" (d.h. ein 0-Signal bzw. ein 1-Signal), die an einem oder zwei Vorbereitungseingängen anliegt, übernehmen und speichern, und zwar auf ein bestimmtes Zeitsignal (Taktsignal). Zu diesem Zweck benötigt das Flipflop „Vorspeicher", welche bei den in Kapitel 6.4. erläuterten Flipflops Kondensatoren waren. Man kann aber auch als Vorspeicher ein zusätzliches Flipflop verwenden. Ein solches Speicherglied nennt man „Master-Slave-Flipflop". Der dabei benötigte höhere Aufwand an Transistoren fällt bei Integrierten Schaltkreisen nicht ins Gewicht. Für den Computerbau hat daher heute das Master-Slave-Flipflop eine große Bedeutung. Im folgenden soll angegeben werden, wie man mit den Speicher- und Verknüpfungsgliedern des Lehrgerätes SIMULOG ein Master-Slave-Flipflop aufbauen und dessen Funktionsweise demonstrieren kann.

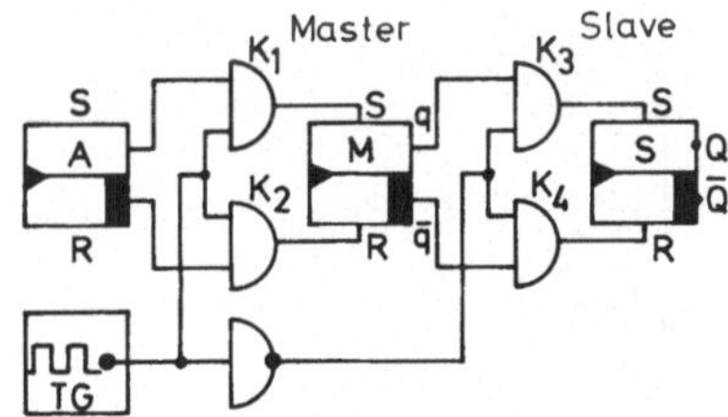

Bild II-11. Master-Slave mit RS-Flipflops

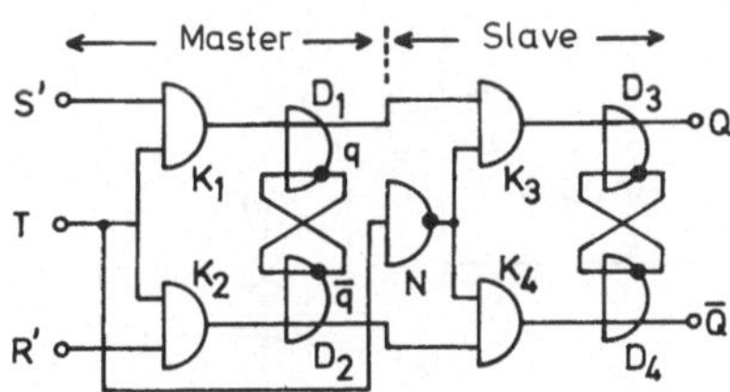

Bild II-12. Master-Slave-Flipflop mit Logikgliedern

Mit zwei RS-Flipflops, vier UND-Gliedern und einem Negator kann man sich nach Bild II-11 ein Master-Slave-Flipflop aufbauen. Vom Speicher A soll die Information übernommen werden. Bei Erscheinen des Taktsignals werden die UND-Glieder K_1 und K_2 „geöffnet" und dabei der Inhalt von Speicher A in den Speicher M (Master) übernommen. Bei Verschwinden des Taktsignals (fallende Flanke) wird die Information von M auf S (Slave) übertragen, weil dann die UND-Glieder K_3 und K_4 geöffnet sind. Der Speicher S ist der eigentliche Speicher, dessen Inhalt von seinen Ausgängen Q und $\overline{Q}$ zur Verfügung steht.

Sehr instruktiv ist die Schaltung nach Bild II-12, aus welcher zu ersehen ist, daß auch das „dynamische" Flipflop (vgl. 6.4.) allein mit Logikgliedern aufgebaut werden kann. In Bild II-12 sind die beiden RS-Flipflops M und S von Bild II-11 durch jeweils zwei NOR-Glieder ersetzt, im übrigen ist die Funktionsweise die gleiche. Die Schaltung von Bild II-12 liegt den Integrierten Schaltkreisen zugrunde.

II.8. Taktgeber, Dualzähler und Schieberegister in Relaistechnik

Man kann sequentielle Maschinen (Automaten) in Relaistechnik aufbauen. Die ersten funktionierenden Computer arbeiteten mit Relais [Zu]. Die Elektronenröhre hat als Schaltelement eine zu geringe Lebensdauer und erst die Erfindung des Transistors (etwa 1948) führte zu einem zuverlässigen elektronischen Schalter, der viele Vorteile gegenüber dem Relais hat. Wir wollen im folgenden einige Schaltungen besprechen, bei denen die „bistabile" Natur des Relais ausgenutzt wird. Darunter verstehen wir die Eigenschaft, daß ein Relais bei einer bestimmten Spannung, die an den Enden der Spule anliegt, sowohl ein- als auch ausgeschaltet sein kann.

Für die im folgenden beschriebenen Experimente kann man z.B. Siemens-Kammrelais verwenden (V 23 154 D 0715 B 110).

Die „bistabile" Eigenschaft des Relais

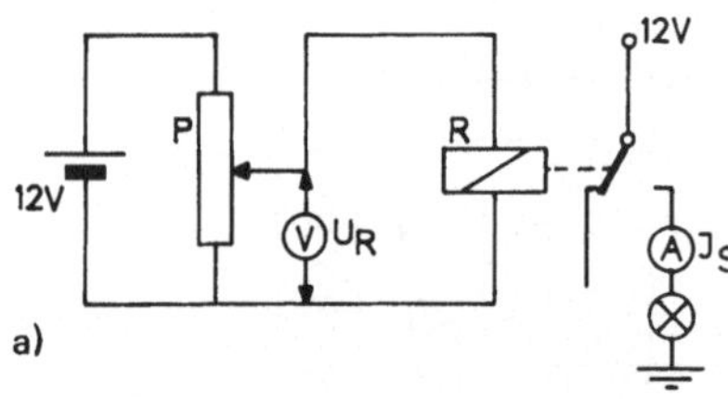

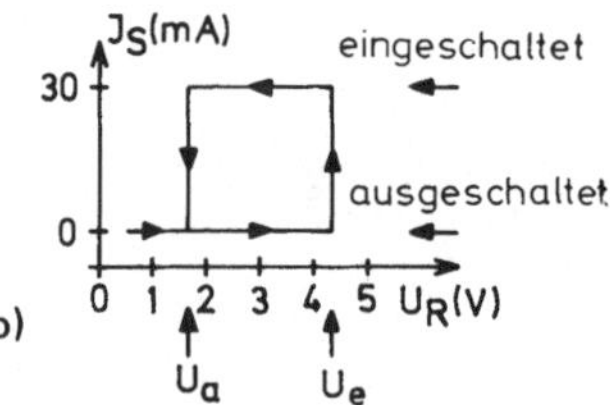

Bild II-13. Die bistabile Natur des Relais
a) Schaltung zur Ermittlung der Kennlinie des Relais
b) Kennlinie Relais, Schaltstrom I_S in Abhängigkeit von der Spannung U_R an der Relaisspule.

Wenn man nach Bild II-13a eine langsam ansteigende Spannung (von dem Potentiometer P abgegriffen) an eine Relaisspule gibt, so beobachtet man bei einer bestimmten Spannung U_e (z.B. 4 V), daß das Relais anzieht (Kontaktbewegung nach rechts). Geht man dann mit der Spannung wieder zurück, so fällt das Relais bei U_a (z.B. 2 V) wieder ab. Das bedeutet, daß bei allen Spannungen zwischen U_a und U_e das Relais entweder ein- oder ausgeschaltet sein kann (vgl. Bild II-13b), je nach der Vorgeschichte. Ist man von 0 V an diesen Spannungsbereich gekommen, so ist das Relais ausgeschaltet. Hat man, von 12 V ausgehend, die Spannung verringert, so ist es eingeschaltet.

RS-Flipflop mit einem Relais

Aufgrund der „bistabilen“ Natur können wir ein einfaches RS-Flipflop aufbauen. Mit einem Vorwiderstand R stellen wir die Spannung am Punkt Y so ein, daß sie etwa 3 V beträgt (R_v bei dem obengenannten Relaistyp etwa 700 Ω).
Wenn wir an Y ein Kabel anschließen mit einem Bananenstecker B und diesen kurzzeitig an 12 V bringen („Setz-Signal“), so zieht das Relais an (Speicherinhalt Q = 1). Wird jedoch der Punkt Y kurzzeitig auf 0 V gebracht („Rücksetz-Signal“), so fällt das Relais ab (Speicherinhalt Q = 0).

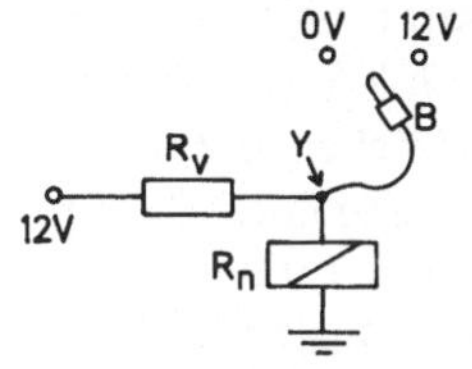

Bild II-14. RS-Flipflop

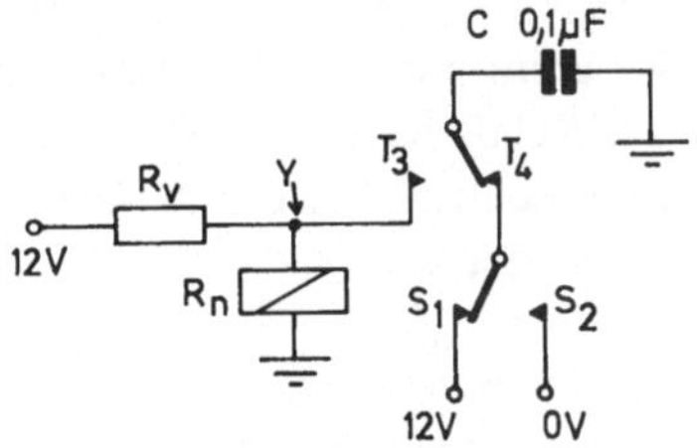

Bild II-15. RS-Flipflop mit Kondensator

Eine leichte Abwandlung der Schaltung von Bild II-14 führt zu einem Prinzip, welches wir für die Dualzähler- und Schieberegistereinheit verwenden können.
Das Relais-Flipflop kann auch in seine beiden stabilen Zustände gebracht werden, indem durch den Kondensator C ein kurzer Stromstoß geliefert bzw. von ihm aufgenommen wird (Bild II-15). Ein Umschalter mit den Kontakten S_1/S_2 sorgt für die Auf- bzw. Entladung von C. Der Umschalter T_3/T_4 führt bei Betätigung (Schließen von T_3) die Ladung von C an das Relais und läßt dieses anziehen (*Setzen*). Das *Rücksetzen* kann erfolgen, nachdem C über S_2-T_4 entladen wurde. Schließt man darauf T_3, so fällt das Relais ab (Q = 0), weil die Spannung am Punkt Y kurzzeitig durch den Ladestromstoß zusammenbricht.

Taktgeber (astabile Kippschaltung) mit Relais

Der Taktgeber nach Bild II-16 arbeitet wie folgt: Nehmen wir an, das Taktgeberrelais TG sei abgefallen. Dann ist T_1 geschlossen. Der Kondensator C lädt sich über R_v auf, bis die Spannung am Punkt Y die Erregung der Relaisspule verursacht (bei etwa 4 V). Dabei öffnet sich T_1 und C entlädt sich über die Relaisspule TG. Wenn die Spannung über dem Relais auf 2 V (vgl. Bild II-13b) gefallen ist, fällt das Relais TG ab und T_1 schließt sich. Der gleiche Vorgang beginnt von neuem. Die Taktfrequenz wird durch R_v und C bestimmt. Eine Glühbirne G, zwischen 12 V und T_2 geschaltet, zeigt den Zustand des Relais an.

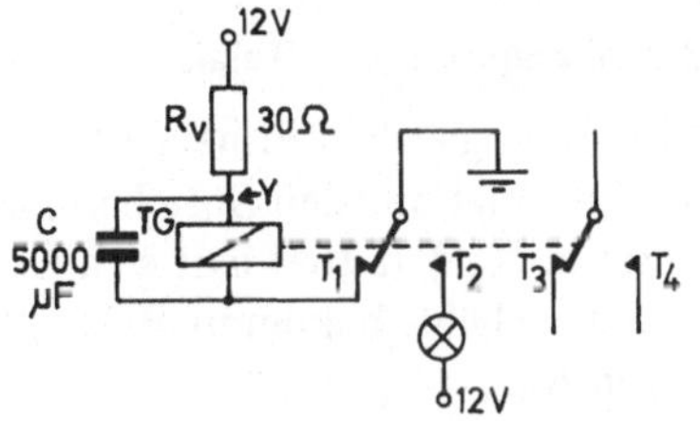

Bild II-16
Taktgeber in Relaistechnik

Bei etwa 30 Ω und etwa 5 000 μF ergibt sich bei obengenanntem Relais eine Frequenz von etwa 1 Hz. Diesen Taktgeber können wir für den nun zu beschreibenden Dualzähler und für das Schieberegister einsetzen.

Dualzählereinheit mit Relais

In dem in Bild II-17a gezeichneten Zustand (Speicherinhalt Q = 0) ist das Relais R_n abgefallen. C wird über T_4 und S_1 aufgeladen. Schließt der Kontakt T_3 (Abfallen des Taktgeberrelais TG), so bekommt das Relais R_n einen Stromstoß und zieht an (Speicherinhalt Q = 1). Dabei schließt S_2. Wird nun der Kontakt T_4 geschlossen, so entlädt sich C über T_4-S_2. Beim nächsten Schließen von T_3 fließt in den Kondensator ein Ladestrom, der das Relais R_n abfallen läßt (Speicherinhalt Q = 0). Dabei schließt S_1. Wenn dann T_4 wieder schließt, ist der Anfangszustand erreicht. In dem beschriebenen Zeitablauf hatte sich der Umschalter T_3/T_4 zweimal hin- und herbewegt, dagegen S_1/S_2 nur einmal (daher auch: „Untersetzer 2 : 1). Der Umschalter T_3/T_4 kann zum Taktgeberrelais von Bild II-16 gehören oder zu demjenigen Relais, welches für die Dualziffer 2^{n-1} steht, wenn das gezeichnete Relais R_n die Dualziffer 2^n repräsentiert. Der Umschalter T_5/T_6 von Relais R_n sorgt für die Betätigung des Relais R_{n+1}. Um einen n-stelligen Dualzähler zu bauen, brauchen wir also n Relais (außer dem Taktgeberrelais), und bei jedem Relais werden zwei Umschalter benötigt. Soll eine Glühbirne G den Zustand des Relais anzeigen, so kann man G zweckmäßig nach Bild II-17b schalten. Dabei wird der Ladestrom für C nicht über S_1, sondern über G zugeführt.

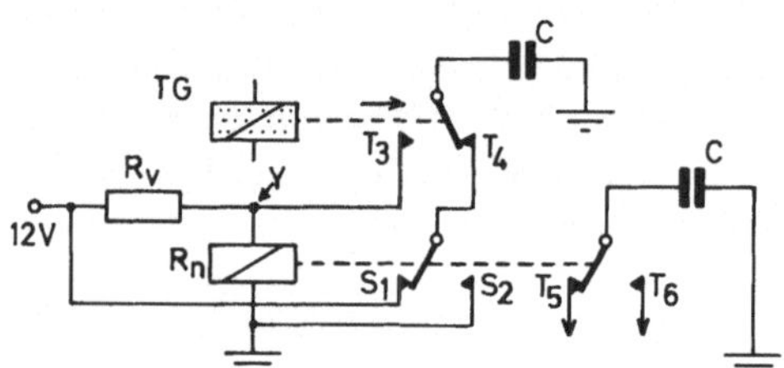

Bild II-17a. Dualzählereinheit

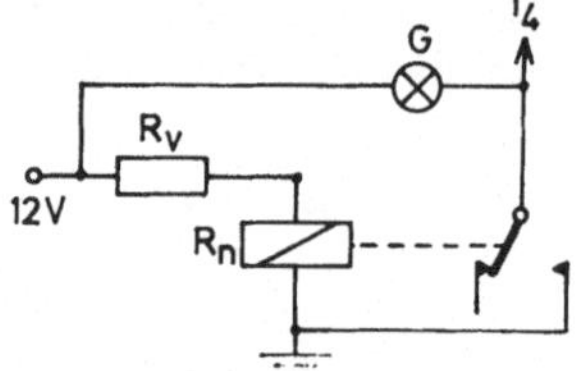

Bild II-17b. Versorgung der Glühlampe G

Will man einen Logikautomaten bauen, bei dem die 2^n Wertebelegungen automatisch eingelesen werden sollen, so stehen die übrigen zwei Umschalter des obengenannten Relais noch für die Verdrahtung des „Logiknetzes“ zur Verfügung (Kapitel 9).

Schieberegister mit Relais

Nach dem gleichen Prinzip kann man erreichen, daß ein Relais R_n auf ein Taktsignal die Information (den Speicherinhalt) von dem Relais R_{n-1} übernimmt. Im gezeichneten Zustand (Bild II-18a) lädt sich C_{n-1} über S_2-T_3 auf. Wenn T_4 (zum Taktgeberrelais gehörig) schließt, bekommt Relais R_n einen Einschalt-Stromstoß, d.h. es übernimmt die 1 von R_{n-1}.

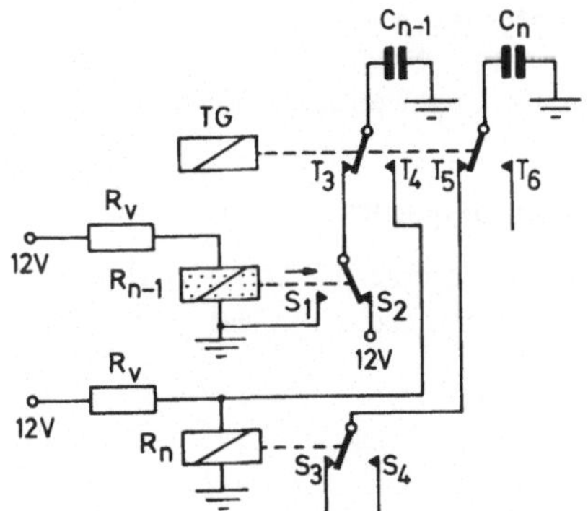

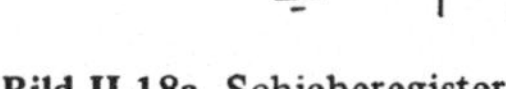

Bild II-18a. Schieberegister

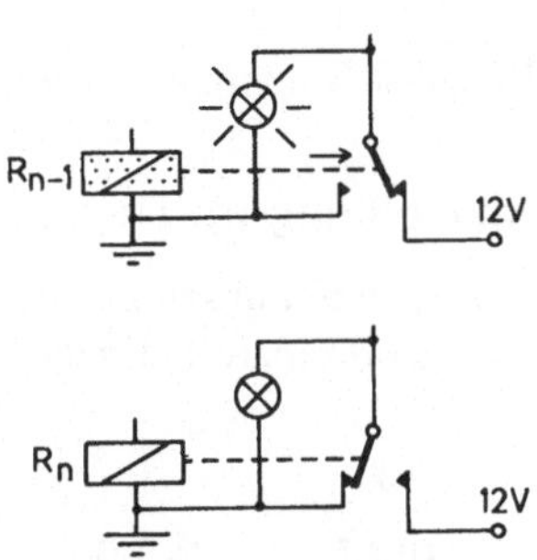

Bild II-18b. Anzeige des Relaiszustandes

In gleicher Weise ist ein Umschalter S_3/S_4 von R_n über einen weiteren Umschalter von TG (Taktgeberrelais) T_5/T_6 mit einem Kondensator C_n verbunden, der für die Betätigung des Relais R_{n+1} sorgt usw. Bild II-18b zeigt, wie eine Glühbirne geschaltet werden kann, wenn sie den Zustand eines Relais anzeigen soll.

Anhang III. Einführung in das Rechnen im Dualsystem

Mit besonderer Berücksichtigung der in Rechenautomaten angewendeten Verfahren.

III. 1. Zahlendarstellung im Dezimal- und im Dualsystem

Digitale [1]) Rechenautomaten arbeiten im Dualsystem oder in einer binären [2]) Zahlendarstellung. Beispiel für eine binäre Schreibweise: Jede Dezimalziffer wird dual geschrieben (BCD-Code [3])).

	7	2	5
725	OLLL	OOLO	OLOL
Dezimal		BCD-Code	

Wenn man die Arbeitsweise der Rechenwerke digitaler Automaten verstehen will, muß man die Rechenregeln für das Rechnen im Dualsystem kennen. Das allgemein gebräuchliche Dezimalsystem ist ein *Stellenwertsystem,* bei dem die einzelnen Ziffern angeben, wie oft die Zehnerpotenzen in der Zahl enthalten sind. So bedeutet z.B.

$$4023 = 4 \cdot 10^3 + 0 \cdot 10^2 + 2 \cdot 10^1 + 3 \cdot 10^0$$

Die Zahl 4023 ist also die Summe der durch die Ziffern bestimmten Vielfachen der Zehnerpotenzen. Zehn wird die „Basis" des Dezimalsystems genannt. Man kann jede beliebige ganze Zahl $\geqslant 2$ als Basis für ein Stellenwertsystem nehmen. In der Tat waren auch andere Zahlen als Zehn für Stellenwertsysteme gebräuchlich [4]). Jedes Stellenwertsystem benötigt soviele Ziffern, wie der Wert der Basis ist. Das Dezimalsystem benötigt wegen der Basis 10 also zehn Ziffern (0 . . . 9), das Dualsystem braucht wegen der Basis 2 nur zwei Ziffern.

Die Dualzahlen

Ganze Zahlen

Die kleinste Zahl, welche man als Basis wählen kann, ist 2, was bereits von Leibniz erkannt wurde. Die Stellenwerte sind, von hinten begonnen: 2^0, 2^1, 2^2, 2^3 usf. Die letzte Stelle gibt also die Einer, die vorletzte die Zweier an, dann folgen die Vierer, Achter usw.

2^5	2^4	2^3	2^2	2^1	2^0
L	0	L	0	L	L

Zahlenbeispiel

[1]) Von digit (englisch) = Ziffer, Zeichen. Im Gegensatz zu *analogen* Rechenautomaten.

[2]) Die Begriffe „dual und binär" sollten säuberlich unterschieden werden. Das *Dual*zahlensystem ist das Stellenwertsystem zur Basis 2. *„Binär"* ist jede Darstellung von Zahlen, Buchstaben usw., wenn dafür genau zwei verschiedene Zeichen (z.B. 0, 1) verwendet werden. Die Dualzahldarstellung ist also ein Sonderfall einer binären Schreibweise.

[3]) BCD = Binary Coded Decimal (engl.), vgl. hierzu Kapitel 5.2.

[4]) Beispiel: Zwölfersystem der Babylonier.

Die Zahl LOL OLL besteht aus der Summe von einem Einer, einem Zweier, einem Achter und einem Zweiunddreißiger. Es ist also die Zahl 1 + 2 + 8 + 32 = 43.

Dual	Dezimal
0	0
L	1
LO	2
LL	3
LOO	4
LOL	5
LLO	6
LLL	7
LOOO	8

Die ersten acht natürlichen Zahlen sind nebenstehend in der Dual- und der Dezimaldarstellung angegeben.

Um Verwechslungen zu vermeiden, verwendet man für die Eins des Dualsystems meist das Zeichen L.

Wir lesen die Dualzahlen durch Aneinanderreihen der Ziffern von links nach rechts. Z.B. wird LOL gelesen: „Eins-Null-Eins". Wie im Dezimalsystem haben Nullen, vor denen keine Eins mehr steht, keine Bedeutung. Es ist also dasselbe, ob wir z.B. schreiben LL oder OOLL.

Gebrochene Zahlen

Im Dezimalsystem werden nach dem Komma die Stellenwerte der Zehnerpotenzen mit negativen Exponenten geschrieben. Die erste Stelle nach dem Komma sind die Zehntel, d.h. $10^{-1} = 1/10$, es folgen die Hundertstel ($10^{-2} = 1/100$) usf.

$$1 \cdot 10^2 + 3 \cdot 10^1 + 2 \cdot 10^0 + 7 \cdot 10^{-1} + 5 \cdot 10^{-2}$$

1 3 2 , 7 5

Beispiel für das Dezimalsystem

Entsprechendes gilt für das Dualsystem. Die erste Stelle nach dem Komma sind die Halben ($2^{-1} = 1/2$), es folgen die Viertel ($2^{-2} = 1/4$), Achtel ($2^{-3} = 1/8$). Die Zahl 0,LLO hat also den Wert $0 \cdot 2^0 + 1 \cdot 2^{-1} + 1 \cdot 2^{-2} + 0 \cdot 2^{-3}$, im Dezimalsystem: 0,75

Die Anzahl von Stellen im Dezimal- und Dualsystem

Die Darstellung einer Zahl im Dualsystem benötigt im Durchschnitt etwa die 3,3-fache Anzahl von Stellen wie im Dezimalsystem[1]).

Rechenautomaten schreiben Zahlen i.a. bis zu 11 Dezimalstellen aus, das sind etwa 36 Dualstellen („Wortlänge" großer Rechenautomaten). Noch größere Zahlen müssen als Vielfache von Zehnerpotenzen angegeben werden.

III. 2. Umrechnung von Dezimalzahlen in Dualzahlen und umgekehrt

Bei der Zahleneingabe und -ausgabe in Rechenautomaten müssen die Zahlen „umgesetzt" oder „konvertiert" werden vom Dezimalsystem ins Dualsystem und umgekehrt. Das geschieht automatisch entweder in statischen Booleschen Maschinen *(Umsetzer, Konver-*

1) $\frac{\log 10}{\log 2} \approx \frac{1}{0,3} \approx 3,3$

tierer oder *Zuordner)* oder in sequentiellen Maschinen, d.h. nach einem Programm (fest verdrahtete „Miniprogramme"). Hierfür können Kalküle dienen, wie sie in Band II besprochen werden.

Umsetzung von Dualzahlen in Dezimalzahlen über das Oktalsystem

Wenn man eine Dualzahl rasch in die zugehörige Dezimalzahl übersetzen will, so kann man sich einer vorteilhaften Methode bedienen, welche zunächst die Dualzahl in eine Oktalzahl übersetzt.

Je drei Dualstellen ergeben nämlich eine Oktalstelle, d.h. Oktalziffer. Beispiel: Die neunstellige Dualzahl LOL LLO OLO ist in 3 Dreiergruppen geschrieben. Die Oktalzahlen dieser 3 Gruppen sind: 5 – 6 – 2.

Begründung:

LOL LLO OLO =

$= (1 \cdot 2^8 + 0 \cdot 2^7 + 1 \cdot 2^6) + (1 \cdot 2^5 + 1 \cdot 2^4 + 0 \cdot 2^3) + (0 \cdot 2^2 + 1 \cdot 2^1 + 0 \cdot 2^0)$

$= (1 \cdot 2^2 + 0 \cdot 2^1 + 1 \cdot 2^0) \cdot 2^6 + (1 \cdot 2^2 + 1 \cdot 2^1 + 0 \cdot 2^0) \cdot 2^3 + (0 \cdot 2^2 + 1 \cdot 2^1 + 0 \cdot 2^0)$

$= 5 \cdot 8^2 + 6 \cdot 8^1 + 2 \cdot 8^0 = (562)_8$

$(562)_8$ ist die *Oktal*zahl der obengenannten Dualzahl[1]). Sie besteht also aus 2 Einern, 6 Achtern, 5 Vierundsechzigern.

Die entsprechende *Dezimal*zahl ist: $5 \cdot 64 + 6 \cdot 8 + 2 \cdot 1 = 320 + 48 + 2 = 370$.

Noch einige *Beispiele:*

OLL LOL =
$= 3$ Achter + 5 Einer $= 3 \cdot 8 + 5 \cdot 1 = (35)_8 = (29)_{10}$
LOOL LOO, OLL =
$= 4$ Achter + 2 Einer + 1 Achtel $= 4 \cdot 8 + 2 \cdot 1 + 1 \cdot 1/8 = (42{,}1)_8 = (34,125)_{10}$
LOO OLO, OOL =
$= 1$ Vierundsechziger + 1 Achter + 4 Einer + 3 Achtel $= (114{,}3)_8 = (76{,}375)_{10}$

Wir fassen also je 3 Stellen, von dem Komma beginnend nach links und rechts, zusammen. Diese Dualzahlgruppen geben den Wert der Einer (8^0), Achter (8^1), Vierundsechziger (8^2) . . . . Nach rechts ergibt die erste Dreiergruppe die Achtel (8^{-1}), die zweite ergibt die Vierundsechzigstel (8^{-2}) usw.

In einigen Rechenautomaten wird diese Zwischenumsetzung bei der Dual-Dezimal-Konvertierung ausgenutzt.

Wenn man nach dieser Methode rasch im Kopf Dualzahlen bis zu 9 Stellen in Dezimalzahlen umwandeln will, braucht man nur die Oktaläquivalente (= Dezimaläquivalente) der Dualzahlen von 000 bis LLL auswendig zu kennen, im übrigen das Einmaleins mit der 8 und der 64.

---

[1]) Es bedeutet der Index $(\ldots)_8$, daß es sich um eine Oktalzahl, der Index $(\ldots)_{10}$, daß es sich um eine Dezimalzahl handelt.

Umwandlung Dezimal-Dual und Dual-Dezimal durch Zerlegung in Potenzen von 2

Beispiele:

Dezimal → Dual

9,75	=	$L \cdot 2^3$	8
	+	$0 \cdot 2^2$	0
	+	$0 \cdot 2^1$	0
	+	$L \cdot 2^0$	1
	+	$L \cdot 2^{-1}$	0,5
	+	$L \cdot 2^{-2}$	0,25
			9,75
9,75	= LOOL,LL		

Dual → Dezimal

LOLO, OL	=	$L \cdot 2^3$	8
	+	$0 \cdot 2^2$	0
	+	$L \cdot 2^1$	2
	+	$0 \cdot 2^0$	0
	+	$0 \cdot 2^{-1}$	0
	+	$L \cdot 2^{-2}$	0,25
			10,25
LOLO, OL	=	10,25	

Die Faktoren der Zweierpotenzen ergeben also die Dualziffern. Dieses Verfahren ist umständlich zu automatisieren.

III. 3. Addition von Dualzahlen

Die Addition von Dualzahlen kann nach dem gleichen Schema, wie es für Dezimalzahlen bekannt ist, durchgeführt werden, d.h. man addiert, beginnend bei der niedersten Dualstelle (bei ganzen Zahlen also 2^0), jede Dualstelle. Wird bei der Addition der Wert der Dualstelle überschritten, so erfolgt ein „Übertrag“ c in die nächsthöhere Dualstelle.

1. Zahlenbeispiel

	2^6	2^5	2^4	2^3	2^2	2^1	2^0	Dezimal:
+	L	0	L	L	0	L	L	91
+			0	L	L	L	0	14
c	0	L	L	L	L	0		10
s	L	L	0	L	0	0	L	105

2. Zahlenbeispiel mit gebrochenen Zahlen

	L L, L L 0 0 L
+	L 0, L L L 0 L
	L L L, L 0 0 L
	L L 0, L 0 L L 0

3. Zahlenbeispiel

	L L L L 0 L
	L 0 L 0 L
+	L L L L L
	L
c	L 0 L 0 L L
s	L L L 0 0 0 L

In der Dualstelle 2^2 stehen 4 Vierer, das sind 2 Achter. Der Übertrag lautet also: L0, d.h. zwei Achter oder (ein Sechzehner und kein Achter). Bei den Sechzehnern erscheint außerdem von den Achtern noch ein Übertrag.

Bei den Rechenautomaten wird diese Schwierigkeit umgangen: Es werden immer nur zwei Zahlen addiert. Bei mehr als 2 Summanden werden also immer Zwischensummen weiterverarbeitet.

III. 4. Subtraktion von Dualzahlen

Allgemeines

Die beim Dezimalsystem angewendeten Verfahren können auf das Dualsystem übertragen werden. Man „borgt" (entlehnt) von der nächsthöheren Stelle, wenn der Subtrahend größer als der Minuend ist. Für das maschinelle Rechnen in elektronischen Rechenautomaten sind noch andere Subtraktionsverfahren interessant, so das Subtrahieren durch Addition des Komplementes und das hiermit verwandte Rechnen mit „konegativen Zahlen".

Subtraktion mit „Entlehnung" e

Beispiel:

LOL LOL – LO LLL = ?

m	L	0	L	L	0	L
– s		L	0	L	L	L
e	L	0	L	L	0	
d		L	0	L	L	0

andere Schreibweise:

L.	0	L.	L.	0	L
	L	0	L	L	L
	L	0	L	L	0

Erläuterung: Wenn von 0 eine L abgezogen werden soll, so muß von der nächsthöheren Dualstelle entlehnt werden.

Subtraktion durch Addition des Komplementes

Zum Vergleich im Dezimalsystem:

a) *B-Komplement (Zehnerkomplement)*

Diese Methode sei zunächst an einem Beispiel besprochen:

Aufgabe: 728 – 216.

Wir berechnen vom Subtrahenden die Differenz (das „Komplement„) zur nächsthöheren Zehnerpotenz, hier also zu Tausend: 1000 – 216 = 784.

Dieses Komplement (784) wird zu dem Minuenden *addiert:*

$$\begin{array}{r} 728 \\ +\ 784 \\ \hline 1512 \end{array}$$

Da aber die Gesamtrechnung bis jetzt lautet:

$$728 + (1000 - 216),$$

müssen wir die 1000 wieder subtrahieren, um das Endergebnis der Subtraktion, nämlich 512, zu erhalten.

Insgesamt rechnen wir also: $728 + (1000 - 216) - 1000 = 512$.

Man kann fragen, was diese Methode denn für Vorteile haben könne, da ja zwei Operationen mehr durchzuführen sind. Nun ist aber die Bildung des Komplementes eine sehr leichte Operation, vor allem bei den Dualzahlen. Schreiben wir das obige Beispiel in allgemeinen Zahlen an, so erhalten wir:

$$m + (B^n - s) - B^n = d$$

m Minuend
s Subtrahend (höchste Dezimalstelle $(n-1)$)
B Basis (10)
d Differenz $m - s$

b) *(B −1)-Komplement (Neunerkomplement)*

Statt das Komplement zu B^n zu bilden, kann man auch das Komplement zu $B^n - 1$ verwenden. In obigem Beispiel $(728 - 216)$:

$$B^n - 1 = 999 \qquad 999 - 216 = 783$$

783 ist das Komplement von 216 zu $B^n - 1$. Dieses Komplement ist „mechanischer" zu bilden: Jede Ziffer ist zu 9 zu ergänzen. In der Tat macht die Bestimmung des $(B - 1)$-Komplementes in der Maschine weniger Schwierigkeiten, vor allem im Dualsystem. Um allerdings das Ergebnis d zu erhalten, muß jetzt 999 oder einfacher: $(1000 - 1)$ abgezogen werden, d.h. 1000 wird subtrahiert und dann 1 addiert.

Die gesamte Aufgabe sieht jetzt so aus:

$$728 + (999 - 216) - (1000 - 1) = 512$$

oder in allgemeinen Zahlen

$$m + (B^n - 1 - s) - (B^n - 1) = d$$

$$\begin{array}{r} 728 \\ +\ 783 \\ \hline 1511 \\ +\ \ \ 1 \\ \hline 512 \\ \hline \end{array}$$

Wir schreiben die Aufgabe des Beispiels nochmal in einer vereinfachten Form. Es sieht so aus, als ob wir die „Überlauf-Eins" entfernen und zum Zwischenergebnis addieren, um das Ergebnis d zu erhalten.

Subtraktion durch Addition des Komplementes im Dualsystem

a) *(B – 1)-Komplement oder „Einerkomplement"*

Im Dualsystem besteht das (B – 1)-Komplement wie im Dezimalsystem aus dem Komplement jeder einzelnen Ziffer. Das Komplement von 0 ist L und von L ist es 0.

1. Beispiel: L 0LL LL0 – LL0 L0L:

Von der Dualzahl LL0 L0L ist das Komplement 00L 0L0. (Die zugehörigen Dezimalzahlen sind 53 und 10, es ist also die Ergänzung zu $63 = 2^6 - 1$).

```
   L 0 L L L L 0
+    0 0 L 0 L 0
c    L L L L 0
z  L L 0 L 0 0 0
+  └────────────► L
d    L 0 L 0 0 L
```

Zum Vergleich: Dezimal 94–53

```
   94
+  46
    1
  140
+ └►1
   41
```

Der Rechenweise nach dem Beispiel haftet noch ein Mangel an, der sich bei der „Mechanisierung" (Übertragung auf maschinelle Durchführung) auswirkt: Wir haben die Komplementbildung zur *nächst*höheren Dualstelle der höchsten im Subtrahenden vorkommenden Zweierpotenz vorgenommen. Diese Einschränkung ist in der Tat nicht nötig.

Das Komplement kann zu einer beliebig hohen Potenz gebildet werden. Das ist wichtig für die Mechanisierung des Verfahrens. Für obiges Beispiel sind alle Ziffern bis zur 9. Dualstelle geschrieben, das Ergebnis bis zur zehnten:

```
     00L  0LL  LL0
+    LLL  00L  0L0
c  L LL0  LLL  L0
z  L 000  L0L  000
   └──────────────► L
d         L0L  00L
```

Die „Überlauf-Eins" erscheint jetzt im Zwischenergebnis z bei der höchsten Dualstelle und wir folgen obiger Vorschrift, sie verschwinden zu lassen und zu dem verbleibenden Zwischenergebnis zu addieren.

Die Methode der Subtraktion durch Addition des Komplements wird bei elektronischen Rechenautomaten angewendet, es ist eine „maschinengerechte" Methode, welche allerdings erst im Dualsystem ihre großen Vorteile hat.

Angewendet wird auch das jetzt zu beschreibende „Zweierkomplement".

b) *B-Komplement oder „Zweierkomplement“*

Wir bilden das Komplement zur nächsthöheren Dualstelle. Beispiel: Von L 0L0 muß das Komplement zu 2^4 gebildet werden, es ist LL0. Es gibt eine „mechanische“ Methode der Komplementierung. Von der letzten Dualstelle begonnen, werden so lange die Ziffern der zu komplementierenden Zahl unverändert gelassen, bis die erste L erschienen *war.* Das sei an drei Beispielen verdeutlicht:

```
     ↓          ↓              ↓
L0L 0L0   L 00L 000   L0L 00L
0L0 LL0   0 LLL 000   0L0 LLL   Komplement
```

Dieses Verfahren ist leicht mechanisierbar, zumindest in Serienaddierwerken, bei denen die einzelnen Ziffern – von der letzten Stelle beginnend – einzeln abgerufen werden.

Die Subtraktion mit dem Zweierkomplement ist einfacher, da lediglich die „Überlauf-Eins“ vernachlässigt wird.

Beispiel: LL0 L0L 0L0 – 00L 0LL L0L

Subtrahend als Komplement: LL0 L00 0LL

```
      LL0  L0L  0L0
+     LL0  L00  0LL
-------------------
c  L  L0L  000  L0
-------------------
   (L) L0L  00L  L0L
```

Ergebnis: L0L 00L L0L

Als Übung möge der Leser alle Zahlen über Oktalzahlen in Dezimalzahlen verwandeln.

Rechnen mit konegativen Zahlen

Vielleicht ist es dem Leser aufgefallen, daß wir bisher für das Rechnen mit Dualzahlen einige Algorithmen (Rechenvorschriften) entwickelten, welche eine Operation mit mehrstelligen Zahlen in sehr einfache Rechenschritte für die einzelnen Dualstellen auflösten. Diese werden bei einiger Übung „mechanisch“ (ohne zu „denken“) ausgeführt. Es gibt nun auch Verfahren, bei dem das *Vorzeichen* der Zahlen mit in die Operation einbezogen und wie ein Zahlzeichen behandelt wird. Dieser Algorithmus, das „Rechnen mit konegativen Zahlen“ für die Addition positiver und negativer Zahlen, wird im Band II besprochen. Für Rechenautomaten hat dieses Verfahren eine große Bedeutung.

III. 5. Multiplikation von Dualzahlen

Das „Kleine Einmaleins" des Dualsystems lautet: 0 · 0 = 0

0 · L = 0

L · 0 = 0

L · L = L

Wenn wir die 0 als *f* (falsch) und die L als *w* (wahr) deuten, so erkennen wir in obenstehender Tabelle die UND-Funktion (Konjunktion) der Logik wieder, weswegen das Konjunkt auch „Logisches Produkt" genannt wird. Ferner erklärt sich so die Verwendung des Verknüpfungszeichens „·" für die Konjunktion bzw. auch die völlige Weglassung des Zeichens wie bei dem Produkt: a · b = ab.

Multiplikation

a) *Mehrstellige Dualzahlen*

Beispiel: 22 · 5 = 110

	L 0 L L 0 · L 0 L
p_1	L 0 L L 0
$+p_2$	0 0 0 0 0
$+p_3$	L 0 L L 0
c	L 0 0 0 0
P	L L 0 L L L 0

Wie im Dezimalsystem bilden wir die Zwischenprodukte p_1, p_2, . . . und addieren sie stellenrichtig. Diese Methode wird bei Rechenautomaten angewendet. Bei der Addition wird jedoch, wie wir oben gesehen haben, zunächst die Zwischensumme $p_1 + p_2$ gebildet, zu dieser dann p_3 addiert usw.

b) *Multiplikation mit der Basis (Zwei) und Vielfachen der Basis*

Im Dezimalsystem bedeutet eine Multiplikation mit der Basis (also Zehn) eine Kommaverschiebung nach rechts, beim Dualsystem ist es die Multiplikation mit *Zwei.*

Beispiel: LL 0L0 · L0 = LL0 L00.

Eine Multiplikation mit 8 bedeutet Kommaverschiebung um 3 Stellen nach rechts:

Beispiel: L0L · L 000 = L0L 000

III. 6. Division von Dualzahlen

a) *Division durch die Basis (Zwei) und durch Vielfache der Basis*

Wie im Dezimalsystem kann man sie als Kommaverschiebung nach links schreiben.

Beispiel: LL0 0LL : L0 = LL 00L,L

LOL L00 : L00 = L 0LL,00

b) Ist der Divisor eine beliebige Zahl, so kann man wie im Dezimalsystem dividieren:

Beispiel 1:

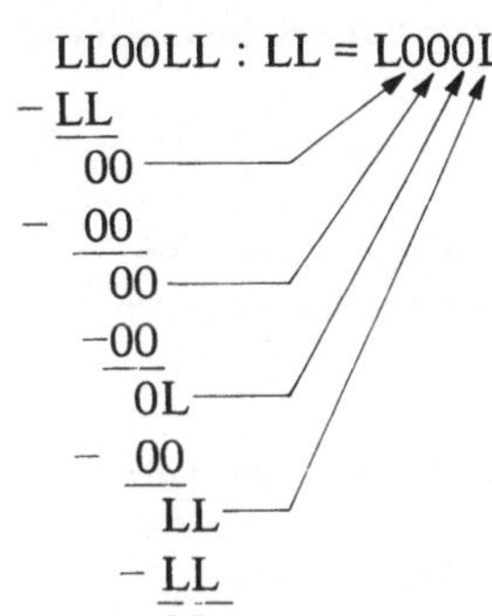

Beispiel 2:

LL00L0,000000 : LL = L0000,L0L0L0
LL
000L00
– LL
L00
– LL
L00
– LL
L0

Die Dualperiode bei Beispiel 2 ist also L0 und der Dualbruch hat den Wert

$\frac{2}{4} + \frac{2}{16} + \frac{2}{64} + \ldots$

Wir können auch den „Rest" L0 durch LL dividieren und als Dualbruch $\frac{L0}{LL} = \frac{2}{3}$ schreiben.

Das Ergebnis lautet dann: LL00L0 : LL = L0000 $\frac{L0}{LL}$

c) Soll die Division von Rechenautomaten ausgeführt werden, so wird man Verfahren suchen, welche sich leichter „mechanisieren" lassen. Zwei solcher Verfahren – Division mit und ohne „Restrückstellung" – werden in Band II besprochen, ferner ein Verfahren zum *Wurzelziehen* von Dualzahlen.

Literaturverzeichnis

[A1] *Adler, Irving:* Die Neue Mathematik,Freiburg, Herder 1966.

[A2] *Adler, Irving:* So denken Maschinen, Wiesbaden, Brockhaus 1962

[AG] *Aisermann, Gussew* u.a.: Logik-Automaten-Algorithmen, München, Oldenbourg 1966

[Bä] *Bär, Dieter:* Einführung in die Schaltalgebra, Berlin, VEB Verlag Technik 1967

[Bi] *Billing, H.* (Herausg.): Lernende Automaten, München, Oldenbourg 1961

[Ca] *Caroll, Lewis:* Symbolic Logic and the Game of Logic, New York, Dover Publ. 1958

[Dal] *Dahncke, H.* u.a.: Wie arbeitet ein Computer? Band 1, Logikschaltungen, Braunschweig, Vieweg 1972

[Da2] *Dahncke, H.* u.a.: Wie arbeitet ein Computer? Band 2, Rechenwerke, Braunschweig, Vieweg 1972

[Ga1] *Gardner, Martin:* Mathematische Rätsel und Probleme, Braunschweig, Vieweg 1966

[Ga2] *Gardner, Martin:* Logic Machines and Diagrams and Boolean Algebra, New York, Dover Publ. 1968

[Ge] *Gericke, H.:* Theorie der Verbände, Mannheim, Bibl. Inst. 1963 (BIT 38/38a)

[Gu] *Gunzenhäuser, Rul:* Nichtnumerische Informationsverarbeitung, Wien – New York, Springer 1968

[Hr] *Harbeck, Gerd:* Einführung in die formale Logik, Braunschweig, Vieweg 1966

[Hn] *Hassenstein, Bernhard:* Biologische Kybernetik, Heidelberg, Quelle u. Meyer 1965

[Hi] *Himpsel, J.:* Typen heuristischer Aufgaben, Archimedes 1964, S. 39ff

[Ka] *Karnaugh, M.:* The Map Method for Synthesis of Combinational Logic Circuits, Commun. and Electronics 72 (1953), S. 593–599

[K S] *Krause, M. und Schadt, G.:* Computer Lyrik, Düsseldorf, Droste 1967

[Ku] *Kupper, H.:* Computer und musikalische Komposition (mit Schallplatte), Braunschweig, Vieweg 1970

[Lo] *Lorenzen, Paul:* Formale Logik, Berlin, de Gruyter 1958, 3. Aufl. 1963 (Sammlung Göschen)

[Mei] *Meißner, Hartwig:* Datenverarbeitung und Informatik, München, Ehrenwirth 1971

[Me1] *Merkel, E.:* Boolesche Maschinen,
Logikmaschinen I „Bedingungen erfüllen“
Logikmaschinen II Aufgaben der Syllogistik, Kettenschlüsse lösen
Logikmaschinen III Zuordnungsaufgaben
in Mathm. Naturwiss. Unterricht 1968, S. 189–195, S. 295–300, S. 429–436

[Me2] *Merkel, E.:* Lernende und spielende Automaten im Unterricht, in Mathm.-Naturwiss. Unterricht 1969, S. 216–222 und 461–468

[Mj] *Monjallon, Albert:* Einführung in die moderne Mathematik, Braunschweig, Vieweg 1970

[Mr] *Müller, G.:* Maschinelle Lösung logischer Probleme, in Praxis der Naturwiss. 1966, S. 260ff

[Ph] *Phillips, Hubert:* My best Puzzles in Logic and Reasoning, New York, Dover Publ. 1961

[P] *Poley, H. J., und Schäfer, G.:* Lernende und spielende Automaten im Unterricht, in Mathm.-Naturwiss. Unterricht 1969, S. 79–86, und S. 276–285.

[Re] *Rechenberg, Peter:* Grundzüge digitaler Rechenautomaten, München, Oldenbourg 2. Auflage 1968

[Rö] *Rößler, H.:* Lösung des Problems 302 x, in Praxis der Math. 1970, S. 55

[Su] *Schulte, Dieter:* Kombinatorische und sequentielle Netzwerke, München, Oldenbourg 1967

[Sh] *Shannon, C. E.:* Presentation of Maze Solving Machine, Trans. Eighth Conference 1951 on Cybernetics, p. 173–183. J. Macy Foundation, New York 1952.

[TNV] Taschenbuch der Nachrichtenverarbeitung (Herausg. K. Steinbuch), Berlin, Springer 1962 und 1967

[Vn] *Veenker, Gerd und Niethammer, W.:* Maschinen und mathematische Beweise, in Math. -physikal. Semesterberichte 1969, S. 170–188

[Ve] *Veitch, E.:* A Chart Method for Simplifying Truth Functions, Proc. Assoc. for Computing Machinery. Mai 1952, S. 127–133

[Wa] *Wagner, S. W.:* Begriffsbestimmungen, in [TNV], S. 39–58

[Wz] *Wellnitz, K.:* Kombinatorik, Braunschweig, Vieweg 1968

[We] *Weyh, Ulrich:* Elemente der Schaltungsalgebra, München, Oldenbourg 6. Aufl. 1971

[Wh] *Whitesitt, J. E.:* Boolesche Algebra und ihre Anwendungen, Braunschweig, Vieweg 1964

[Wy] *Wylie, C. R.* Jr.: 101 Puzzles in Thought and Logic, New York, Dover Publ. 1957

[Ze] *Zemanek, Heinz:* Logische Algebra und Theorie der Schaltnetzwerke, in [TNV], S. 100–162 (1962), S. 84–145 (1967) und „Lernende Automaten, S. 1418–1480 (1962)

[Zi] *Ziegler, Th.:* Boolesche Maschinen im Unterricht, in Math.-Naturwiss. Unterricht 1968, S. 8ff

[Zk] *Zirkel, Wolfgang:* Bivariable Schaltungen, in Praxis der Math. 1967, S. 215–223

[Zw] *Zweistein:* 99 Logeleien, Hamburg, Christian Wegner 1968

Sachwortverzeichnis

»

Wie arbeitet ein Computer?

Band 1: Logikschaltungen

Von Helmut Dahncke, Gerd Harbeck, Karl-Heinz Jäschke, Jürgen Küster, Bernd Reimers und Gert Starke. Mit 151 Abbildungen und 106 Tabellen. – Braunschweig: Vieweg 1971. XI, 200 Seiten. DIN C 5. Paperback 19,80 DM

ISBN 978-3-663-05283-8

Inhalt: Grundbegriffe der Aussagenlogik – Computer mit elektrischen Schaltern – Computer mit elektronischen Gattern – Logische Folgerungen und ihre experimentelle Überprüfung – Lösung praktischer Probleme mit logischen Schaltungen.

Band 2: Rechenwerke

Von Helmut Dahncke, Gerd Harbeck, Karl-Heinz Jäschke, Jürgen Küster, Bernd Reimers und Gert Starke. Mit 151 Abbildungen und 106 Tabellen. – Braunschweig: Vieweg 1972. XI, ca. 200 S. DIN C 5. Kartoniert ca. 19,80 DM

ISBN 978-3-663-05283-8

Inhalt: Dualzahlen – Zahlenspeicher und Zählwerk – Paralleladdierwerk – Serienaddierwerk – Multiplizierwerk – Programmsteuerung

Logik und Grundlagen der Mathematik

Herausgegeben von Dieter Rödding

Eine Buchreihe für Wissenschaftler, Studenten und interessierte Laien.

Der thematische Rahmen umfaßt: Beiträge zur Begründung der Mathematik im weitesten Sinne, Veröffentlichungen zu Grundlagenproblemen der Mathematik unter dem Gesichtspunkt der mathematischen Logik und Einzeldarstellungen aus dem Gebiet der mathematischen Logik.

Neben Werken deutscher Autoren erscheinen Übersetzungen ausländischer insbesondere angelsächsischer, französischer und osteuropäischer Fachliteratur, die damit erstmals dem deutschsprachigen Leser zugänglich gemacht wird.

Band 1: Félix, Elementarmathematik in moderner Darstellung

Band 2: Sinowjew, Über mehrwertige Logik

Band 3: Whitesitt, Boolesche Algebra und ihre Anwendungen

Band 4: Choquet, Neue Elementargeometrie

Band 5: Monjallon, Einführung in die moderne Mathematik

Band 6: Jablonski u.a., Boolesche Funktionen und Postsche Klassen

Band 7: Sinowjew, Komplexe Logik

Band 8: Dieudonné, Grundzüge der modernen Analysis

Band 9: Gastinel, Lineare numerische Analysis

Band 11: Serre, Lineare Darstellung endlicher Gruppen

Band 12: Schafarewitsch, Grundzüge der algebraischen Geometrie

» vieweg

Einführung in die Programmiersprache PL/1

von Hilmar Pudlatz und Hermann Kamp, Braunschweig: Vieweg 1973. IV, 232 Seiten. DIN C 5 (uni-text/Skriptum.) Paperback

ISBN 978-3-663-05283-8

Inhalt: Grundbegriffe der Programmierung – Elementares PL/1 – Block- und Programmstrukturen – Datenorganisation – Fortgeschrittene PL/1 Techniken – Programmbeispiele.

Einführung in ALGOL 60

von Harry Feldmann, Braunschweig: Vieweg 1972. VIII, 112 Seiten. DIN C 5 (uni-text/Skriptum.) Pb.

ISBN 978-3-663-05283-8

Inhalt: *ALGOL-60-Auszug – Ausdrücke – Felder – Blockstruktur – Prozeduren – Standard-E/A/Format-Prozeduranweisungen INPUT/ OUTPUT – Übungsaufgaben.*

Einführung in die Programmiersprache FORTRAN IV

von Günther Lamprecht, Eine Anleitung zum Selbststudium. 2., berichtigte Auflage. – Braunschweig: Vieweg 1972. IV, 194 Seiten. DIN C 5 (uni-text/Skriptum.) Pb.

ISBN 978-3-663-05283-8

Aus dem Inhalt: *Die Darstellung von Zahlen in der Rechenanlage – Das Ablochen von FORTRAN-Programmen – Der Sprungbefehl und der Einlesebefehl – Das logische IF-Statement – Variablenfelder („Arrays"); Vektoren, Matrizen – Die DO-Schleife – Genauere Beschreibung der Ein- und Ausgabe u. a.*

kolleg-texte

- Eingangsniveau: Abschluß der Sekundarstufe I
- Themen und Stoffe eines Grund- oder Leistungskurses
- Differenzierung durch Parallelbände mit Grundkurs- und Leistungskursniveau
- Folgebände bei mehrsemestrigen Kursen
- Umfang: Lehrstoff eines Halbjahres

Bisher sind erschienen:

Informatik:

Whitesitt/Stumpf
Einführung in die Boolesche Algebra
Mit 45 Abbildungen. – Braunschweig: Vieweg 1972. 96 Seiten. DIN C 5. Paperback
ISBN978-3-663-05283-8

Lamprecht/Lührs/Müller
Programmieren mit FORTRAN IV
Einführung mit Übungen. Mit 10 Abbildungen. – Braunschweig: Vieweg 1972. IV, 144 Seiten. DIN C 5. Paperback
ISBN978-3-663-05283-8

Mathematik:

Harbeck
Einführung in die formale Logik
Mit 44 Abbildungen. 4., unveränderte Auflage. – Braunschweig: Vieweg 1970. VI, 114 Seiten. DIN C 5. Kartoniert

Physik:

Berger
Philosophische Grundgedanken zur Struktur der Physik
Mit 7 Abbildungen. 2., durchgesehene Auflage. – Braunschweig: Vieweg 1972. III, 96 Seiten. DIN C 5. Kartoniert
ISBN978-3-663-05283-8